Bernd Riede

Vorbereitung auf das Abitur Musikgeschichte des 20. Jahrhunderts

MANZ VERLAG

Abkürzungen

BWV Bach-Werke-Verzeichnis
m. A. mit Auftakt
T. Takt

Ausspracheangaben

Wo nötig, sind Fachbegriffe und Namen in der verbreitetsten Lautschrift (der *Association phonétique internationale*) in eckigen Klammern erläutert. Die eventuell unbekannten, hier verwendeten Zeichen sind folgende:

ʌ offenes *ö* mit a-Färbung wie in englisch *butler*

ã Nasallaut wie in *Franc*

ɛ offenes *e* wie in *ähnlich*

ɛ̃ Nasallaut wie in *Teint*

ə unbetontes kurzes *e* wie in *bitte*

ʃ stimmloses *sch* wie in *schön*

z stimmhaftes *s* wie in *Vase*

aː langer Vokal

ˈgi betonte Silbe

2. Auflage 2003
Manz Verlag

Lektorat: Konrad Böheim, Ergolding
Herstellung: Karin Schmid, Baldham
Umschlaggestaltung: Zembsch' Werkstatt, München
Layout: Karin Schmid, Baldham
Notensatz: Rainer Butz, Ludwigsburg
Satz: Karin Schmid, Baldham
Druck: Druckhaus Beltz, Hemsbach
Printed in Germany

ISBN 3-7863-4402-7

Inhaltsverzeichnis

4 Ernste Musik ab 1950

Bildquellenverzeichnis

S. 65, 73: Archiv für Kunst und Geschichte, Berlin. S. 74: Werner Neumeister, München. S. 145: Süddeutscher Verlag Bilderdienst, München.

Notenquellenverzeichnis

Notenbeispiel (NB) 3.1: © Editio Musica, Budapest, für Deutschland: G. Ricordi & Co. Musikverlag, Feldkirchen. NB 3.2, 3.3, 3.8, 3.9, 3.10, 3.11, 3.17, 3.19, 4.1, 4.9, 4.10, 4.14: © Universal Edition A. G., Wien. NB 3.4: © 1921 Ed. Russe de Musique. 1947 to Boosey & Hawkes Inc, for all countries. NB 3.6, 3.20: © Edition Durand S.A., Paris, für Deutschland: Per Lauke Verlag, München. NB 3.12, 4.13: © Boosey & Hawkes/Bote & Bock, Berlin. NB 3.13: ©1924 Ed. Russe de Musique. 1947 to Boosey & Hawkes. Revised Edition 1949 Boosey & Hawkes/Bote & Bock, Berlin. NB 3.14, 4.11: © Schott Musik International, Mainz. NB 3.16: © 1910 by Adolph Fürstner, für D/I/Portugal/GUS: Schott Musik International, Mainz. NB 3.18, 4.7: © Musikverlag Hans Sikorski, Hamburg. NB 4.3: © POLSKIE WYDAWNICTWO MUZYCZNE, für Deutschland: Edition Wilhelm Hansen, Hamburg. NB 4.4: © 1964 Ancient Word Music (BMI), für D/A/CH: ERP Musikverlag Eckart Rahn, München (DME). NB 4.6: © G. Ricordi & Co. Musikverlag, Feldkirchen. NB 4.8e: © Edition Breitkopf & Härtel, Wiesbaden. NB 4.12: © by Moeck Verlag + Musikinstrumentenwerk, Celle / PWM Ed.-Polskie Wydawnictwo Muzyczne, Krakow/PL. NB 5.2: T: Lennon / McCartney; © Music Sales Ldt., London. NB 6.2: © Transamerika Musikverlag KG P. Kaminsky, Bad Schwartau. NB 6.3: T: Sondheim, Stephen; © Leonard Bernstein & Stephen Sondheim 1957. By Arr. with G. Schirmer Inc., New York, für D/A/CH/PL: Polygram Songs Musikverlag, Hamburg. NB 6.4: T: Harnick, Sheldon; © 1964 by TIMES SQUARE MUSIC PUBL. CORP. N.Y., für D/GUS/osteuropäische Länder: Eldorado Musikverlag, Hamburg. NB 6.5: T: Hart, Charles/Stilgoe, Richardt/Batt, Mike; © The Realy Useful Group Ltd. Polygram Int. Music Publ. Ltd./ Polygram Songs Musikverlag, Hamburg. NB 6.7: © Hancock Music, für D/A/CH/ehemalige Ostblockstaaten: Global Musikverlag, München. NB: 7.1: © by Remick Music Corp., für D/A/CH/GUS/Osteuropäische Staaten: NEUE WELT MUSIKVERLAG, München.

Zu diesem Buch

Die vorliegende Lernhilfe **Vorbereitung auf das Abitur Musikgeschichte des 20. Jahrhunderts** wendet sich an Schülerinnen und Schüler der Oberstufe bzw. Sekundarstufe II, die den Grund- oder Leistungskurs Musik gewählt haben.

Das Buch eignet sich sowohl als Nachschlagewerk als auch zur kontinuierlichen Lektüre, und zwar insbesondere:

- zur Vorbereitung auf das schriftliche und mündliche Abitur sowie zur Vorbereitung auf Klausuren,
- zur Wiederholung von Grundlagen und weiterführendem Unterrichtsstoff aus dem Bereich der Musikgeschichte,
- zur Anfertigung von Referaten und Facharbeiten.

Im Bereich Musikgeschichte des 20. Jahrhunderts sind alle wichtigen Unterrichtsstoffe und Inhalte der Lehrpläne aller Bundesländer abgedeckt. Die umfangreichen Informationen regen dazu an, sich über den Unterrichtstoff hinaus weiterzubilden, sein Wissen dadurch zu vertiefen und dieses bei Klausuren und Prüfungen erfolgreich einzubringen.

In eigenen Bänden ist die *Musiktheorie* (Bd. I) und die *Musikgeschichte bis 1900* (Bd. II) aufbereitet.

Die Fachbegriffe sind exakt und ausführlich definiert. Wesentliche Definitionen sind durch farbige und fette Schrift der Fachbegriffe optisch kenntlich gemacht. Farbiger Kursivdruck kennzeichnet weitere, weniger wichtige Ausdrücke. Die Etymologie (Herkunft) eines Fachbegriffs ist dann angegeben, wenn sie hilfreich erscheint.
Zahlreiche Verweise innerhalb des Buches und auf die vorigen Bände erleichtern das Auffinden von Zusammenhängen. Weiterführende Ergänzungen sind durch die Bezeichnung „Anmerkung" markiert.
Die Gliederung des 3. und 4. Kapitels entspricht weitgehend derjenigen der entsprechenden Kapitel aus Band II. Das Buch enthält zahlreiche treffende Notenbeispiele aus bekannten Werken.
Namen von Kompositionen werden – außer bei osteuropäischen Sprachen – zuerst im Original genannt; soweit erforderlich wird die deutsche Bezeichnung hinzugefügt.

Zu Dank verpflichtet ist der Autor vielen Lehrerkolleginnen und -kollegen sowie Musikwissenschaftlern für zahlreiche Anregungen und Erkenntnisse. Insbesondere gebührt großer Dank Herrn Rainer Butz, Herrn Jelle Graf, Frau Anita Riede und Herrn Prof. Dr. Rudolf Stephan, dessen Schriften zur Ernsten Musik des 20. Jahrhunderts als weiterführende Literatur zu empfehlen sind.

Der Verfasser

1 Zur Einteilung von Musik Allgemeine Neuerungen der westlichen Musik im 20. Jahrhundert

1.1 Allgemeine Einteilung

1.1.1 Skizzenartige Übersicht

In den beiden bisherigen Bänden und im vorliegenden Buch wird Musik und deren Betrachtungsweise folgendermaßen eingeteilt:

Westliche Musik

Nicht-westliche Musik
(Bd. III; Kap. 9)

Beschreibung der Erscheinungsformen der Musik mit sozialen und ökonomischen Umständen

psychologische und ästhetische Analyse
(partiell auch für nicht-westliche Musik)
(Bd. III; Kap. 8)

systematisch
(Bd. I)

historisch

Ernste Musik bis 1900
(Bd. II)

Musik ab 1900
(Bd. III; Kap. 1 bis 7)

Ernste Musik
(Bd. III; Kap. 3 und 4)

Volksmusik
(Bd. III; Kap. 5)

Popularmusik
(Bd. III; Kap. 6)

Die nicht-eigenständige Musik aller drei genannten Musiksparten wird in Kapitel 7 abgehandelt.

1.1.2 Zur Unterscheidung zwischen westlicher und nicht-westlicher Musik

Unter **westlicher Musik** versteht man die Musik des vom Christentum geprägten Europa, die aus ihr entstandene Musik seiner ehemaligen nord-, mittel- und südamerikanischen Kolonien sowie die aus diesen beiden hervorgegangene Popularmusik. Unter **nicht-westlicher Musik** ist alle übrige Musik zu verstehen.

Die westliche Musik ist bis zum ausgehenden 19. Jahrhundert relativ wenig von nicht-westlicher Musik beeinflusst. Im 20. Jahrhundert prägte die afrikanische Kultur durch die afroamerikanische Musik wesentlich die Popularmusik. Auch in der Ernsten Musik gab es Einflüsse der nicht-westlichen Musik (→ 4.2.5).

1.1.3 Beschreibung der Erscheinungsformen und psychologische Betrachtung

Man kann die Erscheinungsformen der Musik beschreiben, wie dies in den beiden ersten Bänden praktiziert wurde. Dabei können (→) *musiksoziologische* Zusammmenhänge untersucht werden, d. h. gesellschaftliche und wirtschaftliche. Hierzu gehören beispielsweise Aufführungsformen oder Werbung für Musik.
Die (→) *Musikpsychologie* untersucht Musik im Hinblick auf menschliches Erleben und Verhalten. Analysiert werden vornehmlich Wirkungen auf Einzelne oder auf Gruppen. Die (→) *musikästhetische* Betrachtungsweise ist verwandt mit der psychologischen.

1.1.4 Systematische und historische Betrachtungsweise

Natürlich können alle möglichen Aspekte der Musik systematisch betrachtet werden. Üblicherweise werden jedoch diejenigen Gesichtspunkte systematisch behandelt, die in der *Musiktheorie im neueren engeren Sinne* erfasst sind. Unter **Musiktheorie im neueren engeren Sinne** versteht man die systematische Darstellung der Elemente und Strukturen sowie verschiedene Handwerkslehren der tonalen Musik.
Anmerkungen. Im Einzelnen gehören hierzu: *Allgemeine Musiklehre im engeren Sinne* (mit Darstellung von Notenschrift, Tondauern, Intervallen, Akkorden und Tonleitern), Lehre von Analyse, Akustik, Instrumentenkunde, Lehre von Formen und Gattungen, (→ Bd. I; 15.1) *Harmonielehre*, (→ Bd. I; 15.1) *Kontrapunkt* sowie Lehre von Komposition und Instrumentation. Der Begriff der *Allgemeinen Musiklehre im weiteren Sinne* umfasst die Allgemeine Musiklehre i. e. S. und zusätzlich noch einige der eben genannten Bereiche, z. B. die Lehre von Formen und Gattungen. – Unter *Musiktheorie im älteren und weiteren Sinne* versteht man jegliche Lehre über Musik.

1.2 Zur Einteilung der westlichen Musik

1.2.1 Übersicht über die Musikarten im 20. Jahrhundert

Im Folgenden werden die drei wesentlichen Musiksparten *Ernste Musik*, *Volksmusik* und *Popularmusik* tabellarisch dargestellt. Die wichtigen Eigenschaften, die auch für die Definition relevant sind, sind fett gedruckt. Die Sparte *Ernste Musik* umfasst neben derjenigen des 20. Jahrhunderts auch die der vergangenen Jahrhunderte. Unter *Volksmusik* ist hier die ursprüngliche Musik des Volkes gemeint. Was heute in den Medien *Volksmusik* genannt wird, heißt hier (→) *volkstümliche Musik*.

	allgemeine Kriterien	**Ernste Musik** (engl.: *serious music*)	**Volksmusik** (engl.: *folk music*)	**Popularmusik mit volkstümlicher Musik** (engl.: *popular music*)
Struktur	**Komplexität allgemein** (Melodik, Rhythmik, Harmonik, Form, Klang, Textausdeutungen)	**zumeist groß**	**gering**	**zumeist gering**
	Rhythmik	oft komplex	unterschiedlich	oft von afroamerikanischer Musik beeinflusst
	Harmonik	ab 1900 seltener durmolltonal	zumeist modal oder durmolltonal	zumeist durmolltonal
	(→ Bd. I) *Textur*	oft polyphon	oft einstimmig	zumeist homophon
	Form	oft differenziert	zumeist (→) *Reihenformen*	zumeist Reihenformen
	Textausdeutungen	deutlich	i. A. nur bzgl. des Charakters	i. A. nur bzgl. des Charakters
	Repertoire Jahreszeiten und Ereignissen zugeordnet	in der Regel nur in der Kirchenmusik	des Öfteren	fast nie
Soziologische Aspekte	**Träger zur Zeit der Entstehung**	**eher Gebildete**	**nicht nur Gebildete**	**nicht nur Gebildete**
	Komponist	bekannt	früher zumeist unbekannt	bekannt, Interpret oft populärer als Komponist
	Entstehung			19. Jahrhundert
	Überlieferung vor dem 20. Jahrhundert	schriftlich	i. d. R. mündlich	schriftlich
Wirtschaftliche Aspekte	**Subvention**	**von Staat, Kirche und Privatpersonen subventioniert**	**nicht subventioniert**	**kaum subventioniert, es wird massiv für sie geworben**
	historische Entwicklung	**nicht abhängig von der Musikindustrie und den breiten Massen**	**nicht abhängig von der Musikindustrie**	**stark abhängig von der Musikindustrie, abhängig von den breiten Massen**
Psychologische Aspekte	Rezeptionsweise	zumeist bewusst gehört	des Öfteren getanzt	auch im Hintergrund gehört, oft getanzt
	Geschmack und Einstellungen der Hörergruppen	weniger von der Industrie geprägt	hauptsächlich von den Hörern geprägt	stark von der Industrie geprägt

1.2.2 Zur Unterscheidung zwischen den Musiksparten und zum Begriff *Kunstmusik*

Allgemeines. Die Mehrdimensionalität der Definitionen macht deutlich, dass eine Einteilung oft nicht klar vorzunehmen ist, sondern dass es vielfach Übergangsstufen gibt, und zwar zum einen zwischen der Ernsten und der Popularmusik, zum anderen zwischen der Popular- und Volksmusik. Dies wird in der auf Seite 14 aufgeführten Skizze durch entsprechende Farbschattierungen verdeutlicht.

Ernste und Popularmusik. Während die Komplexität noch bis zum Beginn des 20. Jahrhunderts ein relativ klares Kriterium für den Unterschied zwischen Ernster und Popularmusik war, so ist das im 20. Jahrhundert nicht mehr so deutlich. In der Ernsten Musik gibt es beispielsweise vor allem nach 1950 ganz einfache, undifferenzierte Musik, in welcher teilweise der Zufall eine bedeutende Rolle spielt. In der Popularmusik gibt es sowohl sehr einfache Musik als auch höchst differenzierte, wie z. B. manche Stücke des Big-Band-Jazz oder einige Musicals.

Ernste und Kunstmusik. Wenn als **Kunstmusik** solche mit hohem Komplexitätsgrad bezeichnet wird, decken sich somit im 20. Jahrhundert die Begriffe Ernste und (→ Bd. II; 1.1) *Kunstmusik* nicht mehr, was zuvor noch der Fall war (→ 4.1.4).

Volks- und Popularmusik. (→ Kap. 5)

Schematische Darstellung. Wenn man im 20. Jahrhundert den Begriff der Kunstmusik gebraucht, ergibt sich nebenstehendes Schema:

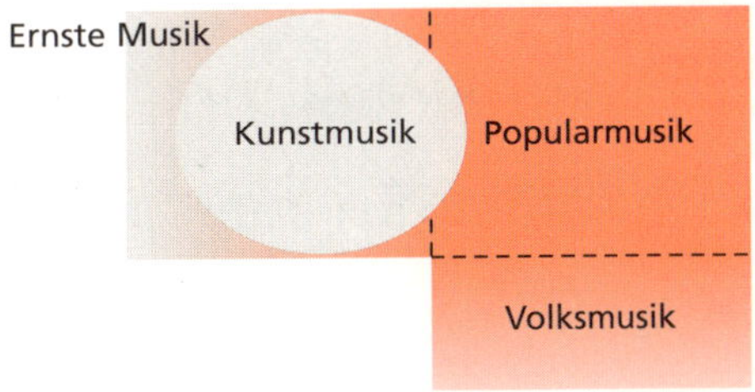

1.2.3 Zum Begriff *Popularmusik*

Popularmusik wird auch manchmal *Populäre Musik* genannt. Der zuerst genannte Begriff erscheint zweckmäßiger, da die Popularität nicht das Hauptkriterium ist. Es gibt Popularmusik, die kein großes Publikum hat, wie der Jazz. Es gibt natürlich auch populäre Ernste Musik.

1.2.4 Zum Begriff *Ernste Musik*

Ebenso wie die Popularmusik nicht immer populär ist, ist die *Ernste Musik* nicht immer ernst. Daher wird der Begriff groß geschrieben. Er ist unglücklich und stößt zuweilen auf Widerstand, ist aber verbreitet und wird hier mangels eines besseren verwendet. Der Begriff ist heute bekannt durch die (→ 2.2.2) GEMA, die Musik in Ernste (E-Musik) und Unterhaltungsmusik (U-Musik) einteilt.
Anmerkung. Andere Begriffe für die Ernste Musik aller Jahrhunderte sind: *E-Musik* (als Abkürzung), *Klassische Musik, Konzertmusik, Kunstmusik, artifizielle Musik, Tonkunst, Bildungsmusik, so genannte Ernste Musik, Opusmusik*.

1.2.5 Einteilung in eigenständige und nicht-eigenständige Musik

Man kann die westliche Musik idealtypisch in folgende Sparten einteilen:
Mit **eigenständiger Musik** wird im Folgenden solche gekennzeichnet, die bei ihrer Darbietung eine dominante Rolle spielt. Sie kann dabei mit Texten und Bildern verbunden sein, z. B. bei der Oper.

Unter **nicht-eigenständiger Musik** wird im Folgenden solche verstanden, die zusammen mit bewegten Bildern und / oder gesprochenen Texten erklingt und die dabei nicht das Wesentliche ist. Für diese Musik ist in der Regel wenig Aufmerksamkeit frei, sie wird oftmals gar nicht bewusst wahrgenommen. Zur nicht-eigenständigen Musik gehören:

- als Kunst oder Unterhaltung: Musik im Spielfilm und zum Hörspiel,
- zur Information: Musik zur Werbung in Rundfunk und Fernsehen, zu Dokumentationen und Nachrichten,
- zur Unterhaltung: Musik in Bildschirmspielen.

Nicht-eigenständige Musik weist in der Regel deutliche Beziehungen zwischen Musik und Texten / Inhalt / Bildern auf. Sie kann sowohl Ernste, Volks- oder Popularmusik sein.
Die Einteilung in eigenständige und nicht-eigenständige ist von derjenigen in *autonome* und *funktionale* Musik zu unterscheiden (→ 8.1.1).

1.3 Zur Einteilung der Musikwissenschaft

Die Musikwissenschaft wird traditionellerweise eingeteilt in drei Hauptgebiete. Die **historische Musikwissenschaft** beschäftigt sich mit der westlichen Ernsten Musik, einschließlich ihrer sozialen und ökonomischen Umstände und einschließlich einiger Gebiete der (→) *Musikästhetik*. Die **systematische Musikwissenschaft** befasst sich mit Musikpsychologie und nicht-eigenständiger Musik. Die **vergleichende Musikwissenschaft** beschäftigt sich mit allen übrigen Bereichen, also nicht-westlicher Musik (als Ethnomusikologie), westlicher Volksmusik und Popularmusik. Die Konturen der drei Wissenschaftsbereiche sind nicht ganz genau und verwischen sich neuerdings zunehmend. Interdisziplinäre Ansätze und Forschungen nehmen zu.

1.4 Allgemeine Neuerungen der westlichen Musik im 20. Jahrhundert

Die Beschaffenheit der Musik und deren Wirkungen ändern sich deutlich im 20. Jahrhundert. Im Folgenden werden zum Zweck der Übersicht die wichtigsten neuen Tendenzen in der Musik nach 1900 genannt, die in den späteren Kapiteln näher ausgeführt werden.

Zentrale technische Neuerungen. Die zentralen technischen Neuerungen im 20. Jahrhundert sind (→ Kap. 2):

- die Aufzeichnungsmöglichkeit von Ton (seit 1877) und Bild (1895),
- die Möglichkeit, Musik im Rundfunk (1920) und Fernsehen (1935) zu senden,
- neue Formen der Ausbreitung von Musik und bewegten Bildern durch das Internet (seit den 1990er Jahren).

Wesentlich stärkere Präsenz von Musik, besonders der Popularmusik. Durch diese Neuerungen spielen Musik und bewegte Bilder seit dem 20. Jahrhundert eine bei weitem stärkere Rolle als zuvor. Dies gilt besonders für die Popularmusik.

Musikalische Aspekte bei der Popularmusik. Seit den 1950er Jahren ist die Popularmusik deutlich reizintensiver geworden (→ 6.3).

Rezeption bei Popularmusik und durmolltonaler Ernster Musik. Hierbei sind folgende Gesichtspunkte von Bedeutung:

- vielfältige Möglichkeiten zur Befriedigung individueller Bedürfnisse (→ 8.3.3, 8.3.4),
- enge Verbindung von Musik mit Bildern (→ 8.3.7),
- verstärkt Rezeption von Musik und bewegten Bildern im Hintergrund (→ 8.3.8),
- zunehmende Gesundheitsschäden und Störung durch Musik und Lärm (→ 8.3.8).

Wachsender Einfluss der Medien und der Wirtschaft. Im 20. Jahrhundert ist die Macht der Medien und der Wirtschaft vor allem durch die technischen Entwicklungen enorm gestiegen. In dem Maße, wie der Einfluss der Wirtschaft und der Medien zunimmt, geht derjenige anderer zuvor wichtiger Gruppen zurück, wie Familie, Kirche, Schule und Staat.
Der Einfluss der Medien und der Wirtschaft bewirkt u. a. Folgendes:

- Weckung von Bedürfnissen durch intensive Werbung für und durch Popularmusik (→ 2.6 und 8.3.7),
- Steuerung der Gefühle durch Musik (→ 8.3.7),
- Förderung niederer Instinkte (z. B. Gewalt) (→ 8.4.7),
- Eskapismus (Flucht vor der Realität) (→ 8.4.7) und Starkult (→ 8.4.6).

Änderungen bei der Ernsten Musik des 20. Jahrhunderts. Folgendes unterscheidet die Ernste Musik von derjenigen vergangener Jahrhunderte:

- Manche Musik ist in einem radikal neuen Stil abgefasst.
- Die Musik ist hinsichtlich ihrer Beschaffenheit stark heterogen. Es wurde einerseits beispielsweise avantgardistische atonale Musik ohne Töne und Puls komponiert, andererseits Musik im Stil des 19. Jahrhunderts.
- Ernste Musik nach 1950 weist teilweise sehr geringe Komplexität auf.
- Zeitgenössische Ernste Musik ist in den Konzertsälen im Verhältnis zu solcher vergangener Jahrhunderte viel weniger präsent.
- Autoritäre Systeme setzten Bestimmungen über die Gestalt der Kompositionen.
- Es wird politisch engagierte Musik komponiert.

1.5 Zu Zäsuren um 1900

Allgemeiner Einschnitt um 1900. In den Jahrzehnten um 1900 traten folgende Neuerungen ein, die teilweise unter 1.4 genannt wurden. Im Jahr 1893 entstand die Schallplattenindustrie und entwickelte sich sehr rasch. 1895 begannen öffentliche Filmvorführungen auf Jahrmärkten, um 1900 öffneten die ersten Kinos. Um 1900 entstanden auch der (→) *Jazz* und das (→) *Musical*. Die Popularmusik wurde seit Ende des 19. Jahrhunderts stark von der afroamerikanischen Volksmusik und vom Jazz beeinflusst.

Zum Einschnitt in der Ernsten Musik um 1910. Als Zäsur in der Musikgeschichte der Ernsten Musik fungiert üblicherweise das Jahr 1910. Einige Komponisten, vor allem diejenigen der (→) *Wiener Schule*, verwendeten zum ersten Mal (→) *Atonalität*, eine der wesentlichen Neuerungen der Musik des 20. Jahrhunderts. Außerdem begann um 1910 der (→) *Expressionismus*.
In Frankreich, wo es keinen *Expressionismus* gab, ist um 1910 kein deutlicher Einschnitt auszumachen. Auch im deutschsprachigen Raum schrieben etliche Komponisten um 1910 weiterhin in einem verhältnismäßig traditionellen Stil, z. B. *Richard Strauss* und *Max Reger*. Die Zäsur um 1910 in der Ernsten Musik ist somit anders geartet als diejenigen um 1600 und 1730, wo sich europaweit und bei allen Komponisten der Stil änderte.
Im vorliegenden Buch wird auch bei der Ernsten Musik aus pragmatischen Gründen das Jahr 1900 als Einschnitt verwendet. Alle näher besprochenen Werke, die ab 1900 komponiert wurden, sind in diesem Band enthalten, zuvor geschriebene Kompositionen finden sich in Band II. Komponisten, deren Leben und Werke bereits im vorigen Band näher besprochen wurden, werden in diesem Band nur noch kurz behandelt; eine Ausnahme ist *R. Strauss*.

1.6 Zur Auswahl und Notation bei der Ernsten Musik

Wie in Band I und II liegt der Schwerpunkt weiterhin auf Deutschland und Europa.
Allgemeine Kriterien für die Auswahl der näher behandelten Werke sind folgende: Von möglichst jeder wichtigen Strömung und satztechnischen Neuerung kommt ein Stück vor. Die Werke stammen von namhaften Komponisten, sind bedeutend für die Entwicklung und bekannt. Sie sind differenziert, es sei denn, es handelt sich um eine Neuerung. Ferner sind CDs auf dem Markt, die auch noch vermutlich längere Zeit im Handel bleiben. Die Kompositionen sind schließlich für die Schüler ansprechend.
In der Regel wird bei Werken das Jahr der Uraufführung angegeben. – Notenbeispiele sind manchmal als *Particell* dargestellt. Unter einem *Particell* versteht man die Notierung einer Komposition für mehrere Instrumente auf wenige Liniensysteme. Ein vollständiges Particell enthält alle Noten. – Zuweilen werden bei Notenbeispielen keine Taktangaben, sondern so genannte *Ziffern* verwendet. *Ziffern* oder *Studienziffern* sind Zahlen, die vom Komponisten oder von einem Herausgeber an markanten Stellen einer Partitur eingefügt werden.

2 Musik als Wirtschaftsfaktor und Musikleben

2.1 Einleitung

Die Musik spielt im heutigen Wirtschaftsleben eine wichtige Rolle. Die Musikwirtschaft stellt sehr viele Arbeitsplätze bereit. Große Medienkonzerne üben einen starken Einfluss auf die Menschen und ihre Lebensgestaltung aus. Im Folgenden werden nur einige Aspekte behandelt.

2.2 Urheberrecht

2.2.1 Einführung

Bei der Entstehung und Verwertung von Musik, Texten, Bildender Kunst, Fotografien, Computerprogrammen und Filmen sind zuweilen eine Vielzahl von Personen und Gesellschaften mit verschiedenen Rechten beteiligt, die gesetzlich geregelt sind. Man unterscheidet bei der Musik grundsätzlich Urheber (Autor, gegebenenfalls auch Bearbeiter und/oder Übersetzer) und weitere Personen, z. B. Instrumentalisten, Sänger, Dirigent, Regisseur usw.
Das **Urheberrecht** regelt die Rechte des Urhebers. Im *Leistungsschutzrecht* sind in Deutschland die Rechte der anderen beteiligten Personen geregelt. Beide Rechte sind in Deutschland Bestandteil des *Urheberrechtsgesetzes* von 1965 (UrhG), geändert 1985. Dieses ist abgestimmt mit weltweiten Urheberrechtsbestimmungen.

2.2.2 Urheberrecht in Deutschland heute

Allgemeines und Dauer

Das Urheberrecht besteht zum einen aus dem *Urheberpersönlichkeitsrecht*, zum anderen aus dem *Verwertungsrecht*. Beide Formen gelten zu Lebzeiten des Urhebers; nach seinem Tod besitzen die Erben die Rechte 70 Jahre lang. In diesem Zeitraum ist ein Werk geschützt, danach ist es frei.

Urheberpersönlichkeitsrecht

Das *Urheberpersönlichkeitsrecht* umfasst das Veröffentlichungsrecht, das Recht auf Nennung des Namens des Autors bei Veröffentlichung und das Recht auf Verbot der Entstellung des Werkes. Es ist z. B. ohne Zustimmung der Erben von *Carl Orff* zur Zeit verboten, Teile seiner (→) *Carmina Burana* in Popularmusik einzubeziehen. – Das Urheberpersönlichkeitsrecht ist unveräußerlich.

Verwertungsrecht

Allgemeines. Das Verwertungsrecht regelt die Befugnisse der Vervielfältigung, Verbreitung, Ausstellung, Aufführung, Wiedergabe durch Bild- und Tonträger sowie in Funk und Fernsehen usw. Ein Autor hat das ausschließliche Recht, sein Werk zu verwerten, wobei es im Allgemeininteresse Einschränkungen gibt (s. u.). Die Verwertung wird vom Autor oft an andere übertragen, vor allem an Verlage oder Verwertungsgesellschaften.
Der Diebstahl geistigen Eigentums, das *Plagiat*, verletzt das Urheberpersönlichkeitsrecht und kann auch das Verwertungsrecht eines Autors verletzen.

Abtretung der Verwertungsrechte an einen Verlag. Wenn ein Werk verlegt wird, so werden bestimmte Verwertungsrechte des Autors an einen Verlag übertragen, vor allem das Recht zur Veröffentlichung.

Verwertungsgesellschaften. Ein Autor oder ein Verlag könnten theoretisch Musikwerke selbst verwerten. In der Praxis ist das aber nicht sehr zweckmäßig. Daher wurden so genannte *Verwertungsgesellschaften* gegründet. Am bekanntesten ist die *GEMA* (**G**esellschaft für **m**usikalische **A**ufführungs- und mechanische Vervielfältigungsrechte), der nahezu alle deutschen Komponisten, Textdichter und Musikverleger angehören. Die GEMA zieht im Auftrag ihrer Mitglieder die bei meldepflichtigen Aufführungen (z. B. Konzert, Sendung im Rundfunk) fällig werdenden Gebühren ein und rechnet sie mit dem Urheber bzw. dessen Erben ab. – Für Texte gibt es die *VG Wort* (**V**erwertungs**g**esellschaft Wort).

Einschränkungen des Urheberrechts

Allgemeines. Das Urheberrecht unterliegt im Allgemeininteresse Einschränkungen. Beispielsweise ist die Anfertigung einzelner Kopien zum privaten und sonstigen eigenen Gebrauch unter bestimmten Umständen möglich. Erlaubt ist z. B. das Fotokopieren von Texten oder das Mitschneiden von Tonträgern oder Filmen für den *persönlichen Gebrauch*. Das Fotokopieren von Noten geschützter Werke ist nach § 53 Abs. 4 UrhG auch zum privaten oder sonstigen eigenen Gebrauch nur mit Einwilligung des Berechtigten erlaubt, sofern es sich nicht um ein seit zwei Jahren vergriffenes Werk handelt.
Die Autoren erhalten ein Entgelt für Kopien zum privaten und sonstigen eigenen Gebrauch. Daher müssen Hersteller von leeren Tonträgern und von Vervielfältigungsgeräten (Tonband- u. Videogeräten, Fotokopierer, CD-Brenner) eine Abgabe bezahlen. Bibliotheken haben eine Betreiberabgabe für das Ausleihen zu entrichten.

Kopierschutz. Das unerlaubte Kopieren von Noten ist durch die erleichterte Möglichkeit von Fotokopien zu einem großen Problem für die Musikverlage geworden. An verlässlichen Kopierschutzmechanismen, z. B. durch Farbdruck, wird gearbeitet.
Durch die Digitalisierung der Medien ist das Kopieren von Musik auf Tonträgern ebenfalls zum finanziellen Problem für die Verlage geworden. Es hat sich durch die zunehmende Nutzung des Internets noch vergrößert. Als Kopierschutz digitalisierter Musik sind mehrere Möglichkeiten im Gespräch.
Beim Codierungsverfahren wird die Musik verschlüsselt, die Abspielgeräte decodieren sie. Allerdings ist diese Form des Kopierschutzes leicht zu umgehen.

Eine andere Methode besteht darin, dass einem Musikstück ein so genanntes „Wasserzeichen" eingebaut wird, d. h. eine Datenfolge, die schwer heraustrennbar ist. Jeder legale Käufer erhält ein Musikstück mit einem individuellen Wasserzeichen. Illegale Weitergabe kann prinzipiell so nicht vermieden, der Besitzer einer illegalen Kopie jedoch zur Rechenschaft gezogen werden. Eine weitere Möglichkeit des Kopierschutzes im Internet besteht in der Filterung nicht legaler Anbieter über Netzknotenpunkte.

2.3 Zur technischen Entwicklung von Notendruck, Tonträgern, Kompositionsmitteln und Vertrieb von Musik

2.3.1 Notendruck

Bis zum ausgehenden 18. Jahrhundert waren Druckverfahren üblich, die recht teuer waren, da die Druckvorlagen sich schnell abnutzten (→ Bd II; 4.3.1).
Mit der Erfindung des *Flachdrucks* um 1800 und seiner Entwicklung wurde der Notendruck erheblich preiswerter. Beim *Flachdruck* liegen im Gegensatz zum *Hoch-* und *Tiefdruck* die Druckvorlage und das zu bedruckende Papier auf einer Ebene. Die Vorlagen können beliebig oft verwendet werden. Die Frühform des Flachdrucks war die *Lithographie* (Steindruck). Später verwendete man biegsame dünne Bleche, die auf Walzen gespannt wurden und den heute üblichen Rotationsdruck ermöglichten. – Im ausgehenden 20. Jahrhundert wurde der manuelle Notensatz durch das Schreiben mit Computern ersetzt.

2.3.2 Tonträger

Analoge Tonträger (immer mechanisch)

Schallplatte (seit 1890er Jahren, nur industriell).
Rein mechanisch. Im Jahre 1877 begann die (→ Bd. I) *analoge* Aufzeichnung von Schall. *Thomas Alva Edison* (1847–1931) brachte in den USA eine Walze unter dem Namen *Phonograph* heraus. 1887 entwickelte *Emil Berliner* die (→ Bd. I) *Schallplatte.*
Die Schallaufzeichnung war bis 1925 rein mechanisch, d. h. ohne Einbeziehung von elektrischem Strom, also ohne Mikrofon und Verstärker. Anstelle eines Mikrofons wurde ein Schalltrichter verwendet.
1893 gründete *Berliner* die erste Schallplattenfirma in den USA. Der Verkauf von Schallplatten expandierte rasch. 1929 wurden in den USA jährlich 30 Millionen, in Großbritannien 120 Millionen Schallplatten hergestellt; 1930 waren es in Deutschland 30 Millionen.
Bis 1948 bestand die Schallplatte aus Schellack. Die Umdrehungsgeschwindigkeit betrug 78 Umdrehungen pro Minute. Um 1900 fasste eine Schallplatte mit 25 cm Durchmesser drei Minuten Musik.
Elektromechanisch. Die Einbeziehung elektrischen Stroms im Jahre 1925 verbesserte die Aufnahmetechnik erheblich. Die Umdrehungszahl blieb jedoch gleich. In den 1940er Jahren fasste eine Schallplatte höchstens fünf Minuten Musik.

1948 wurde in den USA die Langspielplatte auf den Markt gebracht, die sich bald weltweit durchsetzte. Sie bestand aus PVC (Polyvinylchlorid) und war erheblich dünner als ihre Vorgänger. Ihre Umdrehungsgeschwindigkeit betrug 33 Umdrehungen pro Minute. Parallel dazu entstand die Single-Schallplatte mit 45 Umdrehungen pro Minute.
1958 wurden stereophone Schallplatten eingeführt. Die in den 1970er Jahren auf den Markt gebrachte *Quadrophonie*, also die Verwendung von vier Kanälen, setzte sich nicht durch.

Tonband, Kassette (elektromagnetisch) (industriell und privat). Die elektromagnetische Tonaufzeichung auf einen Stahldraht wurde bereits 1898 entwickelt. 1929 wurde der Draht durch ein Stahlband ersetzt. Seit 1935 verwendet man Kunststoffbänder. Ab den 1950er Jahren wird das Tonbandgerät zur privaten Aufnahme verwendet. 1963 kam der Kassettenrekorder auf den Markt, 1979 der (→ 8.4.5) *Walkman*.

Digitale mechanische Tonträger

1982 wurde die (→ Bd. I) *CD* (Compact Disc) eingeführt. Die Hersteller legten fest, dass nur auf einer Seite Musik aufgezeichnet ist. Die CD brachte der Musikindustrie erhebliche Umsatzzuwächse. Viele Konsumenten kauften von Stücken nochmals CDs, die sie bereits auf Vinylplatte besaßen.
Seit 1980 sind auch private digitale Aufnahmen möglich. Zunächst kam das (→ Bd. I) *DAT-Band* auf den Markt, dann die bespielbare Minidisc, schließlich der CD-Brenner. Bei privaten digitalen Aufnahmen ist das Problem des (→) *Kopierschutzes* besonders groß.

Digitale, rein elektronische Tonträger (industriell und privat)

Durch den Preisverfall bei Speichermedien, z. B. Festplatten, und die Entwicklung von Kompressionsverfahren zur Ersparnis von Speicherplatz entstanden am Ende der 1990er Jahre Musikabspiel- und Aufnahmegeräte, die gänzlich ohne Mechanik auskommen, beispielsweise der MP3-Player.

2.3.3 Digitale Kompositionsmittel (industriell und privat)

Mitte der 1980er Jahre führte der Preisverfall bei Computern und Musik-Software, also von (→ Bd. I) *Sequenzern* und (→ Bd. I) *Samplern*, zur Verbreitung des Rap und zur Entstehung des Techno (→ 6.7.3).

2.3.4 Vertrieb durch das Internet (industriell und privat)

Einleitung mit Erläuterungen. Das Internet hat den von der Industrie und dem Staat weitgehend unkontrollierten Austausch von Texten, Bildern und Musik ermöglicht, insbesondere den industriellen und individuellen Vertrieb von Musik.
Musik kann auf mehrerlei Arten aus dem Internet geladen werden:

- als (→ Bd. I) *Midi-file*, also als Datei, in der die einzelnen Spielanweisungen für ein (→ Bd. I) *Midi-Instrument* codiert sind. Midi-Dateien gibt es von zahlreichen Werken der Ernsten und der Popularmusik,

- als unkomprimierte Datei *(real audio)*,
- als komprimierte Datei, z. B. mit dem Kompressionsprogramm MP3.

Zur Zeit ist die Übertragungsgeschwindigkeit im Internet noch so gering, dass das Herunterladen von Musik-Dateien zeitaufwändig ist. Die Übertragungsraten werden zunehmend schneller.

Industrieller Vertrieb. Der industrielle Vertrieb funktioniert so, dass man zum einen CDs im Internet bestellen kann, zum anderen gegen Entgelt Musik-Dateien auf seinen Rechner laden kann.

Privater Vertrieb. Ein Interpret ist nicht mehr auf eine Firma angewiesen und kann für seine CDs über das Internet selbst werben und sie vertreiben (Verkauf von CDs oder Bereitstellung von Musik-Dateien).

Was sich im Internet zur Zeit mit der Musik vollzieht, wird sich mit beweglichen Bildern wiederholen.

2.4 Rundfunk und Fernsehen

2.4.1 Systematik und Allgemeines

Öffentlich-rechtliche Sender in Deutschland finanzieren sich über Gebühren und in geringerem Maße durch Werbung. Es gibt dabei Stationen, die gar keine Werbung ausstrahlen. Die öffentlich-rechtlichen Sender haben gemäß Bundesverfassungsgericht die Aufgabe einer „unerlässlichen Grundversorgung" mit „inhaltlich umfassendem Programmangebot". Dazu gehören „anspruchsvolle Programme mit hohem Kostenaufwand".

Privat-kommerzielle Sender gehören Firmen oder Privatpersonen. Man unterscheidet freie Sender (beim Fernsehen *Free TV* genannt), die sich ausschließlich über die Werbung finanzieren, letztendlich also von den Konsumenten der beworbenen Produkte bezahlt werden, und Pay-Sender (beim Fernsehen *Pay TV* genannt) ohne Werbung, aber mit Gebühren. Das Ziel kommerzieller Sender ist es, einen möglichst großen finanziellen Gewinn zu erzielen. Das bedeutet massenattraktive Beiträge zu möglichst niedrigen Kosten bei möglichst intensiver Werbung. Für kommerzielle Sender gibt es Gesetze, beispielsweise zur Verhinderung einseitiger politischer Parteinahme und zur Einschränkung von Werbung. Diese Bestimmungen werden von den so genannten Landesmedienanstalten kontrolliert. Während in den USA kommerzieller Rundfunk bereits seit Ende der 1920er Jahre existiert, wurde in Deutschland privater Rundfunk und Fernsehen erst im Jahre 1984 eingeführt.

Allgemeines. Musik stellt einen großen Teil des gesamten Rundfunk-Programms dar. Daher spielte der Rundfunk eine bedeutende Rolle für die Entwicklung der Popularmusik. Der Rundfunk und das Fernsehen sind für die Musikindustrie ein wesentliches Werbemittel und ein wichtiger Einkommensfaktor (→ 2.6).

2.4.2 USA (seit 1921)

Der erste regelmäßig arbeitende Rundfunkbetrieb wurde 1921 in den USA aufgenommen. Bereits Ende der 1920er Jahre entstanden die ersten privaten Rundfunkstationen.
In den 1940er Jahren entstand in den USA das *Formatradio*, welches schnell populär wurde. Ein *Formatradio* ist ein Sender, der zum einen eine bestimmte Musikrichtung, zum anderen eine spezielle Moderationsart aufweist.
Das Fernsehen verbreitete sich in den USA in den 1950er Jahren. Es war sogleich eine starke Konkurrenz für die Filmindustrie, welche darauf reagierte.

2.4.3 Deutsches Reich (1920–33), Bundesrepublik (1949–84)

Rundfunk. In Deutschland wurde 1920 mit regelmäßigen Rundfunksendungen begonnen. 1926 gab es bereits eine Million Empfangsgeräte. Der 1948 erfundene Transistor ermöglichte die Herstellung von tragbaren Radios und sorgte für deren weite Verbreitung.

Fernsehen gab es im Nationalsozialismus bereits seit 1935. Nach dem Zweiten Weltkrieg wurde in der Bundesrepublik ein regelmäßiger Fernsehsender, die ARD, ab 1952 ausgestrahlt. Das ZDF startete 1963. Die ersten Farbsendungen erfolgten 1967.

2.4.4 Deutschland seit Einführung von privat-kommerziellen Sendern (1984)

Privat-kommerzieller Rundfunk und Fernsehen

Allgemeines. Das Jahr 1984 kann als bedeutender Wendepunkt in der Geschichte der Medien und der Popularmusik in Deutschland bezeichnet werden. Die Zulassung von kommerziellen Sendern änderte die Medienlandschaft und die Präsenz der Musik bei den Konsumenten beträchtlich.
Gleichzeitig mit den privat-kommerziellen Sendern wurde auch die Übertragung durch Kabel, ein Jahr später auch diejenige über Satellit eingeführt.

Besitzverhältnisse und Verflechtungen. Die Eigner der Rundfunk- und Fernsehstationen in Deutschland sind:

- Konzerne, die vorwiegend (→) *Medien*, einschließlich Zeitungen, besitzen, z. B. EMI, Sony, Universal, Bertelsmann,
- andere Firmen,
- Einzelpersonen.

Manche Sender sind eng mit der (→) *Medienindustrie* verbunden. Der Fernsehsender RTL gehörte 1997 z. B. zu 89% Bertelsmann. VIVA gehört zum allergrößten Teil den (→) *Majors* der Medienindustrie. Tendenziell wächst der Einfluss der Majors.

Inhalte. Bald prägte sich bei den privat-kommerziellen Rundfunksendern das (→) *Formatradio* aus und wurde auch teilweise von den öffentlich-rechtlichen Sendern im Rundfunk übernommen.
Der Wortanteil ist bei privat-kommerziellen Sendern wesentlich geringer als bei öffentlich-rechtlichen.
Ernste Musik wird in den kommerziellen Rundfunkstationen nur wenig gesendet. 1997 entfielen 95,3% der Musikzeit auf Popularmusik und nur 4,7% auf Ernste Musik.
Das Format-Prinzip hat auch bei den Fernsehsendern eingesetzt. Sehr erfolgreich sind die Spartensender für Musik, MTV und VIVA. Die anderen kommerziellen Sender strahlen wenig Musiksendungen aus.

Öffentlich-rechtlicher Rundfunk

Man wirft den öffentlich-rechtlichen Sendern vor, dass sie sich – um nicht zuviel an Attraktivität zu verlieren – an kommerzielle Sender anpassen und damit ihrem gesetzlich vorgeschriebenen Bildungsauftrag nicht nachkommen.

- Beispielsweise sinkt der Wortanteil. Betrug er 1993 noch 38,1%, lag er 1996 nur noch bei 33,0%.
- Zwar ist die Zahl der Sendeplätze für Ernste Musik wesentlich höher als bei kommerziellen Sendern, die Sendezeit ist aber zurückgegangen, vor allem bzgl. der Neuen Musik. Der Anteil der Ernsten an der gesamten Musik betrug 1993 noch 26,4%, 1996 nur noch 21,7%.

Bei der großen Auswahl an Programmen verlieren vor allem bildende und kulturelle Angebote zunehmend an Reiz und haben inzwischen bis zu 50% weniger Zuhörer als vor Einführung der kommerziellen Sender.

Verhältnis zwischen deutschsprachigen und fremdsprachigen Titeln bei der Popularmusik

Im Rundfunk stammen zwei Drittel aller gesendeten Titel aus dem Ausland, fast alle aus dem angloamerikanischen. Dabei werden im Verhältnis viel mehr deutsche Stücke auf Tonträger verkauft. Von Zeit zu Zeit wird der Ruf von deutschsprachigen Sängern und deren Industrie nach einer Quotierung laut. In Frankreich gibt es eine klare Quotierung für ausländische Titel im Rundfunk.

2.4.5 Neue Entwicklung: Sender im Internet

Radio- und Fernseh-Sender sind in zunehmendem Maße auch im Internet zu empfangen. Die technische Qualität ist zur Zeit noch nicht besonders gut, wird aber durch die Vergrößerung der Übertragungsgeschwindigkeit bald erheblich verbessert.

2.5 Medienindustrie

Definition

Unter **Medien** versteht man:
a) immaterielle Güter zur Unterhaltung und Bildung (Texte, Musik, Filme, Software, Bildschirmspiele),
b) deren materielle Träger (Bücher, Zeitungen, Tonträger, Noten, Videokassetten, Disketten),
c) deren Vertriebskanäle (Presse, Radio, Fernsehen, Internet),
d) Wiedergabe- und Aufnahmegeräte.

Oft wird der Begriff *Medien* gleichbedeutend mit *Massenmedien* verwendet. Genau genommen wird ein Medium zum Massenmedium durch die industrielle Verwendung.

Geschichte

Medienunternehmen zu Beginn des 20. Jahrhunderts

Zu Beginn des 20. Jahrhunderts entstanden Firmen, die jeweils auf eines der genannten Gebiete a) bis d) spezialisiert waren. Es entwickelten sich:
a) Musikverlage mit Verwertungsrechten an Autoren, also Komponisten und Textdichtern, sowie Filmproduktionsgesellschaften (→ Kap. 7),
b) Tonträgerfirmen mit Verwertungsrechten an Interpreten (→ 2.3),
c) Radio- und Fernsehstationen (→ 2.4),
d) die Phonoindustrie (für Wiedergabe- und Aufnahmegeräte).

Konzentrationsprozesse

Im Lauf des 20. Jahrhunderts gab es Konzentrationsprozesse verschiedener Art:
- Die Schallplattenfirmen fusionierten untereinander.
- Diese Firmen bezogen teilweise auch den Vertrieb ein.
- Es gab immer mehr Verbindungen zwischen Film, Rundfunk, Fernsehen, Verlagen, der Phonoindustrie und Musikinstrumentenherstellern.

Heutige Situation

Majors und Independents

Unter der **Medienindustrie** versteht man die Gesamtheit der Medienunternehmen. Man unterscheidet heute *Majors* und *Independents*.

Majors nennt man die wenigen multinationalen Medienkonzerne, die zusammen den überwiegenden Teil der gesamten Musikproduktion und einen großen Teil des Vertriebs organisieren. Es sind dies heute *AOL / Time Warner, Bertelsmann, Sony, Universal*. Die *Majors* kontrollierten 1995 zusammen weltweit ca. 95% des internationalen Musikmarktes. Der Medienmarkt stellt somit ein starkes Oligopol dar, also eine Beherrschung durch wenige große Unternehmen.

Neben den Majors gibt es die sog. **Independents** *(Indies)*, das sind kleinere Tonträgerfirmen / Verlage, zuweilen Ein-Mann-Firmen. Die *Independents* besitzen keine eigenen Vertriebswege und sind daher auf diejenigen der Majors angewiesen. Zuweilen werden sie von den Majors aufgekauft.
Sie greifen oft neue Musikentwicklungen auf. Die meisten neuen Musikrichtungen verdanken ihren Anstoß solchen Kleinfirmen, z. B. Punk, New Wave, Rap und Techno.

Problematik des Oligopols
Ermöglichung des enormen Umfangs der Werbung für Musik. Die Verflechtung zwischen Tonträgerindustrie mit Rundfunk und Fernsehen ermöglicht die unter 2.6 genannten Mechanismen der Werbung für Musik und deren enormen Umfang.

Erschwerung einer kritischen Berichterstattung. Dadurch, dass die Medienindustrie zunehmend Einfluss auf Rundfunk- und Fernsehsender ausübt, wird eine kritische Berichterstattung über Popularmusik immer schwerer möglich, da sie den wirtschaftlichen Profit gefährden könnte. Es gibt z. B. selten Sendungen über Gehörschäden, Probleme der Gewalt in der Musik, Drogen usw.

Mindestpreis für Hitparaden. CDs gelangen in Deutschland nur in die öffentlichen Hitparaden, wenn sie einen bestimmten Preis nicht unterschreiten, gemäß den Charts-Regeln des Bundesverbandes der Phonographischen Wirtschaft in Hamburg. Das soll verhindern helfen, dass preiswerte CDs auf den Markt kommen.

2.6 Werbung für Musik, Werbung durch Musik

2.6.1 Einleitung

Arten von Werbung

Werbung allgemein
Man kann **Werbung im allgemeinen Sinn** definieren als planmäßige Beeinflussung einer Personengruppe mit dem Ziel, sie zu einem bestimmten Verhalten anzuregen.
Unter **Wirtschaftswerbung**, an die gewöhnlich zunächst gedacht wird, versteht man solche, bei der für ein Produkt geworben wird, welches käuflich zu erwerben bzw. zu konsumieren ist, wie z. B. eine Filmvorführung.
Werbung umfasst in der allgemeinen Definition aber auch solche für z. B. das Kriegshandwerk, für eine Gruppe mit bestimmter Weltanschauung, für eine politische Partei, für Spenden, für bestimmte Handlungsweisen wie Mülltrennung oder für Einstellungen, z. B gegen Ausländerfeindlichkeit usw.
Liegt keine Absicht der Beeinflussung vor, so dürfte wohl kaum von Werbung gesprochen werden können.

Wirtschaftswerbung im engeren und weiteren Sinne

Unter **(Wirtschafts-)Werbung i. e. S.** kann man solche verstehen, bei der direkt zum Kauf oder Konsum aufgefordert wird, wobei dieses als solches unmittelbar kenntlich ist. Zu deren hauptsächlichen Formen gehört der *Werbespot*. Unter einem **Werbespot** (engl.: *spot* – u. a. Häppchen) versteht man eine kurze Werbeeinblendung in Rundfunk, Fernsehen, Kino und Internet. Weitere Mittel sind Zeitungsanzeige, Plakat, Handzettel, Dauerwerbesendung und Bannerwerbung im Internet.

(Wirtschafts-)Werbung i. w. S. meint demnach alle übrigen Formen der Werbung, wie sie in diesem Abschnitt 2.6 aufgeführt sind. Im Folgenden ist fast immer von der Wirtschaftswerbung die Rede. Daher wird der Begriff „Wirschafts-" weggelassen.

Grundsätzlich müssen in allen Medien außer im Internet *Werbung i. e. S.* und übrige Beiträge, also Information oder Unterhaltung – im Rundfunk und Fernsehen spricht man von *Programm* oder *redaktionellem Teil* – voneinander getrennt werden. Der Konsument soll nämlich erkennen, ob er informiert bzw. unterhalten, oder ob bei ihm für ein Produkt geworben werden soll. Für die Werbung i. w. S. gilt dies insgesamt nicht.

Unter *Schleichwerbung* versteht man versteckte Werbung, beispielsweise wenn scheinbar absichtslos ein Produkt oder Firmenname ins Bild gebracht wird. Werbung i. w. S. ist zuweilen Schleichwerbung.

Bestimmte Formen von Werbung sind in den Medien verboten, beispielsweise manche Arten der Schleichwerbung oder Werbung i. e. S., die nicht als solche gekennzeichnet ist.

Unter *Werbung* versteht man heute im öffentlichen Sprachgebrauch in der Regel *Werbung i. e. S.* Dementsprechend ist vielen Konsumenten gar nicht bewusst, dass die Werbung i. w. S. wesentlich stärker präsent ist, als man vermutet.

Übersicht über die verschiedenen Formen von Werbung:

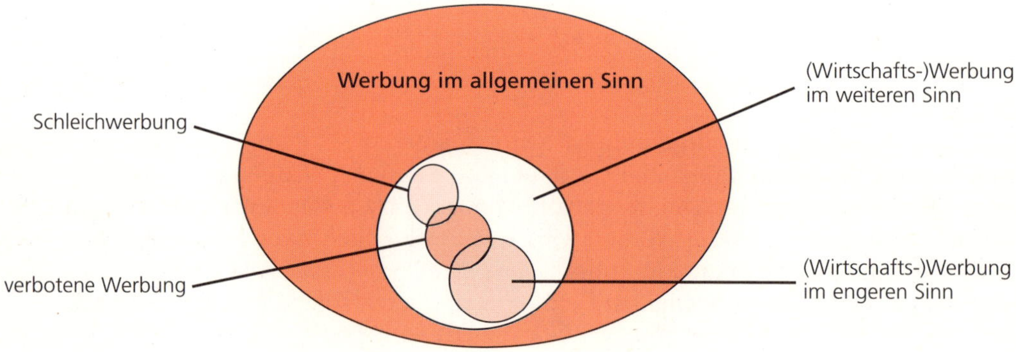

Im Folgenden wird zunächst Werbung i. w. S. für Popularmusik dargestellt, anschließend gegenseitige Werbung von Musik bzw. Musiker und einem anderen Produkt. Daran schließt sich die Analyse von Werbung für Ernste Musik an. Musik im Werbespot wird in Kapitel 8.3.7 abgehandelt. Dort finden sich weitere Ausführungen zur Werbung.

2.6.2 Werbung im weiteren Sinne für Popularmusik

Werbung im engeren Sinne für Musik

Die Werbung i. e. S. für Musikprodukte hat in den letzten Jahrzehnten zugenommen. Zumeist wird für neue CDs oder eine aktuelle Tournee geworben – und zwar in allen Medien (Rundfunk, Fernsehen, Kino, Internet, Plakatwände, Presse, Handzettel). Besonders in Musikfernsehsendern gibt es sehr viel Werbung i. e. S. für Musik.

Sendung von Musik im Rundfunk

Eine sehr wirkungsvolle Art und Weise der Werbung ist das Abspielen von Stücken im Radio.
Promoter von Medienunternehmern pflegen Beziehungen zu wichtigen Personen im Rundfunk und versuchen zu erreichen, dass dort die Stücke, die sie vermarkten wollen, gesendet werden, im Fachjargon *auf Rotation gesetzt werden* bzw. *rotieren*. Je öfter ein Titel in den Medien gesendet wird, desto eher wird er in den Vertrieb genommen. Das Abspielen von Hitparaden ist ein wesentlicher Werbefaktor.

Sendung von Videoclips im Fernsehen

Einleitung
Ein einflussreiches Werbemedium sind die Musikfernsehsender, im deutschsprachigen Raum hauptsächlich MTV und VIVA, vor allem durch die Ausstrahlung von (→) *Videoclips*.

Das Visuelle in der Musik
Das Visuelle spielt bei jeder Musik seit ehedem eine beträchtliche Rolle. Musikinstrumente sollen nicht nur gut klingen, sondern auch schön aussehen; sie besitzen daher des Öfteren Bestandteile nur wegen ihres Aussehens, nicht aufgrund der Funktion, z. B. die Schnecke bei der Geige oder Ornamente beim Cembalo.
Das Visuelle ist besonders in der Popularmusik von herausragender Bedeutung. Der Rezipient fühlt sich seinem Star näher, wenn er ihn sehen kann.

Entwicklung der Videoclips
Bereits vor dem Zweiten Weltkrieg wurden zu Werbezwecken für das Vorprogramm in Kinos Kurzfilme zu populären Musikstücken hergestellt. Mit dem Aufkommen des Fernsehens wurden solche Filme auch in diesem Medium gezeigt. In den 1970er Jahren wuchs die Produktion dieser kurzen Musikfilme beträchtlich.
Es bürgerte sich der Ausdruck *Videoclip* ein. Unter einem **Videoclip** versteht man einen etwa drei- bis fünfminütigen Film zu einem Song der Popularmusik. Videoclips werden auch als *Musikvideos* bezeichnet. In der Anfangszeit waren Videoclips zumeist lediglich Aufnahmen von Live-Mitschnitten. Durch die rasche Entwicklung der Videotechnik seit den späten 1970er Jahren wurden die Clips zunehmend differenzierter und aufwändiger. Sie kosteten in den USA Ende der 1970er Jahre zwischen 12 000 und 15 000 US-$. Heute liegen die Kosten wesentlich höher. Einer der teuersten Videoclips aller Zeiten war *Scream* von *Michael Jackson*, der mehrere Millionen Dollar kostete.

Videoclips sind für die Musikindustrie sehr erfolgreiche Werbeträger. Zu den meisten Songs wird ein Videoclip produziert. Heute gibt es kaum ein Stück, das ohne Videoclip zum Hit wird. Wichtig für den Verkauf eines Musiktitels ist, dass der Videoclip gefällt. Clips können vom Konsumenten gekauft werden; der dabei erzielte Gewinn ist aber im Verhältnis zum Gesamtgewinn der CD unwesentlich. (Zu Wirkungen von Videoclips → 8.3.7.)

MTV

Entstehung und Entwicklung. Ende der 1970er Jahre fielen im Zuge der Rezession in den USA die Umsätze der Musikindustrie. Als ein effektives Werbemedium bot sich ein Musikfernsehsender an. 1981 wurde der US-amerikanische Sender **MTV** (*Music Television*) gegründet. 1987 entstand in London eine Zweigniederlassung. Das Programm bestand und besteht heute zum größten Teil aus Videoclips, die rund um die Uhr ausgestrahlt werden.

Zur Auswahl der Clips. MTV erstellt aus der Fülle der eingehenden Clips so genannte *playlists*. Das Auswahlverfahren und die Vergütung der Videoclips ist der Öffentlichkeit nicht bekannt. MTV zufolge werden Clips ausgeschlossen, die zum Image des Senders bzw. der Zielgruppe nicht passen. Produktionen von (→) *Majors* werden gegenüber solchen der (→) *Independents* bevorzugt.

Werbewirkung für Musik. Ausschlaggebend für den Erfolg eines Clips ist die Frequenz der Ausstrahlung und der Sendeplatz. Die Sendedichte schwankt zwischen einmal pro Woche und mehrmals am Tag. Von den wöchentlich 300 ausgestrahlten Clips sind 30 mehr als einmal pro Woche zu sehen.
MTV erreicht heute mehr als 210 Millionen Haushalte. Bei besonderen Sendungen, wie z. B. bei der Verleihung der *MTV Europe Music Award*, sehen ca. 300 Millionen Menschen zu. Der Sender gilt als Trendsetter für Popularmusik und andere Produkte, für die geworben wird.

VIVA

Entstehung und Entwicklung. Da 1992 ein Rückgang im Tonträgerumsatz mit deutschsprachigen Titeln zu konstatieren war und MTV wenig deutsche Titel ausstrahlte, gründeten 1993 unter anderem vier der damals fünf großen marktführenden Unternehmen (Warner, Sony, EMI, Polygram) den deutschen Musikfernsehsender **VIVA**. Dies führte zunächst zu kartellrechtlichen Bedenken, da zum ersten Mal die Musikindustrie ihren eigenen Fernsehsender besaß. Weitere deutsche Musikfernsehsender folgten, z. B. VIVA II.

Zur Auswahl der Clips. Wöchentlich werden auf VIVA etwa 80 Clips ausgestrahlt. Der Anteil deutschsprachiger Musik bewegt sich heute bei etwa 40%.

Business-TV

Unter einem *Business-TV-Sender* versteht man einen kommerziellen Fernsehsender, der verschlüsselt für bestimmte Firmen Sendungen ausstrahlt (vgl. 8.3.8 *Business Radio*). Seit 1998 gibt es den Business-TV-Sender *e:max* von ProSieben. Er sendet kein Festsignal, sondern stellt über Satellit verschlüsselt einem Nutzer gegen Gebühr Videoclips, Animationen und Werbung bereit, die dieser nach bestimmten Vorgaben individuell kombinieren kann. Zielgruppe sind Diskotheken, Fitness-Center und gastronomische Betriebe.

Das Musikfernsehen als Werbemedium

Werbung für Musik. Die Musikfernsehsender sind heute ein wichtiges Werbemittel für eine vornehmlich jugendliche Zielgruppe. Es wird für Musik geworben durch

- Abspielen von Clips,
- Werbung i. e. S.,
- (→) *redaktionelle Werbung*.

Werbung für Produkte. Die Sender sind auch für die Werbung i. e. S. von Produkten aller Art wichtig, aber auch durch (→) *Product Placement* in Videoclips, vor allem für Mode, durch auftretende Stars usw.
MTV und VIVA senden somit im Grunde 24 Stunden pro Tag Werbung i. w. S., wobei sich Werbespots, Videoclips und redaktionelle Werbung abwechseln.

Werbung für unkritisches Verhalten. Das Musikfernsehen stellt zudem (→) *Werbung im allgemeinen Sinn* dar. Es wirbt dafür, Musikfernsehsender zu schauen und Musik zu konsumieren. Es wirbt dafür, sich beständig der Werbung auszusetzen und sich nicht kritisch zu informieren. Beispielsweise gibt es im Musikfernsehen weder eine kritische Auseinandersetzung mit der gesendeten Musik noch Nachrichten.

Live-Auftritte von Musikern im Rundfunk und Fernsehen

Üblich ist es, dass in Shows, Talkshows und ähnlichen Sendungen solche Musikstars als Talkgäste und/oder Interpreten auftreten, die gerade eine Tournee beginnen und/oder eine neue CD auf den Markt bringen. Der oder die Musiker erhalten dabei die Gelegenheit, in einem Interview für die CD oder die Tournee zu werben. Im Fernsehen werden bei solchen Auftritten auch zuweilen die Tourneedaten eingeblendet.
Im Anschluss an Fernsehsendungen wird auch manchmal für entsprechende CDs geworben, beispielsweise nach Sendungen mit (→) *volkstümlicher Musik*.

Sponsoring

Sponsoring liegt vor, wenn eine Firma eine Veranstaltung oder einen Fernsehbeitrag finanziell unterstützt und dafür der Name der Firma in diesem Zusammenhang genannt werden darf, ohne dass dabei für ein konkretes Produkt geworben wird. Der Sponsor erhält dadurch einen Image-Gewinn. Musikveranstaltungen werden des Öfteren gesponsert.

Redaktionelle Werbung

Allgemeines. Unter **redaktioneller Werbung** versteht man Werbung für ein Produkt in Zeitungs- oder Zeitschriftenartikeln, Nachrichten, Warentests, Boulevardsendungen usw., die als Information getarnt sind. Redaktionelle Werbung wird teilweise von Firmen gezielt lanciert.

Jugendzeitschriften. Die Artikel in den verbreiteten Jugendzeitschriften, besonders in Bravo, sind in erster Linie Werbung. Zumeist werden Artikel geschrieben, wenn die entsprechende Person oder die Gruppe eine CD herausgebracht hat oder eine Tournee vorbereitet. Die Personen und die Musik werden überschwänglich gelobt. Das Ende eines Artikels stellt in der Regel eine Aufforderung zum Konsum dar.

Radio und Fernsehen. Die Mitteilungen über Stars in Rundfunk und Fernsehen, beispielsweise in Boulevard-Magazinen, sowie Interviews haben einen ähnlichen Effekt wie die Artikel in den Jugendzeitschriften.

Provozierung von Nachrichten. Eine gute Werbewirkung wird erzielt, wenn eine Firma es erreicht, dass über ein Produkt in den Nachrichten oder in einem Zeitungsartikel berichtet wird. Zuweilen kommt es außerdem vor, dass große Popstars zu Beginn einer Tournee oder nach Veröffentlichung einer neuen CD etwas Medienwirksames, z. B. etwas ethisch Wertvolles unternehmen, damit darüber in den Nachrichten berichtet wird. Dies ist etwa der Fall, wenn *Michael Jackson* ein Kinderheim besucht.

Hitparade. Die in Zeitschriften veröffentlichten Hitparaden dienen u. a. der Werbung.

Merchandising

Merchandising ist die finanzielle Verwertung eines Produktnamens oder -emblems (Logo oder Farben des Produkts) über das ursprüngliche Produkt hinaus. *Merchandising* liegt etwa vor, wenn der Name eines Produktes oder dessen Emblem sich auf Alltagsgegenständen befindet, z. B. auf T-Shirts, Bettwäsche, Kaffeetassen und anderen Fanartikeln. Beim Merchandising muss der Werbende kein Geld bezahlen, sondern verdient. Merchandising spielt vor allem beim Film und beim Fußball eine große Rolle. In der Musik gibt es Merchandising vor allem bei Konzerten oder Tourneen.

Tourneen

Tourneen bilden eine wichtige Form der Werbung für eine Person bzw. Gruppe oder für eine CD. Üblicherweise ist eine Tournee gekoppelt mit der Herausgabe einer neuen CD.

Product Placement

Unter **Product Placement** versteht man die Nennung oder das Zeigen eines Produkts bzw. dessen Namens in Sendungen (zumeist im Fernsehen) in Situationen, die nicht von einem informativen Charakter geprägt sind.
Product Placement findet beispielsweise statt, wenn *James Bond* einen BMW fährt. Diese Form der Werbung gibt es seltener bei Musik, etwa dann, wenn ein Krimi bei einem Popkonzert spielt. Bestimmte Formen des *Product Placements* sind verboten. Allerdings wird dagegen im Fernsehen oft verstoßen. *Product Placement* von Musik kann kaum verhindert werden. In Videoclips gibt es des Öfteren *Product Placement* durch Musiker (→ 2.3.6).

Möglichkeit des Überspielens von Musik aus dem Internet

Musiker veröffentlichen zuweilen zum Zwecke der Werbung einen Song ihrer neuesten CD zum kostenlosen Überspielen im Internet.

Imagepflege von Stars

Es gibt Superstars, z. B. *Michael Jackson*, bei denen jedes Detail ihrer Erscheinung für die Vermarktung gesteuert wird (z. B. Aussehen, Bewegungen, Äußerungen, Art der Musik).
Zur Image-Pflege gehört es, wenn Stars etwas ethisch Wertvolles tun. Etliche Musiker unterstützen beispielsweise Kampagnen wie *Keine Macht den Drogen*.

Virtualisierung von Personen. Stars sind anfällig für negative Schlagzeilen. So wurden *Michael Jackson* pädophile Neigungen unterstellt, was seinem Image und vermutlich dem finanziellen Gewinn schadete. Daher ist es nicht erstaunlich, dass neuerdings versucht wird, virtuelle Stars aufzubauen. Unter einem *Avatar* oder *Avatare* (indisch) versteht man einen virtuellen Star, der also nicht aus Fleisch und Blut ist, sondern nur in Computer-Programmen existiert. Solche Stars können mit den Eigenschaften ausgestattet werden, die sich am Besten vermarkten lassen. Beispiele sind die Nachrichtensprecherin *Ananova* und in Japan die Sängerin *Kyoko Date*.

2.6.3 Gegenseitige Werbung von Musik bzw. Musikern und anderem Produkt

Einleitung. Seit einigen Jahren werben verschiedene Firmen verstärkt gegenseitig füreinander, beispielsweise solche, die Kühlschränke herstellen, und solche, die Tiefkühlkost produzieren. Im Bereich der Popularmusik gibt es viele Beispiele für gegenseitige Werbung. Füreinander werben können auf der einen Seite eine Firma oder ein Produkt, auf der anderen Seite Musiker, eine bestimmte Musik oder eine Veranstaltung, z. B. die *Love Parade*.

Musik und Film: Main Title bzw. Soundtrack von Filmen. Eine der frühesten Formen solcher gegenseitiger Werbung ist die seit den 1950er Jahren verbreitete Veröffentlichung des (→) *Main Titles*, später des (→) *Soundtracks* eines Filmes auf Tonträger. Hierbei werben Filmmusik und Film gegenseitig füreinander (→ 7.1.4).
Eine neuere Tendenz von Videoclips ist, dass sie nicht nur musikalisches Material eines Films, sondern auch Bilder daraus verwenden.

Musik bzw. Musiker und Produkt werben gegenseitig füreinander. In der Werbung kommen viele (→) *Stars* aus allen Sparten vor. Hierbei ist der *Image-Transfer* von Bedeutung. Unter **Image-Transfer** versteht man die Übertragung des Images einer Person oder eines Produkts auf ein anderes Produkt.
Oft wird die Musik eines oder mehrerer Stars als (→) *Kennmusik* in Werbespots verwendet, wodurch die Musik und das entsprechende Produkt gegenseitig füreinander Werbung machen. Zu den bekanntesten Beispielen zählt die Verbindung zwischen den *Rolling Stones* und dem VW-Konzern. Dieser durfte einen Golf *Rolling Stone* nennen, der sich äußerlich von den anderen Golfs durch ein Logo der *Rolling Stones* unterschied. In den Werbespots für dieses Auto erklang Musik der *Rolling Stones*. Dafür unterstützte der Konzern finanziell eine Tournee der Gruppe. Durch diese Maßnahmen wollte man das Image der *Rolling Stones* als revolutionär, aggressiv und sexy auf den einfachen Mittelklassewagen VW Golf übertragen.

Es kann auch vorkommen, dass ein Star für ein bestimmtes Produkt Reklame macht, ohne dass seine Musik erklingt.

Verkauf von Musik in Einkaufsketten. In Fastfood-Ketten gibt es beispielsweise manchmal CDs zu kaufen, mit deren Musik in den Werbespots für diese Ketten geworben wird.

Bands aus Seifenopern. Schauspieler aus Seifenopern bilden zuweilen eine Band, z. B. solche aus *Gute Zeiten, schlechte Zeiten* und *Unter uns*. Die Sängerin *Kylie Minouge* begann ihre Karriere in einer australischen Seifenoper.

Separat käufliche Musik aus Werbespots. Bisweilen ist Musik aus Werbespots separat käuflich zu erwerben.

Product Placement durch Musiker. Sängerinnen und Sänger betreiben *Product Placement* für Kleidung in Videoclips und bei Auftritten. Stars sind für entsprechende Firmen begehrt, da sie Trends setzen können. Außer bei Musikern ist *Product Placement* vor allem bei Sportlern verbreitet.

Dauerwerbesendungen in Musikfernsehsendern. In Musikfernsehsendern gibt es Sendungen, die von bestimmten Firmen unterstützt werden, deren Namen oder Logo deutlich dauerhaft im Bild präsent sind. Auf VIVA wurde beispielsweise die vom Jeanshersteller Mustang produzierte Lifestyle-Sendung *Jam* ausgestrahlt.

Koppelung zwischen Musik bzw. Musiker und Bildschirmspiel. Unter einem **Bildschirmspiel** versteht man ein Spiel mit Bildschirm und Computer. Man unterscheidet hierbei zwischen Spiel auf einem Automaten in einer Spielhalle, **Computerspiel** (Programm für den Home-Computer) und **Videospiel** (Computer ausschließlich zum Spielen). Bildschirmspielen kommt unter Kindern und Jugendlichen eine ständig wachsende Bedeutung zu. Ein solches besaßen 1993 in Deutschland beispielsweise 45% der Kinder zwischen 6 und 12 Jahren.
Die Werbung spielt hierbei allgemein eine große Rolle. Viele Firmen produzieren ihre eigenen Bildschirmspiele zu Werbezwecken. Außerdem gibt es *Product Placement* in käuflich zu erwerbenden Spielen.
Viele bekannte Medienstars, einschließlich Musiker, sind in Bildschirmspielen verarbeitet, sodass Stars und Spiele gegenseitig füreinander werben. Ende 1999 kam beispielsweise *The Nomad Soul – Omikron* auf den Markt, in dem der Sänger *David Bowie* vorkommt.

Zusammenarbeit zwischen Künstler und Fernsehsender. Manche Fernsehsender unterstützen die Tournee eines oder mehrerer Künstler und erhalten dafür Senderechte der Tournee-Konzerte oder der Künstler macht eine eigene Fernsehshow. Das ZDF unterstützte 1999 beispielsweise eine Tournee von *Udo Jürgens*. Hinweise auf ein Konzert von *Jürgens* in diesem Sender waren gleichzeitig Werbung für dessen Tournee. Diese Hinweise galten als Eigenwerbung und fielen damit nicht unter das Sonntags-Werbeverbot.

2.6.4 Kinder als neue bedeutende Zielgruppe bei der Popularmusik

Neben den Jugendlichen werden Kinder als Zielgruppe für die Werbung allgemein immer wichtiger, weil sie über große Kaufkraft verfügen und leicht zu beeinflussen sind. Dies gilt auch für die Werbung für Popularmusik. Es gibt beispielsweise zunehmend mehr Stars in ganz jungem Alter, z. B. *Hansons*. Im Fernsehen gibt es auch eigene Popularmusik-Sendungen für Kinder, z. B. die Miniplayback-Show bzw. Showteile in Kindersendungen.

2.6.5 Werbung für Ernste Musik

Werbemethoden, die denen der Popularmusik entsprechen

Die Werbung für Ernste Musik weist ähnliche Mechanismen auf wie diejenige für Popularmusik, allerdings ist der Umfang wesentlich geringer. **Werbung i. e. S.** für Musik gibt es vor allem in Anzeigen, kaum in Werbespots. Eine **Hitparade** mit Ernster Musik wird im Sender (→) *Klassik Radio* präsentiert. Das mehrfache **Abspielen** von Stücken Ernster Musik (*Rotation*) in diesem Sender hat eine ähnliche Wirkung wie dasjenige der Popularmusik auf anderen Sendern. **Videoclips** von Werken Ernster Musik sind selten.
Von Bedeutung sind **Live-Auftritte** von Stars in **Rundfunk** und **Fernsehen**. **Redaktionelle Werbung** stellen vor allem Rezensionen dar. Es gibt auch Merchandising, beispielsweise bei Festivals oder Tassen mit dem Schriftzug der *Berliner Philharmoniker*.
Ähnlich wie bei der Popularmusik werden **Tourneen** veranstaltet, die mit CDs gekoppelt sind, beispielsweise *Anne-Sophie Mutters* Konzertreihe mit den Violinsonaten von *Beethoven*.
Stars spielen auch in der Ernsten Musik eine wichtige Rolle. Durch neue Stars lassen sich Interpretationen von bekannten Werken, die das Publikum bereits besitzt, erneut verkaufen.
Sponsoring für Stars ist selten, verbreitet aber für Festivals.

Neue Zielgruppen durch Popularisierung von Ernster Musik

Klassik Radio. In dem kommerziellen Rundfunksender *Klassik Radio* erklingen nur leicht eingängige Stücke aus dem 17. bis 20. Jahrhundert, meistens nur einzelne Sätze. Oft wird die Musik für Werbung oder Nachrichten ausgeblendet, was in öffentlich-rechtlichen Sendern verpönt ist und der Aura eines Werkes schadet. Der Klang der Stücke ist reizintensiv, die Dynamikschwankungen sind geringer als üblich. Es wird viel Werbung für populäre Ernste Musik gemacht.

Open-Air-Festivals. Zuweilen finden, wie in der Popularmusik, große Open-Air-Festivals und auch Konzerte in Stadien statt.

Verbindung zwischen Ernster und Popularmusik

Es gibt vermehrt Stars, die sich in beiden Bereichen betätigen bzw. beide Formen miteinander vermischen, z. B. durch Bearbeitung Ernster Musik. Beispiele sind *Die drei Tenöre* (*Luciano Pavarotti, Placido Domingo, José Carreras*), *Montserrat Caballé* (Sopran), *Nigel Kennedy* (Violine), *Vanessa Mae* (Violine) und *André Rieu* (Violine).

2.6.6 Zusammenfassung

Produkte, für die geworben wird, sind gleichzeitig Werbemittel. Eine der wesentlichsten Entwicklungen bei der Werbung seit Ende des 20. Jahrhunderts ist, dass Produkte, für die geworben wird, immer stärker auch gleichzeitig Werbemittel sind. Die Musik spielt hierbei eine entscheidende Rolle.
Beispielsweise wird ein Film mit Songs auf den Markt gebracht; gleichzeitig werden die Songs getrennt auf CD veröffentlicht; im Videoclip eines dieser Songs sind Sequenzen des Films verarbeitet. Dazu gibt es ein Bildschirmspiel mit Ausschnitten aus der Musik und Bildern des Films. Alle Medien sind gleichzeitig Werbung und Ware und werben gegenseitig füreinander.
Diese Mechanismen verdeutlichen, warum Medienkonzerne versuchen, auf mehreren medialen Ebenen aktiv zu sein.

Großes Ausmaß an Werbung. Für kaum eine Produktart wird auf vielfältigere Weise geworben als für Musik. Das Ausmaß der Werbung ist den meisten Konsumenten gar nicht klar bewusst, da es schwer zu durchschauen ist. Dies gilt besonders für Kinder, die erst mit ca. 12 Jahren den Sinn und Zweck von Werbung i. e. S. vollständig begreifen können.
Eine rechtliche Beschränkung von Werbung wird zusehends schwieriger.

Geschmack stark gesteuert. Das Ausgeführte macht deutlich, dass der Geschmack der Menschen stark von wirtschaftlichen Interessen beeinflusst ist.

2.7 Ensembles, Musikveranstaltungen, Kompositionsaufträge

Es gibt in Deutschland ein reichhaltiges Musikleben mit einer großen Zahl von Veranstaltungen. Diese werden auf die unterschiedlichsten Arten unterstützt. Inwieweit ein Förderer Einfluss auf die Inhalte gewinnt, ist im Einzelnen schwer zu durchschauen.

Arten der Unterstützung von Orchestern und großen Musikveranstaltungen in Deutschland

(Öffentlich vom Staat) subventioniert. Der Staat unterstützt das Musikleben auf vielfältige Weise. Dies geschieht u. a. durch Subventionierung von Orchestern und Musikveranstaltungen. Fast ausschließlich wird die Ernste Musik gefördert. Die öffentlichen Subventionen wurden in der letzten Zeit deutlich gekürzt. Die Anzahl der öffentlich geförderten Orchester ist zurückgegangen.

Von den Kirchen gefördert. Es gibt viele Konzerte von Kirchenchören und damit verbundenen Orchestern sowohl im Gottesdienst wie auch in weltlichen Darbietungen.

Das **Sponsoring** von Konzerten und Opernaufführungen von großen Firmen nimmt zu.

Privat gefördert (durch Mäzene und Stifungen, hauptsächlich bei Ernster Musik). Wie in vergangenen gibt es auch noch im 20. Jahrhundert (→ Bd. II) *Mäzene*. Außerdem fördern Stiftungen, d. h. Organisationen, die zweckgebundenes Vermögen verwalten.

Professionelle Ensembles

Staatliche Opernhäuser. In Deutschland gibt es rund 90 öffentlich geförderte Musiktheater mit Orchestern. Oft werden drei Sparten angeboten (Schauspiel, Oper, Ballett). Eine Opernkarte ist in Deutschland durchschnittlich zu ca. 90% subventioniert.
Die großen Gesangsstars sind nicht fest an einem Opernhaus engagiert. Sie arbeiten an verschiedenen Opernbühnen in aller Welt und streichen enorme Summen ein, was immer wieder zu Diskussionen führt.
In anderen Ländern sind die Opernhäuser privat oder erhalten weniger öffentliche Subventionen. Dadurch gibt es viel weniger Opernhäuser.

Private Musicalhäuser. In den vergangenen Jahren haben sich in Deutschland private Musicalbühnen etabliert, von denen es 1999 18 gab.

Weitere Berufsorchester und -chöre. Zusätzlich zu den Opernorchestern gibt es in Deutschland noch über 50 öffentlich geförderte Sinfonieorchester. An den Rundfunkhäusern sind zudem Sinfonieorchester und Chöre beschäftigt; diese sind wichtige Förderer von zeitgenössischer Ernster Musik, denn sie geben Kompositionen in Auftrag und führen sie auf. – Es gibt auch Spezialensembles für zeitgenössische Ernste Musik, die zuweilen öffentlich subventioniert werden, z. B. das *Ensemble Modern*.

Musikveranstaltungen

Musiktheater. Opern werden zumeist in Opernhäusern aufgeführt. Zuweilen gibt es so genannte *konzertante Aufführungen* im Konzertsaal.
Die Stücke mit den meisten Aufführungen in Deutschland, Österreich und der Schweiz von 1997 sind: *Die Zauberflöte (Mozart), Grease (Jacobs/Casey), Das Phantom der Oper (Lloyd Webber), Les Misérables (Claude-Michel Schönberg), Miss Saigon (C.-M. Schönberg), Starlight Express (Lloyd Webber), Cats (Lloyd Webber), Sunset Boulevard (Lloyd Webber), Hänsel und Gretel (Humperdinck), Anatevka (Bock), Die Fledermaus (J. Strauß)*. (Siehe hierzu Bd. II.)

Konzerte. In den letzten Jahren ist sowohl bei der Popularmusik wie auch in selteneren Fällen bei der Ernsten Musik eine Tendenz zu großen Veranstaltungen festzustellen. Popfestivals gibt es seit den 1960er Jahren. Man veranstaltet heute Konzerte auch in Stadien und auf noch größeren Plätzen.
An Kirchen angestellte Musiker geben oft Konzerte mit Kirchenmusik und tragen damit wesentlich zum Konzertleben bei.
Für zeitgenössische Ernste Musik gibt es des Öfteren eigene Konzerte.

Festspiele, Festivals und Fachkongresse. In den letzten Jahren werden vermehrt Festivals für Ernste Musik durchgeführt. Sie werden teils öffentlich, teils durch *Sponsoring* unterstützt. Dabei versucht man, neue Hörerschichten zu gewinnen.

Es gibt besondere Festspiele und Fachkongresse für zeitgenössische Ernste Musik, z. B. in Darmstadt und Donaueschingen. Sie werden hauptsächlich öffentlich subventioniert.

Kompositionsaufträge und -preise

Die zahlreichen Kompositionsaufträge und -preise werden von privaten und öffentlichen Trägern vergeben. Dadurch wird die zeitgenössische Ernste Musik subventioniert.
In der ehemaligen DDR gab es ein sehr großes Auftragswesen für zeitgenössische Ernste Musik. Verbunden mit dem Auftrag war, dass die Komponisten eine Art Patenschaft mit Arbeitergruppen aufbauen sollten.

2.8 Musikberufe

Die Frau in der Musik

In früheren Jahrhunderten übten Frauen einfache Berufe aus, wie z. B. in der Landwirtschaft und in Fabriken. In den meisten akademischen Berufen waren sie bis zum ausgehenden 19. Jahrhundert kaum vertreten. Wichtiges Machtmittel der Männer war der Ausschluss der Frauen von Eigentum und Bildung, verbunden mit der Ideologie, dass Frauen ungeeignet seien (vgl. Bd. II; 7.3.6).
Im 20. Jahrhundert hat sich die Position der Frau deutlich gewandelt. Allerdings gibt es immer noch wenig Frauen in Führungspositionen. In einigen Bereichen der Musik spielen Frauen heute noch eine sehr geringe Rolle.

Sängerinnen gab es seit dem 16. Jahrhundert an den Höfen.

Instrumental-Virtuosinnen waren bis zum 19. Jahrhundert eher selten. *Clara Schumann* war eine Ausnahme. Heute sind sie zahlreich.

Orchestermusikerinnen hatten noch im 20. Jahrhundert große Schwierigkeiten. Bei den Berliner Philharmonikern wurde die erste Frau in den 1980er Jahren aufgenommen, bei den Wiener Philharmonikern erst in den späten 1990er Jahren.

Es gab immer **Komponistinnen**, die allerdings selten an eine größere Öffentlichkeit treten konnten. **Dirigentinnen** gab es vereinzelt im 19. Jahrhundert. Seit der zweiten Hälfte des 20. Jahrhunderts erscheinen in der Ernsten Musik vermehrt Komponistinnen und Dirigentinnen.

Musikberufe des Musiktheaters

Der **Choreograph** entwirft die Bewegungen beim Ballett, die **Choreographie**, und übt sie ein.

Der **Dramaturg** ist der literarische Berater in einem Theater; er hilft bei der Auswahl und Einrichtung der Stücke und bringt sie den Akteuren und dem Publikum näher, beispielsweise durch Programmhefte.

Der **Inspizient** ist für den reibungslosen Ablauf einer Aufführung verantwortlich.

Ein **Korrepetitor** ist ein Pianist, der am Klavier mit Sängern deren Part einstudiert.

Der **Regisseur** richtet den Text ein und nimmt gegebenenfalls Kürzungen am Werk vor, konzipiert das Bühnenbild und führt *Regie* bei den Proben (Bestimmung der Platzierung, Mimik und Gestik der Akteure).
Seit den 1950er Jahren wird des Öfteren das Prinzip des *Regietheaters* angewandt. Unter **Regietheater** versteht man diejenige Art der Regieführung, bei der eine in der Vergangenheit spielende Handlung in einer aktuelleren Version dargeboten wird, die zumeist in der Gegenwart angesiedelt ist.

Der **Requisiteur** sorgt für die *Requisiten*, also für die bei einer Aufführung benötigten Gegenstände.

Weitere Musikberufe, insbesondere im Bereich der Medien

Im 20. Jahrhundert sind neben den klassischen künstlerischen Berufen (Komponist, Instrumentalist, Sänger, Dirigent) und solchen im pädagogischen Bereich zahlreiche Musikberufe neu entstanden, bzw. sind gegenüber den vorigen Jahrhunderten wichtiger geworden. Zu diesen zählen:

- Musikwissenschaftler,
- Bibliothekar,
- Kritiker von Tonträger, Filmen und Aufführungen in Presse, Rundfunk und Fernsehen,
- Redakteur in Presse, Rundfunk und Fernsehen,
- Verleger, Händler und Verkäufer von Musikalien,
- Moderator in Rundfunk und Fernsehen,
- Kultur-, Musik- und Medienmanager,
- Tonmeister, Ton- und Bildingenieur,
- Programmierer von Musik-Software, z. B. zur Notation oder Tonaufnahme,
- Musiktherapeut (→ 8.3.6 *Musiktherapie*), Tanztherapeut,
- Discjockey, Videojockey.

3 Ernste Musik bis 1950

3.1 Musikalische Neuerungen

3.1.1 Stileinheitlichkeit, Komplexität, Popularität, Einfluss

Heterogenität bezüglich des Materials.
Allgemeines. War die Ernste Musik verschiedener Komponisten im 19. Jahrhundert schon stilistisch uneinheitlicher als in vorigen Jahrhunderten, so hat sich die Heterogenität hinsichtlich des Materials in Werken der Ernsten Musik des 20. Jahrhunderts noch erheblich vergrößert.
Im 20. Jahrhundert wurden auch alle Arten von Musik in die Ernste Musik einbezogen, beispielsweise die Stile der europäischen Musikgeschichte, Jazz und nicht-westliche Musik.
Unter **Avantgarde** [avã'gard] (franz.: Vorhut) versteht man allgemein Vertreter künstlerischer Strömungen, welche die überlieferten Ausdrucksarten und Formen sprengen und neue Entwicklungen einleiten wollen. In der Musik gibt es nach dieser Definition zu allen Zeiten Avantgardisten, z. B. die (→ Bd. II) *Florentiner Camerata*, auch *Beethoven* oder *Wagner*. Der Begriff wird in der Musik jedoch zumeist auf die Zeit nach 1900 bezogen, und hier wiederum vornehmlich auf Komponisten nach 1950, die bedeutende Neuerungen hervorbrachten. In dieser Weise wird der Begriff auch hier verwendet.
Auseinandersetzungen um jeweils neueste Musik. Bereits seit dem Mittelalter gab es Auseinandersetzungen um die Musik. Zu den bekanntesten gehört diejenige zwischen *Neudeutschen* und *Konservativen* im 19. Jahrhundert (→ Bd. II; 7.6.2).
Entsprechend den verschiedenen Stilen der Komponisten gab es im 20. Jahrhundert wesentlich mehr Auseinandersetzungen zwischen einzelnen Gruppen, in der Regel zwischen Anhängern von moderner und traditioneller Musik. Dies äußerte sich auch durch zahlreiche Skandale in Konzerten, vor allem bei Uraufführungen, in denen es auch zu Handgreiflichkeiten kam.
Personalstil. Komponisten besaßen in der ersten Hälfte des 20. Jahrhunderts wie im vorigen einen Personalstil. – Charakteristisch ist auch, dass Komponisten im 20. Jahrhundert teilweise einschneidende Stilwechsel vollzogen. Beispiele hierfür sind *Strawinsky, Strauss, Weill, Hindemith, Schönberg, Nono, Stockhausen* und *Penderecki.*

Geographische Verschiedenheit (gilt für das ganze Jahrhundert). Die Ernste Musik war von Land zu Land stark unterschiedlich. In Großbritannien, den USA und den skandinavischen Ländern war sie deutlich traditioneller und populärer als in Mitteleuropa.

Zeitgenössische Ernste Musik ist weniger populär (im ganzen Jahrhundert). Die Kunstmusik vor 1900 stieß beim Publikum des Öfteren auf Ablehnung wegen ihrer allzu kühnen Neuerungen. Beispiele hierfür sind Werke von *J. S. Bach, Mozart* und *Beethoven*. Im 20. Jahrhundert war dies bei Musik von berühmten Komponisten jedoch weitaus häufiger der Fall; sie war ingesamt erheblich weniger populär als solche vor 1900.

Verhältnis zwischen Komplexität, Popularität, Material und Einfluss.
Allgemeines. Man kann bei Komponisten folgende Aspekte unterscheiden: Differenziertheit der Musik, Popularität, Verwendung von neuem Material, Einfluss auf die Musikgeschichte.
Heutige Popularität der Werke vor ca. 1900. Heutzutage entspricht bei Komponisten der Kunstmusik des 18. und 19. Jahrhunderts der Bekanntheitsgrad der Werke, zumindest in ihrem jeweiligen Land, ungefähr deren Komplexität. Generell sind Werke, die zu ihrer Entstehungszeit für die Entwicklung der Musik wichtig waren, auch heute bekannt, z. B. *Beethovens* 9. Sinfonie oder *Wagners* Musikdramen.
Heutige Popularität der Werke von ca. 1900 bis 1950. Die Situation hat sich diesbezüglich in der Ernsten Musik nach 1900 deutlich geändert. Traditioneller orientierte Komponisten mit hoher Komplexität sind allgemein bekannt, wenn auch weniger als solche aus vergangenen Jahrhunderten. Beispiele sind *R. Strauss, Puccini, Janáček, Sibelius, Bartók, Schostakowitsch, Prokofjew, Ravel, Debussy* und *Strawinsky*.
Es gibt in der ersten Hälfte des 20. Jahrhunderts Komponisten mit Werken höchster Komplexität, die außerdem wichtigen Einfluss auf die Entwicklung der Ernsten Musik nahmen, vergleichsweise aber wenig populär sind, z. B. *Schönberg, Berg* und *Webern*.

3.1.2 Neue Gattungen / Gewichtung / neue Formprinzipien

Gattungen. Die Gattungen des 19. Jahrhunderts wurden übernommen, aber zum Teil stark modifiziert. Einige neue Gattungen entstanden (→ 3.4.1 und 3.6.1). Neu ist vor allem die (→ Kap. 7) *Filmmusik*.

Gewichtungen. Bekannte Komponisten schufen seltener geistliche Musik (→ 3.5).

Neue Formprinzipien.
Allgemeines: Herkömmliche Formen sind seltener. Es entstanden keine neuen Formen wie in den Jahrhunderten zuvor. Feststehende Formen – sowohl die mehrsätzigen als auch die einsätzigen – verloren an Bedeutung oder wurden zudem freier, auch hinsichtlich der Harmonik. Die *Sonatenhauptsatzform* war in der ersten Hälfte des 20. Jahrhunderts noch von Bedeutung und wurde später weniger wichtig. Häufig waren **Reihenformen**, also solche, bei denen einzelne voneinander deutlich abgrenzbare Abschnitte aneinandergereiht sind, wobei veränderte Wiederholungen vorkommen.
Weniger Wiederholung. Bereits im 19. Jahrhundert waren Wiederholungen sowohl in der Groß- wie in der Detailform seltener und weniger deutlich als in den Jahrhunderten zuvor. Im 20. Jahrhundert verstärkte sich diese Tendenz besonders.
Reprisen wurden seltener und oft viel einschneidender verändert, z. B. auch in der Taktart (→ 3.6.1: *Bartók: Musik für Saiteninstrumente*).
Form ist weniger deutlich erkennbar. Die Tendenz des 19. Jahrhunderts nach Verwischung von Zäsuren und Taktgruppen in einem Werk verstärkte sich in der Musik nach 1900.
Musik ist weniger vorhersehbar. Die Ernste Musik des 20. Jahrhunderts ist wesentlich weniger vorhersehbar, besonders hinsichtlich der Melodik und der Harmonik.

3.1.3 Notation

In der ersten Hälfte des 20. Jahrhunderts änderte sich die Notation kaum. Es gab allenfalls eine besondere Notation für gebundene Melodramen (→ 3.1.4).
Der Taktstrich diente zuweilen nur der Orientierung (→ 3.1.4 *Rhythmik*).
Verbreitete Spielanweisungen für die Streicher wurden: *am Steg, col legno, auf dem Griffbrett.*
Vorzeichen gelten bisweilen nur für die Note danach, nicht mehr für den ganzen Takt.
Man ging dazu über, die Instrumente nicht mehr transponiert, sondern (→ Bd. I) *klingend* zu notieren (vgl. auch 3.1.4 *Textur*).

3.1.4 Musikalische Merkmale

Fast alle musikalischen Merkmale wurden im 20. Jahrhundert insgesamt komplexer, was den Zugang zur Musik erheblich erschwert und die Popularität verringert. Für viele Werke ist eine jeweils eigene Hörweise erforderlich. Oft erschließt sich somit Ernste Musik des 20. Jahrhunderts viel besser durch Analyse, die also wesentlich wichtiger wird als bei Musik früherer Jahrhunderte. Für die Musik nach 1950 sind dabei Äußerungen der Komponisten zu ihren eigenen Werken für deren unmittelbares Verständnis nicht immer hilfreich.

Einteilung der Oktave

In der Musik nach 1900 wird unsere Materialtonleiter, und somit die Einteilung der Oktave in 12 Halbtonschritte, zum größten Teil beibehalten. Es gab vor 1950 vereinzelt Kompositionen mit Vierteltönen, z. B. bei (→) *Ives*, und mit Sechsteltönen. Auch kamen in Werken mit herkömmlicher Einteilung der Oktave einige Vierteltöne vor.

Melodik

Die Melodik nach 1900 ist zuweilen sehr komplex. Die Tendenzen des 19. Jahrhunderts haben sich verstärkt: Chromatik, großer Tonumfang der Themen, extreme Intervalle und schnelle Durchmessung großer Tonräume. Gesangsmelodien sind oft sehr schwer zu singen (→ Notenbeispiel 3.2).

Motivisch-thematische Beziehungen

Enge der Beziehungen. Die motivisch-thematischen Beziehungen wurden im 19. Jahrhundert komplexer und enger. Dies verstärkte sich in mancher Musik des 20. Jahrhunderts. Ein Abschnitt besitzt **entwickelnde Variation**, wenn in ihm enge motivisch-thematische Beziehungen bestehen und musikalisches Material sich allmählich in anderes entwickelt. Als Beispiel für entwickelnde Variation kann Notenbeispiel 3.1 dienen. In T. 5 wird Motiv β, (T. 2 Oberstimme) transponiert; in T. 6 wird der erste Teil gewissermaßen abgespalten und zweimal (→ Bd. I) *sequenziert*; in T. 7 erscheint β, erneut transponiert. In den Takten 8–9 und 10–11 erklingt der Rhythmus der ersten beiden Takte in der linken Hand. Der Beginn der Phrasen ist eine Abwandlung von β. Konstitutiv ist die große Sekunde nach oben und ein Intervall nach unten.

Notenbeispiel 3.1:

B. Bartók: Bagatelle für Klavier, Op. 6 Nr. 6 (1908)
(Motiv- und Akkordbezeichnungen stehen nicht im Original.)

Notenbeispiel 3.2:

A. Webern: Lied *Ihr tratet zu dem Herde* nach einem Gedicht von *Stephan George*, Op. 4 Nr. 5 (1908/09), 11 Takte von 15

Art der Beziehungen.
Notenbeispiel 3.3:

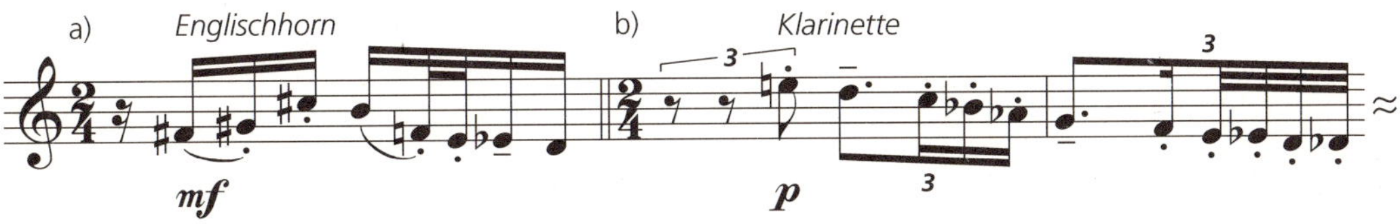

A. Berg: Oper *Wozzeck* (1925), a) T. 4 im Englischhorn (Hauptmann-Motiv), b) Abwandlung T. 38 in der Klarinette

Die Art der motivisch-thematischen Beziehungen wurde im 20. Jahrhundert komplexer. Motive oder Themen wurden vielfältig verändert; sie wurden nicht nur transponiert und abgespalten, sondern es gab auch folgende Änderungen:

- die Tonhöhen werden verändert, nur die Richtung wird beibehalten, siehe Notenbeispiel 3.1 und 3.3;
- die Rhythmik wird verändert, z. B. in Notenbeispiel 3.3;
- es gibt (→ Bd. I) *Augmentationen, Diminutionen* und *Umkehrungen*.

Deutlichkeit der Beziehungen. Zuweilen hört man motivisch-thematische Beziehungen nur nach Analyse. Dies wird beim Notenbeispiel 3.2 deutlich: Klavier und Singstimme sind relativ unabhängig voneinander. Beziehungen zwischen beiden hört man kaum. Von T. 1 bis 5 ist im Klavier ein Motiv zu hören, das aus einem längeren Ton und einem darauf folgenden eine große oder kleine Sekunde tiefer besteht. Zumeist sind die Töne auch noch unterterzt. Ab T. 5 mit Auftakt ist in der Gesangsstimme ein verwandtes Motiv zu hören. Es besteht aus zwei relativ kurzen Tönen, wobei der zweite Ton eine Sekunde tiefer liegt.

Rhythmik und Takt

Allgemeines. Rhythmus und Takt wurden nach 1900 wesentlich komplexer. Dies liegt u. a. an der Einbeziehung von Musik mit besonders ausgeprägten rhythmischen Merkmalen wie der südosteuropäischen Volksmusik und dem Jazz. – Taktstriche dienen zuweilen nicht mehr der Kennzeichnung von Schwerpunkten, sondern nur der Orientierung.

Ausprägung des rhythmischen Moments. Das (→ Bd. I; 7.5) *rhythmische Moment* wurde in etlichen Musikwerken nach 1900 deutlich intensiviert. Das äußert sich vor allem durch die starke Einbeziehung von Schlaginstrumenten, von rhythmisch betonter Volksmusik und Jazz.

Rhythmik. Im 19. Jahrhundert wurden Melodien zunehmend rhythmisch komplexer. Diese Tendenz hat sich im 20. Jahrhundert verstärkt.

Takt, Puls. Charakteristisch für die Ernste Musik nach 1900 ist, dass bisher kaum verwendete Taktarten vorkommen und des Öfteren die Taktart wechselt, verschleiert oder ganz aufgehoben wird.

Eine **unregelmäßige Taktart** liegt vor, wenn starke und leichte Betonungen unregelmäßig sind (→ Bd. I; 2.1). Solche Taktarten gab es vor 1900 kaum, allenfalls den Fünfer-Takt. Vor allem durch den Einfluss der Volksmusik kamen nun zuweilen unregelmäßige Taktarten vor, insbesondere Fünfer- und Siebener-Takte. Es erscheinen auch unregelmäßige Zusammensetzungen des 8/8-Takts, z. B. 3+3+2 / 8, oder der *bulgarische Rhythmus* (2+2+2+3 / 8). Solche Rhythmen hat beispielsweise *Bartók* häufiger verwendet.
Ein **Taktwechsel** liegt vor, wenn Taktarten so wechseln, dass beide Taktarten nacheinander einige Zeit deutlich erkennbar sind. Taktwechsel erscheinen nach 1900 gelegentlich.
Mit Puls, ohne Takt. Manchmal wird in einem Musikabschnitt der Puls beibehalten, aber die Taktart ist nicht eindeutig oder es ist gar kein Takt vorhanden (vgl. Bd. II; 3.6.1). Dies ist dann der Fall, wenn

- die Betonungen des Pulses unregelmäßig sind (→ Notenbeispiel 3.4),
- die Betonungen des Pulses ganz schwach sind,
- bei einer Kombinationen von beidem (→ Notenbeispiel 3.5).

Notenbeispiel 3.4:

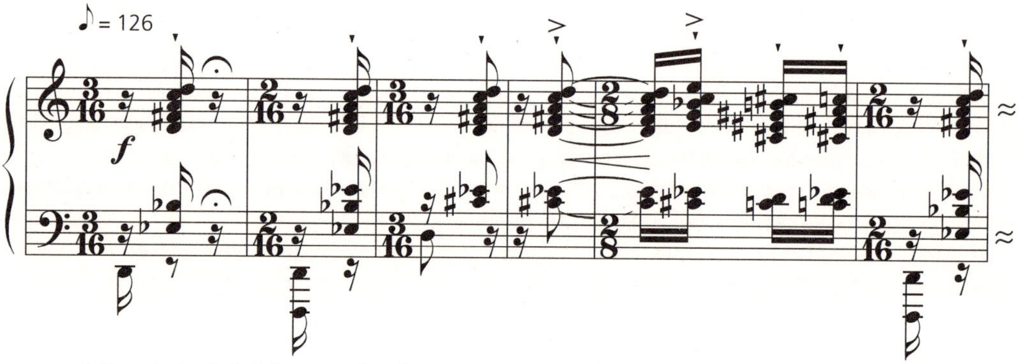

I. Strawinsky: Ballett *Le sacre du printemps, Danse sacrale (L'élue)* (1913), vollständiges Particell T. 1–6

In Notenbeispiel 3.4 ist ein Sechzehntelpuls unterlegt; die Betonungen sind so unregelmäßig, dass kein Taktgefühl aufkommt.
In Notenbeispiel 3.5 ist durch das relativ langsame Tempo und fehlende Begleitung der Puls nicht besonders deutlich ausgeprägt. Als Puls hört man am ehesten die Achtelnoten. Zu Beginn würde man die Taktstriche eher so setzen, wie gestrichelt markiert. Die drei längeren Noten in T. 1 und 2 geben die gehörten betonten Zählzeiten vor. In den Takten 5 und 6 gibt es keine Schwerpunkte. In T. 7 hört man den langen Ton c als schwere Zählzeit. Unterstützt wird das Schwebende durch die Harmonik, die keine Spannung und Entspannung besitzt (→ 3.1.4 *Ganzton-Leiter*).
Äußerlich kann Musik mit Puls ohne Takt daran zu erkennen sein, dass ständig verschiedene Taktarten notiert sind. Dies ist aber keine notwendige Voraussetzung. Wenn kein Taktwechsel notiert ist, fungieren die Taktstriche nur als Orientierung, nicht mehr als Kennzeichnung von Schwerpunkten.

Notenbeispiel 3.5:

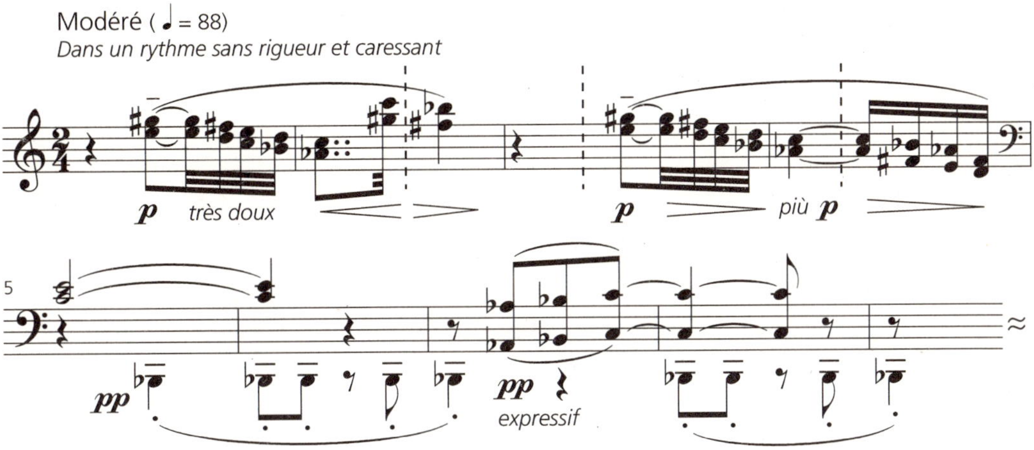

Claude Debussy: Préludes für Klavier Bd. I, Nr. 2 *Voiles* (franz.: Segel, Schleier) (1910), T. 1–9

Ohne Puls. Relativ selten ist in der ersten Hälfte des 20. Jahrhunderts kein Puls vorhanden. Taktstriche dienen hierbei nur der Orientierung.
Dies ist in manchen Abschnitten von *Weberns* Kompositionen der Fall, beispielsweise zu Beginn des Konzerts Op. 24 (→ Notenbeispiel 3.10). In den Takten 1 bis 5 gibt es keinen Puls, da die Notenwerte zu heterogen sind und wegen des dauernden Tempowechsels.
In *Weberns* Lied *Ihr tratet zu dem Herde* (→ Notenbeispiel 3.2) ist zu Beginn insgesamt kaum ein Puls zu spüren wegen der unterschiedlichen Rhythmen in Singstimme und Klavier und der Tempowechsel.
Überlagerung von Pulsen. Verstärkt erscheint in der Musik nach 1900 die gegenseitige Überlagerung von Rhythmen, denen unterschiedliche Pulse zugrunde gelegt sind. Das gab es allerdings in der europäischen Kunstmusik seit dem Mittelalter (→ Bd. II; Notenbeispiele 3.9, 4.2 und 5.8).
Überlagerung von Taktarten. Des Öfteren erscheint *Polymetrik*. **Polymetrik** liegt vor, wenn zwei oder mehr Taktarten gleichzeitig erklingen, z. B. am Schluss von *Strawinskys* Psalmensinfonie. Auch hierzu gibt es Vorläufer vor 1900 (→ Bd. II; Notenbeispiel 6.8).

Harmonik

Einleitung. Ein maßgeblicher Grund für das schwere Verständnis der Musik nach 1900 ist die komplexe Harmonik. Eine solche ist wichtige Ursache dafür, dass Musik oft kaum vorhersehbar ist. Jedoch werden auch in komplexer Harmonik häufig Momente der Durmolltonalität beibehalten, wie im Folgenden gezeigt wird.

Art der Akkorde. Es erscheinen verstärkt dissonante Akkorde. Solche können sich in vielerlei Hinsicht ähneln oder unterscheiden, beispielsweise durch folgende Merkmale:

- *Intervallaufbau.* Oft kommen terzgeschichtete Vier-, Fünf- oder Sechsklänge vor. Die Terzschichtung ist ein traditionelles Prinzip. Terzgeschichtete Akkorde klingen oft farbig und im Verhältnis zu anderen Akkorden relativ wenig dissonant. Zuweilen wird auch das Prinzip der Quartenschichtung angewandt. Daneben gibt es alle Arten von Akkordbildungen.
- *Dissonanzgrad.* Ebenso wie in der durmolltonalen Harmonik kann der Dissonanzgrad eines Akkordes oder auch eines Abschnittes bestimmt werden (z. B. mild dissonant, sehr dissonant). Akkorde in (→ Bd. I; 2.3) *weiter Lage* sind in der Regel weniger dissonant als solche in *enger Lage.*
- *Lage der Töne* (z. B. weite Lage, großer Abstand zwischen dem obersten und zweitobersten Ton usw.). In Notenbeispiel 3.2 sind beispielsweise in den Takten 3 und 4 die Akkorde des Klaviers einheitlich, da jeder am oberen und unteren Ende zwei Terzen aufweist.

Beziehungen der Akkorde untereinander.
Stimmführung. Die Musik des 20. Jahrhunderts ist gekennzeichnet durch weitgehende Aufgabe traditioneller Tonsatzregeln.
- Oft erscheinen Quint- und Oktavparallelen, z. B. ständig in Notenbeispiel 3.1.
- In der durmolltonalen Harmonielehre weiterzuführende Töne, wie z. B. Septtöne, werden oft anders weitergeführt, im Notenbeispiel 3.1 z. B. in T. 17 und 18.
- Unter *Emanzipation der Dissonanz* versteht man die Tatsache, dass dissonante Akkorde frei eingeführt und nicht mehr wie früher in konsonante weitergeführt werden müssen. Dissonante Akkorde werden somit wie konsonante behandelt.

Zur Logik der Akkordverbindungen.
- *Aufhebung der Quintverbindungen.* Vor 1900 bestand als wesentliches Prinzip die Quintverbindung, beispielsweise bei der Folge Dominante – Tonika. Solche Quintverbindungen sind in der Ernsten Musik nach 1900 selten geworden.
- *Enge Verbindungen zwischen Akkorden.* Akkordfolgen klingen überzeugend, wenn Akkorde gemeinsame Töne besitzen oder wenn Stimmen chromatisch oder in kleinen Tonschritten weitergeführt werden. In Notenbeispiel 3.1 verläuft von T. 5–7 die Unterstimme immer in Sekundschritten nach unten, die Mittelstimme weist Sekunden oder Terzsprünge auf. In Notenbeispiel 3.2 verlaufen die meisten Stimmen in Sekundschritten.
- *Zugrunde gelegte Skala.* Eine weitere Möglichkeit, wie Akkorde miteinander überzeugend verbunden werden können, liegt vor, wenn deren Töne aus einer Skala stammen. Das ist in einfacher durmolltonaler Musik auch der Fall (→ 3.1.5 *Modus*).
- *Mixturen.* Eine **Mixtur** ist eine Folge von ähnlichen oder gleichen Intervallen oder Akkorden, die parallel verschoben werden. Akkorde sind terzgeschichtete Drei-, Vier- oder Fünfklänge. Das Prinzip der Mixtur stammt vom Orgelspiel (siehe Bd. I) und ist besonders in der französischen Musik zu Beginn des 20. Jahrhunderts verbreitet.
  Man unterscheidet folgende Mixturen:
  - *tonale Mixtur:* Verschiebung, bei der alle Akkordtöne sich innerhalb einer diatonischen Leiter bewegen (→ Notenbeispiel 3.6),
  - *reale Mixtur:* intervallgetreue Verschiebung des Akkordes,
  - *freie Mixtur:* nicht intervallgetreue Verschiebung eines Akkordes nicht innerhalb einer diatonischen Leiter.

Notenbeispiel 3.6:

Maurice Ravel: Ballett *Boléro* (1928), ab 3. Takt nach Ziffer 13, 1. und 2. Geigen

Durmolltonale Melodik, evtl. mit entsprechender Harmonik in dissonantem Umfeld. Häufig wird tonale Melodik, teilweise zusammen mit entsprechender Harmonik, in dissonante Musik eingebettet (→ Notenbeispiel 4.11). Dies geschieht oft bei Melodie- oder Stilzitaten, z. B. des Öfteren in *Bergs Wozzeck*.
Als Sonderfall der durmolltonalen Melodik in dissonantem Umfeld können *Polytonalität* bzw. *Bitonalität* gelten. **Polytonalität** liegt vor, wenn zwei oder mehr Tonarten über einen gewissen Zeitraum gleichzeitig erklingen. Ein Sonderfall der *Polytonalität* ist die **Bitonalität**, bei der zwei Tonarten gleichzeitig ertönen. Damit die Wirkung einer Tonart aufkommen kann, müssen jeweils mehrere Töne hintereinander erklingen; ein Akkord allein kann nicht polytonal sein. Manchmal sind bei der Polytonalität Stimmen in unterschiedlichen Tonarten mit verschiedenen Vorzeichen am Anfang der Notensysteme versehen. Reine Bitonalität kommt recht selten vor; das gleichzeitige Erklingen von mehr als zwei Tonarten ist sehr selten.

Stimmen wichtig. In polyphoner Musik hängt die Überzeugungskraft der Harmonik wesentlich von der Logik der einzelnen Stimmen ab. Im Notenbeispiel 3.1 scheinen ab T. 12 die dissonanten Zusammenklänge logisch, da die einzelnen Stimmen jeweils (→ Bd. I) *sequenziert* werden.

Spannung und Entspannung. Dieses Prinzip, das für die Durmolltonalität wichtig ist, gilt zumeist auch für neue Formen der Harmonik. Entspannung entsteht harmonisch, indem auf einen dissonanten Akkord ein weniger dissonanter erklingt.

Grundton. Im 19. Jahrhundert gab es immer häufiger Musikabschnitte, in denen ein Grundton nicht deutlich hörbar war. Nach 1900 ging mit zunehmender Komplexität der Harmonik die Grundtonbezogenheit immer weiter verloren. Zu beachten ist dabei, dass es durchaus durmolltonale Musik ohne festen Grundton geben kann, auch (→) *freitonale* Stücke mit Grundton. Ein solcher kann beispielsweise durch einen lange liegenden Ton gebildet werden. Im Notenbeispiel 3.1 ist zu Beginn und am Schluss deutlich der Grundton h erkennbar.

Grundsätzliche Formen der Harmonik. Man kann neben der (→ Bd. I; 2.5 und Bd. II; 5.1.4) *Durmolltonalität* die freie Tonalität und die Atonalität unterscheiden. Die Übergänge sind jeweils fließend. Auch können innerhalb eines Stückes die Formen der Tonalität wechseln, z. B. bei *Berg*.

Ein Stück besitzt **freie Tonalität** oder ist **freitonal**, wenn keine Tonarten mehr bestimmbar sind, die Akkorde aber größtenteils deutlich Abkömmlinge von Dreiklängen sind. Ein Zentralton oder Grundton ist für das Vorhandensein von freier Tonalität nicht nötig. Sie ist nicht zu verwechseln mit (→) *freier Atonalität.*
Zuweilen wird der Grundton eines Stückes in hauptsächlich freier Tonalität ohne Tongeschlecht angegegeben, z. B. *Sinfonie in C* von *Strawinsky* oder *Fuge in F* von *Hindemith.* Die Grundtöne sind in der Regel an formal wesentlichen Stellen deutlich, am Anfang oder am Ende der Exposition usw., und zwar durch Basston oder Dur- oder Molldreiklänge.

Atonalität liegt vor, wenn die Akkorde nur noch geringe oder gar keine Ähnlichkeit mit Dreiklängen aufweisen. Der Begriff wurde zur Zeit seiner Entstehung in den 1910er Jahren polemisch verwandt, hat sich heute aber als neutral durchgesetzt.
Zur Atonalität drangen verschiedene Komponisten um 1910 vor, darunter diejenigen der (→) *Wiener Schule*, auch *Bartók* und *Skrjabin*. Das Notenbeispiel 3.2 ist deutlich atonal.
Anmerkungen. Atonalität ist nicht das Fehlen einer waltenden Tonika. (Zur komplementären Harmonik → 3.1.5 *Zwölftontechnik.*)

Zur Formung von Abschnitten durch die Harmonik

Die durmolltonale Harmonik ist durch folgende Mittel formbildend:
- verschiedene Abschnitte besitzen unterschiedliche Tonarten;
- an Abschnittsenden erklingen oft Kadenzen;
- einzelne Abschnitte besitzen unterschiedliche Arten von Harmonik, beispielsweise bzgl. der Art der Akkorde, der Häufigkeit des Wechsels, der Akkordverbindungen.

Der zuletzt genannte Punkt ist auch bei nicht durmolltonaler Harmonik möglich, wie bei der folgenden Tabelle für das Notenbeispiel 3.1 deutlich wird. Bei der Bezifferung der Akkorde wurden teilweise enharmonische Verwechslungen vorgenommen. Die komplexen Akkordbezeichnungen sind nicht eindeutig. Manche Akkorde können z. B. als Durchgänge aufgefasst werden. Wenn der Terzton nicht vorhanden ist, ist das Tongeschlecht des Akkordes zuweilen nicht deutlich.

T.	Formteil	Akkorde
1	A	Auf betonte Zählzeiten ausschließlich Dur- und Mollakkorde, teilweise mit Vorhalten; zunächst in Grundstellung, ab T. 5 auch Umkehrungen
8	B	Dreiklänge i. e. S., vornehmlich dissonante, und terzgeschichtete Vierklänge
12	B_1	Hauptsächlich dissonante Dreiklänge i. e. und w. S. sowie terzgeschichtete Vierklänge
16	A_1	Zu Beginn Dreiklänge, teilweise mit Vorhalt, und zwei mild dissonante Vierklänge. Ab T. 20 nur noch Durakkorde bzw. leere Quinten, d. h. ohne Terzton

Textur / Instrumentation / Klangfarbe

Die Textur wurde teilweise sehr polyphon, besonders in Werken der (→) *Wiener Schule*. Bei diesen wurden Haupt- und Nebenstimmen markiert durch H‾ ┐ und N‾ ┐.
Die Instrumentation wurde teilweise raffinierter als im 19. Jahrhundert, z. B. bei *R. Strauss*, *Mahler* und *Ravel*.
Die Klangfarbe wurde ein wesentlicheres Element der Komposition als im 19. Jahrhundert. – Von einer gewissen Bedeutung ist die *Klangfarbenmelodie*. Unter einer *Klangfarbenmelodie* versteht man eine Melodie, deren Töne von unterschiedlichen Instrumenten gespielt werden und sich daher vor allem durch die unterschiedlichen Klangfarben unterscheiden, weniger durch die verschiedenen Tonhöhen und Tondauern. Im Extremfall bleiben bei einer Klangfarbenmelodie die Tonhöhen gleich. Ein Beispiel für die Verwendung einer Klangfarbenmelodie ist *Schönbergs* Orchesterstück Op. 16, 3 (1909).

Tempo-, Ausdrucks- und Dynamikbezeichnungen

Diese sind insgesamt differenzierter geworden. Tempowechsel gibt es sehr oft (etwa im Notenbeispiel 3.2). Metronomangaben kommen des Öfteren vor.

3.1.5 Vorformung bzw. Prädetermination

Unter **Vorformung** oder **Prädetermination** versteht man ein Verfahren, welches das musikalische Material vor dem eigentlichen Kompositionsvorgang formt. Dies kann sich auf die Auswahl der verwendeten Töne beziehen (→ *Modus*), auf Reihen von Tonhöhen (→ *Zwölftonmusik*) oder auf Reihen mehrerer Parameter (→ 4.1.2 *serielle Musik*).

Modus

Allgemeines. Der Begriff *Modus* hat in der Musik sehr viele verschiedene Bedeutungen. Er heißt allgemein *Art und Weise*. Eine von mehreren Definitionen ist die folgende:
Ein Stück oder ein Abschnitt eines Stückes steht in einem bestimmten **Modus**, wenn ihm ein Ausschnitt aus der chromatischen Tonleiter zugrunde liegt, welcher entweder nicht der übliche diatonische ist, oder bei Zugrundelegung dieser kein Dur oder Moll vorliegt.
Ein Modus regelt sowohl die Melodik als auch die Harmonik. Im Folgenden werden einige Skalen aus der großen Fülle der möglichen dargestellt. Die meisten verwendeten Leitern, so auch die unten aufgeführten, sind oktavidentisch, d. h. sie wiederholen sich nach einer Oktave (vgl. Kap. 9).

Kirchentonalität. Ein Stück steht in *Kirchentonalität* (genauer in harmonischer Kirchentonalität), wenn ihm eine (→ Bd. I; 2.6) *Kirchentonleiter* zugrunde liegt, der erste Tonleiterton als Grundton fungiert und vorwiegend leitereigene terzgeschichtete Dreiklänge, seltener Vierklänge vorkommen. *Kirchentonal* wird häufig als *modal* bezeichnet (siehe aber → Bd. II: *modal*). Die Kirchentonalität hat nichts mit religiöser Musik zu tun.

Die **halbtonlose pentatonische Tonleiter** (→ Bd. I; 2.6) erscheint zuweilen bei *Debussy*.

Die **Ganztonleiter** ist eine Auswahl, welche die Durmolltonalität gänzlich verschleiert (→ Notenbeispiel 3.5).

Die **Halbton-Ganzton-Leiter** besteht abwechselnd aus Halb- und Ganztönen. Sie wird beispielsweise in einem Abschnitt des ersten Satzes von *Strawinskys* (→) *Psalmensinfonie* verwendet (Ziffer 3–5 und 7–9). Diese Skala, wie auch weitere, wurden oft von *Messiaen* angewandt (siehe auch Bd. II *Zigeuner-Moll-Tonleiter*).

Notenbeispiel 3.7:

Halbton-Ganzton-Leiter

Zwölftontechnik

Exkurs: Schönbergs Entwicklung zur Zwölftontechnik
Zum Verständnis des Wesens der *Zwölftontechnik* ist die kompositorische Entwicklung von *Arnold Schönberg* (1874–1951), ihrem Erfinder, und die seiner Schüler *Alban Berg* und *Anton Webern* zu Beginn des 20. Jahrhunderts von Bedeutung. *Schönberg, Berg* und *Webern* werden als **Wiener Schule** (i. e. S.) bezeichnet. Zuweilen werden auch andere Schüler *Schönbergs* einbezogen, wozu sich der Begriff *Wiener Schule i. w. S.* anbietet, z. B. (→) *Eisler* und *Ernst Křenek*.
Anmerkungen. Neben *Schönberg* hat auch *Joseph Matthias Hauer* (1883–1959) eine ähnliche Technik entwickelt, die für die weitere Entwicklung der Musik aber unbedeutend ist. Die *Wiener Schule* wird oft auch *Zweite Wiener Schule* genannt; dabei wird mit *Erster Wiener Schule* eine Gruppe von Wiener Komponisten zwischen 1730 und 1780 bezeichnet.

1. Phase: tonal (mit engen motivisch-thematischen Beziehungen, 1897–1907)
In der frühen Phase schrieb *Arnold Schönberg* Kompositionen in z. T. stark erweiterter durmolltonaler Harmonik. Ein wichtiges Werk ist *Verklärte Nacht* für Streichsextett nach einem Gedicht von *Richard Dehmel*, Op. 4 (1899).

2. Phase: freie Atonalität (bald ohne motivisch-thematische Beziehungen, 1908–1923)
Einleitung. 1908 drang *Schönberg* zur (→) *Atonalität* vor. Unter *freier Atonalität* versteht man die Kompositionsart der *Wiener Schule* zwischen Tonalität und Zwölftönigkeit (also zwischen 1908 und Anfang der 1920er Jahre). Zu *Schönbergs* ersten Werken der freien Atonalität gehören die *Drei Klavierstücke* Op. 11 (1909) und *Fünfzehn Gedichte* aus *„Das Buch der Hängenden Gärten“* Op. 15 (1909). Bald darauf komponierte er gänzlich ohne motivisch-thematische Beziehungen. Sein erstes dieser Werke war Op. 11 Nr. 3.
In der Phase der freien Atonalität, die mit dem Expressionismus zusammenfiel, schrieb *Schönberg* vor allem textgebundene Werke, z. B. das Melodram *Erwartung* für Sopran und Orchester, Op. 17 (1909), und *Pierrot Lunaire*, Melodram mit Begleitung eines Kammerensembles, Op. 21 (1912). An Instrumentalstücken schuf er nach Op. 11 bis 1921 nur die fünf Orchesterstücke Op. 16 (1909) und die sehr kurzen Klavierstücke Op. 19 (1911). – Ein Beispiel für freie Atonalität der *Wiener Schule* ist Notenbeispiel 3.2.

Melodische und harmonische Prinzipien der Atonalität der Wiener Schule. Ein Prinzip der Melodik der freien Atonalität war der Versuch, in einer Melodie möglichst viele der chromatischen Tonleiter zu verwenden, einen Ton also selten zu wiederholen. Das ist deutlich im Notenbeispiel 3.2 zu erkennen. Die ersten zwölf Töne der Gesangsstimme bis „verstarb" in T. 3 bringen neun verschiedene Töne. Dabei werden die Töne d, des und f wiederholt.
Ein weiteres zuweilen verwendetes Prinzip in atonalen Werken war die so genannte *komplementäre Harmonik*, die vorliegt, wenn durch einige wenige Akkorde ein relativ großer Teil der chromatischen Skala abgedeckt wird. Auch dies ist im Notenbeispiel 3.2 zu erkennen. Innerhalb von T. 1 kommen alle Töne der chromatischen Tonleiter vor bis auf fis und gis.
Schönbergs Motivation für die Erfindung der Zwölftontechnik. In den 1920er Jahren empfand es *Schönberg* als Mangel, dass es ihm nicht gelungen war, wieder größere instrumentale Werke zu schreiben. Die Zwölftontechnik, die er zu dieser Zeit entwickelte, sollte dies gewährleisten. (Zur 3. Phase von *Schönberg* → 3.3.4)

Beschaffenheit der Zwölftontechnik

Die Zwölftonreihe und deren Erscheinungsformen. Kern der Zwölftontechnik ist die *Zwölftonreihe*. Eine **Zwölftonreihe** bzw. **Reihe** besteht aus zwölf Tönen; sie besitzt folgende Eigenschaften:

- Sie besteht aus genau den zwölf Tönen der chromatischen Tonleiter in beliebiger Reihenfolge, wobei die (→ Bd. I) *Oktavlage* des Tones nicht festgelegt ist. Es ist also gleichgültig, ob der Ton c als c^1 oder c^3 erscheint. Die Art des Vorzeichens spielt keine Rolle, d. h. Töne können enharmonisch verwechselt werden.
- Wiederholungen von Tönen und Tongruppen, beispielsweise in Trillern, sind in beschränktem Umfang zulässig.
- Oktaven sind sowohl sukzessiv wie als Zusammenklang nicht erlaubt.
- Der Rhythmus der Reihe ist nicht festgelegt.
- Töne können lange liegen bleiben, insbesondere sind (→ Bd. I; 7.6) *Orgelpunkte* möglich.

Jede Reihe kann in vier untransponierten Erscheinungsformen auftreten, wie Notenbeispiel 3.8 zeigt.

Notenbeispiel 3.8:

untransponierte Erscheinungsform | **Beispiel Schönberg: Op. 25, Nr. 4**

Grund- oder Originalgestalt der Reihe (abgekürzt: G, O oder R):

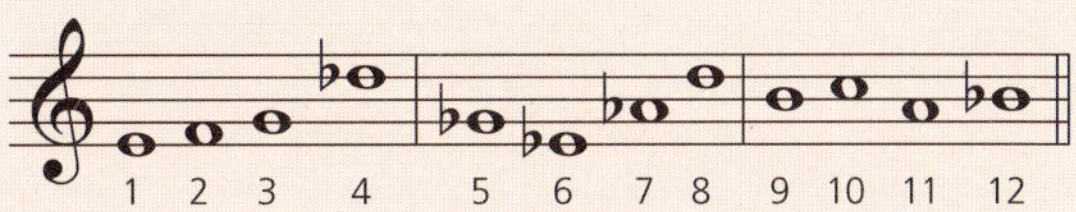

Umkehrung (nach oben verlaufende Intervalle gehen nach unten und umgekehrt) (U) (→ Bd. I; 7.4):

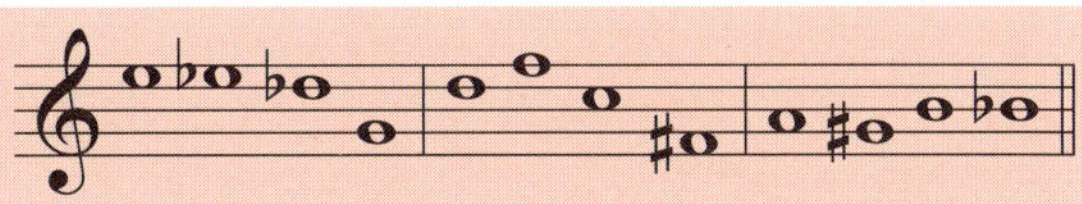

Krebs (Reihe rückwärts) (K) (→ Bd. I; 7.4)

Krebs-Umkehrung (KU):

A. Schönberg: Suite für Klavier Op. 25 (1923), Reihenformen

Jede untransponierte Erscheinungsform kann elfmal transponiert werden, sodass insgesamt 48 Versionen einer Reihe möglich sind. Eine transponierte Reihe erhält als Index den Buchstaben des Anfangstons, z. B. G_d.

Eine Komposition steht in der **Zwölftontechnik (= Dodekaphonie)**, wenn sie von einer (→) *Zwölftonreihe* und möglicherweise von einigen der oben genannten Erscheinungsformen durchzogen ist. Die Reihe kann zuweilen unvollständig erscheinen. In einigen Abschnitten können auch Töne vorkommen, die nicht durch die Reihe determiniert sind. Zumeist haben alle Sätze eines mehrsätzigen Werkes die gleiche Grundreihe.

Möglichkeiten des Einsatzes der Reihe. Eine Reihe kann einen mehrstimmigen Tonsatz auf ganz verschiedene Weise prägen.

a) Die Reihe bestimmt die Melodik von mehreren Stimmen. Dabei kann sie aufgeteilt werden (→ Notenbeispiel 3.9), oder mehrere Reihen laufen nebeneinander ab.

Beispiel:	1. Stimme: Originalgestalt:	1	2	3	4	5	6	7	8	9	10	11	12
	2. Stimme: z. B. Krebs:	12	11	10	9	8	7	6	5	4	3	2	1

b) Die Zusammenklänge eines Tonsatzes werden durch die Reihe geprägt. In diesem Fall entspricht die Melodie also nicht der Grundreihe.

Beispiel:	1. Stimme:	1	5	7	11
	2. Stimme:	3	4	8	12
	3. Stimme:	2	6	9	10

c) Eine Mischung beider Formen liegt vor, wenn die Reihe durch die verschiedenen Stimmen wandert.

Beispiel:	1. Stimme	1				5	7				11
	2. Stimme			3	4				8		12
	3. Stimme		2			6		9		10	

Beispiel: Schönberg: Menuett aus der Suite für Klavier Op. 25 (1923)

Allgemeines. Die Suite für Klavier Op. 25 aus dem Jahr 1923 ist *Schönbergs* erste Komposition, die durchgehend mit Zwölftonreihen komponiert wurde. Jedem Satz liegt die gleiche Reihe zugrunde.

Notenbeispiel 3.9:

A. Schönberg: Suite für Klavier Op. 25, 5. Satz (Menuett) (1923), T. 1 bis T. 8

Allgemeines. Die Suite für Klavier Op. 25 ist *Schönbergs* erste Komposition, die durchgehend mit einer Zwölftonreihe komponiert ist. Jedem Satz liegt die gleiche Reihe zugrunde.

Art, Einsatz und Funktion der Reihe. Der Beginn des Menuetts ist deutlich in Felder mit den zwölf chromatischen Tönen einteilbar.

Analyse des Abschnitts.
Motivisch-thematische Beziehungen: Die Takte 1 bis 4 könnte man als periodenartig bezeichnen. T. 1 ist verwandt mit T. 3, da in der Tonhöhenfolge der Oberstimme eine Umkehrung vorliegt, die Rhythmik ist ähnlich. T. 4 ist bzgl. der Tonhöhenfolge zunächst eine Art Umkehrung von T. 2. Deutlich als Motiv ist die punktierte Sechzehntel mit Zweiunddreißigstel als Tonwiederholung in den Takten 1, 3 und 4.
Harmonik: Diese ist atonal, es kommen zu Beginn allerdings mild dissonante Akkorde vor, nämlich terzgeschichtete Vierklänge.

Beispiel: Webern, Konzert Op. 24 (1934)
Allgemeines. Das Stück ist eigentlich kein Konzert im herkömmlichen Sinn, sondern ein Nonett für Flöte, Oboe, Klarinette, Horn, Trompete, Posaune, Geige, Bratsche und Klavier.

Notenbeispiel 3.10:

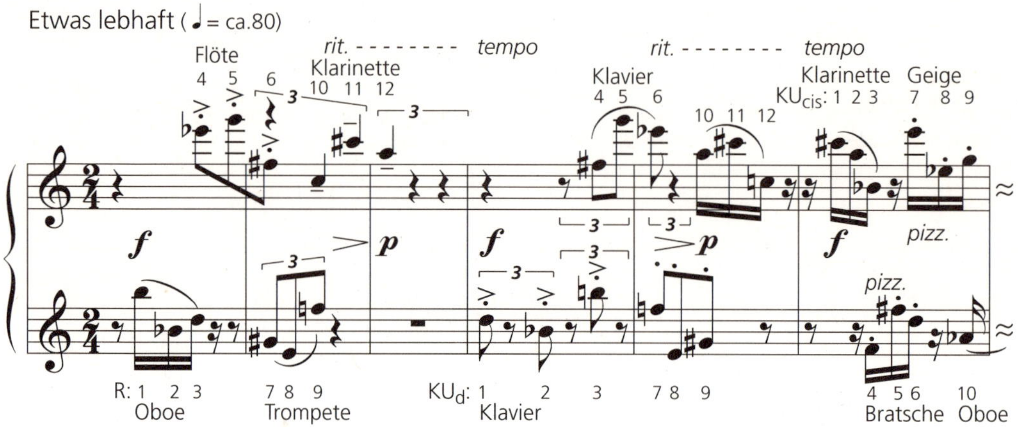

A. Webern, Konzert Op. 24, 1. Satz (1934), T. 1-6, vollständiges Particell

Die Reihe weist in sich Korrespondenzen auf, die in Notenbeispiel 3.11 dargestellt sind.

Notenbeispiel 3.11:

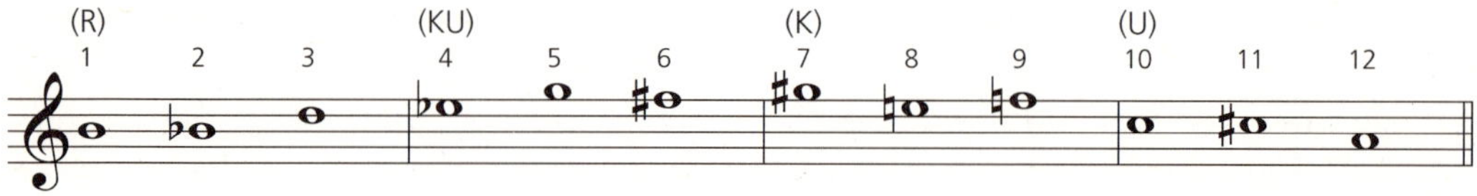

A. Webern: Konzert Op. 24, 1. Satz (1934), Reihe

Zur Motivik. Mittels der Dreitongruppen der Reihe ist der ganze Satz streng durchkonstruiert. In den ersten drei Takten des Satzes (→ Notenbeispiel 3.10) erklingt die Reihe in der Originalgestalt. Die Dreitongruppen bilden hier deutlich voneinander unterscheidbare Motive, da sie in verschiedenen Instrumenten mit leichter Überlappung erklingen. Die Verwandtschaft der Motive wird melodisch deutlich, da jedes aus einer kleiner None mit gegenläufiger Terz besteht. Rhythmisch wird die Verwandtschaft evident, da die Tondauern innerhalb eines Motivs gleich sind; die einzelnen Motive besitzen jeweils unterschiedliche Tondauern. – Nach einer Pause erklingt in den Takten 4 und 5 eine Krebsumkehrung der Reihe auf dem Klavier. Die Rhythmik entspricht der des vorigen Abschnitts, jedoch in umgekehrter Reihenfolge.

Im Laufe des Satzes verdichtet sich der Tonsatz. Die Dreitonmotive sind weiterhin konstitutiv, wobei ein Motiv wie zu Beginn jeweils in einheitlicher Klangfarbe, Artikulation und auch in einheitlicher Spielweise, z. B. Flatterzunge, dargeboten wird. Die Dreitonmotive werden oft diastematisch und zuweilen rhythmisch abgewandelt. Sie erscheinen auch teilweise in Zusammenklängen.

Die Reihe konstituiert in diesem Werk in erster Linie die Melodik und prägt dabei stark die sehr engen motivisch-thematischen Beziehungen. – Trotz der strengen Konstruktion ist das Stück sehr ausdrucksstark. (Zum Takt → 3.1.4 *Rhythmik und Takt*)

Sinn der Zwölftontechnik allgemein

Allgemeines: Wie die beiden analysierten Musikbeispiele zeigen, besitzt die Zwölftontechnik von Stück zu Stück andere Funktionen. Das hängt von der Struktur der Reihe ab und von deren Anwendung.
Die Regeln der Zwölftontechnik werden oft, auch von *Schönberg* selbst, als Ersatz für die Regeln der durmolltonalen Harmonielehre verstanden. Das ist aber nur in nur sehr eingeschränktem Maße der Fall. Die Anwendung der durmolltonalen Harmonielehre gewährleistet einen handwerklich guten Tonsatz; das ist bei den Regeln der Zwölftontechnik nicht der Fall. Sie erschwert jedoch einen Rückfall ins traditionelle Idiom.
Harmonik: Die Zwölftontechnik setzt in der Regel eine atonale Harmonik voraus und ist auch Mittel, sie zu realisieren. Dabei ergibt sich oft eine komplementäre Harmonik (wie in Notenbeispiel 3.9). Mit der Zwölftontechnik kann man auch tonale Abschnitte komponieren. Dies geht besonders leicht, wenn die Reihe Dur- und Molldreiklänge aufweist, z. B. in *Bergs* Violinkonzert (→ 3.6.1).
Melodik: Die Zwölftontechnik kann, ebenfalls in Abhängigkeit von der Reihe, melodische Merkmale prädeterminieren, z. B. Chromatik oder die Bevorzugung bestimmter Intervalle.
Motivisch-thematische Beziehungen: Die Zwölftontechnik kann bei entsprechender Reihe und Anwendung starke motivisch-thematische Beziehungen konstituieren (→ Notenbeispiel 3.10). Es ist aber auch möglich, die Zwölftontechnik ohne solche Beziehungen anzuwenden.

Verbreitung der Zwölftontechnik

Die Zwölftontechnik war eine bedeutende kompositionstechnische Neuerung im 20. Jahrhundert. Nach ihrer Entwicklung verwendeten *Schönberg* und seine Schüler sie häufig. Außer ihnen benutzten sehr viele Komponisten diese Technik, auch nach 1950, beispielsweise *Henze* und mit Veränderungen der späte *Strawinsky*. Sie wurde zur Ausgangsbasis für den (→ 4.1.2) *Serialismus*.

3.1.6 Instrumente / menschliche Stimme / Besetzungen

Instrumente

In der ersten Hälfte des 20. Jahrhunderts wurden die Instrumente nicht entscheidend verändert. Es gab allerdings die Tendenz, dass von Holzblasinstrumenten, von denen bisher nur Sopran und Altlagen gebaut wurden, nun auch solche in tieferen Lagen hergestellt wurden, z. B. Altflöte und Heckelphon, ein Oboeninstrument in Baritonlage. Einige neue Schlaginstrumente kamen hinzu bzw. wurden verstärkt verwendet, wie Xylophon, Celesta, Schellen und Ratsche. Elektronische Instrumente waren noch selten. Das Klavier wurde oft perkussiv, d. h. schlagzeugartig eingesetzt.

Menschliche Stimme

Die Einsatzmöglichkeiten der menschlichen Stimme wurden erweitert. Im (→ Bd. I) *Melodram*, das im frühen 20. Jahrhundert einen Aufschwung erlebte, wurde durch *Arnold Schönberg* in (→) *Pierrot lunaire* das Sprechen auf ungefährer Tonhöhe eingeführt. Dies wurde später übernommen, z. B. von *Berg* in der Oper *Wozzeck*; *Schönberg* verwendete dieses Prinzip auch in (→) *A Survivor from Warsaw*.

Zuweilen wurde die Singstimme auch ohne Text nur mit Vokalen eingesetzt, beispielsweise von *Debussy* und *Ravel*, auch von *Puccini* in (→) *Madame Butterfly.*

Besetzungen
Wesentlich im Bereich der Instrumentation war die stärkere Einbeziehung von Schlaginstrumenten. Das Klavier wurde des Öfteren in sinfonischer Musik eingesetzt, zumeist perkussiv. Beispiele: *Bartóks* (→) *Musik für Saiteninstrumente*, *Strawinskys* (→) *Psalmensinfonie* und (→) *Petruschka*, *Schostakowitschs* (→) *5. Sinfonie*.
Orchester. Das Orchester wurde zum Ende des 19. und Beginn des 20. Jahrhunderts kontinuierlich erweitert. Die damalige Größe hat sich bis heute gehalten (→ Bd. I; 4.8). In den 1920er Jahren gab es vermehrt Werke für kleinere Besetzung.
Kammermusikalische Besetzungen. Die Besetzungsformen des 19. Jahrhunderts verloren zugunsten von individuelleren an Bedeutung. Allerdings wurden noch viele Streichquartette geschrieben (→ 3.6.2).

3.1.7 Musikalische Semantik

Allgemeines. Die Techniken der Ausdeutung von außermusikalischen Inhalten wurden im Verlauf des 19. Jahrhunderts verfeinert und befanden sich zu Beginn des 20. Jahrhunderts bei *R. Strauss* auf einem selten überbotenen Niveau.
Semantische Bezüge sind zuweilen nicht mehr sehr deutlich wahrnehmbar; es gibt manchmal eher symbolische Bedeutungen, für deren Verständnis eine Analyse oder eine Erklärung des Komponisten notwendig ist. Beispielsweise soll nach *Berg* in seiner Oper *Wozzeck* der in diesem Werk selten vorkommende C-Dur-Dreiklang die Schalheit des Geldes darstellen.

Neue Ausdruckscharaktere. In der Musik nach 1900, besonders im (→) *Expressionismus*, wurden neue Ausdruckscharaktere geschaffen. Die Werke sind zuweilen extrem emotionsgeladen. Charaktere wie das Groteske oder das höchst Angstvolle bestimmten wichtige Werke des Expressionismus.

Zitate. Es gibt im 20. Jahrhundert allgemein bedeutend mehr Zitate als in früheren Jahrhunderten. Das Zitat war zu Beginn des 20. Jahrhunderts zuweilen parodistisch. Es gab vermehrt auch (→ Bd. I; 14.5) *Stilzitate*, z. B. bei *Mahler* oder in *Bergs Wozzeck*.

3.2 Historische Entwicklung in Europa und Einflüsse anderer Musiksparten

Keine Epochenbezeichnungen. Die Strömungen werden nachstehend nicht als Epochenbezeichnungen verwendet, wie dies zuweilen geschieht. Demnach wird in diesem Buch so verfahren wie in Band II bei den Begriffen *Renaissance* und *Romantik*.

3.2.1 Bis ca. 1910

Marginale, vornehmlich französische Strömung um 1900: Impressionismus

Strömung in der Malerei. Unter **Impressionismus** versteht man in der Malerei eine während der 1860er Jahre in Frankreich entstandene Stilrichtung, die sich über Europa verbreitete und die bis ca. 1900 bestand. Sie besitzt u. a. folgende Merkmale: unklare Konturen, Motive aus dem Freien, vor allem Landschaften.

Musikalische Merkmale. Unter dem Begriff *impressionistische Musik* wird oft solche aus den Jahrzehnten um 1900 verstanden, so auch hier, die folgende Merkmale besitzt:

- Takt und Rhythmik: zuweilen schwache Pulse und Aufhebung des Taktes;
- Harmonik: wenig Spannung und Entspannung, oft keine klaren Kadenzen, häufig (→) *kirchentonal*, zuweilen Verwendung der (→) *Ganztonleiter*, öfter (→) *Mixturen*, zuweilen Pentatonik; manchmal terzgeschichtete Vier- und Fünfklänge, die oft nicht als Dissonanzen, sondern als Konsonanzen erscheinen;
- Textur und Form: zuweilen flirrender Eindruck durch Tremolo, Arpeggio oder Glissando; unklare Konturen, d. h. oft kein deutliches Thema;
- Instrumentation: Bevorzugung von weichen Klängen, seltener Einsatz der Blechbläser;
- Semantik: unpathetisch, selten dramatisch, manchmal statischer Charakter, Bevorzugung von programmatischen Titeln bei Instrumentalmusik.

So definiert sind etliche Werke von *Debussy*, z. B. *Voiles* (→ Notenbeispiel 3.5), und einige von *Ravel* als impressionistisch zu bezeichnen.

Anmerkungen. Teilweise wird der Begriff auch weiter ausgedehnt, z. B. auf Abschnitte der Musik *Wagners*. – Impressionistische Musik als solche zu bezeichnen, die einen Eindruck eines äußeren Gegenstandes abbildet, ist sehr problematisch, da dies bei jeder Programm-Musik der Fall ist. – Das Gemeinsame zwischen Malerei und Musik sind im Wesentlichen die unklaren Konturen. – Der Begriff des Impressionismus ist insgesamt in der Musikwissenschaft umstritten.

3.2.2 Ca. 1910 bis ca. 1920

Zum Einschnitt um 1910 → 1.6.2

Wesentliche, vorwiegend mitteleuropäische Strömung: Expressionismus

Allgemeines. Unter **Expressionismus** versteht man eine in allen Künsten in Mitteleuropa, vorwiegend in Deutschland, herrschende Strömung von ca. 1910 bis Anfang der 1920er Jahre mit folgenden gemeinsamen Merkmalen:

- sehr starke Ausdruckskraft – oft wird Angst, Schrecken und Bedrohung dargestellt,
- Auflösung herkömmlicher Formprinzipien.

Der *Expressionismus* umfasste Bildende Kunst, Literatur, Musik, Film sowie Inszenierungsstil. Er war somit eine gemeinsame Bewegung aller Künste, was recht selten vorkommt. Der Expressionismus ist Ausdruck der menschlichen Gefühle vor, während und nach dem Ersten Weltkrieg.

Musikalische Merkmale.

- Semantik: extrem starke Ausdruckskraft, zuweilen groteske Charaktere,
- Form: Auflösung von herkömmlichen Formen,
- Harmonik: scharfe Dissonanzen, oft atonal,
- Melodik: unsanglich, oft große Intervalle, extreme Lagen,
- Dynamik: des Öfteren plötzliche und/oder häufige Änderungen, Extreme,
- Rhythmik: komplex, zuweilen ohne Takt,
- Klangfarbe: ungewöhnliche Klangeffekte, extreme Lagen der Instrumente,
- menschliche Stimme: Erweiterung der Ausdruckskraft, z. B. durch Schreien, Flüstern,
- Taktgruppengliederung: unregelmäßig.

Der musikalische Expressionismus ist die erste vorsätzlich nicht mehr nur schöne musikalische Kunstrichtung. Er will zuweilen bewusst hässlich sein.

Auffassung von Kunst. Im Expressionismus spielt die *Weltanschauungsmusik* eine zentrale Rolle. Unter *Weltanschauungsmusik* ist solche zu verstehen, die eine *subjektiv* geprägte philosophische und/oder religiöse Weltanschauung des Komponisten zum Ausdruck bringt. Diese Art von Musik war seit dem Ende des 19. Jahrhunderts verbreitet. Beispiele sind die Sinfonien *Mahlers* und *Schönbergs* sinfonische Dichtung *Pelleas und Melisande*.

Komponisten. Wichtige Vertreter waren die Komponisten der (→) *Wiener Schule* (→ Notenbeispiel 3.2, *Bergs* → *Wozzeck*, *Schönbergs* → *A Survivor from Warsaw*). Zum Expressionismus gehören auch *Skrjabin*, der frühe *Bartók*, der frühe *Hindemith* und *Strawinskys* (→) *Le sacre du printemps*.

Marginale, radikal neue europäische Strömungen

Futurismus. Unter **Futurismus** versteht man eine in allen Künsten in den 1910er Jahren währende, von Italien ausgehende europäische Strömung mit folgenden Merkmalen:

- radikale Aufhebung aller überlieferten Formen,
- Verherrlichung der modernen Technik, der Geschwindigkeit und des Krieges.

Musikalische Merkmale. Gemäß der futuristischen Manifeste sollten die Geräusche der Industrie in die Musik einbezogen werden. Die musikalische Umsetzung der futuristischen Ideen war allerdings eher dürftig. Der Maler *Luigi Russolo* (1885–1947) entwickelte in den 1910er Jahren beispielsweise Geräuschinstrumente (ital.: *intonarumori*).

Dadaismus. Unter **Dadaismus**, nach dem kindlichen Stammellaut, versteht man eine von 1916 bis Ende der 1920er Jahre währende, von der Schweiz ausgehende europäische Strömung in allen Künsten mit folgenden gemeinsamen Merkmalen:

- zumeist undifferenziertes Gebaren wie zusammenhanglose Deklamation von Lauten, Silben und Wörtern, Collagen usw.,
- Lächerlichmachen der bisherigen bürgerlichen Kultur.

3.2.3 Ca. 1920 bis 1950

Das Ende des Ersten Weltkrieges brachte in ganz Europa deutliche Änderungen der musikalischen Kompositionsweise mit sich. Sie waren dort besonders deutlich, wo zuvor der Expressionismus verbreitet war. Anschließend wurden bis um 1950 wenige kompositorische Neuerungen entwickelt.

Wesentliche mitteleuropäische Strömung: Neue Sachlichkeit

Der Expressionismus wurde als gesamtkünstlerische Bewegung abgelöst von der Gegenbewegung der *Neuen Sachlichkeit*, die vornehmlich ein großstädtisches Phänomen war.

Allgemeine Merkmale. Unter **Neuer Sachlichkeit** versteht man die fast alle Künste betreffende Strömung der 1920er Jahre in Mitteleuropa, hauptsächlich in Deutschland, die gegenüber dem Expressionismus eine weniger pathetische, nüchternere, sachlichere Darstellungsweise verwendet. Sie war als Gegenströmung zum Expressionismus auch nur da verbreitet, wo derselbe auch aufgekommen war. Die Neue Sachlichkeit ist eine Bewegung in der Malerei, Architektur, Literatur und Musik.

Musikalische Merkmale.
- Allgemeines: traditioneller und einfacher gegenüber dem Expressionismus,
- Charakter: weniger gefühlsbetont als der Expressionismus, oft nüchtern und sachlich, oft spielerisch, zuweilen parodistisch und provokativ,
- Harmonik: stärker tonal,
- Form: deutlicher,
- Melodik: diatonischer,
- Rhythmik: oft durchgehend verklanglichte Zählzeiten, deutliche Ausprägung des rhythmischen Moments,
- Besetzung: Abkehr vom großen Orchesterapparat,
- Stil: zuweilen Nähe zur zeitgenössischen Popularmusik, insbesondere zum Jazz.

Komponisten. Wichtige Vertreter waren *Hindemith* (→ *Kammermusik Nr. 1*), *Weill* (→ *Dreigroschenoper*) und *Eisler* (→ *Vorspruch*). Die zeitgenössische (→) *Laienmusik* gehörte auch zur Neuen Sachlichkeit. In Frankreich strebte die (→ 3.6.3) *Groupe des Six* eine mit der Musik der Neuen Sachlichkeit verwandte Kompositionsweise an.

Wesentliche mitteleuropäische musikalische Strömung: Neoklassizismus

Musikalische Merkmale

Definition. Der Begriff *Neoklassizismus* hat mehrere Bedeutungen. Im Folgenden wird unter **Neoklassizismus** die in Mitteleuropa wesentliche musikalische Strömung der 1920er bis Anfang der 1950er Jahre verstanden, deren Werke deutlich Elemente von Musik früherer Zeit, vornehmlich solcher des 18. Jahrhunderts, verwenden. Zuweilen geschah dies in karikierender Form.
Die Arten des Neoklassizismus waren sehr unterschiedlich. In manchen Werken wurde fast ein kompletter Tonsatz aus früherer Zeit übernommen und mit modernen Mitteln verän-

dert, vor allem mit Harmonik und Rhythmik, z. B. bei *Strawinskys* (→) *Pulcinella*. Es kann auf der anderen Seite lediglich ein herkömmliches Formprinzip übernommen werden, z. B. die Suitenform bei *Schönbergs* Klaviersuite Op. 25 (→ Notenbeispiel 3.9). – Neoklassizistische Züge gab es bereits vor den 1920er Jahren, besonders in Frankreich.

Komponisten

Der Neoklassizismus wird besonders mit *Igor Strawinsky* in Verbindung gebracht. Als erstes Werk gilt das Ballett (→) *Pulcinella* (1920). Seine Art des Neoklassizismus weist Besonderheiten auf (→ 3.3.7).
Die meisten europäischen Komponisten weisen in den 1920er bis 1940er Jahren neoklassizistische Züge auf. Bekannte Beispiele sind *Prokofjews Sinfonie classique* (1917) sowie Werke von *Respighi* und *Ferruccio Busoni* (1866–1924). *Hindemith* verwendete vor allem Kompositionsprinzipien des Barock.

Weitere Merkmale der 1920er Jahre

Ansprechen breiterer Bevölkerungsschichten. Die Komponisten wollten durch ihre gemäßigtere Schreibweise sich wieder stärker an größere Publikumsschichten richten.
Protest gegen herkömmliches Konzert- und Opernwesen.

- parodistische Elemente in den Kompositionen,
- Verfremdung, vor allem beim (→ 3.4.5) *epischen Theater*,
- Einbeziehung von Popularmusik,
- Aufführungen außerhalb der üblichen Konzertsäle,
- Konzerte mit Beteiligung des Publikums (→ 3.4.5 *Lehrstück*),
- kritische Thematisierung der Rolle der Ernsten Musik im Musikschrifttum und in den Werken (→ *Eisler: Vorspruch*).

Aufschwung der Jugendmusikbewegung. Unter der *Jugendbewegung* versteht man die seit ca. 1900 bis zum Beginn des Nationalsozialismus währende Erneuerungsbewegung junger Menschen, die sich gegen bürgerliche Lebensformen und Bildungsinhalte richtete und ein einfaches, natürliches Leben proklamierte. Das Wander- und Lagerleben spielte hierbei eine große Rolle. *Jugendmusikbewegung* meint den musikalischen Zweig der Jugendbewegung; hierbei kam der Pflege des Volkstanzes und des Volksliedes sowie dem gemeinsamen Singen und Musizieren eine wichtige Bedeutung zu. Die Jugendmusikbewegung war vornehmlich ein kleinstädtisches Phänomen. Sie nahm in den 1920er Jahren einen Aufschwung.
Komposition zeitgenössischer Laienmusik. Angeregt durch die Jugendmusikbewegung entstand gegen Ende der 1920er Jahre vermehrt Laienmusik im Stil der Neuen Sachlichkeit. Der bekannteste deutsche Komponist für Laienmusik war *Paul Hindemith*. Seine Werke dieser Art fanden große Verbreitung (vgl. 3.4.5 *Lehrstück*). – Vgl. 3.5.5.

Exkurs: Politisch engagierte Musik allgemein

Definition

Unter **politisch engagierter Musik** wird heute im Allgemeinen solche verstanden, die deutlich gesellschaftskritische Standpunkte vertritt und sich nicht für ein faschistisches System engagiert. Nach dieser Definition wird staatskonforme bzw. -unterstützende Musik

autoritärer Systeme, z. B. Musik in der UdSSR, oder demokratischer Systeme, z. B. Nationalhymnen, nicht als politisch engagierte Musik bezeichnet. Auch wird rechtsradikale Musik in Demokratien nicht so genannt.
Die Ziele von politisch engagierter Musik sind sehr unterschiedlich. Das Spektrum reicht von Musik mit kommunistischen Zielen *(Eislers (→) Vorspruch)* bis zur Musik gegen nationalsozialistische Gewaltherrschaft *(Schönbergs (→) A Survivor from Warsaw)*.

Merkmale politisch engagierter Musik
In der Regel ist politisch engagierte Musik Vokalmusik. Sie besitzt folgende Merkmale, die Wirkungen auf die Rezipienten und Interpreten haben sollen:
- gesellschaftskritische vertonte Texte, Titel und Widmungen.
- Verwendung von entsprechendem musikalischen Material (z. B. Hymnen, Kampflieder) oder bei (→) *elektroakustischer Musik* von passendem Umweltmaterial, z. B. Fabriklärm.
- Der Charakter soll nicht suggestiv sein, sondern eine rationale Haltung fördern. Das kann beispielsweise durch Verfremdung geschehen.
- Oft eingängige, allgemeinverständliche musikalische Sprache.

Politisch engagierte Musik in Deutschland (ca. 1920 bis 1933)

Nach dem Ersten Weltkrieg haben sich in Europa, besonders in Deutschland, ganz neue politische Verhältnisse etabliert. Die 1920er Jahre waren geprägt von heftigen Auseinandersetzungen. Es gab starke linke Gruppierungen, somit konnte politisch engagierte Musik gedeihen. In der zweiten Hälfte der 1920er Jahre wurde versucht, eine alternative proletarisch-revolutionäre Musikkultur aufzubauen (→ *Eisler: Vorspruch*, → *episches Musiktheater*).

Tendenzen der 1930er und 1940er Jahre

In den 1930er und 1940er Jahren wurden im nationalsozialistischen Deutschland und in der stalinistischen Sowjetunion eher traditionelle Werke komponiert (→ 3.2.4). In den übrigen Ländern Europas wurden wenige kompositorische Neuerungen eingeführt.

3.2.4 Besonderheiten im Musikleben von autoritären Systemen

Einführung

Allgemeines. Grundsätzlich versuchen autoritäre politische Systeme, ihnen genehme Kunst zu fördern und unerwünschte zurückzudrängen. Auch die Musik soll das System unterstützen und auf keinen Fall eine kritische Position zu ihm einnehmen. Je autoritärer ein System ist, desto stärker sind die Methoden der Maßregelungen. Autoritäre Staaten nehmen auf folgende Arten Einfluss auf die Musik, wobei die einzelnen Systeme jeweils stark unterschiedliche Mechanismen anwenden. – Die folgenden Betrachtungen gehören teilweise zur (→) *Ästhetik*.

Ernste Musik.

a) *Unterdrückung bzw. Umtextierung von Musik mit unerwünschtem Inhalt bzw. von nicht genehmen Personen*
In der Sowjetunion wurde beispielsweise die Komposition religiöser Musik behindert. In autoritären islamischen Staaten ist christliche Musik stark eingeschränkt. Werke mit politisch nicht erwünschten Inhalten werden zurückgedrängt, verboten oder umgetextet (vgl. 3.6.1 *Finlandia*).

b) *Im 20. Jahrhundert Zurückdrängung von moderner Ernster Musik und Gebot, wie diese zu gestalten sei*
Ein Grund hierfür ist der Versuch der Mächtigen, die Musik als Vehikel für die herrschende Ideologie verwenden zu wollen. Eine Musik, die nicht allgemeinverständlich und nur einigen wenigen zugänglich ist, birgt die Gefahr, dass durch sie eine Weltanschauung verbreitet wird, die dem Einfluss der herrschenden Ideologie entzogen und ihr eventuell entgegengesetzt ist.

Popularmusik.

c) *Unterdrückung von Popularmusik anderer Kulturkreise und Gebot, wie Popularmusik zu gestalten sei*
Dieses bedeutet im 20. Jahrhundert im Allgemeinen die Eindämmung von nordamerikanisch geprägter Popularmusik, beispielsweise in islamischen autoritären Staaten. Ein Grund hierfür liegt darin, dass diese Musik mit westlicher Weltanschauung assoziiert wird.

Volksmusik.

d) *Pflege von Volksmusik bzw. volkstümlicher Musik*

Im Folgenden werden nur die Punkte a) und b) besprochen. Dabei wird nicht das Musikleben dieser Staaten allgemein behandelt, sondern nur der spezielle Aspekt der Vorgaben gegenüber den Kompositionen.

Sowjetrussland und Sowjetunion (1917–1932)

Einleitung

Die Oktoberrevolution im Jahr 1917 wurde auch musikgeschichtlich zu einem bedeutenden Ereignis. Einerseits wurden neue Auffassungen über Kunst diskutiert und realisiert, wodurch die Sowjetunion in den 1920er Jahren zu einem Zentrum der europäischen Avantgarde in vielen künstlerischen Bereichen wurde. Andererseits gab es zum ersten Mal in der europäischen Musikgeschichte Maßregelungen gegen als „bürgerlich" oder „bürgerlich dekadent" bezeichnete Musik und Vorbehalte gegenüber religiöser Musik.

Sozialistischer Realismus im weiteren Sinn

Nach der Revolution wurde intensiv diskutiert, wie die Gesellschaft in eine sozialistische umgestaltet werden könnte. Die Kunst und die Kultur sollten dabei eine wichtige Rolle spielen. Die Idee des *Sozialistischen Realismus* wurde entwickelt; der Begriff entstand jedoch erst in den 1930er Jahren.

Unter **Sozialistischem Realismus i. w. S.** versteht man die seit den 1920er Jahren in der Sowjetunion und später in anderen sozialistischen Ländern von Theoretikern und ausführenden Künstlern diskutierten Anforderungen an Film, Literatur, Bildende Kunst und Musik, wie z. B.:

- Verständlichkeit für das Volk,
- Engagement für die Ideen des Sozialismus,
- Wurzeln in der Tradition.

Wesentlich war dabei die Theorie der Widerspiegelung, die besagt, dass Kunst in vielfältiger Weise ein Abbild der Realität im Sinne der Arbeiterklasse ist und sein soll.

Kulturelle Vielfalt
Insgesamt waren die 1920er Jahre, vor allem wegen der Diskussionen der Ideen des Sozialistischen Realismus, in der Sowjetunion eine Blütezeit der europäischen Avantgarde für alle Künste, beispielsweise für den Film *(Eisenstein)* und die Literatur *(Majakowski, Gorki)*.

Methoden der Vorgaben
Bald nach der Revolution wurden in Russland alle Musikeinrichtungen verstaatlicht. Beim Volkskommissariat für das Bildungswesen übernahm eine Musikabteilung die Führung der Musikkultur und übte eine Zensur aus.

Inhalte der Vorgaben

- Zurückdrängung traditioneller (russisch-orthodoxer) religiöser Werke,
- Zensur der Stoffe, die als bürgerlich bezeichnet wurden.

Reaktion der Komponisten auf die Vorgaben
Viele Komponisten beteiligten sich aktiv an den Diskussionen über die neue Kunst. Einige wollten den Vorgaben entgehen und wanderten aus bzw. kamen nicht mehr aus dem Westen zurück, z. B. *Strawinsky* und *Rachmaninow*.

Sowjetunion (1932–1953)

Bis zum Ausgang der 1950er Jahre verlief die musikalische Entwicklung in der Sowjetunion und den anderen sozialistischen Staaten grundsätzlich anders als im Westen. Avantgardistische Musik wurde in viel geringerem Maße geschaffen als im Westen.

Methoden der Maßregelungen
Im Zuge der sich verstärkt etablierenden Diktatur unter *Stalin* seit 1924 wurden 1932 Berufsverbände gegründet, die der strengen Kontrolle der Kommunistischen Partei unterlagen.

Inhalte der Maßregelungen
1932–1948.
a) Wie zuvor wurde religiöse Musik stark eingedämmt.
b) Zeitgenössische Ernste Musik aus dem Westen wurde kaum aufgeführt und als „dekadent" abqualifiziert.
c) Die Vorgaben für Ernste Musik wurden rigoroser.

Der *Sozialistische Realismus i. w. S.*, der in den 1920er Jahren entwickelt worden war, erhielt nun seinen Namen. Gleichzeitig wurde von offizieller Seite gefordert, dass Künstler den Anforderungen entsprechen sollten, wobei neue, vornehmlich das System unterstützende Vorgaben hinzutraten; dadurch entstand der *Sozialistische Realismus i. e.S.*
Unter **Sozialistischem Realismus i. e. S.** versteht man die seit Beginn der 1930er Jahre bis in die 1980er Jahre in der Sowjetunion und später in den anderen sozialistischen Staaten offiziell geforderte Kunstrichtung in Film, Literatur, Bildender Kunst und Musik mit folgenden Vorgaben:
- Verständlichkeit für das Volk,
- Eintreten für den staatlich propagierten Sozialismus und die kommunistische Partei, wobei insbesondere die Protagonisten der Werke Vorbildcharakter besitzen sollen,
- Wurzeln in traditionellen Kompositionsmethoden, Bevorzugung herkömmlicher Formen und Gattungen,
- Musik: Volksmusik als Grundlage,
- Musik: Bevorzugung von Musik mit klarem außermusikalischem Inhalt, also Vokal- und Programm-Musik,
- mehr oder weniger deutlich Optimismus.

Gattungen, in denen die Vorgaben des Sozialistischen Realismus i. e. S. besonders gut verwirklicht werden konnten, waren Lieder, Kantaten, Märsche und Programm-Sinfonien. Als Sujets erwartet und verbreitet waren der Aufbau des Sozialismus, die revolutionäre Vergangenheit und der Kampf gegen den Nationalsozialismus.
Der Begriff des *Sozialistischen Realismus i. e. S.* wurde für alle Künste offiziell niemals genau bestimmt. Hinsichtlich der Musik wurde der Begriff zu verschiedenen Zeiten unterschiedlich aufgefasst.
Oft wurde das Konzept von Bürokraten missverstanden und/oder als Machtmittel missbraucht, d. h. missliebigen Komponisten, z. B. Konkurrenten, wurden Verstöße gegen die Bestimmungen vorgeworfen.
Als *Formalismus i. w. S.* wurde Kunst bezeichnet, die nicht den Forderungen des Sozialistischen Realismus entsprach hinsichtlich des zu modernen Stils, der fehlenden Einbeziehung der Volksmusik und des mangelnden Optimismus (vgl. 3.3.7 *Formalismus i. e. S.*).

1948–1953. 1948 wurde die Zensur verschärft. Namhafte Komponisten wurden durch Beschluss des Zentralkomitees öffentlich, außerdem von Kollegen gerügt und mussten sich einer entwürdigenden Selbstkritik unterziehen. Viele Kompositionen konnten nicht aufgeführt werden. – Der Zugang zu westlicher zeitgenössischer Musik wurde weiter eingeschränkt.

Reaktion der Komponisten auf die Vorgaben

Die Komponisten reagierten unterschiedlich auf die Vorgaben. Manche waren in ihrem Schaffen kaum beeinflusst. Auch waren bei der Instrumentalmusik konkrete Ausdeutungen nur bedingt möglich, sodass sie sich häufig der Kritik seitens der Machthaber entzog. Einige konnten auch so komponieren, dass bei genauer Analyse eine verborgene Botschaft hervortrat, welche die Auflagen kritisierte, z. B. *Schostakowitsch* in seiner 5. Sinfonie (→ 3.6.1). Manche Komponisten gerieten durch die Kritik zeitweilig in schwere Sinn- und Schaffenskrisen, z. B. (→ 4.3.1) *Schostakowitsch*. Nur Wenigen war eine Emigration aus der Sowjetuntion möglich. Andere, z. B. *Schostakowitsch*, wollten im Land bleiben.

Deutschland (1933–1945)

Methoden der Maßregelungen

Unmittelbar nach der Machtübernahme durch *Hitler* am 30. Januar 1933 wurde das gesamte Musikleben durch ein Netz von staatlichen Institutionen erfasst. An ihrer Spitze stand die Reichsmusikkammer, deren erster Präsident bis 1935 *Richard Strauss* (→ 3.3.3) war. Diese Institutionen regelten und überwachten den gesamten Bereich des Musiklebens, beispielsweise Aufführungen, Musikkritik, Musikerziehung usw.

Im Mai 1938 wurde die Ausstellung *Entartete Musik* eröffnet. Hier wurden Werke verfemter Komponisten in Partitur und in Klangbeispielen vorgestellt, ebenso Lehrwerke über moderne Kompositionstechnik.

Die Abbildung zeigt das Titelbild der Ausstellung *Entartete Musik* vom Mai 1938. Gezeigt wird zwar etwas Unrealistisches, das aber leicht darzustellen und vermutlich wirkungsvoll ist: ein schwarzer Jude, der offensichtlich Jazz spielt.

Inhalte der Maßregelungen

Verbot von Musik jüdischer Komponisten und solcher aus dem feindlichen Ausland. Verboten wurden in erster Linie die Werke jüdischer Komponisten, z. B. *Mendelssohn, Mahler* und *Schönberg*. Sie durften weder aufgeführt noch verlegt werden. Verboten wur-den auch literarische Werke von Juden, einschließlich vertonter Texte und von Juden verfasste Übersetzungen. 1940 wurde ein *Lexikon der Juden in der Musik* gedruckt. Die Musik von *Mendelssohn* erfreute sich besonderer Beliebtheit, ein umfassender Boykott konnte sich nicht durchsetzen.

Im Krieg wurden auch Komponisten des feindlichen Auslands verboten. Das war übrigens auch in anderen Ländern üblich.

Verbot von Musik mit nicht genehmem Inhalt. Natürlich wurde Musik mit politisch links engagierten Texten verboten, z. B. *Eisler*. Christliche Musik wurde geduldet, auch die Komposition solcher Musik kaum behindert.

Zurückdrängung von moderner Ernster Musik. Stark unterdrückt wurden moderne Komponisten wie *Webern, Berg* und später *Hindemith*.

Vorgaben zur Gestaltung von Ernster Musik. Diese waren weniger deutlich wie in den sozialistischen Ländern. Stilistisches Ideal war Musik des ausgehenden 19. Jahrhunderts.
Ästhetisierung politischer Veranstaltungen. Politische Veranstaltungen wurden ästhetisiert, d. h. mit Musik und Riten versehen. So wurde ein erhabenes Gemeinschaftsgefühl erzeugt, wodurch die nationalsozialistische Ideologie gut vermittelt werden konnte.

Reaktion der Komponisten auf die Maßregelungen
Viele missliebige Personen mussten gleich zu Beginn der Nazi-Diktatur emigrieren. Etliche Komponisten gingen in die USA, wo sie das Musikleben maßgeblich prägten, z. B. *Schönberg, Eisler, Weill*, später *Hindemith*. Auch viele ausübende Künstler mussten fliehen.
Die im Land bleibenden Komponisten passten sich dem herrschenden System in ganz unterschiedlicher Art und Weise an. Einige verweigerten sich beispielsweise dem Regime ganz und komponierten in der Hoffnung, nach der Diktatur wieder aufgeführt zu werden, z. B. *Karl Amadeus Hartmann* und *Webern*. Andere arbeiteten im Kulturbetrieb mehr oder weniger intensiv mit, oft ohne selbst Anhänger des Nationalsozialismus zu sein.
Heute sind nur wenige Werke aus der Zeit des Dritten Reiches in den Konzertsälen präsent, z. B. die Opern von *Richard Strauss* und vor allem die *Carmina Burana* von *Carl Orff*.

3.2.5 Einflüsse anderer Musiksparten (1910–1950)

Einflüsse von europäischer Volksmusik

Arten der Einbeziehung. Die Einbeziehung von Volksmusik ist sehr vielfältig. Beispiele:
- Hinzufügung einer Begleitung zu einer Volksliedmelodie,
- Verwendung von Melodien, melodischen Figurationen oder Tonleitern der Volksmusik, z. B. Kirchentonleitern oder Pentatonik,
- Einbeziehung von unregelmäßigen Taktarten, z. B. 7/8-Takt, oder besonderer Rhythmen, z. B. des (→ 3.1.4) *bulgarischen Rhythmus*, insbesondere von Tanzrhythmen,
- allgemeiner Einfluss von Melodik, Rhythmik und Anregung für die Harmonik aus der Volksmusik.

Gründe.
- Möglichkeit der Schaffung einer besonderen Form von moderner Musik,
- Aufwertung von Volksmusik, Ausdruck der Heimatverbundenheit (vgl. Bd. II; 7.2.2),
- Suche nach Popularität,
- aus einer Hinwendung zu den Wurzeln Neues schaffen.

Komponisten. Viele Komponisten verwendeten volksmusikalische Elemente. Zu den bekanntesten gehören die Ungarn *Bartók* und *Zoltán Kodály* ['koda:j] (1882–1967) sowie der Tscheche (→) *Janáček*. *Strawinsky* verwendete in seiner frühen Phase russische und baltische Volksmusik. Weitere wichtige Komponisten sind der Brite (→) *Vaughan Williams*, der Spanier *Manuel de Falla* (1876–1946), der Tscheche *Bohuslav Martinů* (1890–1959) und der Ungar *Sándor Veress* (1907–1992).

Einflüsse von afroamerikanischer Volksmusik und Jazz

Einleitung. Nach dem Ersten Weltkrieg breiteten sich in Europa (→) *Ragtime*, (→) *Jazz* und die vom Jazz geprägte Tanzmusik stark aus. Vor allem in den ersten Jahren nach dem Krieg wurden Elemente des Ragtime und des Jazz in die europäische Ernste Musik in stärkerem Maße einbezogen, und zwar in allen Gattungen. Seit den 1930er Jahren ging dieser Einfluss zurück. – In Nordamerika, dem Ursprungskontinent der (→) *afroamerikanischen Volksmusik* und des Jazz, wurden diese Arten von Musik des Öfteren in die Ernste Musik einbezogen.

Arten der Einbeziehung.
- synkopierte Rhythmik,
- Verwendung von melodischen Figurationen, vor allem (→) *Blue notes*,
- bläserorientierte Instrumentation, unter besonderere Berücksichtigung des Saxophons,
- Harmonik,
- (→) *Tongebung*.

Der in den 1920er Jahren sich ausbreitende perkussive Klavierstil und die starke Einbeziehung des Schlagzeugs in der Kunstmusik sind mittelbar auf den Einfluss des Jazz zurückzuführen.

Gründe.
- Möglichkeit der Schaffung einer besonderen Form von zeitgenössischer Musik, Protestmittel gegen Pathos der bisherigen Ernsten Musik,
- Suche nach Popularität,
- Aufwertung der Popularmusik.

Komponisten und Beispiele. Die Intensität der Einbeziehung ist sehr unterschiedlich. Es gibt Kompositionen, in denen das typische Idiom des Komponisten dezent durch melodische und rhythmische Elemente des Jazz angereichert ist, z. B. *Ravels* Klavierkonzert G-Dur. Auf der anderen Seite gibt es Kunstmusik, die durchgehend im reinen Jazzstil geschrieben ist, beispielsweise (→) *Porgy and Bess* von *George Gershwin*.
Deutlich haben auch folgende Komponisten Elemente des Jazz einbezogen: *Strawinsky*: (→) *L'histoire du soldat* (1918), *Rag-time* (1920), *Piano-rag-music* (1920), *Ebony Concerto* für Big Band (1946); *Weill: Die Dreigroschenoper* (1928); *Hindemith: Kammermusik Nr. 1* (1921); *Křenek: Jonny spielt auf*, Zeitoper (1927); *Gershwin: Rhapsody in Blue* (1924).

3.3 Komponisten

3.3.1 Giacomo Puccini (1858–1924)

Leben. *Giacomo Puccini* wurde in Lucca, in der Toskana, geboren. Seine Vorfahren waren alteingesessene Komponisten und Kirchenmusiker. Im Alter von fünf Jahren verlor er seinen Vater. Mit einem Stipendium seines Onkels studierte er von 1880 bis 1883 am Mailänder Konservatorium. Nach seinem ersten Bühnenerfolg 1884 schloss der Verlag Ricordi mit

Puccini einen Vertrag ab, der es ihm gestattete, sich ganz der Opernkomposition zu widmen. 1884 liierte er sich mit der verheirateten *Elvira Gemignani*; aus der Verbindung ging ein Sohn hervor. Nach dem Tod von deren Ehemann heirateten sie 1904. Sie lebten von 1891 bis 1921 in Torre del lago, einem kleinen Fischerdorf an einem toskanischen See. *Puccini* starb an Kehlkopfkrebs in Brüssel.

Werke (Auswahl).
Allgemeines. Zwölf Opern, darunter *La Bohème* (1896), *Tosca* (1900), (→) *Madame Butterfly* (1904), *Il trittico* (1918, d. h. drei Operneinakter: *Il tabarro* (*Der Mantel*), *Suor Angelica* (*Schwester Angelica*), *Gianni Schicchi*) und *Turandot* (unvollendet, 1926); Requiem, *Messa di Gloria*, Kantaten.
Opernstoffe. Etliche von *Puccinis* Opernstoffen handeln von Frauen, die hingebungsvoll lieben, dafür leiden und am Ende sterben.
Melodik. Charakteristisch für *Puccini* sind seine sehr sanglichen, oft weitgespannten, vorwiegend diatonischen Melodien.
Harmonik. Insgesamt ist sie deutlich durmolltonal mit Tendenz zu (→ Bd. I) *Vierklängen i. e. S.*; es gibt zuweilen Kirchentonalität, (→ Bd. II) *fauxbourdonartige* Fortschreitungen, übermäßige Dreiklänge und des Öfteren Unisono. Die Harmonik ist in den einzelnen Opern jeweils unterschiedlich.
Instrumentierung. Sie ist höchst abwechslungsreich, oft sparsam und durchsichtig. Die Gesangsstimme wird, wie üblich, häufig durch die Instrumente verdoppelt, zuweilen auch ein- oder mehrfach oktaviert.
Form. Puccini arbeitete intensiv mit seinen Librettisten zusammen und griff selbst stark in den Aufbau seiner Operntexte ein. Seine Werke sind von einem sicheren dramaturgischen Instinkt geprägt.
Charakter. Konstitutiv für *Puccini* sind seine eindringlichen musikalischen Umsetzungen einer Atmosphäre. Der Grundcharakter einer Oper wird in der Regel gleich zu Beginn durch ein entsprechendes Motiv oder Thema dargestellt. – Seine Stimmungen sind oft sehr gefühlsgesättigt, zeitweilig elegisch, entrückt, zart und anmutig.
Leitmotive. Puccinis Leitmotive sind weniger zahlreich, weniger auffällig und z. T. länger als bei *Wagner*.

Bedeutung. *Puccini* ist ein typischer Vertreter des (→ 3.4.3) *Verismo*. Er war bereits zu Lebzeiten ein gefeierter Opernkomponist. Damals wie heute wird ihm Sentimentalität vorgeworfen, wobei man sich von dieser Anschauung allmählich löst. Unter Kennern gilt *Puccini* als einer der größten Opernkomponisten. Die meisten seiner dramatischen Werke gehören zum festen Bestandteil der Opernbühne. Er hatte großen Einfluss auf die Operette.

3.3.2 Claude Debussy (1862–1918)

Leben. *Claude Debussy* wurde in St.-Germain-en-Laye als Sohn einer in einfachen Verhältnissen lebenden Familie geboren. Er studierte von 1872 bis 1884 am Pariser Konservatorium Klavier und Komposition. 1884 gewann er den (→ Bd. II) *Rompreis*. Von 1884 bis 1887 lebte er in Rom und ließ sich anschließend in Paris nieder. Er lebte in nicht üppigen finanziellen Verhältnissen von seinen Kompositionen, von Auftritten als Pianist und

Dirigent sowie von Musikkritiken. *Debussy* hatte regen Kontakt mit Malern und Dichtern. Er war zweimal verheiratet und hatte eine Tochter. Seit 1909 litt er zunehmend an Darmkrebs, dem er 1918 in Paris erlag.

Werke (Auswahl).
Allgemeines. Weltliche Vokalmusik: Oper *Pelléas et Mélisande* (1902), zahlreiche Lieder; sinfonische Instrumentalmusik: *Prélude à l'après-midi d'un faune* (1894), *La mer* (1905), Ballette; Kammermusik; Klaviermusik; Aufsätze zur Musik und Musikkritiken.
Charakterisierung seiner Musik. Debussys Werke, auch gleichzeitig entstandene, sind stilistisch heterogen. Charakteristisch insgesamt sind tonale bis freitonale Harmonik, Kirchentonalität, Ganztonleitern sowie Mixturen von Sept- und Septnonakkorden. Konstitutiv sind freie Formen, leichte Programmatik und Ablehnung von deutlich programmatischer Musik. Einige seiner frühen und mittleren Werke können als (→ 3.2.1) *impressionistisch* bezeichnet werden. *Debussy* war von der indonesischen *Gamelan-Musik* beeinflusst, die er auf der Weltausstellung 1889 in Paris hörte.

Bedeutung. *Debussy* war seit der Veröffentlichung seiner Oper im Jahre 1902 ein weltweit geachteter Komponist. Er hat die Musik des 20. Jahrhunderts, vor allem die französische, wesentlich beeinflusst, besonders durch seine impressionistischen Werke.

3.3.3 Richard Strauss (1864–1949)

Leben

Richard Strauss wurde in München als Sohn eines Hornisten geboren. Seit 1868 hatte er Unterricht im Klavierspiel, später in Geigenspiel und Komposition. Ein Konservatorium besuchte er nie. Mit 12 Jahren schrieb er sein Opus 1, einen Festmarsch für großes Orchester. Von 1885 an war er Opern- und Konzertdirigent in Meiningen, München, Weimar, Berlin und Wien. 1894 heiratete er eine Sängerin; aus der Ehe ging ein Kind hervor. Er bemühte sich um die Neuordnung des Urheberrechts, was 1915 zur Gründung einer (→ 2.2) *Verwertungsgesellschaft* führte. Von 1917 bis 1920 war er Professor für Komposition am Berliner Konservatorium. Ab 1924 lebte er als freischaffender Komponist und Konzertdirigent abwechselnd in Wien und Garmisch-Partenkirchen. Von 1933 bis 1935 war er Präsident der (→ 3.2.4) *Reichsmusikkammer* im nationalsozialistischen Deutschland. Er musste dieses Amt wegen der Zusammenarbeit mit dem jüdischen Schriftsteller *Stephan Zweig* niederlegen. *Strauss* komponierte bis kurz vor seinem Tod (→ 3.4.6). Er starb in Garmisch in seiner Villa.

Werke (Auswahl)

Bis 1909: sinfonische Dichtungen, frühe Opern. Bis 1903 war *Strauss* vor allem durch seine (→ Bd. II) *sinfonischen Dichtungen* bekannt. Die bedeutendsten Werke sind: *Don Juan* (1888), *Macbeth* (1888, 1890), (→ Bd. II) *Till Eulenspiegels lustige Streiche* (1895), *Also sprach Zarathustra* (1896), *Don Quixote* (1897), *Ein Heldenleben* (1898) und *Sinfonia domestica* (1903). Nach 1903 schrieb *Strauss* nur noch die sinfonische Dichtung *Eine Alpensinfonie* (1915). Auch die *Sinfonie* genannten Kompositionen sind einsätzig, sie sind somit

keine Sinfonien im herkömmlichen Sinn. Neben literarischen werden auch autobiografische Themen umgesetzt.
Mit seiner dritten Oper, dem Einakter *Salome* (1905), dessen Text eine Übersetzung von *Oscar Wildes* gleichnamigem Stück ist, begann *Strauss'* großer Erfolg als Opernkomponist. Es folgte der Einakter *Elektra* (1909), dessen Text die gleichnamige Tragödie des bedeutenden Wiener Dichters *Hugo von Hofmannsthal* (1874–1929) ist. Die beiden Opern entwickelten die moderne Klangsprache der sinfonischen Dichtungen weiter und verwendeten teilweise starke Dissonanzen. Sie sind frühe Zeugnisse des aufkommenden Expressionismus. – *Strauss* galt im ersten Jahrzehnt nach 1900 als einer der führenden Komponisten der Moderne.

Ab 1909: mittlere und späte Opern. Mit der Komposition von *Der Rosenkavalier* ab 1909 (Uraufführung 1911) wandte sich *Strauss* einer deutlich traditionelleren Musiksprache zu, die er im Großen und Ganzen bis an sein Lebensende beibehielt. Die musikalischen Strömungen seiner Zeit beachtete er nicht.
Die Oper bildete weiterhin den Schwerpunkt seines Schaffens. Zu den bekanntesten zählen *Ariadne auf Naxos* (1912), *Intermezzo* (1924), *Arabella* (1933) und *Die schweigsame Frau* (1935). Insgesamt schuf *Strauss* 15 Opern; zu sechs von ihnen schrieb *Hugo von Hofmannsthal* den Text, in fruchtbarer Zusammenarbeit mit dem Komponisten.

Weitere Werke. *Strauss* komponierte Werke fast aller Gattungen, geistliche Musik jedoch nur in seiner Jugend. Weltliche Vokalmusik: ca. 200 Lieder mit Klavier- und Orchesterbegleitung; sinfonische Instrumentalmusik: Ballette, Konzerte; Kammermusik; Klaviermusik. 1904 revidierte und ergänzte er die Instrumentationslehre von *Berlioz* (→ Bd. II; 7.3.3).

Stil.
Allgemeines. Strauss war zunächst stark von *Wagner* beeinflusst. Ab 1910 ging der Einfluss *Wagners* zurück, der von *Mozart* verstärkte sich. Nach dem *Rosenkavalier* blieb *Strauss'* Stil relativ traditionell, wobei es jedoch bei den einzelnen Opern Unterschiede gibt, die von der Epoche, in der sie spielen, und vom Ort der Handlung abhängig sind.
Instrumentation. Berühmt ist *Strauss* für seine Kunst der Orchestrierung. Er verwendete zumeist ein relativ großes Orchester, in *Elektra* bis zu 120 Musiker; später reduzierte er es, wobei es in den einzelnen Opern unterschiedlich groß ist. Ähnlich wie *Mahler* setzte er es oft kammermusikalisch ein.
Semantik. Besonders berühmt ist *Strauss* für seine tonmalerischen Effekte, z. B. die Darstellung einer Hammelherde durch (→) *Flatterzunge* bei allen Blechbläsern in der sinfonischen Dichtung *Don Quixote*.
Leitmotive werden in allen sinfonischen Dichtungen und Opern verwendet. Wesentlich für die Leitmotive der sinfonischen Dichtungen ist die *Motivtransformation*. Unter *Motivtransformation* versteht man die Veränderung aller musikalischen Merkmale eines Motivs, insbesondere des Rhythmus, bei Beibehaltung der Tonhöhenfolge.

Bedeutung

Strauss galt zu Lebzeiten und gilt heute noch als einer der führenden Schöpfer von Programm-Musik im 19. und als einer der bedeutendsten Opernkomponisten des 20. Jahrhunderts.

3.3.4 Arnold Schönberg (1874–1951)

Leben. *Arnold Schönberg (Schoenberg)* wurde in Wien als Sohn jüdischer Kaufleute aus kleinbürgerlichen Verhältnissen geboren. Er eignete sich autodidaktisch Grundlagen des Cellospiels und das Komponieren an und nahm nur als Erwachsener einige Monate Kompositionsunterricht. Von 1891 bis 1895 war er Bankangestellter in Wien. Danach lebte er als Komponist, Arrangeur, Dirigent und Lehrer zunächst in Wien. 1898 ließ er sich protestantisch taufen. 1901 heiratete er. Von 1901 bis 1903 und 1911 bis 1915 lebte er in Berlin, ansonsten bis 1926 in Wien. Während des Ersten Weltkrieges wurde er zweimal kurz zum Militär einberufen.
1918 gründete *Schönberg* den *Verein für musikalische Privataufführungen*, der bis 1921 bestand. Dieser widmete sich insbesondere der Aufführung von zeitgenössischer Musik. Als Zuhörer zugelassen waren nur eingeschriebene Mitglieder; Beifall und Missfallenskundgebungen waren nicht erlaubt.
1923 starb *Schönbergs* erste Frau; ein Jahr darauf heiratete er erneut. 1926 nahm er eine Professur für Komposition in Berlin an.
1933 musste er wegen seiner jüdischen Abstammung emigrieren. Er nahm darauf gleich seinen alten Glauben wieder an. 1934 zog er nach Los Angeles, wo er von 1936 bis 1944 Professor war und wo er auch starb. Er hatte fünf Kinder; eine Tochter wurde (→) *Nonos* Frau. *Schönberg* hatte in Europa und in den USA zahlreiche Schüler, darunter etliche berühmte Komponisten. Er war das Haupt der (→) *Wiener Schule*. – Aus seiner Lehrtätigkeit entstanden Bücher über Kompositionslehre, darunter die berühmte Harmonielehre von 1911. Er ging in seinem Unterricht und seinen Büchern von der traditionellen durmolltonalen Harmonielehre aus. *Schönberg* war ein ernster, sehr moralischer und tief religiöser Mensch, der an sich und andere höchste Ansprüche stellte.

Werke (Auswahl).
Allgemeines. Schönberg schrieb Werke fast aller Gattungen, etliche blieben unvollendet. Seine Kompositionen sind vielgestaltig; es gibt kaum einen anderen Komponisten, der so unterschiedliche Stücke geschrieben hat. Die Werke sind gekennzeichnet durch hohe Polyphonie. Sie sind mit Ausnahme einiger atonaler Stücke von dichten motivisch-thematischen Beziehungen geprägt, oft mit deutlicher (→) *entwickelnder Variation*. Die Beziehungen sind allerdings zumeist nicht auf den ersten Blick erkennbar.
Schönbergs Schaffen ist deutlich in drei Phasen eingeteilt. (Zur 1. und 2. Phase → 3.1.5.)
3. Phase (Zwölftontechnik, enge motivisch-thematische Beziehungen, 1923–1951). Nach einer sechsjährigen Schaffenskrise ohne Veröffentlichung von Kompositionen konnte *Schönberg* durch die Zwölftontechnik größere Werke der Instrumentalmusik komponieren. Er verwendete wieder deutliche motivisch-thematische Beziehungen.
Etwa die Hälfte seiner Werke dieser Periode sind zwölftönig. Wichtige Kompositionen sind die *Variationen für Orchester*, Op. 31 (1928), und die Oper *Moses und Aron* (unvollendet, entstanden 1930–1932). Nach seiner Emigration 1933 schuf er auch wieder etliche tonale und nicht zwölftönige Werke, z. B. *Kol Nidre* für Erzähler, gemischten Chor und Orchester. Seine späten Vokalwerke sind ausschließlich geistlich. Der Text, den er zuletzt vertont hat, stammt aus seinen *Modernen Psalmen* und lautet: „Und trotzdem bete ich“.

Bedeutung. *Schönberg* war der erste bedeutende europäische Komponist, der Atonalität verwendete. Er war seit *Pierrot lunaire* einem internationalen Publikum mäßig bekannt. Durch den Einfluss seiner Werke auf andere Komponisten und durch seine Zwölftontechnik prägte er die Kunstmusik des 20. Jahrhunderts. Seine zwölftönigen Kompositionen sind allerdings recht schwer zugänglich und heute nicht sehr weit verbreitet. – *Schönberg* zählt zu den bedeutendsten Kompositionslehrern des 20. Jahrhunderts und war auch als Maler erfolgreich.

3.3.5 Maurice Ravel (1875–1937)

Leben. *Maurice Ravel* wurde 1875 in Cibourre, in den Pyrenäen, als Sohn eines Ingenieurs geboren. Kurz darauf zog die Familie nach Paris. *Ravel* studierte von 1889 bis 1895 und 1897 bis 1900 am Pariser Konservatorium Klavier und Komposition. 1906 nahm ihn der Verlag Durand exklusiv unter Vertrag, wodurch er regelmäßige Einkünfte bezog. Er lebte zurückgezogen vom Erlös seiner Kompositionen, von Auftritten als Pianist mit seinen eigenen Werken, als Begleiter von Sängern und als Dirigent eigener Werke. Seit 1933 litt er an einem Hirnleiden, an dem er 1937, unverheiratet, in Paris starb.

Werke (Auswahl).
Allgemeines. Weltliche Vokalmusik: Opern, Lieder; sinfonische Instrumentalmusik: Ballette *Daphnis et Chloé* (1912), *La valse*, (→) *Boléro* (1928); Kammermusik; Klaviermusik; Instrumentationen eigener und fremder Klavierwerke, z. B. der (→ Bd. II) *Bilder einer Ausstellung* von *Mussorgskij* (1922) (→ Bd. II; 7.6.3).
Charakterisierung seiner Musik. *Ravels* Werk ist stilistisch recht einheitlich; bereits mit 20 Jahren komponierte er in einem ausgeprägt persönlichen Stil, der von *Debussy* beeinflusst war. *Ravel* arbeitete langsam, was zu großer handwerklicher Vollkommenheit seiner Werke führte.
Seine Musiksprache ist insgesamt konventioneller als diejenige von *Debussy*. Seine Harmonik ist deutlich tonal; des Öfteren verwendete er Kirchentonalität sowie zuweilen Mixturen von Dreiklängen, Sept- und Septnonakkorden. Die Melodik ist geschmeidig. Seine Rhythmik und Formgestaltung sind eher einfach und traditionell. Besonders berühmt ist *Ravel* für seine meisterhafte Instrumentationskunst.
Einige seiner Werke sind als impressionistisch zu bezeichnen, z. B. *Daphnis et Chloé*; eine Reihe von Stücken weisen neoklassizistische Tendenzen auf; die späten Kompositionen zeigen Einflüsse des Jazz oder spanischer Musik (→ *Boléro*). Einige seiner Werke stammen aus der Bilderwelt der Kinder.

Bedeutung. *Ravel* war bereits in jungen Jahren ein berühmter Komponist. Er zählt heute neben *Debussy* zu den bedeutendsten französischen Komponisten der ersten Hälfte des 20. Jahrhunderts.

3.3.6 Béla Bartók (1881–1945)

Leben

Béla Bartók wurde in Nagyszentmiklós (damals Ungarn, heute Sînnicolau Mare, Rumänien) als Sohn einer Lehrerin geboren. Früh erhielt er Klavier- und Kompositionsunterricht. Mit 10 Jahren trat er zum ersten Mal als Pianist auf. Von 1899 bis 1903 studierte er an der Musikhochschule in Budapest Klavier und Komposition. Von 1907 bis 1934 war er dort Professor für Klavier. 1909 heiratete er. Nach der Scheidung 1923 heiratete er im selben Jahr erneut. Aus beiden Ehen ging jeweils ein Sohn hervor. Von 1934 bis 1940 war *Bartók* als Volksliedforscher angestellt. Er unternahm zahlreiche Konzertreisen als Pianist in ganz Europa und Nordamerika. 1940 wanderte er in die USA aus. Hier lebte er vom Unterrichten, von Konzerten als Pianist und von Kompositionsaufträgen, wobei ihn schwere Existenzsorgen bedrückten. Er starb in New York an Leukämie.

Von 1905 bis 1936 unternahm *Bartók* umfangreiche Reisen teilweise mit (→) *Kodály* zusammen, zum Sammeln von insgesamt über 10 000 Melodien der Volksmusik vor allem bei Slowaken, Rumänen, Ungarn, und auch bei Serben, Kroaten, Ukrainern, Türken und Arabern. Dies geschah zunächst handschriftlich, später mittels (→ 2.3.2) *Phonographenwalzen*.

Werke (Auswahl)

Allgemeines. *Bartók* schuf viele Werke fast aller Gattungen, außer Kirchenmusik. Weltliche Vokalmusik: Operneinakter *Herzog Blaubarts Burg* (1911); Chormusik; Orchestermusik: Pantomine *Der wunderbare Mandarin* (1918/19), (→) *Musik für Saiteninstrumente, Klavier und Celesta*, 3 Klavierkonzerte, *Konzert für Orchester* (1943). Von zentraler Bedeutung sind die *6 Streichquartette*.

Unter den zahlreichen Klavierwerken ragen die sechs Hefte des *Mikrokosmos* (1926–1939) heraus; sie enthalten 153 Stücke mit allmählich steigendem Schwierigkeitsgrad. Diese Klavierschule ist nicht nur von großem pädagogischen Wert, sondern enthält auch viele Prinzipien der Kompositionstechnik aus der ersten Hälfte des 20. Jahrhunderts.

Einfluss der Volksmusik. *Bartóks* Schaffen ist vor allem geprägt durch ungarische, rumänische und slowakische Volksmusik, also derjenigen des Ungarn vor dem Ersten Weltkrieg. Diese Musik bezog er in vielfältiger Weise in seine Werke ein (→ 3.2.5). Sein Bestreben war es, eine ungarische Nationalmusik zu schaffen.

Rhythmik. Seine Musik ist sehr stark rhythmisch betont. Schlaginstrumente kommen des Öfteren vor, das Klavier wird häufiger eher perkussiv denn als Melodieträger eingesetzt. Seine Musik ist reich an Synkopen, oft kommen (→ Bd. I) *unregelmäßige Taktarten* vor.

Form. Während seines gesamten Schaffens verwendete *Bartók* oft die Sonatenhauptsatzform. Er besaß eine Vorliebe für Symmetrien innerhalb eines Satzes und bei der Konstruktion von mehrsätzigen Werken.

Harmonik. Sie ist im Allgemeinen tonal oder freitonal, wobei die Kirchentonalität eine entscheidende Rolle spielt. Stellenweise ist sie atonal, beispielsweise durch (→) *Cluster*. Alle Kompositionen sind auf einen Grundton bezogen.

Entwicklung.
1908–1923. 1908 hatte *Bartók* eine eigene Musiksprache gefunden. In diesem Jahr entstanden die *Bagatellen* für Klavier (→ Notenbeispiel 3.1) und das erste Streichquartett. Die Musik dieser Phase war vom Expressionismus beeinflusst. Um 1920 sind zwölftönige Strukturelemente zu finden. 1923 geriet *Bartók* in eine schwere Schaffenskrise und komponierte in den folgenden drei Jahren gar keine Werke.
1926–1938. In dieser Phase war *Bartók* vom Strawinskyschen Neoklassizismus beeinflusst, seine Werke waren stärker polyphon, klarer in der Form, weniger dissonant und insgesamt weniger expressiv als zuvor.
1938–1943. In seiner späten Phase waren seine Kompositionen weniger streng organisiert, gefühlvoller, harmonisch einfacher und virtuoser als zuvor.

Bedeutung

Seit der Veröffentlichung seiner *Tanzsuite für Orchester* 1923 gilt *Bartók* als einer der führenden europäischen Komponisten. Seine wissenschaftlichen Leistungen als Volksliedforscher haben internationalen Rang. Er war auch als Pianist und Klavierpädagoge bedeutend.

3.3.7 Igor Strawinsky (1882–1971)

Leben

Igor Strawinsky wurde 1882 bei Sankt Petersburg als Sohn eines bekannten Opernsängers geboren. Er wurde im russisch-orthodoxen Glauben erzogen, löste sich um 1900 zunächst hiervon, um 1926 wieder streng gläubig zu werden. Von 1900 bis 1905 studierte er Jura. Bei *Rimski-Korsakow* studierte er von 1902 bis 1908 Komposition. 1906 heiratete er seine Cousine; aus der Ehe gingen einen Sohn und mehrere Töchter hervor. Seit 1910 wohnte er hauptsächlich in der Schweiz; 1920 zog er nach Frankreich; ab 1939 lebte er in Kalifornien. Nach dem Tod seiner Frau 1939 heiratete er ein Jahr später erneut. 1945 wurde er US-amerikanischer Staatsbürger. *Strawinsky* starb 1971 in New York. Er lebte vom Komponieren sowie als Dirigent und Pianist eigener Werke. – *Strawinsky* wurde in der UdSSR lange wegen seiner Emigration boykottiert und Anfang der 1960er Jahre offiziell rehabilitiert.

Werke (Auswahl) mit Charakterisierung der Sprache

Allgemeines
Einleitung. *Strawinsky* schrieb viele Werke aller Gattungen. Ab 1926 schuf er zahlreiche religiöse Kompositionen. Sein Schaffen lässt sich in sehr verschiedene Phasen einteilen, die aber einige Gemeinsamkeiten aufweisen.

Die **Harmonik** ist in den einzelnen Phasen unterschiedlich. In den frühen und mittleren Werken ist sie tonal und freitonal; im Spätwerk ist sie teilweise atonal.

Rhythmik. Typisch für *Strawinsky* sind die häufig durchgehend verklanglichten Zählzeiten. Seine Musik ist relativ stark rhythmisch betont. Die Rhythmik ist komplex. Oft gibt es keine deutliche Taktart, zuweilen auch (→) *Polymetrik*.

Detailform und Melodik. Charakteristisch für *Strawinsky* ist die Aneinanderreihung kurzer einfacher Motive, ohne dass dabei eine Entwicklung vor sich geht; die Motive sind zumeist diatonisch und bestehen mitunter nur aus drei oder vier Tönen. Sie können als (→ Bd. II) *Ostinato* erscheinen, in den Oberstimmen hintereinander erklingen oder auch übereinander geschichtet werden. Deutlich zu sehen ist dies am Notenbeispiel 3.12. Des Öfteren ändern sich die Motive nicht, sodass insgesamt ein statischer Charakter entsteht. Häufig gibt es harte Einschnitte, nach denen unvermittelt etwas Neues erscheint. Man kann dieses Verfahren *mechanisch* statt *organisch* nennen. Es war für die Kunstmusik neuartig.

Frühe Phase (bis 1920)

Zu seinen berühmtesten Kompositionen gehören die drei im Folgenden genannten Ballette, die zwischen 1910 und 1913 uraufgeführt wurden. Sie entstanden, wie auch später weitere Ballette, in Zusammenarbeit mit dem Leiter des Pariser Ballets *Diaghilew* (→ 3.6.1 Ballett). Sie sind für großes Orchester geschrieben, beinhalten russische Sujets und verwenden russische Volkslieder. Schlagartig berühmt wurde *Strawinsky* mit dem Ballett *L'oiseau de feu* (Der Feuervogel, 1910).

Pétrouschka (Petruschka, 1911). Der Erfolg wurde noch überboten durch *Petruschka*, einem Ballett mit burlesken Szenen in vier Bildern. Die Handlung ist in der Partitur beschrieben. Das Stück spielt auf einem Jahrmarkt in St. Petersburg während der Fastnachtswoche um 1830. Im ersten Bild wird zunächst das Jahrmarktstreiben dargestellt. Am Ende des Bildes haucht ein Zauberer drei auf einem kleinen Theater befindlichen Marionetten Leben ein: Petruschka, dem unglücklichen Helden der Jahrmärkte, dem Mohren und der Ballerina. Im zweiten Bild wirbt Petruschka erfolglos um die Ballerina. Im dritten Bild flirten der Mohr und die Ballerina miteinander, Petruschka wird eifersüchtig. Im vierten Bild wird wiederum das Jahrmarktstreiben dargestellt. Petruschka verlässt die Bühne, wird vom Mohren verfolgt und umgebracht. Am Ende erscheint dem Zauberer Petruschkas Geist.
Die Musik ist geprägt von großer Vitalität und teilweise von sprühendem Witz. Sie deutet die partiell genaue Handlung sehr realistisch aus. Zu Beginn wird das wilde Jahrmarktstreiben dargestellt durch schnelles Tempo, Tremolo in den Klarinetten und Hörnern, später in den Streichern, sowie Melodien in verschiedenen Instrumenten, die aus einfachen, sich unregelmäßig wiederholenden Motiven bestehen. – Wenn eine Gruppe Betrunkener vorbeikommt, ertönt Musik etwas ungeschlachten Charakters; es erklingen nur Viertel- und Achtelnoten. Sobald der Zauberer die Menge von seiner Bude aus unterhält, wird die Stimmung der Musik bedeutsam und erregt. Kurz darauf erscheint ein Leierkastenspieler, dessen Instrument durch Flöten und Klarinetten täuschend ähnlich nachgeahmt wird.

Notenbeispiel 3.12:

I. Strawinsky: Ballett *Petruschka* (1911), T. 1–5, Particell

Le sacre du printemps (1913). *Strawinskys* folgendes Ballett war *Le sacre du printemps*, mit dem Untertitel *Bilder aus dem heidnischen Russland* (Der deutsche Titel *Das Frühlingsopfer* ist unüblich). Das Stück führte bei der Uraufführung in Paris zu einem Skandal, wegen des Inhalts und der ungewöhnlich neuen Musiksprache.
Die Handlung des Balletts ist nicht detailliert festgelegt. Zunächst wird dargestellt, wie ein junges Mädchen als Opfer ausgewählt wird, damit der Gott des Frühlings günstig gestimmt werde. Der letzte Abschnitt ist die berühmte *Danse sacrale*, der Opfertanz. Alte weise Männer sehen zu, wie die junge Auserwählte tanzt, bis sie tot umfällt.
Charakteristisch für das Werk sind die sehr starke rhythmische Impulsivität – oft ist kein Takt wahrnehmbar – und die harten Dissonanzen – teilweise erklingen (→) *Cluster* (→ Notenbeispiel 3.4). Kennzeichnend sind auch die extremen Lagen der Instrumente, beispielsweise die hohen Töne des Fagotts und die tiefen der Klarinetten zu Beginn des Stücks.

Ab 1914. In den Jahren nach *Le sacre du printemps* entstanden Werke mit geringer Besetzung und zumeist kleinerem Umfang. Dies war auch durch die kriegsbedingt spärlicheren finanziellen Mittel verursacht.
Ein Hauptwerk dieser Zeit ist *L'histoire du soldat* (Die Geschichte vom Soldaten, 1918), eine Mischgattung zwischen Oper, Oratorium und Ballett mit kammermusikalischer Besetzung. Es ist das erzählte, gespielte und getanzte Märchen vom Soldaten, der seine Seele dem Teufel verkauft und schließlich zur Hölle fahren muss. Das Werk besteht aus kurzen Abschnitten, die zum großen Teil Stilzitate bzw. Charaktere von Popularmusik (Märsche und Tänze) und geistlicher Musik (Choräle) sind, verfremdet durch die Harmonik und vor allem durch komplexe Rhythmik.

Neoklassizistische Phase (1920–1950)

Beginn. Mit der Komposition des Balletts *Pulcinella* (1920) wird im Allgemeinen der Beginn von *Strawinskys* neoklassizistischer Phase angesetzt, zuweilen erst 1922.

Formalismus. *Strawinskys* (→) *Neoklassizismus* ist vom *Russischen Formalismus i. e. S.* geprägt. Der *Russische Formalismus i. e. S.* ist eine Richtung der russischen Literaturtheorie zwischen ca. 1915 und 1930, welche die intuitive Rezeption mittels Verfremdung und Parodie in eine eher rationale umwandeln wollte. Entsprechend wollte *Strawinsky* in seinen neoklassizistischen Werken eine intuitive Rezeption der Musik verhindern. Stattdessen versuchte er zu erreichen, dass die Musik bewusst wahrgenommen wird (vgl. 3.2.4 *Formalismus i. w. S.*).

Zu Werken allgemein. In selteneren Fällen übernahm *Strawinsky* präexistente Tonsätze früherer Komponisten. Zumeist verwendete er Stile, und zwar den Jazz und solche der europäischen Kunstmusik von *Machaut* bis *Webern*, einschließlich eigener Werke. Um die Verfremdung zu erfassen, muss man die Werke bzw. die Stile kennen.

Methoden der Verfremdung am Beispiel *Pulcinella* (1920). Pulcinella ist der Held des neapolitanischen Volkstheaters. Das Werk besteht aus Musikstücken des frühen 18. Jahrhunderts, von *Pergolesi* und seinen Zeitgenossen. Der ursprüngliche Tonsatz wird, wie erwähnt, im Wesentlichen beibehalten.

Notenbeispiel 3.13:

I. Strawinsky: Pulcinella-Suite für Orchester (1949), T. 10–19, vollständiges Particell ohne Dynamik- und Artikulationszeichen

Nachstehend sind einige Veränderungen *Strawinskys* dargestellt, die teilweise am Notenbeispiel 3.13 sichtbar werden. (In diesem sind die von *Strawinskys* hinzugefügten Noten klein gedruckt, weggelassene Noten sind umrahmt.)

- Herausschneiden oder Einfügen von Taktteilen, Takten oder Taktgruppen (T. 18),
- Zusammenziehen oder Dehnen von Takten oder Taktteilen usw. (In den Takten 11 und 12 wurden die synkopierten Noten um eine Viertel verlängert, was zu Taktwechsel führt.),
- Änderung der Harmonik, oft durch zusätzliche Stimmen (T. 16 und 17),
- Hinzufügung von Akzenten,
- Änderung in der Instrumentation. Instrumente werden zuweilen so eingesetzt, wie es ihnen nach traditioneller Vorstellung nicht entspricht.

Durch diese verfremdenden Mittel wird Distanziertheit und Witz erzeugt.

Späte, zwölftönige Phase (1952–1966)
In seiner späten Phase wandte sich *Strawinsky* erneut einer anderen Musiksprache zu. Er benutzte eine der Schönbergschen Zwölftontechnik verwandte Methode. Sein Spätwerk ist häufig von religiösen Stoffen bestimmt, die zudem von Tod und Trauer geprägt sind.

Bedeutung

Strawinskys Schaffen ist gekennzeichnet von einer beispiellosen Wandlungsfähigkeit. Er gehört zu den größten Komponisten aller Zeiten.

3.3.8 Anton Webern (1883–1945)

Leben. *Anton (von) Webern* wurde in Wien als Sohn eines Bergbauingenieurs geboren. Er wuchs in Wien, Graz und Klagenfurt auf und hatte privaten Instrumental- und Theorieunterricht. In seiner Heimatstadt studierte er Musikwissenschaft. Von 1904 bis 1908 studierte er bei *Arnold Schönberg*, den er hoch verehrte. Er gehört zur (→) *Wiener Schule*. 1911 heiratete er; aus der Ehe gingen ein Sohn und zwei Töchter hervor. Von 1908 bis 1918 war er mit Unterbrechung des Militärdienstes (1915–1917) (→) *Korrepetitor* und Kapellmeister in Bad Ischl, Wien, Teplitz, Danzig, Stettin und Prag; diese Tätigkeit verabscheute er. Seit 1918 lebte *Webern* bei oder in Wien von Privatunterricht, Dirigieren und Arbeiten beim Rundfunk. 1938 erhielt er in Österreich Aufführungs- und Publikationsverbot. Er wurde in Mittersill bei Salzburg von einem US-amerikanischen Besatzungssoldat irrtümlicherweise erschossen. – *Webern* war ein tief religiöser Mensch, was seine Werke prägte.

Werke (Auswahl).
Allgemeines. Vokalmusik, oft religiös gefärbt: Chorwerke, zwei Kantaten, Lieder; sinfonische Instrumentalmusik; Kammer- und Klaviermusik.
Webern komponierte insgesamt relativ wenig. Sein letztes Werk trägt die Opuszahl 31. Die Vokalmusik spielt eine besondere Rolle, es gibt unter den Werken mit Opuszahlen nur 14 Instrumentalkompositionen. Seine Werke sind auch extrem kurz. Die Kompositionen mit Opuszahlen dauern zusammen genommen nur insgesamt etwa drei Stunden. Manche Werke besitzen nur wenige Takte.
Einteilung. Ab Op. 3 (1908) sind *Weberns* Werke atonal, ab Op. 18 (1924) zwölftönig.

Stilmerkmale. Weberns Musik weist insgesamt große Komplexität auf hinsichtlich der Dynamik, des Ausdrucks, der Textur, der Instrumentierung und der zahlreichen Tempoänderungen. Sie ist dabei leise, zumeist ist die Besetzung kammermusikalisch; im Spätwerk ist die Satzdichte oft sehr dünn, häufig zweistimmig, zuweilen einstimmig.
Die Rhythmik ist oft komplex; häufig gibt es Triolen und Quartolen.
Charakteristisch für seine Werke ist die strenge Konstruktion, z. B. im Spätwerk durch Kanons und Imitationen. Die Bildung von kurzen zwei- oder dreitönigen Motiven fällt auf, denen differenzierte kontrapunktische Verarbeitung zuteil wird (→ Notenbeispiel 3.10).
Zuweilen sind einzelne Töne scheinbar isoliert, d. h. in einer Stimme durch Pausen von anderen Tönen der Stimme getrennt. Diese Töne sind aber in der Regel in Motive eingebunden oder in Melodien, die Pausen haben. Ein Motiv kann auch aus einem Ton bestehen. Mit dem (→) *Punktualismus* nach 1950 ist *Weberns* Musik nicht verwandt.
Reihen. Für seine Zwölfton-Reihen wählte *Webern* oft solche, deren einzelne Segmente dieselbe Intervallkonstellation aufweisen.

Bedeutung. *Webern* war zu Lebzeiten unter Anhängern der avantgardistischen Musik ein mäßig bekannter Komponist. Seine Stücke wurden in der Avantgarde nach 1950 von großer Bedeutung (→ 4.1.2).

3.3.9 Alban Berg (1885–1935)

Leben. *Alban Berg* wurde 1885 als Sohn von wohlhabenden Kaufleuten in Wien geboren und lebte dort bis zu seinem Tod. Mit 15 Jahren machte er erste autodidaktische Kompositionsversuche. 1904 wurde er Beamter und trat 1906 nach einer Erbschaft wieder aus dem Staatsdienst. Von 1904 bis 1910 studierte er zunächst kostenlos bei *Arnold Schönberg*, mit dem er bis an sein Lebensende in enger Freundschaft und großer Bewunderung verbunden blieb. *Berg* gehört zur (→) *Wiener Schule*. 1911 heiratete er. Er lebte von der Erbschaft, seinen Werken, von privatem Kompositionsunterricht und als Musikschriftsteller. Von 1915 bis 1918 absolvierte er den Militärdienst. Seine Oper (→) *Wozzeck* war ein großer, auch finanzieller Erfolg. Er starb an einer Blutvergiftung.

Werke (Auswahl).
Allgemeines. Weltliche Vokalmusik: zwei Opern: *Wozzeck* (1925), *Lulu* (unvollendet, 1937, vervollständigt von *Friedrich Cerha*), Lieder mit Klavier- und Orchesterbegleitung; sinfonische Instrumentalmusik: *Violinkonzert* (1935); Kammermusik, darunter die *Lyrische Suite* für Streichquartett (1926); Klaviermusik.
Stilmerkmale. Berg arbeitete außerordentlich langsam und schuf daher nur eine relativ geringe Anzahl von Werken. Diese waren seit 1909 atonal, wobei er oft deutlich freitonale und tonale Elemente einbezog (besonders in der Oper (→) *Wozzeck* und im (→) *Violinkonzert*). Seine Werke sind streng durchkonstruiert, mit engen motivisch-thematischen Beziehungen, (→) *entwickelnder Variation*, von Zahlensymbolik geprägt, relativ klar in der Form und höchst expressiv. Charakteristisch sind auch Melodie- und Stilzitate; in seiner Oper *Lulu* nahm er auch Elemente des Jazz auf.
Bergs Werke sind durchweg dem (→) *Expressionismus* verpflichtet; er hat sich von der (→) *Neuen Sachlichkeit* und dem (→) *Neoklassizismus* kaum beeinflussen lassen.

Seit 1925 verwendete *Berg* die Zwölftontechnik, allerdings nicht so streng wie *Schönberg* und *Webern*. Es gibt in seinen zwölftönigen Werken oft auch Abschnitte ohne Reihen; zuweilen benutzte er auch Reihenfragmente oder mehrere Reihen in einem Werk. In seinen Reihen verwendete er oft Dreiklangsbrechungen, um leicht Tonalität zu ermöglichen.

Bedeutung. *Bergs* wenige Werke sind trotz der modernen Klangsprache insgesamt zugänglicher als solche anderer Zwölfton-Komponisten. Sie haben heute bei einem größeren Publikum Erfolg.

3.3.10 Paul Hindemith (1895–1963)

Leben. *Paul Hindemith* wurde in Hanau am Main als Sohn eines Anstreichers geboren. Er erhielt schon in früher Jugend Geigenunterricht, ab 1912 Kompositionsunterricht. Von 1915 bis 1923 war er Konzertmeister im Frankfurter Opernhaus. 1919 trat er als Komponist zum ersten Mal an die Öffentlichkeit. In den 1920er Jahren war er maßgeblich beteiligt an der Organisation der *Donaueschinger Musiktage* für zeitgenössische Musik. 1924 heiratete er. 1927 wurde er Professor für Komposition in Berlin.
Von 1936 bis 1945 durften seine Werke in Deutschland nicht aufgeführt werden. 1938 emigrierte er zunächst in die Schweiz, dann 1940 in die USA. In New Haven unterrichtete er von 1940 bis 1953. In diesem Jahr kehrte er in die Schweiz zurück, wo er bis 1957 in Zürich lehrte. Er starb 1963 in Frankfurt/M.
Hindemith war ein großer Virtuose auf der Bratsche, außerdem spielte er zahlreiche weitere Instrumente. Bis zu seinem Tod unternahm er häufig Reisen als Solist und Dirigent.

Werke (Auswahl).
Allgemeines. Weltliche Vokalmusik: acht Opern, ein Oratorium; geistliche Vokalmusik: Messe; sinfonische Instrumentalmusik: Sinfonien, zahlreiche Instrumentalkonzerte, Ballette; Kammermusik: sechs Streichquartette, Sonaten für fast alle traditionellen Instrumente mit Klavierbegleitung; Klaviermusik: *Ludus tonalis* (1942); Schul-, Spiel- und Lehrwerke: z. B. *Plöner Musiktag* (1932).
Hindemith ist auch als Theoretiker von Bedeutung: In seiner Schrift „Unterweisung im Tonsatz“ (1937–1939) versuchte er, die freitonale Musik theoretisch zu erfassen. Dieses Werk ist vor allem eine Harmonielehre seiner eigenen Musik.
Stilmerkmale. Hindemiths Werke sind freitonal. Sie sind insgesamt deutlich rhythmisch betont und besitzen oft durchgehend verklanglichte Zählzeiten.
Nach Jugendwerken entstanden ab 1920 Werke, die *Hindemith* zum Bürgerschreck im Deutschland der frühen 1920er Jahre machten. Ein großer Teil der Werke dieser Phase war von heiterem, unbekümmertem Charakter. Es kamen provozierende karikierende Elemente vor. Charakteristisch sind Formen und Charaktere der Popularmusik. Später distanzierte sich *Hindemith* von diesen radikalen Frühwerken und arbeitete einige um, indem er sie melodisch und harmonisch glättete.
Die Werke für professionelle Musiker ab 1924 sind stark differenziert, die Harmonik ist komplexer und weniger dissonant, die Textur polyphoner als das Frühwerk, die Musik gewann an Würde. Nach dem Zweiten Weltkrieg griff *Hindemith* die avantgardistischen Strömungen nicht auf.

Charakteristisch für seine Musiksprache ist Notenbeispiel 3.14. Typisch sind vorwiegend diatonische Melodik, die Verwendung von Dur- und Molldreiklängen und das Vorhandensein eines Grundtons. – Seit dem Ende der 1920er Jahre komponierte *Hindemith* auch viele Stücke für Laien.

Notenbeispiel 3.14:

P. Hindemith: Sinfonie *Mathis der Mahler* (1934), 1. Satz, T. 39–47, vollständiges Particell

Bedeutung. *Hindemith* war zu Lebzeiten einer der wichtigsten Komponisten seiner Zeit. Er schuf zahlreiche Werke fast aller Gattungen.

3.4 Weltliche Vokalmusik

3.4.1 Neuerungen bei szenischen vokalen Gattungen

Das 20. Jahrhundert war insgesamt geprägt durch folgende wesentliche Neuerungen bei (→ Bd. I) *szenischen vokalen Gattungen*:

- vielfältige neue Konzeptionen bei der Oper (→ 3.4.3),
- Gattungsvermischungen,
- Entstehung neuer Gattungen, z. B. des Musicals, des epischen Musiktheaters und der (→ 4.1.12) *szenischen vokalen Komposition*.

3.4.2 Exkurs: Tabellarische Übersicht über das Musiktheater

Diese Neuerungen legen den Begriff des *Musiktheaters* nahe, der sich im 20. Jahrhundert verbreitet hat. Unter **Musiktheater** versteht man alle Musikarten, die Musik und Szene miteinander verbinden, und zwar sowohl mit als auch ohne Text. Die folgende Tabelle gibt eine Übersicht über die wichtigsten Gattungen des Musiktheaters im 20. Jahrhundert, auch solcher, die erst nach 1950 entstanden sind. (→ 4.1.12) *Instrumentales Theater* und Ballett sind keine szenischen vokalen Gattungen.

Gattung / Merkmal	Oper	(→ 3.4.5) *episches Musiktheater*	(→ 3.4.4) *Operette*	(→ 6.5) *Musical*	(→ 3.6.1) *Ballett*	(→ 4.1.12) *szenische vokale Komposition*	(→ 4.1.12) *instrumentales Theater*
Text	i. A. nur gesungen	viel gesprochen	viel gesprochen	viel gesprochen	kein Text	gesungen und gesprochen	kaum Text
Tanz	möglich	möglich	wichtig	sehr wichtig	konstitutiv	möglich	kaum
Musiksprache	alle Stile möglich	durmolltonal, Anlehnung an Popularmusik	durmolltonal, eher traditionell	jazz- und/ oder rockorientiert	alle Stile möglich	avantgardistisch	avantgardistisch
konkrete Handlung	zumeist vorhanden	zumeist vorhanden	vorhanden	vorhanden	möglich	möglich	möglich
Entstehung	um 1600	Ende 1920er Jahre	nach 1850	um 1900	16. Jh.	um 1960	um 1960
Verhältnis von Musik und Text	traditionelle Ausdeutungen	auch Verfremdungseffekte	traditionelle Ausdeutungen	traditionelle Ausdeutungen	——	modern	——

3.4.3 Szenische vokale Gattung: Oper

Allgemeines

Bedeutung. Die Oper besaß im 20. Jahrhundert nicht mehr die große Bedeutung wie in den Jahrhunderten zuvor. Gleichzeitig verbreiteten sich der Film und das Musical.

Wagners Einfluss. Der Einfluss *Wagners* war in Deutschland, aber auch in anderen Ländern, bis zum Beginn des 20. Jahrhunderts sehr groß, und zwar hinsichtlich der Musiksprache, der Form und teilweise auch der Sujets (→ Bd. II; 7.3.8). Deutlich von *Wagner* geprägt ist beispielsweise die Märchenoper *Hänsel und Gretel* (1893) von *Engelbert Humperdinck* (1854–1921), die in Deutschland heute zu den am meisten aufgeführten Opern gehört.

Zu einzelnen Ländern. Besonderheiten der einzelnen Länder, wie sie im 19. Jahrhundert noch deutlich bestanden, wurden im 20. Jahrhundert zunehmend verwischt.

Mischgattungen. Wie in 3.4.1 erwähnt, gab es Mischgattungen, beispielsweise das *Opern-Oratorium*. Als Mischung zwischen Oper und Hörspiel kann die *Funkoper* aufgefasst werden. Unter einer *Funkoper* versteht man eine Oper, die nur für die Rundfunkübertragung komponiert wird, bei der das visuelle Element also fehlt.

Struktur des Librettos. Das Opernlibretto weist Neuerungen auf, die auch mit der Entwicklung des Sprechtheaters zusammenhängen, beispielsweise die Einführung eines Erzählers oder die Auflösung der geschlossenen Form des Dramas durch eine Reihung von szenischen Bildern.

Zum Inhalt. Die Opernsujets waren inhaltlich sehr unterschiedlich und stark von der jeweiligen Zeit abhängig, in der sie komponiert wurden. Im 20. Jahrhundert gab es, analog zum Sprechtheater, verstärkt die Tendenz, dass die Stücke in der Gegenwart spielen.
Eine wichtige Strömung mit aktuellem Zeitbezug war der *Verismo*. Unter **Verismo** versteht man erstens den Naturalismus in Literatur und Bildender Kunst in Italien von ca. 1880 bis zum Beginn des 20. Jahrhunderts. Der Begriff **Verismo** meint zweitens den Stil der italienischen Opernlibretti von ca. 1890 bis zum Anfang des 20. Jahrhunderts, in denen oft in zeitnahen Situationen einfache Menschen gezeigt werden, die stark emotional reagieren. Hinsichtlich der Musik sind kaum Eigenheiten zu erkennen.
Zu den bekanntesten Werken des *Verismo* gehören *Cavalleria rusticana* (1890) von *Pietro Mascagni* (1863–1945) und *Pagliacci* (*Der Bajazzo*, 1892) von *Ruggiero Leoncavallo* (1858–1919), beides Erstlingswerke. Etliche Opern von *Puccini* werden dem Verismo zugerechnet. In anderen Ländern wurden ebenfalls veristische Libretti verfasst, z. B. (→) *Jenufa*.

Aufbau / musikalische Mittel.
Großform / Zur Trennung zwischen (→ Bd. I) *gebundener Musik und Rezitativ.* Die Tendenz zur Bildung von langen Szenen im 19. Jahrhundert (→ Bd. II; 7.4.1) führte dazu, dass im 20. Jahrhundert die Trennung zwischen rezitativischen Abschnitten und solchen mit gebundener Musik zumeist aufgehoben wurde. Die Nummernoper wurde sehr selten; die meisten Opern waren durchkomponiert.
Starken Einfluss auf diese Entwicklung hatte das wagnersche Musikdrama. Die Grenzen zwischen diesem und der herkömmlichen Oper verwischten sich zunehmend, wodurch der Begriff des Musikdramas im 20. Jahrhundert kaum mehr zur Unterscheidung taugte.
In den meisten Opern gibt es kurze rezitativische Abschnitte, beispielsweise in allen unten näher besprochenen Opern und in der *Dreigroschenoper*. Es gibt außerdem in vielen Kompositionen arienartige Partien, die auch losgelöst vom Werk aufgeführt werden können; dies ist bei allen unten aufgeführten Opern mit Ausnahme von *Wozzeck* der Fall.
Die Aufhebung der Trennung zwischen Rezitativ und gebundener Musik ermöglicht die *Literaturoper*. Unter einer **Literaturoper** versteht man eine Oper, deren Text nicht mehr eigens für die Vertonung gedichtet bzw. eingerichtet wird, sondern derjenige eines Sprechdramas ist, wobei allerdings oft Kürzungen vorgenommen werden. Bedeutende Literaturopern sind *Salome* (1905) von *R. Strauss*, *Bergs* (→) *Wozzeck* und *Die Soldaten* (1965) von (→) *B. A. Zimmermann*.
Anmerkungen. Das 20. Jahrhundert weist eine Tendenz zu einaktigen Opern auf. – Zuweilen wurden Formen der Instrumentalmusik in die Oper übernommen, beispielsweise bei *Bergs* (→) *Wozzeck*.
Leitmotive. Leitmotive sind in vielen Opern des 20. Jahrhundert präsent, wenn auch zumeist nicht in der Anzahl und der Häufigkeit wie bei *Wagner* (→ Bd. II; 7.4.3). Ebenso erscheinen sie in sinfonischen Dichtungen, z. B. bei *R. Strauss*, und vor allem in der (→) *Filmmusik*. Es gibt auch öfter vorkommende Motive ohne klare inhaltliche Bedeutung.

Leoš Janáček (1854–1928): Jenufa (1904) (ca. 2 1/4 Std.)

Zum Komponisten. *Leoš Janáček* gehört neben *Smetana* und *Dvořak* zu den bedeutendsten tschechischen Komponisten und zu den führenden Tonsetzern der ersten Hälfte des 20. Jahrhunderts. Er wirkte als Lehrer, Dirigent und Musikkritiker in Brünn sowie seit 1919 als Kompositionslehrer am Prager Konservatorium. Bekannt sind vor allem seine Opern, die zu den am meisten gespielten des 20. Jahrhunderts gehören, z. B. *Jenufa* (1904), sein erfolgreichstes Werk, *Katja Kabanova* (1921) und *Das schlaue Füchslein* (1924). Außerdem schrieb *Janáček* eine große Anzahl von Werken fast aller anderen Gattungen.

Zur Musik allgemein.
Einfluss der Volksmusik. Janáček sammelte und bearbeitete mährische Volksmusik. Seine Opern, besonders *Jenufa*, sind von dieser beeinflusst, vor allem in den Tänzen. Wie *Smetana* (vgl. Bd. II) verwendete *Janáček* aber in der Regel keine originalen Stücke, sondern übernahm den Stil.
Harmonik. In *Jenufa* ist die Harmonik deutlich durmolltonal, wobei die Tonarten schnell wechseln. Aus der Volksmusik stammt der kirchentonale Einschlag. In späteren Werken ist die Harmonik komplexer.
Großform. Die frühen Opern *Janáčeks* sind Nummernopern. Ab *Jenufa* sind sie durchkomponiert, wobei der erste Akt dieser Oper noch durch eine größere Anzahl von Ensembles Reste der Nummernoper aufweist. Charakteristisch für *Janáčeks* Musik allgemein ist die Formung größerer Abschnitte, oft einer ganzen Opernszene, durch Aneinanderreihung von jeweils variierten Motiven. Zuweilen werden diese von anderem Material unterbrochen, sodass eine lose Rondoform entsteht.
Melodik. Seine Melodik ist eher kleingliedrig, weist also selten große Bögen auf.
Leitmotive. Janáček machte in *Jenufa* keinen Gebrauch von Leitmotiven. Nur wenige Erinnerungsthemen kommen vor. In späteren Opern gibt es Leitmotive und -themen.

Inhalt der Oper Jenufa. Das Stück spielt in einem mährischen Dorf im 19. Jahrhundert. Jenufa erwartet ein Kind von Stewa, der sie aber nicht heiraten will. Aus Angst vor Schande bringt sie ihren Sohn im Verborgenen zur Welt. Jenufas Ziehmutter tötet das Kind heimlich. Jenufa erklärt sich daraufhin trotz fehlender Liebe bereit, Laca zu heiraten. Während der Hochzeit wird der Mord aufgedeckt. Laca hält zu Jenufa, deren Liebe zu ihm entbrennt.

Giacomo Puccini: Madama Butterfly (Madame Butterfly) (1904)(ca. 2 1/2 Std.)

Inhalt. Das Stück spielt in Japan um 1900. Im Mittelpunkt steht eine junge, gemäß dem Originaltext 15-jährige Geisha, die Madame Butterfly genannt wird. Sie liebt aufrichtig den US-Amerikaner Linkerton, um dessentwegen sie sich sogar hat taufen lassen. Sie und Linkerton gehen eine Ehe auf Zeit ein, wie dies damals zwischen Europäern und Geishas üblich war. Linkerton nimmt die Ehe nicht ernst. Er kehrt in die USA zurück, ohne sich weiter um Butterfly zu kümmern. Diese wartet drei Jahre lang auf ihren Ehemann; inzwischen hat sie einen Sohn geboren. Am Ende der Oper erscheint Linkerton zusammen mit seiner amerikanischen Ehefrau, um das Kind abzuholen. Verzweifelt ersticht sich Butterfly.

Musik.
(Zur Musik *Puccinis* → 3.3.1.)
Japanisches Kolorit. Eine Besonderheit der Musik von *Madame Butterfly* ist das japanische Kolorit. Es wird durch folgende Merkmale erzeugt:
- Instrumente: japanisches Tamtam, japanisches Glockenspiel, Gebetsglocke;
- Charakter: Darstellung des Zierlichen und Feinsinnigen;
- Melodik: des Öfteren Ganztonleiter sowie (→ Bd. I) *Pentatonik* mit und ohne Halbton, Zitat des auch in Europa bekannten japanischen Liedes *Sakura*;
- Harmonik: zuweilen leere Quinten.

Leitmotive. Eines der am deutlichsten erkennbaren Leitmotive ist das zu Beginn der Oper (Notenbeispiel 3.15 a). Es ist der Anfang eines Themas, welches im Fugato verarbeitet wird. Das Motiv erscheint in den ersten Minuten der Oper dann, wenn die Geschäftigkeit und die Dienstfertigkeit der Japaner zum Ausdruck kommt. Der Beginn der US-amerikanischen Nationalhymne lässt als Leitmotiv die US-amerikanische Sphäre assoziieren (Notenbeispiel 3.15 b). Das Motiv c) erklingt während der gesamten Szene im ersten Akt, in der Butterfly vom Oberhaupt der Familie verflucht wird, weil sie vom alten Glauben abgefallen ist.
Schluss. Besonders eindrucksvoll ist der Schluss der Oper. In den letzten Minuten wird die Tonart h-Moll nicht mehr verlassen. Am Ende ertönt nach einer Kadenz in h-Moll über dem h ein mächtiger G-Dur-Akkord mit Grundton in der Oberstimme, begleitet von Becken und Tamtam, wie ein Aufschrei (Notenbeispiel 3.15 d).

Notenbeispiel 3.15:

Giacomo Puccini: Madame Butterfly (1904), Klavierauszug: a) Anfang, b) Beginn der US-amerikanischen Nationalhymne, c) 1. Akt, Ziffer 102, d) Schluss der Oper

Bedeutung. Die Uraufführung des Werkes 1904 in der Mailänder Skala endete mit einem der größten Skandale in der Geschichte dieses Opernhauses; verursacht wurde er durch tumultartige Störungen, die vermutlich von *Puccinis* Gegnern organisiert worden waren. Der Komponist arbeitete die Oper daraufhin um, indem er den sozialkritischen Gestus abmilderte. Insbesondere stellte er Linkerton weniger negativ dar; beispielsweise wurde eine Szene gestrichen, in der er sich spöttisch über die Sitten und Gebräuche seines Gastlandes äußert. In der veränderten Fassung, auch aus dem Jahre 1904, zählt das Werk zu den am meisten aufgeführten Opern des 20. Jahrhunderts.

Richard Strauss: Der Rosenkavalier (1911) (ca. 3 1/2 Std.)

Inhalt. Das Werk spielt in Wien in den ersten Jahren der Regierung Maria Theresias (1740–1780). Die sich selbst als alt bezeichnende Feldmarschallin, eine Fürstin, hat ein Verhältnis mit dem 17-jährigen draufgängerischen Adligen Octavian. Sein Part ist eine *Hosenrolle*, d. h. eine Männerrolle, die von einer Frau gespielt wird. Baron Ochs auf Lerchenau teilt der Marschallin die bevorstehende, von finanziellen Gründen bestimmte Heirat mit der jungen und sehr reichen Sophie von Faninal mit. Die Marschallin ernennt Octavian zum Rosenkavalier, welcher als Brautwerber Sophie eine silberne Rose überbringen soll. Bei diesem Besuch verlieben sich Octavian und Sophie ineinander. Octavian trifft sich in der Rolle der Zofe Mariandel mit Ochs zum Stell-dich-ein und stellt diesen als Schürzenjäger bloß. Die Verlobung von Sophie und Ochs wird aufgelöst. Die Marschallin führt resigniert Octavian Sophie zu.
Die Oper problematisiert Zustände zur Zeit von deren Entstehung, beispielsweise die Heirat von Adligen mit reichen Frauen und deren herabwürdigende Behandlung.

Musik.
Semantik. Das Werk besitzt viele Elemente der (→ Bd. II) *Opera buffa*: starke Ausdeutung des Inhalts durch die Musik, teilweise sehr schneller Wechsel des Charakters, (→ Bd. II) *Parlando*, drastische Komik und Verkleidungen.
Einflüsse der Wiener Operette bezeugt die (anachronistische) Verwendung verschiedener Walzer zur Charakterisierung des Wienerischen Ambiente. Der 3. Akt besteht zum großen Teil aus Walzern.
Harmonik. Diese ist deutlich durmolltonal, zumeist liegt eine Dreiklangsharmonik vor. Typisch sind Akkordverbindungen, bei denen ein Akkord gegenüber der herkömmlichen Fortschreitung um einen Halbton nach oben oder unten versetzt wird. Beispielsweise wird im Notenbeispiel 3.16 b) die Subdominante As durch A ersetzt; im Beispiel c) erklingt über dem Orgelpunkt e der C^7-Akkord statt der Dominante H^7.
Form. Dialoge, melodiöse Arien, Duette und Terzette wechseln sich ab.
Leitmotiv-Technik. Diese ist sehr ausgeprägt. Das Vorspiel und die erste Szene sind u. a. charakterisiert von folgenden Leitmotiven, die hier mit Bedeutung versehen werden. Motiv a) erklingt, wenn vom Draufgängertum des Octavian die Rede ist. Motiv b) erscheint, wenn von seiner Liebe zur Marschallin gesprochen wird. Motiv c) ertönt, wenn die Liebe der Marschallin zu Octavian thematisiert wird.
Berühmt ist das Motiv der silbernen Rose mit seinen sonst in der Oper selten vorkommenden (→) *Mixturen*.

Notenbeispiel 3.16:

R. Strauss: Der Rosenkavalier (1911), Klavierauszug: a) und b) Beginn, c) Ziffer 11

Bedeutung. Der Rosenkavalier ist die bekannteste Oper von *Strauss*. Sie wurde bereits zur Zeit ihrer Uraufführung mit großer Begeisterung aufgenommen.

Alban Berg: Wozzeck (vollendet 1922, Uraufführung 1925) (ca. 1 1/2 Std.)

Entstehung. *Berg* sah 1914 das Bühnenwerk *Woyzeck* von *Georg Büchner* (1813–1837) in einer Fassung, die aufgrund eines Lesefehlers *Wozzeck* hieß. Er selbst arbeitete die 24 fragmentarischen Szenen in 3 Akte um, indem er kürzte und Szenen umstellte.

Inhalt. Wozzeck ist ein einfacher Soldat, der von allen verspottet wird, vor allem vom Doktor, der ihn als Versuchsobjekt für spezielle Kost verwendet, und vom Hauptmann, den er regelmäßig rasiert. Seine einzige Freude ist seine Geliebte Marie; er ist der Vater ihres unehelichen Kindes. Marie betrügt Wozzeck mit dem Tambourmajor. Wozzeck ersticht darauf Marie und ertrinkt in einem Teich. In der letzten Szene laufen spielende Kinder zur Unglücksstelle, Maries Sohn läuft ahnungslos nach.
Der Grundcharakter des Textes ist sehr trostlos. Die Hauptpersonen sind entweder bemitleidenswerte Geschöpfe, wie Wozzeck und Marie, oder Karikaturen.

Musik. Das Werk ist nicht (→) *zwölftönig*; nur an einer Stelle erscheint ein zwölftöniges Thema.
Textbehandlung. Der Text wird gesungen, wie in (→) *Pierrot lunaire* in gebundenem Melodram vorgetragen oder gesprochen.

Form. Jeder der drei Akte besteht aus verschiedenen Szenen mit instrumentalen Zwischenspielen. Jede Szene steht in einer bestimmten traditionellen Form bzw. ist nach einem Prinzip gestaltet. Einige dieser Formen und Prinzipien sind relativ leicht wahrzunehmen, andere nur nach genauer Analyse. Deutlich zu erkennen ist beispielsweise die so genannte Invention über dem Ton h in der Szene, in der Wozzeck Marie ersticht. Der Ton h erscheint in mannigfaltiger Weise, in unterschiedlichen Instrumenten, als Orgelpunkt oder liegende Mittel- bzw. Oberstimme, auch oktaviert.
Charakter. Die Oper ist typisch für den Expressionismus. Der Charakter wechselt häufig. Er ist wie derjenige des Textes manchmal grotesk; zuweilen ist er auch tragikomisch, beispielsweise bzgl. der Textausdeutungen und durch die verzerrende Karikatur von Militärmusik. Die Grundstimmung ist jedoch äußerst tragisch.
Textausdeutungen sind sehr deutlich und vielfältig.
Zitate. Die Oper ist insofern mit *Mahlers* Werken verwandt, als sehr viele Stilzitate vorkommen, z. B. Anklänge an Militärmusik, Volkslied, Walzer und Schnellpolka (→ Notenbeispiel 3.17 b). Es gibt im Gegensatz zu *Mahler* wenig Melodie-Zitate, z. B. dasjenige des bekanntesten Walzers aus *Strauss'* Rosenkavalier.
Leitmotive. Die Oper weist eine Reihe von Leitmotiven auf, die den Hauptpersonen zugeordnet sind. Sie sind aber erst nach genauerer Analyse erkennbar. Zu den bekanntesten gehören Notenbeispiel 3.17 a) und das Leitmotiv des Hauptmanns (→ Notenbeispiel 3.3).

Notenbeispiel 3.17:

A. Berg: Wozzeck (1925), a) 2. Akt, T. 114, Gesangsstimme, b) 3. Akt, T. 122-127, Klavier ohne Gesang

Bedeutung. *Alban Bergs Wozzeck* ist die erste atonale Oper, in der allerdings etliche tonale Stellen vorkommen. Ihre Uraufführung war ein großer Erfolg. Sie ist eine der wenigen Opern des 20. Jahrhunderts in einer modernen Klangsprache, die dauerhaft auf den Spielplänen präsent ist. Sie gilt als ein Hauptwerk des musikalischen Expressionismus.

George Gershwin: Porgy and Bess (1935) (ca. 3 Std.)

Zum Komponisten George Gershwin (1898–1937). *Gershwin* gehört zu den bedeutendsten nordamerikanischen Komponisten. Er schrieb vor allem Musicals, aber auch Instrumentalwerke wie die *Rhapsody in Blue* (1924) für Klavier und Orchester und *An American in Paris* (1928), Klavier- sowie Filmmusik. Viele Songs, u. a. aus seinen Musicals und seiner Oper, sind sehr berühmt. Seine Musik ist ganz vom Jazz geprägt. Die formale

Gestaltung ist stark von den einfachen Reihenformen der Popularmusik beeinflusst, Entwicklungen gibt es selten. *Gershwins* Werke sind insgesamt jedoch differenziert, wodurch die Einordnung in Ernste und Popularmusik sehr schwierig ist.

Inhalt. Die Oper spielt unter Schwarzen in einer zum Hafen führenden Straße (Catfish Row) in Charleston (South Carolina) zu Anfang des 20. Jahrhunderts. Bess lebt mit dem Hafenarbeiter Crown zusammen. Nachdem dieser im Rausch einen Fischer erschlagen hat und geflohen ist, wird Bess von Porgy, einem allseits beliebten, körperlich behinderten Bettler aufgenommen. Sie kommen sich näher. Porgy ersticht den zurückgekehrten Crown von hinten und wird verhaftet. Der Dealer Sporting Life, der Bess mit Kokain versorgt, nimmt sie mit nach New York. Da Porgy nichts nachweisbar ist, wird er entlassen und kehrt zurück. Am Schluss der Oper macht er sich voller Gottvertrauen auf den Weg nach New York, um Bess wiederzufinden.
Das Libretto verwendet den US-amerikanischen Dialekt der Gullahs, einer um Charleston beheimateten Volksgruppe der Schwarzen.

Musik.
Gattung. Das Stück ist deutlich der Kunstmusik zuzuordnen. Es handelt sich um eine Oper, weil der Text fast durchgehend gesungen wird, nur einige wenigen Stellen werden gesprochen. Das Werk ist wegen der musikalischen Sprache und der Einbeziehung von Tänzen stark verwandt mit einem Musical.
Form. Deutlich sind Songs bzw. Arien, Ensembles und Chöre abtrennbar.
Stilzitate. Charakteristisch für die Oper ist die Verwendung von Stilzitaten von afroamerikanischem (→) *Sacred Singing*, vor allem in den Chören. Echte Zitate gibt es nicht. Gershwin zog während der Komposition nach Charleston, um die Gesangspraktiken der Gullahs zu studieren. Typisch für Sacred Singing sind die zuweilen verwendete antiphonale Gesangsweise und kirchentonale Harmonik.
Charakter. Der Charakter der Songs ist vielfältig. Es gibt beispielsweise religiöse Chorgesänge, das entrückte Liebeslied *I Loves You, Porgy*, das Schlaflied *Summertime* und den sarkastischen Song *It Ain't Necessarily So*, in dem Sporting Life alttestamentarische Geschichten in Zweifel zieht.
Erinnerungsmotive und -themen. Einige Melodien von Songs werden aus formalen und inhaltlichen Gründen später wieder als Erinnerungsthemen und -motive aufgenommen.

Bedeutung. *Gershwins* einzige Oper gehört zu seinen Hauptwerken und ist bis heute ein Welterfolg. Das Stück ist die erste erfolgreiche Oper, die vollständig vom Jazz geprägt ist. Es ist auch eines der ersten erfolgreichen Werke eines Weißen, welches ohne Sarkasmus und Kritik das Leben von Schwarzen thematisiert. Von diesen wurde es angenommen.

Benjamin Britten: Peter Grimes (1945) (ca. 2 1/2 Std.)

Inhalt. Das Stück spielt in einem kleinen englischen Fischerort um 1830. Dem Fischer Peter Grimes wird der Tod eines Lehrjungen zur Last gelegt. Auch ein zweiter Lehrling, den Grimes nicht gut behandelt, kommt ums Leben. Grimes wird darauf von seinen Freunden nahegelegt, auf die See hinauszufahren und unterzugehen, damit er der Lynchjustiz entgehe. Am folgenden Tag sieht man ein sinkendes Boot, ohne dass es jemanden berührt.

Musik. Das Stück besitzt insgesamt sechs instrumentale Zwischenspiele, die oft unabhängig von der Oper aufgeführt werden. Vier sind Naturbilder, das zweite stellt beispielsweise einen Sturm dar. Das vierte, eine Passacaglia, beschreibt Grimes' ungestümen Charakter, das sechste seine Verzweiflung.
Das Werk enthält eine Anzahl von Leitmotiven. Diese werden häufig in den Zwischenspielen vorgestellt. Die jeweils folgende Szene wird durch diese Motive oft vereinheitlicht.

Bedeutung. *Peter Grimes* ist *Brittens* erste Oper und zählt zu seinen bekanntesten.

3.4.4 Szenische vokale Gattung: Operette

Am Anfang des 20. Jahrhunderts trat die (→ Bd. II; 7.4.4) *Wiener Operette* in eine neue Phase, indem der Tanz bedeutender und fremdländisches Kolorit einbezogen wurde. Zu den bekanntesten Komponisten gehört *Franz Lehár* (1870–1948); er schrieb u. a. *Die lustige Witwe* (1905) und *Land des Lächelns* (1929).
Um 1900 entstand die *Berliner Operette*. Während der Walzerrhythmus wesentliches Kennzeichen der Wiener Operette war, sind für die *Berliner Operette* Marschrhythmen konstitutiv. Weitere Merkmale sind die oft einfache, eingängige Melodik und die zuweilen sehr lose Handlung. Als eines der ersten Werke dieses Genres gilt *Frau Luna* (1899) von *Paul Lincke* (1866–1946).
Nach dem Zweiten Weltkrieg wurden in Europa nur noch wenige neue Operetten komponiert. Zugleich begann hier der Aufstieg des mit der Operette verwandten (→) *Musicals.*

3.4.5 Szenische vokale Gattung: episches Musiktheater

Einführung

In den 1920er Jahren, in der Zeit der Neuen Sachlichkeit, entwickelte *Bertolt Brecht* (1898–1956) das *epische Theater*. Beeinflusst wurde er dabei unter anderem vom (→ 3.3.7) *russischen Formalismus.*
Unter **epischem Theater** (griech.: *epos* – Erzählung) versteht man im Gegensatz zum dramatischen ein solches, bei dem nicht die Illusion eines wirklichen Geschehens auf der Bühne erzeugt werden, sondern vielmehr deutlich werden soll, dass die gezeigten Vorgänge ein Schauspiel sind. Besondere Berücksichtigung findet beim epischen Theater außerdem die Darstellung der sozialpolitischen Umstände eines Geschehens. Beim Zuschauer sollen weniger Gefühle erzeugt, als Denkprozesse in Gang gesetzt werden. Wichtiges Mittel hierzu ist der Verfremdungs-Effekt.
Brecht übertrug das Konzept des epischen Theaters auch auf das Musiktheater. Unter **epischem Musiktheater** versteht man dementsprechend eine szenische vokale Gattung, deren Text dem epischen Theater entspricht und bei der die Musik partiell verfremdend eingesetzt wird. Letzteres geschieht zum einen durch die Beschaffenheit der Musik. Zum anderen sollen nach *Brecht* die musikalischen von den übrigen Darbietungen streng getrennt sein, beispielsweise durch Projektion von Songtiteln an die Wand. – Wichtige Gattungen sind *Songspiel*, *Lehrstück* und *epische Oper.*

Songspiel

Definition

Unter einem **Songspiel** versteht man diejenige Art des epischen Musiktheaters, bei welcher der Text – ähnlich wie beim Musical – vornehmlich gesprochen und teilweise in Songs gesungen wird. Das erste Songspiel war *Mahagonny* (1927) von *Brecht* und *Weill*.

Kurt Weill: Die Dreigroschenoper (1928) (ca. 3 Stunden)

Zum Komponisten Kurt Weill (1900–1950). *Kurt Weill* gehört zu den bedeutendsten deutschen Komponisten der 1920er Jahre. Er schrieb zunächst expressionistische Instrumental- und Vokalwerke. Von 1927 bis 1933 komponierte er vorwiegend Musik für Songspiele und Opern des epischen Musiktheaters, deren Texte zumeist von *Bertolt Brecht* stammten. Als Jude musste er 1933 aus Deutschland fliehen. In den USA wurde er als Musicalkomponist berühmt.

Entstehung. Den Text verfasste *Brecht* nach dem Libretto der (→ Bd. II; 6.4.7) *Bettleroper* sowie nach Balladen von *François Villon* (1431–1463) und *Rudyard Kipling* (1865–1936). Das Stück heißt Dreigroschenoper, weil es im niederen Milieu spielt, somit anscheinend nur drei Groschen Eintritt Wert sei.

Inhalt. Das Werk spielt in London am Anfang des 18. Jahrhunderts. Der Bettlerkönig Peachum organisiert das Betteln in ganz London. Seine Tochter Polly heiratet gegen dessen Willen den Verbrecher Macheath, genannt Mackie Messer. Bei der Hochzeit ist auch Macheaths alter Freund, der Polizeipräsident Brown, anwesend. Frau Peachum besticht die Prostituierte Jenny, sodass diese ihren ehemaligen Zuhälter Macheath an die Polizei verrät; dieser wird daraufhin ins Gefängnis geworfen. Dort verhilft ihm Browns Tochter Lucy zur Flucht. Peachum droht Brown, die bevorstehenden Krönungsfeierlichkeiten zu stören, wenn er Macheath nicht erneut verhaftet. Dies geschieht und Macheath wird zum Tod durch den Strang verurteilt. Kurz vor der Hinrichtung erscheint Brown als reitender Bote und verkündigt Macheaths Begnadigung durch die Königin und dessen Erhebung in den Adelsstand. – Eine Moral des Stückes ist, dass die gesellschaftlichen Verhältnisse den Menschen zum unlauteren Handeln zwingen.
Brechts Text weist Elemente von Witz, Groteske, Zynismus und Vulgarität auf. Viele Sentenzen sind geflügelte Worte geworden, z. B. „Erst kommt das Fressen, dann kommt die Moral".

Musik.
Die *Besetzung* lehnt sich an eine Jazzcombo (ohne Streicher) an.
Die *Form* der Songs ist einfach, zumeist strophisch.
Stil. Die Musik ist deutlich durmolltonal. Sie ist stark von der damaligen Popularmusik geprägt. Einige Stücke sind ganz im Stil der Popularmusik geschrieben, wie beispielsweise der Mackie-Messer-Song. Die meisten Songs besitzen jedoch eine eigene Musiksprache, die besonders durch die Harmonik charakterisiert ist. Prägend für diese ist zum einen die Verbindung von Mollakkorden, die eine Terz oder einen Halbton voneinander entfernt sind. Zum anderen ist kennzeichnend, dass alle Arten von Akkorden oft in Umkehrungen erscheinen. Beide Merkmale sind untypisch für die gängige Popularmusik. Die Mollakkorde

sind häufig mit Sext- oder Septton versehen; oft erscheinen auch halbverminderte Septakkorde; zuweilen erklingen Dominant- und Tonika-Nonakkorde.
Semantik. In der Regel unterstützt der Charakter eines Songs den des Textes, wobei kunstvolle Textausdeutungen vorkommen, z. B. beim grotesken, martialischen Duktus des Kanonensongs. Zuweilen passt die Musik nicht zum Text, was als Verfremdung wirkt. Als solche wirken auch die Parodie von Barockmusik in der Ouvertüre und im letzten Finale sowie die Parodie eines Chorals am Ende des gesamten Stückes.
Zur Interpretation. Des Öfteren sind die Interpreten, die oft Schauspieler sind, den Songs stimmlich nicht gewachsen.

Rezeption und Bedeutung. Der Erfolg der Dreigroschenoper war seit der Uraufführung beispiellos. Einige Stücke sind heute große Schlager, z. B. der Mackie-Messer-Song.

Das Lehrstück

Ein **Lehrstück** ist ein Werk des epischen Musiktheaters, das vornehmlich für die Darsteller verfasst wurde und bei dem auch das Publikum mit einbezogen wird. Das berühmteste Lehrstück ist *Die Maßnahme* (1930) von *Brecht* und (→) *Eisler*.

Epische Oper

Das Konzept des epischen Musiktheaters wurde auch auf die Oper übertragen. Das bekannteste Werk ist *Aufstieg und Fall der Stadt Mahagonny* (1930) von *Brecht* und *Weill*.

3.4.6 Lied

Allgemeines. Neben den bisher üblichen Gattungen *klavierbegleitetes Sololied* und *Orchesterlied* wurden im 20. Jahrhundert auch verstärkt Lieder für Singstimme und Instrumentalensemble verfasst.
Das klavierbegleitete Sololied. Die Bedeutung des Liedes für Singstimme und Klavier ging in der ersten Hälfte des 20. Jahrhunderts zurück. Zu den bekanntesten deutschsprachigen Liedkomponisten in diesem Zeitraum gehören *Mahler* und *R. Strauss*. Die Mitglieder der (→) *Wiener Schule (Schönberg, Webern, Berg)* komponierten besonders in der Zeit der (→ 3.1.5) *freien Atonalität* viele Lieder. Weitere bekannte Komponisten sind: *Hindemith* (Zyklus *Das Marienleben*, 1923, 1948 nach *Rilke*), *Eisler*, der Schweizer *Othmar Schoeck* (1886–1957), der vornehmlich für seine mehr als 400 Lieder bekannt ist, *Reger, Hans Pfitzner* (1869–1949) und *Wolfgang Fortner* (1907–1987) (*Shakespeare-Songs*, 1946).
Wichtige Liedkomponisten außerhalb Deutschlands sind *Janáček, Gabriel Fauré* (1845–1924), *Debussy, Ravel, Bartók* und *Strawinsky*.
Das Orchesterlied. Das deutsche (→ Bd. II; 7.4.6) *Orchesterlied* erblühte bis in die 1920er Jahre. Hauptvertreter waren *Mahler* und *R. Strauss*. Dessen letzte Komposition sind die *Vier letzten Lieder* nach *Eichendorff* und *Hesse* (1948). Von Bedeutung sind auch die Komponisten der *Wiener Schule*, nämlich *Schönberg* (*Gurre-Lieder*, 1912) und *Berg* (*Fünf Orchesterlieder nach Ansichtskartentexten von Peter Altenberg*, Op. 4, 1912).

3.4.7 Deutsche Chormusik

Allgemeines

Im 20. Jahrhundert verstärkte sich die Tendenz, beim Chorlied Instrumente zu verwenden. Das verwischte zunehmend die Gattungen *Chorlied* und *Kantate*. Werke für Chor und/oder Solisten, die nicht der Liedtradition verpflichtet sind, können als *weltliche* (→ Bd. I; 11.2.3) *Kantaten* bezeichnet werden.
Zu Beginn des 20. Jahrhunderts nahm die weltliche Chormusik insgesamt in Mitteleuropa an Bedeutung ab. Von 1920 bis 1950 verbreitete sich eine neue weltliche Chormusik im deutschsprachigen Raum. Es gab auch eine Laienchorbewegung (→ 3.2.3).

Chorlied

Allgemeines
Das *weltliche* (→ Bd. II; 7.4.7) *Chorlied* verlor an Bedeutung. Zu den bekanntesten Komponisten gehören *Hindemith* und *Hugo Distler* (1908–1942) (*Mörike-Chorliederbuch*, 1939).

Hanns Eisler (1898–1962): Vorspruch aus Op. 13 (1928)
Zum Komponisten. *Hanns Eisler* wurde 1898 in Leipzig als Sohn eines österreichischen Philosophen und der Tochter aus einer Arbeiterfamilie geboren. Er wuchs in Wien in ärmlichen Verhältnissen auf. Von 1919 bis 1923 erhielt er kostenlosen Kompositionsunterricht von *Arnold Schönberg*. Er lebte vornehmlich von seinen Werken und von Unterricht an verschiedenen Institutionen. Seine frühen Stücke waren geprägt vom Stil der *Wiener Schule*; sie waren in freier Atonalität und in Zwölftontechnik komponiert. 1924 übersiedelte *Eisler* nach Berlin. 1926 trat er in die KPD ein und blieb zeitlebens Sozialist. Von dieser Zeit an komponierte er bis an sein Lebensende hauptsächlich politisch engagierte Musik für verschiedene Adressaten, somit auch in unterschiedlicher Stilistik und Differenziertheit.
Von 1926 bis 1933 wandte er sich von der avantgardistischen Kunstmusik ab und komponierte nur massenwirksame Stücke, vornehmlich für Arbeiter, darunter viele Chöre und Lieder, z. B. *Der Rote Wedding* und das *Solidaritätslied*. Sein Ideal war das der *Kampfmusik*, einer allgemeinverständlichen Musik für Arbeiter zum Zwecke des Klassenkampfes, sowohl zum Singen (Kampflieder) als auch zum Zuhören. Diese Musik sollte „keine Sentimentalität und keinen Schwulst" aufweisen. *Eisler* versuchte in seinen Kampfliedern, soweit möglich Differenziertheit zu erreichen, und zwar durch komplexe Klavierbegleitung und durch rhythmische Besonderheiten. 1928 begann die lange Zusammenarbeit mit *Brecht*.
1933 musste *Eisler* emigrieren und hielt sich bis 1948 vornehmlich in den USA auf. Er schrieb in dieser Zeit und auch später wieder Werke für den Konzertsaal in moderner freitonaler, auch zwölftöniger Kompositionsweise, wie das *Lenin-Requiem* (1937), die *Deutsche Sinfonie* (1937) und das *Hollywood-Liederbuch* (1942). 1948 wurde *Eisler* vom *Komitee zur Untersuchung unamerikanischer Tätigkeit* aus den USA ausgewiesen. Er zog zunächst nach Wien. Von 1950 bis zu seinem Tod lebte er in Ost-Berlin. In der DDR, deren Nationalhymne er 1949 komponierte, schuf *Eisler* wieder weniger moderne Werke als zuvor. Zu den zentralen Stücken gehören die *Neuen deutschen Volkslieder* (1950). In der DDR hatte *Eisler* zunehmend Schwierigkeiten, weil er politisch unbequem war. In seinen letzten Lebensjahren resignierte er zusehends.

Eislers umfangreiches Œuvre umfasst Werke vieler Gattungen, darunter über 40 Bühnenmusiken und viele Filmmusiken. Er trat auch als Theoretiker hervor; zusammen mit *Theoder W. Adorno* schrieb er in den USA *Composing for the Films* (1947). Seine politisch engagierte Musik beeinflusste viele Musiker in Ost und West.

Zum Stück. Im ersten Stück *Vorspruch* seiner *Vier Stücke für gemischten Chor,* Op. 13 (1928), wird zusätzlich ein Sprecher eingesetzt, der „sehr scharf sprechen" soll und die verschiedenen Chorabschnitte kommentiert. Die Musik ist durmolltonal mit einigen freitonalen Stellen. Nach einer Introduktion werden verschiedene Situationen herkömmlicher Chorlieder textlich und musikalisch parodiert. Die Abschnitte lauten: „Religiöse Stimmung. Die Kirchenglocken", „Der grüne, grüne Wald" und „Das schönste Mädchen der Welt". Gegen Ende heißt es „Auch unser Singen muss ein Kämpfen sein".

Weltliche Kantate: Carl Orff (1895–1982): Carmina Burana (1937)

Leben. *Carl Orff* wurde 1895 in München geboren. Er arbeitete zunächst als Kapellmeister, vor allem in seiner Geburtsstadt. Hier war er 1924 Mitbegründer einer Schule für Bewegungserziehung, deren Musikausbildung er übernahm. Während des Nationalsozialismus blieb *Orff* in Deutschland. Von 1950 bis 1960 war er Professor für Komposition an der Münchner Musikhochschule. Seit 1961 leitete er das von ihm gegründete Orff-Institut an der Musikhochschule in Salzburg. Er starb in München.

Orff als Musikpädagoge. In den 1920er Jahren stellte *Orff* das *Orff-Instrumentarium* zusammen, das aus verschiedenartigen Stabspielen und Schlaginstrumenten besteht, die er teilweise neu konstruierte. Dieses Instrumentarium ist heute an den meisten Schulen und Musikschulen verbreitet. Seit 1931 veröffentlichte der Komponist zusammen mit *Gunild Keetmann* Stücke, die er von 1950–1954 zum *Orff-Schulwerk* überarbeitete. Unter dem *Orff-Schulwerk* versteht man seine Kompositionen und Improvisationsübungen für Kindergruppen unter Verwendung des Orff-Instrumentariums und weiterer Instrumente. Er legte großen Wert auf die Verbindung von Sprache, Musik und Bewegung, besonders auf das rhythmische Sprechen. Das Orff-Schulwerk hat seit den 1950er Jahren bis heute starken Einfluss auf die internationale Musikpädagogik und wird heute auch in der Musiktherapie verwendet.

Musik allgemein. 1937 hatte *Orff* mit den *Carmina Burana* einen durchschlagenden Erfolg. Mit diesem Werk ließ er sein „gültiges" kompositorisches Schaffen beginnen, die früheren Werke zog er fast ausnahmslos zurück.
Orffs Werke ab 1937 sind durch die enge Verbindung von Bewegung, Sprache und Musik geprägt. Er schrieb seit dieser Zeit hauptsächlich Bühnenstücke, daneben einige Chorwerke und wenig Instrumentalmusik. Seine Bühnenstoffe, deren Text er vielfach selbst verfasste, entnahm er der Welt des Märchens, der bayrischen Komödie, dem Mysterienspiel sowie der griechischen und lateinischen Dichtung. Teilweise sind sie in den entsprechenden Sprachen abgefasst. Der Chor nimmt in seinen Bühnenwerken einen wichtigen Platz ein. Zu den bekanntesten Werken gehören die Märchenoper *Der Mond* (1939), die sich wegen des großen Choranteils besonders für Schulen eignet, und *Die Kluge* (1943).

Orffs Kompositionen, vor allem *Carmina Burana*, sind stark von *Strawinsky* beeinflusst, besonders von *Les Noces* (1917) und von (→) *Oedipus Rex* (1927), allerdings weit weniger differenziert. Geprägt sind sie ebenfalls von seinem Schulwerk. Sie besitzen folgende Merkmale:

- Melodik: einfach, oft kleingliedrig, diatonisch, viele Wiederholungen, selten ausgedehnte Melodien, zuweilen Einbeziehung der „Rufterz", d. h. eine kleine Terz abwärts; der Chor weist zumeist syllabische Textvertonung auf,
- Rhythmik: einfach, Gesang deutlich vom Sprachrhythmus geprägt,
- rhythmische Betontheit: sehr deutlich, oft viele Schlaginstrumente,
- Textur: häufig Ostinato, zumeist homophon,
- Harmonik: durmolltonal und kirchentonal, oft (→ Bd. II) *Bordun* oder (→ Bd. I) *Orgelpunkt*, zuweilen tonale Mixturen, oft auch in Quintparallelen, langsamer harmonischer Rhythmus, zuweilen einstimmiger Chor,
- oft (→ Bd. II) *Terrassendynamik*,
- Form: viele Wiederholungen, einfache (→) *Reihenformen*, keine oder kaum Entwicklung, zuweilen schnelle Schlussabschnitte,
- allgemein: bewusst auf Naturhaftem aufbauend, auf magische Wirkung abzielend.

Zur Liederhandschrift. Carmina burana (lat. etwa: Lieder aus Benediktbeuren) nennt man heute eine Handschrift aus dem Kloster Benediktbeuren, die aus der ersten Hälfte des 13. Jahrhunderts stammt. Sie ist die umfangreichste Sammlung weltlicher mittelalterlicher Lieder; die Texte sind lateinisch, mittelhochdeutsch und altfranzösisch, teilweise mit in (→ Bd. II) *Neumen* geschriebenen Melodien versehen. Es handelt sich um moralisch-satirische Dichtungen, Liebes-, Trink- und Jahreszeitenlieder.

Zu Orffs Stück. *Orff* traf eine Auswahl aus den Gedichten (ca. 25 von ca. 320), übernahm aber keine Melodien.
Sein Werk ist eine Chorkantate; der Untertitel lautet übersetzt: „Weltliche Lieder für Soli und Chor mit Begleitung von Instrumenten und magischen Bildern". Es wurde von den Nationalsozialisten wegen der Verwendung der lateinischen Sprache und der Betonung des Lasziven zunächst skeptisch aufgenommen.
Die *Carmina Burana* sind *Orffs* bekanntestes Stück. Es dürfte zu den am meisten aufgeführten Kompositionen des 20. Jahrhunderts zählen, unter denen auch szenische verbreitet sind.

3.5 Religiöse und religiös gefärbte Vokalmusik

3.5.1 Exkurs: Einteilung

Seit dem 20. Jahrhundert ist die Einteilung der Musik, die religiösen Charakter besitzt, erheblich komplexer als in der Zeit zuvor (→ Bd. II; 1.4). Das liegt vornehmlich an der Säkularisation, die im Laufe des 19. und 20. Jahrhunderts stattfand, also am Rückgang des Einflusses der Kirchen. Dies bedeutet im Einzelnen:

- a) eine Zunahme des Atheismus,
- b) eine Zunahme von religiösen Handlungen außerhalb der Institution Kirche,
- c) eine freiere Einstellung zu Gott.

Für die Musik bedeutete dies:

- Wegen a) und b) wurden weniger Kirchenmusikwerke komponiert.
- Wegen b) und c) entstanden vermehrt religiöse Werke, die nicht mehr für die (→ Bd. II) *Liturgie* bestimmt waren. Zuweilen wurden dabei liturgische Texte verwendet, beispielsweise bei Requiem-Vertonungen. Die Inhalte wurden auch freier, bezogen sich also beispielsweise nicht mehr auf das Christentum (vgl. 3.2.2 Weltanschauungsmusik).

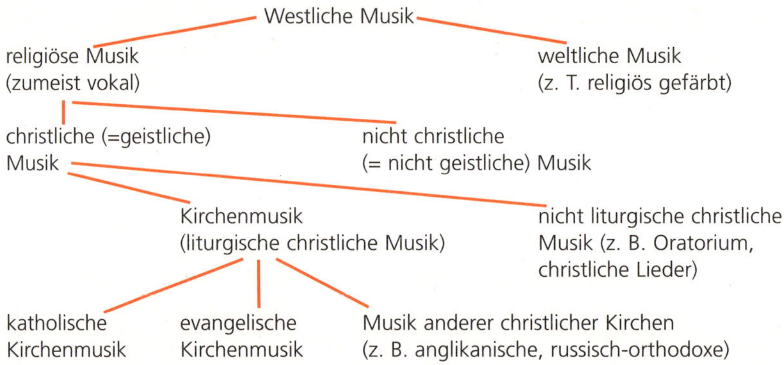

Musik ist **religiös** oder **religiös gefärbt**, wenn religiöse Texte vertont werden oder durch Verwendung entsprechender Zitate im Hintergrund stehen, z. B. durch das Zitieren von Kirchenliedern. **Religiöse Musik** ist solche mit deutlich religiösem Inhalt. Bei **religiös gefärbter Musik** ist dies weniger manifest. Der Unterschied ist graduell, sodass im Einzelnen die Zuordnung schwer fallen kann.
Zumeist hat religiöse oder religiös gefärbte Kunstmusik eine feierliche Stimmung und vermittelt auch eine solche beim Rezipienten. Das ist aber unerheblich für die Definition. Musik wird auch nicht schon zu religiöser Musik, wenn sie im Gottesdienst dargeboten wird.

3.5.2 Exkurs: Oratorium (weltlich und geistlich)

Allgemeines. Im 20. Jahrhundert entstanden insgesamt wenige bedeutende Oratorien. Nach einem Rückgang der Komposition solcher Werke seit dem Ende des 19. Jahrhunderts entstanden nach 1920 wieder mehr Oratorien. Viele bedeutende Komponisten schufen ein solches Werk.
Form. Die Form des Oratoriums war oft freier als im Jahrhundert zuvor; häufig wurde beispielsweise die Einteilung in Nummern aufgegeben.
Komponisten. Bekannte geistliche Oratorien schufen der Brite *Edward Elgar* (1857–1934) (*The Dream of Gerontius*, 1900), der Schweizer *Arthur Honegger* (1892–1955) (*Le Roi David*, 1921) und der Brite *William Walton* (1902–1983) (*Belshazzar's Feast*, 1931).
Bedeutende weltliche Oratorien schufen *Strawinsky* (*Oedipus Rex*, 1927) und *Honegger* mit *Jeanne d'Arc au bûcher* (*Johanna auf dem Scheiterhaufen* oder *Jeanne d'Arc auf dem Scheiterhaufen*, 1938), bei dem auch eine szenische Realisation möglich ist.

3.5.3 Zur Kirchenmusik allgemein

Allgemeines zum Stil. Die Kirchenmusik will verständlicher sein als andere Musik. Daher war sie im 20. Jahrhundert im Allgemeinen traditioneller als andere Kunstmusik.
Zur Auftragslage: Gegenüber früheren Jahrhunderten gab es im 20. Jahrhundert weit weniger bedeutende Kirchenmusik. Das liegt in erster Linie daran, dass die Kirchen viel weniger Aufträge an bekannte Künstler gaben als früher.
Zu Aufführungen von Werken der Kirchenmusik. Bedeutende Werke der Kirchenmusik werden zumeist an den ihnen zugeordneten Tagen oder in der entsprechenden Zeit aufgeführt oder im Rundfunk gesendet. Zuweilen schwindet aber diese zeitliche Bindung.

3.5.4 Katholische Kirchenmusik

1903 verkündete Papst Pius X. das *Motu proprio Inter pastoralis officii* (vgl. Bd. II; 2.3.10). (Ein *Motu proprio* ist eine bestimmte Form des Erlasses.) Er bestätigte im Wesentlichen den (→ Bd. II) *Caecilianismus*, der das vorherrschende Prinzip in der katholischen Kirchenmusik bis zum (→) *Zweiten Vatikanischen Konzil* war.
Im 20. Jahrhundert gab es zwar viele Vertonungen des Mess- und Requiemtextes, aber nur wenige herausragende. Diese sind so anspruchsvoll, dass sie kaum von einem Laienchor aufführbar sind, somit selten in der Liturgie erklingen können. Bedeutend ist die Messe von *Strawinsky* (1948). *Janáček* schrieb eine *Glagolitische Messe* (1926).

3.5.5 Evangelische Kirchenmusik

In den 1920er Jahren nahm die evangelische Kirchenmusik einen Aufschwung. Sie orientierte sich an *Schütz* und *Bach*. Zu den wichtigsten Komponisten gehörten *Max Reger*, der selbst aber katholisch war, *Hugo Distler* (1908–1942) und *Ernst Pepping* (1901–1981). Bedeutend sind *Regers* acht geistliche Gesänge Op. 138 (1914). *Distler* schuf eine *Choralpassion* (1933) nach dem Vorbild von *Schütz*.

3.5.6 Übrige religiöse und religiös gefärbte Musik

Die im Folgenden besprochene *Psalmensinfonie* ist ein Beispiel für religiöse Musik. *Schönbergs A Survivor from Warsaw* ist religiös gefärbte Musik. Weitere Beispiele für religiös gefärbte Musik sind *Hindemiths* (→) *Mathis der Mahler* und *Bergs* (→) *Violinkonzert*.

Igor Strawinsky: Symphonie de psaumes (Psalmensinfonie, 1930)

Einführung. Zu den bedeutendsten Werken *Strawinskys* gehört die *Psalmensinfonie* für Chor und großes Orchester. Sie besteht aus drei Sätzen, die ohne Pause aufeinander folgen. Die schnellen Ecksätze besitzen (→) *Reihenformen*, der langsame mittlere Satz ist eine (→ Bd. I) *Doppelfuge*. Anklänge an die Sonatenhauptsatzform sind nicht zu erkennen. Das Werk kann als Mischform zwischen Sinfonie und Kantate bezeichnet werden.

Inhalt. Den Text bilden drei Abschnitte aus dem Buch der Psalmen des Alten Testaments in der Fassung der *Vulgata*, also auf lateinisch. Das Werk ist somit nicht ausdrücklich christlich. Im ersten Satz wird Gott um Erhörung gebeten (Psalm 38, 13–14). Der zweite Satz beschreibt, wie Gott das Bitten erhört hat (Psalm 39, 2–4). Der dritte Satz ist eine Lobpreisung des Herrn (Psalm 150).

Musik.
Instrumentation. Die für *Strawinsky* typische Nüchternheit im Ausdruck seit den 1920er Jahren (→ 3.3.7) wird hier auch durch die Besetzung unterstützt. Es fehlen insbesondere kantable Instrumente, nämlich Violinen, Violen und Klarinetten. Stattdessen sind zwei Klaviere eingesetzt, was zu einem herben Klang führt.
Der *dritte Satz* steht in C. Er beginnt mit einem Abschnitt, in dem sich C-Dur- und c-Moll-Akkorde abwechseln, und endet mit einem C-Dur-Akkord. In diesem Satz wird das Lob Gottes auf unterschiedliche Weise artikuliert: zunächst zurückhaltend, später auch ekstatisch. Kurz vor Schluss erklingt das Lob hymnisch, mystisch und verklärt: In langsamem Tempo ertönt ein oft wiederholter, aus drei Tönen bestehender Bass-Ostinato, der an Glockenklang erinnert; hier scheint die Zeit still zu stehen.
Die verschiedenen Formen des Lobens stehen nicht unmittelbar mit dem jeweiligen Text in Verbindung, wie *Strawinsky* im ganzen Stück auf vordergründige illustrierende Textausdeutungen weitgehend verzichtet.
Der Chorpart ist wie im ersten Satz im Verhältnis zu den Orchesterstimmen relativ einfach, zumeist homophon. Oft erscheint der Rhythmus ♪♪♪♪♪♪ bzw. ♪♪♪♪♪♪‿♩ homorhythmisch auf einer Tonhöhe zunächst in den Instrumenten, später in den Gesangsstimmen auf den Text „Laudate Dominum“ („Lobet den Herrn“). Diese Rhythmik stammt aus der Sphäre des Jazz. Bemerkenswert ist die oft falsche und zuweilen überdeutliche Betonung von Silben bei diesem und anderen Textteilen sowie das Zerschneiden von Wörtern durch Pausen. Diese Prinzipien der Textbehandlung sind verwandt mit solchen mittelalterlicher Musik, was den archaischen Charakter der Musik unterstützt.
Textbehandlung und Jazzeinfluss wirken verfremdend. Somit weist das Werk Elemente des strawinskyschen (→ 3.3.7) *Formalismus* auf. Es gehört nicht dem Neoklassizismus an.

Arnold Schönberg: A Survivor from Warsaw (Ein Überlebender aus Warschau, 1947)

Einleitung. Das Werk gehört zu *Schönbergs* bekanntesten Kompositionen. Es ist eine Kantate für Sprecher, einstimmigen Männerchor und großes Orchester. Die Sprechstimme ist bis auf drei Ausnahmen rhythmisch exakt und mit ungefährer Tonhöhe notiert; das Stück ist somit ein (→) *Melodram*. Die Musik ist zwölftönig. Sie weist Elemente des Expressionismus auf und ist dem Prinzip der (→) *entwickelnden Variation* verpflichtet.
1. Teil. Nach einer instrumentalen Einleitung erzählt der Sprecher in englischer Sprache die Geschichte eines Überlebenden des Aufstandes der Juden im Warschauer Getto in der Ich-Form. Der Text beruht auf einer wahren Begebenheit und wurde von *Schönberg* selbst verfasst. Eindringlich beschrieben werden die unfasslichen Begebenheiten: die Brutalität der Soldaten, deren Befehle auf deutsch zitiert werden, die Malträtierung der Gefangenen und das Abzählen der für die Gaskammer Angetretenen, bei dem Verwirrung entsteht.

Die Musik deutet den Text durch die angsterfüllte, bedrohliche Grundstimmung eindrucksvoll aus. Die Sphäre des Militärischen wird durch ein wiederkehrendes Trompetensignal und durch Trommelwirbel dargestellt. Textausdeutungen sind zahlreich, Stimmungen wechseln schnell, besonders Bewegungen werden durch die Musik nachgeahmt.
2. Teil. In der Verwirrung sei, so der Sprecher, plötzlich das alte Gebet *Sh^{e}ma Yisroel* („Höre Israel") angestimmt worden, das in der jüdischen Religion üblicherweise am Anfang von Gebeten steht. Es wird darauf vom Männerchor einstimmig auf Hebräisch auf eine zwölftönige Melodie *Schönbergs* gesungen. In diesem Gesang entlädt sich die inhaltlich und musikalisch ins Extreme gesteigerte Spannung, so wie sich damals wohl im Gebet der psychische Druck der Todgeweihten entladen hat. Die einstimmige Melodie des Gebetes wird vom Orchester polyphon in einer Weise begleitet, dass insgesamt ein ergreifender, tragischer Charakter entsteht (vgl. politisch engagierte Musik).

3.6 Instrumentalmusik

3.6.1 Orchestermusik

Allgemeines

Im ausgehenden 19. Jahrhundert waren die Hauptgattungen der Orchestermusik neben dem Konzert die (nicht programmatische) mehrsätzige Sinfonie und die (programmatische) einsätzige sinfonische Dichtung (→ Bd. II; 7.6.2).
In der ersten Hälfte des 20. Jahrhunderts gab es zunehmend *mehrsätzige Werke*, die kaum oder gar nicht mehr an der Sonatenform orientiert waren. Außerdem verloren die bisherigen Formen der Sätze, vor allem die Sonatenhauptsatzform, an Bedeutung zugunsten von freien Formen. Schließlich war die Programmatik nicht mehr nur auf die Einsätzigkeit beschränkt und es wurden nicht programmatische einsätzige Werke komponiert. Die Bedeutung der Sinfonie und besonders der sinfonischen Dichtung nahm somit ab.
Stücke, die nicht mehr in die Gattungen einzuordnen waren, hießen *Musik für ...*, *Orchesterstück*, (→ Bd. I) *Suite* oder hatten einen programmatischen Titel, z. B. *Debussys La mer.*
In Sinfonien wurde auch zuweilen Vokalmusik einbezogen, z. B. bei *Mahler* und *Schostakowitsch.*

Sinfonie

Komponisten
Wichtige Komponisten von Sinfonien sind *Hindemith* (6 Sinfonien), (→) *Honegger* (5), *Ives*, der Deutsche *Karl Amadeus Hartmann* (1905–1963) (8), (→ Bd. II) *Mahler* (9), *Prokofjew* (7), *Schostakowitsch* (15), *Sibelius, Skrjabin, Strawinsky* und *Vaughan Williams.*

Paul Hindemith: Mathis der Maler (1934)
Einführung und Programmatik. Das Stück ist *Hindemiths* erstes Orchesterwerk, das den Namen *Sinfonie* trägt. Seine drei Sätze besitzen Überschriften, ansonsten ist kein Programm beigefügt. Mathis ist *Matthias Grünewald* (um 1465–1528), dessen berühmtestes Werk der Isenheimer Altar (Colmar) ist. Die Sätze sind nach drei Bildern dieses Altars benannt.

Der *erste Satz* steht in der Sonatenhauptsatzform mit langsamer Einleitung und drei Themen in der Exposition; der Eintritt der Reprise ist nicht eindeutig (→ Notenbeispiel 3.14). Der *dritte Satz* hat die Überschrift *Versuchung des heiligen Antonius* mit einem lateinischen Motto, das auf deutsch lautet: „Wo warst du guter Jesus, wo warst du, warum bist du nicht hier gewesen, um meine Wunden zu heilen?" Das Bild des Isenheimer Altars zeigt den Heiligen von Dämonen umringt und misshandelt. Nach anderen Berichten wurde Antonius auch vom Teufel in Gestalt einer oder mehrerer schöner Frauen versucht. Beides stellt die Musik durch entsprechende Charaktere dar. Am Ende erklingt zum Zeichen des Sieges über die Versuchungen in langen Notenwerten emphatisch der Anfang des Gregorianischen Chorals *Lauda Sion Salvatorem* („Lobe Sion, den Retter").
Wirkung. Das Werk besitzt deutlichen Bezug zur Enstehungszeit. Nahe lag damals die Deutung des letzten Satzes als Versuchung des Menschen, besonders des Künstlers, durch den Nationalsozialismus. Die Überwindung der Versuchung in religiösem Bekenntnis stellt bei dieser Interpretation eine klare Absage an die nationalsozialistische Diktatur dar. Das Stück führte denn auch zu ernsten Schwierigkeiten *Hindemiths* mit den Machthabern.
Zur Oper. Das Material der Sinfonie verarbeitete *Hindemith* in der gleichnamigen Oper, die 1938 in Zürich uraufgeführt wurde. Diese thematisiert die Rolle des Künstlers in Zeiten des politischen Drucks.

Dmitri Schostakowitsch: 5. Sinfonie d-Moll (1937)
Einleitung. Die viersätzige 5. Sinfonie zählt zu (→) *Schostakowitschs* bekanntesten. Außer dem zweiten sind die Sätze sehr gefühlsgesättigt und besitzen tragische Stimmungen.
1. Satz. Die Exposition des ersten Satzes ist von gemäßigtem Tempo und insgesamt überwiegend elegischer Grundstimmung. Sie dauert insgesamt ca. neun Minuten. Die Hauptmelodie des Hauptsatzes (Notenbeispiel 3.18 a), T. 1–4) erscheint in diesem rondoartig insgesamt viermal. Das zweite Thema (T. 6–8) erklingt erst wieder in der Durchführung. Der Seitensatz, der in es-Moll beginnt, hat die Form A B A. Der A-Teil ist geprägt durch repetierte Akkorde im Rhythmus ♩♪♪; die Melodie verläuft in langen Notenwerten und großen Sprüngen. Am Ende erklingt ein Motiv aus drei Tönen, das sich aus dem genannten Rhythmus entwickelt hat (→ Notenbeispiel 3.18 b)).
Mit Beginn der Durchführung ändert sich der Charakter deutlich hin zum Resoluten. Zum ersten Mal erklingt das Klavier und zur Begleitung durch die Dreitonmotive ertönt das zwei-

Notenbeispiel 3.18:

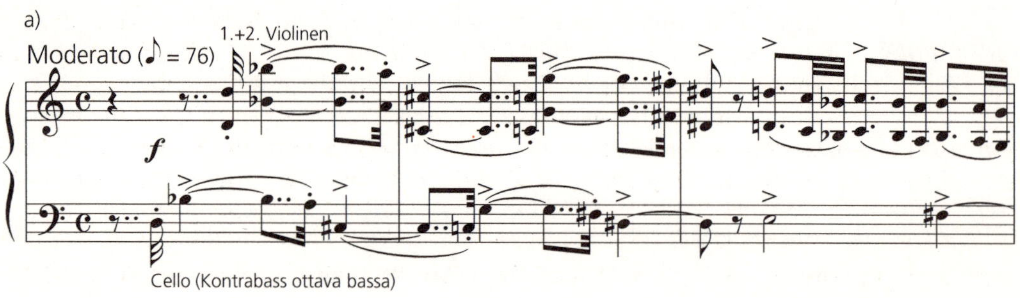

b)

D. Schostakowitsch: 5. Sinfonie (1937), 1. Satz:
a) T. 1–8 vollständiges Particell,
b) Dreitonmotiv

te Thema des Hauptsatzes (T. 6–8) in den tiefen Hörnern. Dieses Thema wird im Verlauf der Durchführung immer weiter gesteigert, später werden auch die Motive aus dem Hauptsatz von T. 3 einbezogen. Das Begleitmotiv entwickelt sich zurück zum Motiv auf einem Ton mit demselben Rhythmus ♩♪♪. Am Höhepunkt erscheint das Thema in grotesk-bombastischer Gestalt mit Trommelbegleitung.
Nach dem Aussetzen der Trommel beginnt die Reprise, in der das Hauptthema und das Seitenthema gleichzeitig erklingen, wobei beide Themen jeweils imitiert werden. Der Hauptsatz besitzt noch wuchtige Wirkung. Der Seitensatz steht zunächst in Dur und hat tröstlichen Charakter. Der Satz endet entrückt.
Die Entwicklung des zweiten Hauptthemas vom Lyrischen bis ins Grotesk-Martialische erscheint auch in anderen Sinfonien *Schostakowitschs*. Die zunehmende Dominanz des Militärischen kann als verschlüsselte Kritik an der Diktatur gedeutet werden.
4. Satz. In der Coda erklingt der Anfang des Hauptthemas, das in der Exposition in Moll erklang, nun in Dur in triumphalem Gestus. 35 Takte lang ertönt der D-Dur-Dreiklang. Das kann als Übertreibung und gewollt aufgesetzt gehört werden, so als sei es nur geschehen, um den Vorgaben der sowjetischen Behörden nach positivem Schluss zu genügen. In diesem Sinne hat sich *Schostakowitsch* später auch geäußert.

Ralph Vaughan Williams (1872–1958): 6. Sinfonie (1948) in e-Moll
Zum Komponisten. Der englische Komponist *Ralph Vaughan Williams* studierte in London, Berlin und Paris bei *Ravel*. Er lebte von seinen Werken, als Kompositionslehrer und Dirigent in London.
Seine Musik ist zumeist deutlich durmolltonal, oft mit kirchentonalen Einschlägen, stellenweise freitonal. Formal ist sie deutlich traditionell. *Vaughan Williams* Ziel war eine von deutschen und französischen Vorbildern unabhängige englische Musik. Er versuchte, dies zu erreichen durch gelegentliche stilistische Anlehnung an englische Volksmusik, die er sammelte, und an englische Kunstmusik des 16. und 17. Jahrhunderts.
Zum Werk. Die viersätzige 6. Sinfonie entstand kurz nach dem Zweiten Weltkrieg. Sie endet mit einem langsamen elegischen Satz. Kritiker wollten darin ein Klagelied auf den Zweiten Weltkrieg hören, wogegen sich der Komponist gewehrt hat.

Der erste Satz steht in Sonatenhauptsatzform. Das Werk beginnt wie ein Aufschrei mit einem fortissimo gespielten dreitönigen Motiv f, g, as im Unisono; auf as erklingt ein e-Moll-Akkord; die große Spannung entlädt sich sofort in Sechzehntelläufen abwärts und wieder aufwärts. Dies wiederholt sich mehrmals verändert, wobei sich die bedrohliche Stimmung weiter steigert; anschließend beruhigt sich die Musik deutlich. Es beginnt der Seitensatz im 12/8-Takt mit beschwingtem, fast tänzerischem Charakter. Der Tonsatz erinnert durch die Begleitung sowie durch die Synkopen in der Melodie und das ternäre Feeling an Jazz.

Sinfonische Dichtung

Allgemeines
Zu den wichtigsten Komponisten von sinfonischen Dichtungen in der ersten Hälfte des 20. Jahrhunderts gehören *Sibelius, Janáček*, der Italiener *Ottorino Respighi* (1879–1936) und der Franzose *Charles Koechlin* [kɛ'klɛ̃] (1887–1950) (siehe auch 3.3.3 *R. Strauss*).

Jean Sibelius (1865–1957): Finlandia (1899, überarbeitet 1900)
Zum Komponisten. Der Finne *Jean Sibelius* gehört zu den bedeutendsten skandinavischen Tonsetzern. Er ist bekannt für seine sieben Sinfonien und die sinfonischen Dichtungen. Er gilt als finnischer Nationalkomponist. Allerdings zitierte oder imitierte er keine Volksweisen, verwendete aber für seine sinfonischen Dichtungen oft Stoffe und für seine Lieder Texte aus der finnischen Nationalliteratur. Nach 1926 komponierte *Sibelius* nichts mehr.
Zum Werk. Finlandia gehört zu den bekanntesten Werken von *Sibelius.* – Im 19. Jahrhundert stand Finnland unter russischer Herrschaft; 1899 wurde Finnlands Autonomie aufgehoben. Daraufhin komponierte *Sibelius Finlandia*, was zu einer großen Stärkung des finnischen Nationalbewusstseins führte. Das Werk durfte lange Zeit in Finnland nicht aufgeführt werden, im übrigen Russland hieß es *Impromtu*. Ein Programm ist dem Werk nicht beigegeben, der Inhalt ist im Zusammenhang mit dem Titel und der Entstehungszeit jedoch offensichtlich ein Kampf zwischen Finnland und Russland.
Der langsame erste Teil in Moll mit klagendem Charakter dürfte das unterdrückte Finnland repräsentieren. Der zweite schnelle Abschnitt mit schmetternden Trompetensignalen stellt einen Kampf dar. Im dritten Teil erklingt eine schlichte, liedhafte Melodie in Dur, die wohl mit einem befreiten finnischen Volk zu assoziieren ist. Der vierte Abschnitt ist eine verkürzte Reprise des zweiten Teils, an deren Ende die Melodie des dritten Teils hymnisch verklärt erklingt. – Ähnlichen Aufbau besitzt *Beethovens Egmont-Ouvertüre*.
Typisch für *Sibelius* in diesem Stück ist die traditionelle Durmolltonalität, was für die allermeisten seiner Werke gilt. Charakteristisch sind außerdem die häufigen Wiederholungen, auch von Rhythmen, die eingängige und eindringliche Melodik sowie die Ausgewogenheit der Form. Konstitutiv ist schließlich das Fehlen von motivisch-thematischen Beziehungen auf engem Raum, was *Sibelius* zuweilen als kompositorischer Mangel ausgelegt wurde. – Typisch für seine Musik sind auch lange andauernde Steigerungen.

Thema mit Variationen

Komponisten. Im 20. Jahrhundert entstanden eine Reihe von berühmten Orchesterwerken mit der Form *Thema mit Variationen*. Solche schrieben *Reger* (über ein Thema von *Mozart*, Op. 132, 1914) und *Edward Elgar* (*Enigma Variations*, 1899).

Benjamin Britten: The Young Person's Guide to the Orchestra (1946). (Zur Biografie → 4.3) Das Werk trägt den Untertitel *Variations and Fugue on a Theme of Purcell.* Es wurde ursprünglich für einen Film über die Instrumente des Orchesters geschrieben. Im Konzertsaal kann es sowohl mit als auch ohne Kommentar eines Sprechers über die Instrumente aufgeführt werden. Das achttaktige Thema aus einem Werk des bedeutenden englischen Komponisten *Henry Purcell* (1659–1695) in d-Moll wird zunächst im Tutti, anschließend leicht abgewandelt von den verschiedenen Gruppen des Orchesters, einschließlich des Schlagzeugs, vorgetragen, sodann im Tutti wiederholt. Es folgen 14 Variationen unterschiedlichsten Charakters, in denen jeweils ein oder mehrere Instrumente, geordnet nach Familien, die Hauptmelodie der Variation spielen und dabei ihre Charakteristika darstellen.

Weitere Werke außer Konzert und Ballett

Paul Hindemith: Kammermusik Nr. 1, Op. 24, Nr. 1 (1922)
Hindemith veröffentlichte zwischen 1922 und 1927 sieben Werke, die er mit *Kammermusik* betitelte. Sie sind teilweise für solistisch besetztes Kammerensemble komponiert, teilweise handelt es sich um Konzerte für Soloinstrument und größeres Kammerorchester.
Die Kammermusik Nr. 1 für zwölf Soloinstrumente ist ein Sonderfall unter den sieben Stücken. Die Komposition besitzt keinen hohen Kunstanspruch und ist typischer Ausdruck der (→) *Neuen Sachlichkeit.* Sie sollte provozieren, u. a. durch die für Kammermusik unübliche Besetzung mit Akkordeon und Schlagzeug. Außerdem sollen laut Partitur die Spieler dem Publikum den Rücken zukehren. Im letzten Satz wird ein damals sehr bekannter Foxtrott zitiert; eine Sirene gibt das Zeichen für den Schluss.

Charles Ives (1874–1954): Putnam's Camp (komponiert 1912, Uraufführung 1930)
Zum Komponisten. Charles Ives wurde in Danbury in Connecticut (Neuengland, USA) geboren. Er erhielt eine gründliche musikalische Ausbildung bei seinem Vater, einem begabten Musiker, und an der Universität. Zwischen 1889 und 1902 hatte er mehrere Organistenstellen inne. Von 1902 bis 1930 arbeitete er als erfolgreicher Versicherungskaufmann in New York. Von ca. 1890 bis 1918 komponierte er ein umfangreiches Œuvre, das er zunächst nicht veröffentlichte und das erst ab ca. 1930 in den USA einen größeren Bekanntheitsgrad erlangte. Er starb in New York.
Zur Musik allgemein. Ives schrieb Werke fast aller Gattungen, mit Ausnahme von Opern. Viele Kompositionen der Instrumentalmusik sind programmatisch. Er entwickelte in seinen Stücken seit ca. 1890 Kompositionstechniken, die in Europa erst ab ca. 1910 entstanden bzw. verbreitet wurden, wie (→) *Polytonalität, Atonalität, Vierteltonmusik, Cluster* und *Polymetrik. Ives'* Werke sind durch die US-amerikanische Philosophie des Transzendentalismus geprägt. Diese um die Mitte des 19. Jahrhunderts entstandene Strömung strebte die Verbindung zwischen Kunst und Leben im Sinne einer umfassenden Wahrnehmungserweiterung an.
Mit dieser Philosophie hängt zusammen, dass *Ives* sehr viele Melodie- und Stilzitate verwendete, vor allem US-amerikanischer Popularmusik, oft von Militärmärschen und Ragtimes, aber auch von Tanzliedern und Melodien des (→) *Sacred Singing.* Auch Selbstzitate sind häufig (vgl. Bd. II *Mahler*). Oft verwendete er auch das (→ Bd. I; 13.4) *Parodieverfahren,* also die Umformung einer bestehenden Komposition in ein anderes Werk, bzw. die Übernahme ganzer Abschnitte oder Sätze in einen neuen Zusammenhang. Dabei textierte er auch Instrumentalmusik.

Diese Zitate und überhaupt Musikarten unterschiedlichsten Stils setzte er zum einen abrupt nebeneinander, sodass beispielsweise durmolltonale Partien neben atonalen stehen können. Zum anderen schichtete er sie übereinander mit dem Ergebnis von Polytonalität, Atonalität und Polyrhythmik. Dabei entsteht ein geordneter Gesamteindruck, beispielsweise dadurch, dass es einen einheitlichen Puls gibt. Es liegt keine Collage vor. *Ives'* Musik wechselt somit oft den Stil, was für seine Musik konstitutiv ist.
Auf der Grundlage des Transzendentalismus grenzte sich *Ives* vom europäischen Werkbegriff durch seine Überzeugung ab, dass die Werke ein Eigenleben haben und sich im Laufe der Zeit weiter entwickeln müssen. Damit hängt die Eigenart zusammen, dass es viele Fassungen seiner Kompositionen gibt. Wegen der Prägung durch den Transzendentalismus besitzen alle seine programmatischen Werke autobiografische Züge.
Ives' Musik ist insgesamt durch sein Bestreben geprägt, eine eigenständige nordamerikanische Kunstmusik zu schaffen, was sich vor allem durch seine Zitate äußert (vgl. Bd. II: Nationalismus und *Bartók*).
Wirkung seiner Werke. Am Beginn der Rezeption seiner Werke in den USA seit den 1930er Jahren war seine Wirkung dort zunächst gering; nach dem Zweiten Weltkrieg beeinflusste er die nordamerikanische Avantgarde sehr stark. Auf die Entwicklung in Europa hatte *Ives* keinen Einfluss. Seine Werke werden hier seit den 1960er Jahren verstärkt rezipiert.
Zum Stück Putnam's Camp. Putnam's Camp, Redding, Connecticut ist der mittlere Satz von *Three Places in New England*, drei programmatischen Stücken. Putnam's Camp ist eine Gedenkstätte für ein Feldlager des Generals Putnam aus dem US-amerikanischen Befreiungskrieg von 1778/79. Die Musik stellt eine Episode an einem Unabhängigkeitstag zu späterer Zeit dar; sie ist vornehmlich geprägt durch Marschmusik, wobei oft mehrere Kapellen gleichzeitig unterschiedliche Stücke zu spielen scheinen.
Das Werk besteht aus drei Teilen. Im ersten wird dargestellt, wie ein Junge, der an einem Picknick in Putnam's Camp teilnimmt, sich wegschleicht. Man hört verschiedene Militärkapellen durcheinander spielen. Die Musik wird allmählich leiser und verstummt fast.
Im Traum erscheint dem Jungen eine Episode aus dem Befreiungskrieg. Die Göttin der Freiheit wird zunächst durch sphärische Klänge dargestellt. Sie gemahnt Soldaten an ihre Pflicht und versucht, sie vom Desertieren abzuhalten, verdeutlicht durch eindringliche ernste Musik ohne deutlichen Puls. Die Musik erhält bald wieder klaren Marschcharakter, was das Wegmarschieren der meuternden Soldaten charakterisiert. Nach einer Steigerung symbolisiert eine neue Marschmelodie Putnam, der die Soldaten zur Umkehr bewegt.
Der dritte Abschnitt beginnt mit einem plötzlichen Abbrechen der lauten Musik. Der Junge ist aufgewacht. Man hört die Marschmelodien des ersten Teils in umgekehrter Reihenfolge.

Béla Bartók: Musik für Saiteninstrumente, Klavier und Celesta (1936)
Allgemeines. Dieses Stück gehört zu *Bartóks* bekanntesten Werken. Der Titel weist darauf hin, dass es schwer in eine Gattung einzuordnen ist. Hinsichtlich der Besetzung ist es sehr individualistisch; ab dem zweiten Satz spielen zwei Streichergruppen getrennt. Die Satzfolge lautet: 1. langsam (Fuge), 2. schnell (Sonatenhauptsatzform), 3. langsam (A, B, C, B, A) und 4. sehr schnell (A+B+A, C+D+E+D+F, G, A). Die Form des ganzen Stückes lehnt sich rudimentär an die (→ Bd. I) *Sonatenform* an. Das Werk ist (→ Bd. II) *zyklisch*, da das Fugenthema des 1. Satzes in allen folgenden Sätzen zitiert wird.

2. Satz. Die Sonatenhauptsatzform ist deutlich ausgeprägt. Der Hauptsatz beginnt nach vier Einleitungstakten mit dem kraftvollen Hauptthema im Unisono (→ Notenbeispiel 3.19); er besitzt relativ einheitliches Material. Der Seitensatz beginnt, wie oft in dieser Form üblich, nach einer Generalpause (T. 66–68). Der Charakter der Musik wechselt deutlich ins Lyrische; es erklingt Material, das leicht mit dem Hauptthema verwandt ist. Der Seitensatz weist wie üblich im weiteren Verlauf verschiedene Materialien und Charaktere ohne deutliche Einschnitte auf. Am Ende desselben erklingen als homorhythmische Akkordschläge ein repetierter dissonanter Akkord und darauf ein repetierter G-Dur-Akkord, was als eine Art Kadenz gehört werden kann (T. 177–182). – Der Satz steht in C. Ein Grundton wird an zentralen Stellen deutlich: am Anfang des Stückes c, am Schluss des Seitensatzes g, am Anfang der Reprise über längere Zeit c und sehr klar in der Coda c. Am Ende erklingt ein Quartanstieg in der Unterstimme als eine Art Ganzschluss.

Notenbeispiel 3.19:

B. Bartók: Musik für Saiteninstrumente, Klavier und Celesta (1936), 2. Satz, T. 5–7, alle Streicher

Konzert

Allgemeines

Das Konzert spielte in der ersten Hälfte des 20. Jahrhunderts weiterhin eine wichtige Rolle. Neben Anlehnungen an die Sonatenhauptsatzform und freien Formen gab es auch vereinzelt Ritornellformen wie in der Barockmusik, z. B. bei *Reger, Strawinsky* und *Hindemith*. Bedeutende Klavierkonzerte schrieben *Rachmaninow, Ravel, Bartók* und *Prokofjew*. Bekannte Violinkonzerte komponierten *Bartók, Prokofjew, Sibelius*, der Pole *Karol Szymanowski* (1882–1937) und *Berg*. Berühmte Cellokonzerte verfassten *Prokofjew* und *Elgar*. Weitere Konzerte schrieben *R. Strauss* (für Horn, für Oboe), *Vaughan Williams* (für Tuba) und der US-Amerikaner *Aaron Copland* (1900–1990, Klarinette).

Alban Berg: Violinkonzert (1935)

Zu den bedeutendsten Violinkonzerten des 20. Jahrhunderts gehört dasjenige von *Alban Berg*. Es ist programmatisch und trägt den Titel: „Dem Andenken eines Engels". Gemeint ist die mit 18 Jahren an den Folgen einer Kinderlähmung gestorbene *Manon Gropius*, eine Freundin *Bergs*.

Das Stück besteht aus zwei Sätzen, die jeweils in zwei Teile mit unterschiedlichem Tempo gegliedert sind. Der erste Satz schildert nach *Bergs* eigenen Worten „das Bild des lieblichen Mädchens als phantastischer Reigen".

Am Ende des ersten, schnellen Teils des zweiten Satzes strebt die Musik einem düsteren, bedrohlichen Höhepunkt zu, der als Todeskampf gedeutet werden kann.

Nach dem Abbau der Spannung beginnt der zweite Teil des zweiten Satzes, ein Adagio. Dieses ist fast ganz durchzogen vom Choral „Es ist genug". Dessen Text, der in der Partitur notiert ist, handelt vom Wunsch zu sterben und von der Gewissheit, in den Himmel aufgenommen zu werden. Zu Beginn des Adagio-Abschnitts ist der Choral in der Bachschen Version aus der Kantate BWV 60 in den Klarinetten zitiert, die an Orgelklang erinnern und dabei nur ganz leicht mit dissonanten Tönen versehen sind. Später erscheint die Choralmelodie in verschiedenen Stimmen. Die Musik besitzt zunächst traurigen Charakter. Nach einer Entwicklung zu einem Höhepunkt wird die Stimmung allmählich immer gelöster. Erneut erscheint die Kärntner Volksweise, die bereits im ersten Satz erklang. Das Werk endet entrückt mit dem B^6-Akkord. Deutbar ist die Entwicklung des Adagio-Teils einerseits als Verklärung der Verstorbenen, andererseits als Darstellung der Trauer und des Trostes der Hinterbliebenen.

Ballett

Allgemeines

Das Ballett, sowohl mit als auch ohne Handlung, gewann in der ersten Hälfte des 20. Jahrhunderts an Bedeutung. Waren die Sujets im 19. Jahrhundert eher vordergründig, so wurden sie in der ersten Hälfte des 20. Jahrhunderts tiefgründiger.
Eine wichtige Rolle bei dieser Entwicklung spielte der berühmte Ballett-Unternehmer *Sergej Diaghilew* (1872–1929), der in Paris seit 1909 bis zu seinem Tode viele berühmte Choreografen, Tänzer, Komponisten, Maler und Dichter zusammenführte und das Ballettwesen des 20. Jahrhunderts entscheidend prägte. Viele Ballette entstanden für *Diaghilew*, darunter solche von *Strawinsky* und *Ravel*.
Der Charakter der Ballettmusik ist seit dem 20. Jahrhundert im Gegensatz zu den Jahrhunderten zuvor oft nicht mehr deutlich als tänzerisch erkennbar.
Der Inhalt der Handlungsballette ist unterschiedlich präzise vorgegeben, zuweilen genau, wie z. B. bei *Petruschka*, oder nur ungefähr, etwa bei *Le sacre du printemps*.

Maurice Ravel: Boléro (1928)

Einführung. Der *Boléro* dürfte zu den bekanntesten Werken *Ravels* und gleichzeitig auch des 20. Jahrhunderts zählen. Das Werk hat keine vorgeschriebene Handlung, ist also kein Handlungsballett. Bei Ballett-Aufführungen beginnt oft eine Tänzerin allein; immer mehr Tänzer und Tänzerinnen treten hinzu; alle agieren allmählich immer virtuoser.
Hauptteil. Das Stück hat einen für die Kunstmusik ungewöhnlichen Formverlauf. Es besteht aus drei Elementen, die bei allmählicher Steigerung bis zum Beginn der Coda ständig wiederholt werden:

1. Ein zweitaktiger (→ Bd. I; 9.3.5) *Ostinato*, der auf verschiedene Bassstimmen aufgeteilt ist. 50 Mal erklingt Notenbeispiel 3.20 a), dann 113 Mal Notenbeispiel 3.20 b).
2. Ein zweitaktiger Rhythmus, der mit demjenigen des Boléro, eines spanischen Tanzes, verwandt ist (→ Notenbeispiel 3.20 c). Er ertönt durchgehend, auch in der Coda, insgesamt 169 Mal.
3. Zwei Themen, A und B, die jeweils 8+9 Takte lang sind. Die erste Melodie steht in C-Dur. Die zweite besitzt den Tonvorrat von F-Dur, später f-Moll, sodass sich mit dem Ostinato ein spanischer Einschlag ergibt. Das Thema B weist mehr Synkopen auf als A.

Zwischen den Themen erklingen Ostinato und Rhythmus einmal ohne Melodie. Insgesamt ergibt sich im Hauptteil die Form (ohne Indizes): AA BB AA BB AA BB AA BB AB.

Notenbeispiel 3.20:

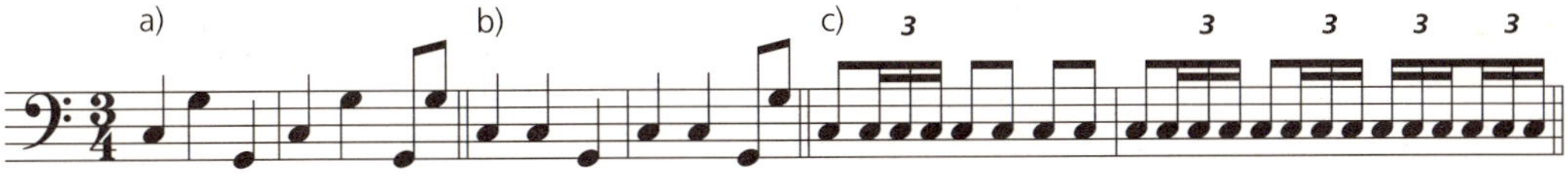

M. Ravel: Boléro (1928): a) und b) Ostinati, c) durchgehender Rhythmus

Die langsame Steigerung wird durch folgende Mittel hervorgerufen:

- Änderung der Instrumentation, jeweils nach einem Thema,
- Zunahme der Instrumentenzahl, damit auch größerer Umfang und Dichte,
- wachsende Lautstärke,
- Übernahme des Rhythmus durch repetierte Töne, später Akkorde,
- Oktavierungen, später (→) *Mixturen* bei den Themen (→ Notenbeispiel 3.6),
- komplexer werdende Harmonik, z. B. durch enge diatonische (→) *Cluster* und Nonenakkorde.

Allmählich entsteht eine rauschhafte, grandiose Stimmung, die kurz vor der Coda allerdings bedrohliche Züge annimmt.

Coda. Zu Beginn der Coda wird das bisherige Schema verlassen, was befreiend wirkt. In einer neuen Tonart, E-Dur, erklingt neues melodisches Material. Der Ostinato, in die neue Tonart transponiert, und der Rhythmus bleiben jedoch gleich. Nach kurzer Zeit erfolgt die Rückkehr nach C-Dur. Vier Takte lang erklingen der Rhythmus und der Ostinato ohne Melodie, martialisch begleitet von Schlägen auf Tamtam, Becken und großer Trommel, was höchste Erregung und Bedrohung ausdrückt. Das Stück endet abrupt (→ Bd. I; 7.6) *plagal* mit einer abwärtsgerichteten phrygischen Tonleiter in schnellen Notenwerten, was als Katastrophe interpretierbar ist.

Sergej Prokofjew (1891–1953): Romeo und Julia (1938)

Zum Komponisten. Sergej Prokofjew wurde in der Ukraine geboren und studierte bei *Rimski-Korsakow* in Moskau. Mit Genehmigung der Behörden verließ er Russland 1918. Er lebte als gefeierter Komponist und Pianist im Ausland, vor allem in den USA und Paris. 1936 kehrte er zurück in die UdSSR. Er geriet mehrfach in Auseinandersetzung mit der offiziellen Kulturpolitik. Am 5. März 1953 starb er in Moskau, am selben Tag wie *Stalin*.

Musik allgemein. Prokofjew komponierte Werke fast aller Gattungen, vornehmlich Bühnenwerke, darunter acht Opern, z. B. *Die Liebe zu den drei Orangen* (1921), *Krieg und Frieden* (1944), *Der feurige Engel* (1919–1927, Uraufführung 1954) und sieben Ballette. Er schuf außerdem sieben Sinfonien, darunter die bekannte 1. Sinfonie (*Symphonie classique*, 1917), fünf Klavierkonzerte, Klavierwerke, das sinfonische Märchen *Peter und der Wolf* (1936), Filmmusiken u. a. Herausragend ist sein 3. Klavierkonzert.

Prokofjews Musik ist insgesamt geprägt durch zündende Melodien, durch zuweilen starke rhythmische Betontheit, glänzende Instrumentierung und einen Hang zum Scherzhaft-Grotesken. Bis in die 1920er Jahre schrieb er avantgardistische Werke, die teilweise auch Skandale verursachten. In dieser Zeit wurde seine Musiksprache zusehends gemäßigter, wobei er Werke sehr unterschiedlichen Stils schrieb. Nach seiner Maßregelung 1948 (→ 3.2.4) bemühte er sich um leicht verständliche Musik.

Zum Werk. Das Ballett *Romeo und Julia* basiert auf *Shakespeares* gleichnamigem Drama. Zuvor wurden bereits zahlreiche Ballette mit diesem Sujet komponiert. *Prokofjews* dreiaktiges Werk dauert etwa 2 1/2 Stunden. Es enthält insgesamt 52 mit Nummern versehene, abgeschlossene kurze Stücke. Diese nehmen unterschiedlich stark Bezug auf die Handlung; zum Teil stellen sie eine Handlung dar, zum Teil sind es Tänze verschiedener Gruppen aus dem Drama. Es gibt Leitmotive, vornehmlich für Personen und Personengruppen.
Für den Konzertsaal schrieb *Prokofjew* drei Suiten, deren einzelne Sätze teilweise neue Kombinationen von Stückfragmenten aus dem Ballett sind und teilweise andere Überschriften als diese tragen. Die Sätze sind nicht nach dem Inhalt, sondern nach kompositorischen Prinzipien geordnet.

3.6.2 Kammermusik

Die traditionellen Besetzungstypen der Kammermusik des 19. Jahrhunderts wurden im 20. Jahrhundert etwas in den Hintergrund gedrängt, z. B. das Klavierquartett. Dafür gab es vielfältige, bisher ungewohnte Kombinationen von Instrumenten.
Es wurden wieder mehr Streichquartette geschrieben als im ausgehenden 19. Jahrhundert. Viele Komponisten verfassten zumindest ein Stück dieser Gattung. Bedeutende Werke schufen *Ravel*, *Bartók*, die Mitglieder der (→) *Wiener Schule*, *Hindemith* und *Schostakowitsch*. Kompositionen von Rang für andere Besetzungen verfassten u. a. *Hindemith* und *Bartók*.
Nach 1900 wurden häufiger als im 19. Jahrhundert Werke komponiert, die zwischen Kammer- und Orchestermusik angesiedelt waren; sie wurden *Kammersinfonie*, *Kammerkonzert* oder *Kammeroper* genannt. – Wie im 19. Jahrhundert war Kammermusik selten programmatisch. – Die Kammermusik wurde oft zum Experimentierfeld für neue Klänge.

3.6.3 Klaviermusik

Alexandr Skrjabin (1872–1915). *Alexandr Skrjabin* wurde in Moskau geboren. Er lebte als Komponist und Pianist, vor allem seiner eigenen Werke, in Moskau, der Schweiz und Brüssel. Im Vordergrund seines Schaffens stand das Klavier; er schrieb unter anderem zehn Klaviersonaten. Außerdem schuf er drei Sinfonien und zwei sinfonische Dichtungen. Seine Werke wurden zunehmend von mystisch-philosophischen Vorstellungen bestimmt. Die Harmonik seiner späten Werke ist sehr chromatisch und bewegt sich an der Grenze zur Atonalität. Für sie sind der später so genannte mystische Akkord (c – fis – b – e^1 – a^1 – d^2) und analoge Bildungen wesentlich.

Erik Satie (1866–1925). Der Franzose *Erik Satie* [sa'ti] lebte als Pianist und Komponist in Paris und einem Vorort dieser Stadt. Er schrieb vor allem Klaviermusik, darunter die drei *Gymnopédies*, und Ballette. Seine Musik ist bewusst spannungs- und emotionsarm, ohne eigentliche dynamische und thematische Entwicklung. Viele seiner Klavierwerke tragen humoristische Titel, z. B. *Sonatine bureaucratique*, und es gibt ungewöhnliche Anweisungen für den Spieler, z. B. „unmerklich lachen". In seiner Haltung gegen die Ästhetik der Expressivität war er für die Komponisten seiner Zeit sehr einflussreich.

Satie wurde 1918 zum Haupt der *Groupe des Six* [sis] (franz.: Gruppe der Sechs) gewählt, zu der die Komponistin *Germaine Tailleferre* (1892–1983) und folgende fünf Komponisten zählen: *Arthur Honegger, Darius Milhaud, Francis Poulenc* (1899–1963), *Georges Auric* (1899–1983) und *Louis Durey* (1888–1979). Diese wandten sich gegen die deutsche Musik, vor allem diejenige *Wagners*, und forderten für die französische Musik Einfachheit, Klarheit des Ausdrucks und Freiheit von Pathos.

Weitere Komponisten. Wichtige Klavierwerke schrieben *Debussy*, z. B. die *Préludes*, *Ravel*, *Schönberg* (→ Notenbeispiel 3.9), *Hindemith* und *Bartók*.

3.6.4 Orgelmusik

Allgemeines. Nachdem die Orgelmusik um die Mitte des 18. Jahrhunderts an Bedeutung verloren hatte, entstanden erst im zweiten Drittel des 19. Jahrhunderts vereinzelt wieder mehr Orgelwerke von Rang. In Deutschland schufen solche *Mendelssohn, Schumann, Brahms* und *Liszt*. In Frankreich waren *César Franck* (1822–1890) und *Charles Marie Widor* (1844–1937) wichtige Komponisten der Orgelmusik.
Mit dem Werk *Max Regers* erlebte die deutsche Orgelmusik eine erneute Blüte.

Max Reger (1873–1916): Fantasie und Fuge über den Namen B-A-C-H, Op. 46 (1900).
Zum Komponisten. Max Reger wurde in Brand in der Oberpfalz geboren, war Kompositionslehrer, Pianist, Organist und Dirigent. Er war neben *R. Strauss* einer der bedeutendsten deutschen Komponisten der Jahrhundertwende. Seine Werke reichen an die Grenzen der Durmolltonalität und weisen reiche Chromatik und Polyphonie auf. Heute ist vor allem die Orgel- und Kammermusik bekannt. In der Orgelmusik ist das Vorbild *J. S. Bach* erkennbar. *Reger* schrieb außerdem Orchesterwerke, Klaviermusik, Lieder und Chormusik.
Zum Werk. Die Buchstabenfolge „B-A-C-H" lässt sich unmittelbar als Tonfolge darstellen. Bereits *J. S. Bach* selbst hat sie in der (→ Bd. II) *Kunst der Fuge* verwendet, wodurch eine Tradition begründet wurde. Zu den bekanntesten Kompositionen des 19. Jahrhunderts, die diese Tonfolge einbeziehen, gehören Orgelwerke von *Schumann* und *Liszt*. Nach *Reger* verwendeten auch *Schönberg* und *Webern* „B-A-C-H" (vgl. Notenbeispiel 3.8).
Regers Fantasie ist ganz von der Tonfolge durchzogen. Sie lässt sich in fünf Abschnitte einteilen; im ersten und letzten erklingen schnelle Läufe; der 2. und 4. weisen eine fast durchgehende Zweiunddreißigstel-Bewegung auf; der mittlere ist ein Ostinato über B-A-C-H. In allen Abschnitten werden Wiederholungen vermieden.
In der fünfstimmigen (→ Bd. I) *Doppelfuge* wird zunächst das erste Thema durchgeführt, das mit B-A-C-H in langen Notenwerten beginnt. Darauf folgt die Durchführung des zweiten Themas und die Kombination beider Themen. Wie üblich in *Regers* Orgelfugen steigen Dynamik und Tempo dabei ständig an.

4 Ernste Musik ab 1950

4.1 Musikalische Neuerungen

4.1.1 Exkurs: Zur Situation um 1950

Zum Einschnitt. Der Einschnitt in der Musikgeschichte nach dem Zweiten Weltkrieg ist sehr deutlich. Als Zäsur kann das Jahr 1950 angesehen werden, da um diese Zeit in der (→ 3.1.1) *Avantgarde* entscheidende Neuerungen entstanden, nämlich die (→ 4.1.3) *elektroakustische Musik* (1949 / 1951) und die (→ 4.1.2) *serielle Musik* (ca. 1950). Eine weitere bedeutsame Novität war die (→) *Aleatorik*, die sich in den späten 1950er Jahren in Europa verbreitete. Noch nie zuvor in der Musikgeschichte wurden so radikale Neuerungen in der Ernsten Musik eingeführt. Die Zäsur in der Ernsten Musik um 1950 ist aber, ähnlich wie diejenige um 1910, anders geartet als frühere, da die Änderungen nicht das gesamte musikalische Schaffen betrafen (vgl. 1.5.2). Als äußeres Zeichen für die Zäsur können die Todesjahre von *Richard Strauss* (1949) und *Schönberg* (1951) gelten.

Die Situation nach dem Zweiten Weltkrieg. Nach dem Zweiten Weltkrieg herrschte im deutschsprachigen Raum ein großes Interesse an moderner Musik, die ja im Dritten Reich nicht aufgeführt werden konnte. Verpönte Komponisten wie *Schönberg*, *Strawinsky*, *Berg* und *Bartók* wurden intensiv rezipiert. – Es herrschte eine allgemeine Aufbruchsstimmung und das Bedürfnis, Neues zu schaffen.

Zur Avantgarde.
Neue Komponistengeneration. In dieser Situation entstand in den Jahren nach 1945 in Mitteleuropa mit Zentrum Bundesrepublik Deutschland eine relativ deutlich von anderen Komponisten abgegrenzte Avantgarde. Diese bestand hauptsächlich aus Musikern, die zwischen 1920 und 1930 geboren wurden, wie beispielsweise *Stockhausen*, *Nono* und *Boulez*. Sie waren in der Regel Deutsche, Italiener oder Franzosen. Bereits in jungen Jahren begannen sie, in einer radikal neuen Klangsprache zu komponieren, ohne zuvor nennenswerte Stücke in traditionellem Stil verfasst zu haben. Im Gegensatz dazu hatten die Neuerer in der ersten Hälfte des 20. Jahrhunderts in relativ traditionellem Stil begonnen.
Darmstädter Ferienkurse als Zentrum. Zentrales Forum für die jungen avantgardistischen Komponisten waren die *Darmstädter Ferienkurse für Neue Musik*, die seit 1946 bis heute abgehalten werden. Dort trafen und treffen sich Komponisten, Musikwissenschaftler und andere Interessierte. Alle bekannten avantgardistischen und viele andere Komponisten besuchten diese Kurse, wo sie wesentliche Anregungen vermittelten und erhielten.
Weitere Zentren der Avantgarde waren Paris (mit *Messiaen*, *Boulez* und *Pierre Schaeffer*) sowie außerhalb Mitteleuropas New York (mit *John Cage*).
Dauer. Die Avantgarde lässt sich einigermaßen deutlich bis in die 1960er Jahre verfolgen, dann verschwinden die Grenzen zu den traditionelleren Komponisten zusehends.

Heterogenität bezüglich des Materials.
Allgemeines. Die Musik nach 1950 wurde hinsichtlich des Materials noch weitaus heterogener als in der ersten Hälfte des Jahrhunderts. Heutzutage wird beispielsweise zum einen durmolltonale Ernste Musik komponiert, zum anderen solche, die keinen einzigen herkömmlichen Ton, sondern nur noch Geräusche aufweist.
Auseinandersetzungen zwischen Anhängern verschiedener Musikrichtungen gab es auch nach 1950 in erheblichem Maße. Besonders zwischen den Avantgardisten und den traditionelleren Komponisten waren sie sehr heftig; es gab aber auch solche innerhalb der Avantgarde. Seit den 1970er Jahren ließen diese an Schärfe und dann überhaupt nach.
Personalstil. Insgesamt prägten sich in der avantgardistischen Musik Personalstile weniger deutlich aus als in früheren Zeiten. Allerdings besitzen einige Komponisten der Avantgarde einen solchen, z. B. *Luigi Nono*.

Zum Folgenden: Neuerungen oft nur bei Avantgardisten. Die unten genannten Neuerungen gelten zumeist für die Avantgardisten, nicht für die traditioneller orientierten Komponisten.

4.1.2 Exkurs: Vorformung: serielle Musik (seit ca. 1950)

Einleitung und allgemeine Definition

Die erste zentrale Neuerung der Avantgarde war der *Serialismus* bzw. *die serielle Musik*. Sie entstand aus der Idee, eine gänzlich neuartige Musik zu schaffen, bei der jede Spur der traditionellen Tonsprache getilgt sein sollte, wie Melodie, Motiv, motivisch-thematische Beziehungen, Expressivität, harmonische Spannung und Entspannung, Homophonie, Polyphonie. Dies sollte durch eine Erweiterung der Zwölftontechnik erreicht werden.
Unter **serieller Musik** versteht man solche, bei der nicht nur die Tonhöhe (wie bei der Zwölftonmusik), sondern auch mindestens ein weiteres musikalisches Merkmal, z. B. Tondauer, Lautstärke usw., durch jeweils eine Reihe vorgeformt ist. Analog zu einer Tonhöhenreihe in der Zwölftontechnik wird beispielsweise in der seriellen Musik eine Reihe von Tondauern aufgestellt, die in einer Komposition fortlaufenden Tönen zugeordnet ist.
Die vorgeformten Merkmale wurden in der seriellen Musik *Parameter* genannt. Heute versteht man unter dem Begriff **Parameter** allgemein musikalische Merkmale, z. B. Tonhöhe, Tondauer, Lautstärke, Klangfarbe, Anschlagsart, zuweilen auch komplexere, wie Form, Dichte, Harmonik usw.
In der seriellen Musik wählt der Komponist die zu regulierenden Parameter aus und stellt jeweils eine Reihe auf. Dies ist keine mechanische, sondern eine schöpferische Tätigkeit.

Strenge serielle Musik bzw. punktuelle serielle Musik

Definition. Unter **strenger serieller** Musik versteht man solche, bei welcher einzelne Töne durch mehrere Reihen einfacher Parameter (in der Regel Tonhöhe, Tondauer, Lautstärke, Anschlagsart) derart determiniert sind, dass die nach der Festlegung der Reihen verbleibende kompositorische Entscheidungsfreiheit gering ist.

Beispiel: *Pierre Boulez*: *Structure Ia* (1952). Eines der ersten seriellen Stücke und gleichzeitig ein Musterbeispiel für strenge serielle Musik ist *Structure Ia* für zwei Klaviere von *Pierre Boulez* aus dem Jahr 1952. In dieser Komposition werden Tonhöhe, Tondauer und Lautstärke durch Reihen determiniert.

Notenbeispiel 4.1:

P. Boulez: Structure Ia für 2 Klaviere, Beginn

Die *Tonhöhen-Grundreihe* ist: es, d, a, as, g, fis, e, cis, c, b, f, h. Sie läuft wie in der Zwölftonmusik ab, im 1. Klavier die Grundgestalt, im 2. Klavier die Umkehrung.
Der Vorrat der *Tondauernreihe* ist gebildet aus zwölf Vielfachen von Zweiunddreißigsteln. Wenn man die Zahlen 1 bis 12 den Tondauern zuordnet, entspricht 1 einer Zweiunddreißigstel und 12 einer punktierten Viertelnote. Zur Erzeugung der Reihe wurde ein kompliziertes Verfahren angewandt. Die im Notenbeispiel verwendeten Tondauernreihen sind:

1. Klavier:	12, 11, 9, 10, 3, 6, 7, 1, 2, 8, 4, 5
2. Klavier:	5, 8, 6, 4, 3, 9, 2, 1, 7, 11, 10, 12

Die *Lautstärkenreihe* ist:

1	2	3	4	5	6	7	8	9	10	11	12
pppp	ppp	pp	p	quasi p	mp	mf	quasi f	f	ff	fff	ffff

Ein Dynamikwert wird auf die Töne eines ganzen Abschnittes übertragen. Zu Beginn des Stückes spielt das 1. Klavier in der Lautstärke Nr. 12, das zweite mit Nr. 5.

Punktuelle Musik. Wenn wie bei der strengen seriellen Musik einzelne Töne durch einfache Parameter wie Tonhöhen, Tondauern und Lautstärke prädeterminiert sind, so entsteht eine neue Textur, nämlich die *punktuelle Musik*.
Unter **punktueller Musik** versteht man allgemein solche, bei der die einzelnen Töne so isoliert stehen, dass keine Stimmen, Motive und Melodien wahrnehmbar sind. Daher heißt die *strenge serielle* Musik auch *punktuelle serielle* Musik.

Verhältnis zur Zwölftontechnik. Die strenge (punktuelle) serielle Musik ist zugleich eine Fortsetzung, aber in erster Linie eine Aufhebung der Zwölftontechnik. Denn Zwölftonmusik ist Musik mit herkömmlichen Texturen (Homophonie und Polyphonie), zumeist mit Melodien und in der Regel mit motivisch-thematischen Beziehungen. All das fehlt in der strengen seriellen Musik.

Einfluss von *Webern*. Die Komponisten der strengen seriellen Musik wurden bezüglich der seriellen Technik und der punktuellen Musik von *Webern* beeinflusst. Allerdings ist *Weberns* Musik weder punktuell noch im Ansatz seriell (→ 3.3.8).

Einfluss von *Messiaen*. Ein Werk, das die Entstehung des Serialismus stark beeinflusste, war *Modė de valeurs et d'intensités* (1949) für Klavier von *Olivier Messiaen*. In diesem Stück werden zwar keine Reihen verwendet, aber jeder Tonhöhe wird eine jeweils unterschiedliche Dauer, Lautstärke und Anschlagsart zugeordnet.

Eine für die strenge serielle Musik besonders gut geeignete Gattung war die elektroakustische Musik (→ 4.7.2).

Freiere serielle Musik

Die strenge serielle Musik war für Komponisten und Hörer bald unbefriedigend. Sie verlor ihren Reiz, da sie wenig Abwechslung bot. So entstand in der Mitte der 1950er Jahre die *freiere serielle Musik*.

Freiere serielle Musik ist solche, bei welcher

- nicht nur Töne, sondern auch Tongruppen durch Reihen verschiedener Parameter determiniert sein können,
- nicht nur einfache Parameter, wie Tonhöhe, Tondauer, Lautstärke und Anschlagsart seriell geregelt sein können, sondern z. B. auch Tonumfang, Tonlage, Bewegungsrichtung und Abstand der Toneinsätze,
- der Komponist aus einem Materialvorrat, der durch serielle Verfahren hergestellt wird, frei auswählt, was zur Realisierung der kompositorischen Idee vonnöten ist.

Freiere serielle Musik ist in der Regel nicht punktuell. Insgesamt gesehen ist bei ihr die Entscheidungsfreiheit des Komponisten relativ groß. Ein Beispiel für freiere serielle Musik ist *Pli selon pli* von *Pierre Boulez* (→ 4.4.4).

Zeitliche Einordnung und Komponisten

Die serielle Musik wurde bis ca. 1958 von vielen avantgardistischen Komponisten angewandt, danach nur noch von einigen. Der Serialismus als aktuelle avantgardistische Kompositionstechnik wurde abgelöst von der (→) *Aleatorik* und teilweise von der (→) *Klangflächenkomposition*. Serielle Denkformen wirken bis in die Gegenwart fort.

Die wichtigsten Komponisten serieller Musik sind *Stockhausen*, *Boulez*, *Nono*, *Křenek*, *Bruno Maderna*, *Iannis Xenakis* und *Zimmermann*.

Anmerkung. Zuweilen wird der Begriff *Serialismus* als Epochen-Bezeichnung für die avantgardistische Musik in den 1950er Jahren verwendet. Die sich anschließende Zeit wird manchmal *Postserialismus* genannt.

4.1.3 Exkurs: elektroakustische und Computermusik: Neuartige Materialien, Kompositions- und Aufführungsweisen

Im folgenden Abschnitt werden die beiden Bereiche systematisch dargestellt (zur Geschichte → 4.7). Charakteristisch für die Ernste Musik nach 1950 ist eine neuartige avantgardistische *elektroakustische* Musik seit der Jahrhundertmitte sowie die Einbeziehung des Computers ab den späten 1950er Jahren. Die elektroakustische Musik war zunächst fast ausschließlich Musik auf Tonband. Sie wurde in elektronischen Studios produziert, die an verschiedenen Rundfunkstationen eingerichtet wurden.

Neuartige akustische Materialien

Definition. Unter **elektroakustischer Musik** versteht man Ernste Musik, welche ganz oder zum überwiegenden Teil aus Lautsprechern stammt. Sie wird auch des Öfteren **elektronische Musik (i. w. S.)**, vereinzelt auch *Lautsprecher-Musik* genannt.
In der zweiten Hälfte des 20. Jahrhunderts sind bei etlichen Kompositionen der Ernsten Musik Partien aus Lautsprechern einbezogen. Der Übergang von reiner Vokal- und Instrumentalmusik zu elektroakustischer Musik ist daher fließend. Zweckmäßigerweise könnte man gegebenenfalls von Musik mit elektroakustischen Elementen sprechen.
Anmerkung. Nicht zur elektroakustischen Musik gerechnet wird Vokal- und Instrumentalmusik für traditionelle Instrumente, die auf (→ Bd. I) *Elektrophonen* musiziert wird, beispielsweise die Darbietung eines Werkes von *Bach* auf einem Synthesizer.

Materialien. Die Materialien können von einem Tonträger stammen, dabei
- instrumentaler oder vokaler Natur, auch elektronisch manipuliert sein – präexistente Stücke können ebenfalls verarbeitet sein,
- der Umwelt entnommen, auch bearbeitet sein,
- von Tongeneratoren, Synthesizern und Computern stammen.

Es kann auch *Live-Elektronik* verwendet werden. **Live-Elektronik** ist eine Verfahrensweise, bei der in einer Aufführung
- akustische Ereignisse auf der Bühne durch elektronische Mittel erzeugt werden, beispielsweise durch einen Synthesizer oder einen Computer, oder
- Klänge, die Instrumente oder menschliche Stimmen im Aufführungsraum hervorbringen, direkt elektronisch umgeformt werden.

Die Live-Elektronik wird seit Anfang der 1960er Jahre verwendet. Zunächst wurden einfache elektronische Mittel eingesetzt (→ 4.7.2), seit den 1970er Jahren verstärkt Computer.

Bedeutung. Eine wichtige Neuerung von elektroakustischer Musik ist, dass oft keine (→) *Töne* und *Akkorde* mehr vorkommen. Dadurch unterscheidet sie sich grundsätzlich von früherer Musik. Ihr Einfluss auf die avantgardistische reine Vokal- und Instrumentalmusik war groß und führte dazu, dass auch hier verstärkt Kompositionen ohne Töne und Akkorde entstanden (→ *Klangflächenkomposition* und 4.1.10).

Computermusik. Unter **Computermusik** versteht man allgemein Musik, für deren Entstehung die Verwendung eines Computers erforderlich ist. Computermusik ist zum größten Teil elektroakustische Musik. Sie kann aber auch reine Instrumental- oder Vokalmusik sein.
Der Computer dient:
1. zur Produktion von elektroakustischer Musik, sowohl für Tonträger als auch live:
   a) zur Synthese von neuartigen akustischen Erscheinungsformen (seit den 1950er Jahren, verbreitet aber erst seit den 1970er Jahren),
   b) zur Speicherung und Verarbeitung von vorgegebenen akustischen Materialien (verstärkt seit den späten 1970er Jahren),
   c) als (→ Bd. I) *Sequenzer*, d. h. als Mittel für den koordinierten Ablauf von akustischem Material, oft mit (→ Bd. I) *MIDI* (verstärkt seit den 1980er Jahren),
   d) zur Errechnung von akustischen Verläufen nach bestimmten Vorgaben, also als Hilfsmittel bei der Komposition (verstärkt seit den 1970er Jahren),

2. zur Errechnung von Partituren, die dann traditionell vokal oder instrumental musiziert werden (seit den späten 1950er Jahren).

Zwischen 1. c) und d) ist zuweilen schwer zu unterscheiden.
Bei der Computermusik ist der Übergang von Ernster zur Popularmusik zuweilen fließend. Sie erlaubt manchmal das Komponieren ohne musiktheoretische Kenntnisse.

Neue Kompositionsweisen

Direkte Herstellung der Musik. Charakteristisches Merkmal der elektroakustischen Musik ist, dass ein Komponist Tonträger, Software, Schaltpläne u. ä. produziert und oft keine Partitur. Da es häufig keine Töne und Akkorde gibt, weichen die Partituren von elektroakustischen Stücken von den üblichen ab (→ 4.1.7).
Der Computer als Hilfsmittel bei der Komposition. Der Komponist verwendet den Computer nicht nur als Instrument oder als Sequenzer, sondern als Hilfsmittel zum Komponieren (siehe oben Definition von Computermusik 1. d) und 2.).

Neue Aufführungssituationen

Künstlichkeit. Bei elektroakustischer Musik gibt es eine grundsätzlich andere Aufführungssituation als bei herkömmlicher, da der Vorgang der Klangerzeugung unsichtbar ist. Dies wird vom Publikum zuweilen als künstlich, steril und störend empfunden (→ 4.7.3).
Raumklang wird wichtig. Bei der elektroakustischen Musik wurde die Verteilung der akustischen Ereignisse im Raum ein wesentliches musikalisches Merkmal. Lautsprecher werden nicht nur vorne auf der Bühne, sondern an den Seiten und an der Rückwand des Aufführungsraumes platziert, zuweilen auch über, unter oder inmitten des Publikums.
Musik ist recht klar festgelegt. Musik auf Tonträgern ist im Gegensatz zu Musik in Partituren endgültig, d. h. Instrumentalisten und Vokalisten fallen als Interpreten weg. Zum alleinigen Interpreten wird der *Klangregisseur* am Mischpult, der das akustische Material aussteuert und für angemessenen Raumklang sorgt. Bei Live-Elektronik ist der Klangregisseur noch wichtiger, da er die Live-Klänge manipulieren kann.
Treten zu einem Tonträger Live-Interpreten hinzu, so ist deren Part normalerweise zeitlich genau an den Tonträger gebunden. Neuerdings ist es jedoch auch möglich, digital gespeicherte Materialien dem Tempo der aktuellen Aufführungssituation anzupassen.

4.1.4 Exkurs: Aleatorik und Improvisation

Ein beträchtlicher Teil der avantgardistischen Ernsten Musik ab 1950 ist charakterisiert durch *Aleatorik* und *Improvisation*, die miteinander verwandt sind. Aleatorik bezieht sich sowohl auf die Groß- wie auf die Detailform. Sie wurde maßgeblich durch *John Cage* (1912–1992) und dessen Anschauungen geprägt.

Definitionen

Unter **Aleatorischer Musik** (lat.: *alea* – der Würfel) versteht man Ernste Musik nach 1950, bei deren Komposition nicht-systematische Zufalls-Operationen angewandt wurden und/ oder deren Notation zu einem beträchtlichen Teil nicht exakt ist, sodass bei der Darbietung der Zufall eine wichtige Rolle spielt. Unter **Aleatorik** versteht man das Prinzip der Einbeziehung des Zufalls in die Komposition und Ausführung. Sie ist in Europa seit dem Ende der 1950er Jahre verbreitet.

Improvisation liegt vor, wenn bei einem Stück die Freiheit des oder der Interpreten beträchtlich ist und diese bei der Darbietung Entscheidungen treffen, bei denen der Zufall eine eher geringe Rolle spielt. Aleatorik und Improvisation überschneiden sich somit.

Zufall bei der Komposition

Einleitung. Die Verfahren der Aleatorik für die Komposition sind vielfältig. *John Cage* verwendete beispielsweise zur Herstellung einer Partitur das chinesische Orakel Yi Jing (I-Ching oder I-Ging), das Werfen von Münzen, die Beschaffenheit des gerade verwendeten Papiers, astronomische Atlanten, mathematische Methoden und den Computer.

Die (→) *serielle* Musik führt auch zu unvorhersehbaren Ergebnissen bei der Komposition, sie ist aber systematisch und somit nicht aleatorisch.

Beispiel für aleatorische Herstellung eines Stückes: J. Cage (1912–1992) *Variations I for any kind and number of instruments* (1958)

Notenbeispiel 4.2:

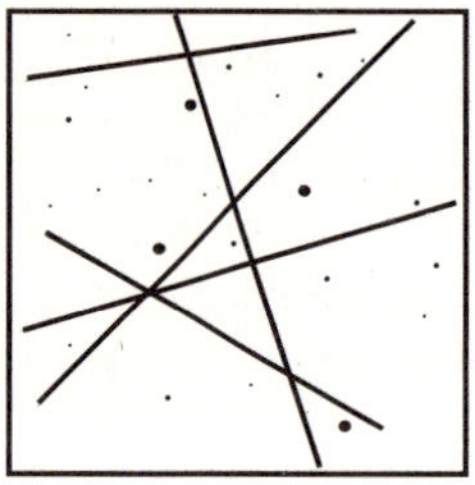

Grafik gemäß einer Version von *Cages Variations I*

Die Vorlage besteht aus sechs durchsichtigen Folien mit Strichen und Punkten. Die Punkte stellen Töne und Akkorde dar, die Geraden die Eigenschaften *Tonhöhe*, *Obertonstruktur*, *Lautstärke*, *Tondauer* und *Zeitpunkt des Erklingens*. Durch zufälliges Übereinanderschichten der Folien auf dem Tisch ergibt sich eine Version des Stückes. Durch den Abstand der Punkte zu den Geraden ergeben sich die Eigenschaften der Töne und Akkorde. Die Abstände können gemessen oder geschätzt werden.

John Cage (1912–1992)

John Cage wurde als Sohn eines Erfinders in Los Angeles geboren. Er studierte Architektur, Klavier und Komposition in Paris und Los Angeles, u. a. bei *Henry Cowell* und *Arnold Schönberg*. Er lebte als Pianist, Lehrer und von seinen Kompositionen. *Cage* starb in New York.

1937–1951. Nach frühen Werken machte *Cage* um die Mitte der 1930er Jahre aus seinem mangelnden Sinn für harmonische Logik eine Tugend und richtete sein kompositorisches Interesse vor allem auf Rhythmik und Klänge, insbesondere solche zwischen Geräusch und Ton. Die Kompositionen dieser Zeit sind oft für Klavier oder Schlagzeug verfasst, wobei er auch ungewöhnliche Geräuscherzeuger einsetzte, z. B. Automobil-Bremstrommeln. 1938 entwickelte *Cage* das *präparierte Klavier* (*prepared piano*), dessen Klang durch verschiedene, auf oder zwischen die Saiten gelegte Materialien aus Metall, Gummi, Stoff, Plastik, Kork und Holz verändert ist, wobei deren Lage genau angegeben ist. Das präparierte Klavier war anfangs nur ein Ersatz für ein Schlagzeugensemble. *Cage* schrieb bis 1948 ca. 25 Stücke für dieses Instrument. – Er bezog in den 1940er Jahren in seine Stücke auch elektronische Geräusche und Medien wie Plattenspieler und Radio-Geräte ein.

1951–1992: Aleatorik unter dem Einfluss des Zen-Buddhismus.
Ästhetik. Cage beschäftigte sich in den späten 1940er Jahren mit fernöstlicher Philosophie, vor allem mit Zen-Buddhismus. Dies führte zu einem radikalen Bruch mit seiner bisherigen musikalischen Produktion. Seit 1951 wurde die Einbeziehung des Zufalls bei der Komposition und seit 1958 auch bei der Ausführung konstitutiv. *Cage* verwendete herkömmliche, elektronische und Umweltklänge sowie Musik von Schallplatten.
Gemäß der fernöstlichen Philosophie war er der Überzeugung, dass es nicht die Rolle des Menschen sein sollte, die Welt um ihn herum nach seinen eigenen Wünschen zu formen, sondern sich passiv an die Objekte und die Menschen um ihn zu gewöhnen.
Cages Bestreben war daher, eine Musik völliger Absichtslosigkeit herzustellen, Expressivität und individuellen Ausdruck gänzlich zu vermeiden. Er wollte seine Stücke von Einflüssen jeglichen Geschmacks und jeder tradierten Kompositionstechnik freihalten. Prinzipien wie Konstruktion und Zusammenhang wurden außer Kraft gesetzt. Klänge sollten nur Klänge sein und keine Inhalte vermitteln. Der Hörer sollte eine von Konventionen freie Rezeption erleben. *Cage* wollte durch seine Stücke, besonders diejenigen, die Klänge der Umwelt einbeziehen, die Menschen dazu bewegen, die Welt bewusst wahrzunehmen.
Er hatte also seit den 1950er Jahren mit Ausnahme seiner späten Stücke keine musikalischen Interessen. Seine Stücke sind Ausdruck von lebensphilosophischen Konzepten.
Kompositionen. Cage schrieb Stücke für viele Besetzungen, wobei diese zuweilen ganz beliebig sind. Die Kompositionen unterscheiden sich dadurch voneinander, dass jeweils verschiedene Zufallsoperationen angewandt werden, von denen insgesamt eine Vielzahl existieren. Zuweilen ist das szenische Moment wichtig (→ 4.1.12).
Zu seinen extremsten Stücken gehört *4' 33"* [*tacet*] für beliebiges Instrument oder jede Kombination von Instrumenten aus dem Jahr 1952. (Der lateinische Begriff *tacet* (er, sie, es schweigt) steht üblicherweise in Stimmen bei Sätzen, in denen ein Interpret nicht mitspielt.) Die Instrumentalisten kommen auf die Bühne und spielen 4 Minuten und 33 Sekunden gar nichts. Zur Musik wird, was währenddessen an Umweltgeräuschen erklingt.
In den späten 1980er Jahren änderte sich *Cages* Kompositionsweise. Es entstanden Stücke für großes Orchester und Kammermusik mit ungewöhnlich harmonischen Klängen, die oft mit Pausen durchsetzt sind. Die Bedeutung des Zufalls verringerte sich.

Bedeutung. *Cage* hat die Grenzen des überkommenen Musikbegriffs erweitert und viele Komponisten stark beeinflusst. Er trug entscheidend zur Emanzipation des Geräuschs bei. Viele Neuerungen gehen auf ihn zurück oder wurden von ihm initiiert. Übernommen wurden die Methoden zur Herstellung der Stücke, teilweise auch seine Musikanschauung.
Cage gehört auch gleichzeitig zu den umstrittensten Komponisten des 20. Jahrhunderts. Seine Stücke erregten oft Amüsement, Spott und Ärger. Kritiker werfen ihm vor, der geringer werdenden Differenziertheit der Musik nach 1950 Vorschub geleistet zu haben.

Nicht exakte bzw. nicht vorhandene Notation als Freiheit bei der Interpretation

Grade der Unbestimmtheit. Die Arten der Aleatorik sind höchst unterschiedlich. Es gibt nahezu alle Abstufungen von der nur leichten Form der Unbestimmtheit bis hin zur fast völlig freien Interpretation. Unter anderem sind folgende Prinzipien möglich:

- Einige oder alle musikalischen Merkmale des Stückes sind nur ungefähr festgelegt, in der Regel durch Grafik, seltener durch Texte.

- Die Art und die Anzahl der Instrumente sind nicht oder nur ungefähr fixiert.
- Die Dauer einzelner Abschnitte oder des ganzen Stückes ist nicht genau festgelegt.
- Eine Komposition kann ganz oder teilweise gespielt werden.
- Die Reihenfolge vorgegebener Abschnitte ist beliebig. Man hat für diese Form der Aleatorik auch die Begriffe *variable*, *offene* und *mehrdeutige* Form verwendet.
- Das Tempo ist beliebig.
- In einem mehrstimmigen Tonsatz sind die Tonhöhen und die ungefähren Rhythmen der einzelnen Stimmen festgelegt; durch das freie Tempo sind die exakten Zusammenklänge nicht genau bestimmt (→ Notenbeispiel 4.3).

Die **Notation für Aleatorik** kann folgendermaßen geschehen:
- grafisch, wie im Notenbeispiel 4.2, wobei grafische Notation auch außerhalb der Aleatorik eingesetzt werden kann (→ 4.1.7),
- auf herkömmliche Art, wie im Notenbeispiel 4.3,
- in Worten, z. B. bei *Stockhausens Aus den sieben Tagen* (→ 4.1.7),
- aus einer Kombination dieser Arten.

Beispiel für geringe Freiheit der Interpreten: *Witold Lutosławski*: *Novelette* (1980)

Notenbeispiel 4.3:

W. Lutosławski: Novelette für Orchester (1980): Second Event, Ziffer 19, vollständiges Particell

Notenbeispiel 4.3 zeigt den für *Lutosławski* typischen *aleatorischen Kontrapunkt*. *Aleatorischer Kontrapunkt* ist die von *Lutosławski* so benannte Form der Aleatorik mit folgenden Eigenschaften: In einem mehrstimmigen Tonsatz sind die Tonhöhen und die ungefähren Rhythmen der einzelnen Stimmen fixiert; durch das freie Tempo sind die exakten Zusammenklänge nicht festgelegt. Im vorliegenden Beispiel sind lediglich die Einsätze der Instrumente durch die Töne der anderen Instrumente bestimmt (→ 4.6.1 *Novelette*)

Vergleich von begrenzter Aleatorik mit Generalbass und Jazz. Die begrenzte Aleatorik, also solche, bei der dem oder den Interpreten nur wenig Spielraum gegeben ist, wie z. B. beim aleatorischen Kontrapunkt, kann mit dem Generalbass und der Notation für die Rhythmusgruppe im Jazz verglichen werden. Bei diesen drei Arten der Unbestimmtheit könnte durch eine exakte Notation das vom Komponisten gewünschte Ergebnis kaum oder gar nicht besser erzielt werden, da die Spontaneität des oder der Interpreten entscheidend zur Qualität beitragen kann.

Die Rolle des oder der Interpreten. Nicht genau festgelegte oder nicht vorhandene Notation heißt für Interpreten, dass sie eine Wahlfreiheit haben. Diese bedeutet:

- Komposition der Interpreten, d. h. zuvor vorbereitete Festlegung,
- Zufall bei der Darbietung oder
- (→ Bd. I; 6.1) *Improvisation*, wobei also bewusste oder intuitive Entscheidungsprozesse bei der Aufführung vorliegen.

Zuweilen arbeiten Komponisten mit Interpreten zusammen, beispielsweise *Stockhausen*. Es gibt außerdem eine Reihe von Improvisationsgruppen, die ihre eigenen Stücke aufführen. Sie sprechen diese oft mündlich vorher ab, manchmal wird gar nichts festgelegt. Der Übergang von freier improvisierter Musik zum (→) *Free Jazz* ist fließend.

Zur Geschichte

Man kann in den 1950er Jahren zwei verschiedene Arten der Aleatorik unterscheiden, eine nordamerikanische und eine mitteleuropäische. In den USA entstand zu Beginn der 1950er Jahre eine Art der Aleatorik, die von *John Cage* maßgeblich geprägt wurde, bei welcher der Zufall bei der Erstellung von Kompositionen eine große Rolle spielte. Angeregt durch *Cage*, vor allem aber als Gegenströmung zur (→) *seriellen Musik* entwickelte sich seit 1957 in Europa eine Art der Aleatorik, die von *Boulez* und *Stockhausen* initiiert wurde. Hier war der Zufall weit weniger stark ausgeprägt und bezog sich in erster Linie auf die Interpretation. Beide Arten der Aleatorik haben sich in der Folgezeit miteinander vermischt.

4.1.5 Grenzüberschreitung, Stileinheitlichkeit, Komplexität, Popularität

Grenzüberschreitung

Die avantgardistische Musik nach 1950 ist charakterisiert durch Grenzüberschreitungen vielfältiger Art, beispielsweise hinsichtlich folgender Kriterien:

- **Kompositionsvorgang:** Einbeziehung des Zufalls bei der (→ 4.1.4) *aleatorischen Musik*, Verwendung des Computers zum Komponieren (→ 4.1.2);
- **Notation:** beispielsweise (→ 4.1.7) *Grafik*;
- **Material:** allgemein: Verbreitung von Musik ohne Töne und Akkorde (→ 4.1.8), häufiger Einsatz von (→ 4.1.8) *Clustern*, Einbeziehung von Umweltgeräuschen und synthetischen Klängen (→ 4.1.2), neuartige Behandlung von Instrumenten und der menschlichen Stimme (→ 4.1.10), (→ 4.1.7) *Collage*;
- **Formen und Gattungen:** Vermischung von musikalischen Gattungen, Freiheit von herkömmlichen Formen;

- **Weiteres:** allgemein: Vermischung von Musik mit anderen Künsten, Einbeziehung des Visuellen bei Instrumentalisten (→ 4.1.12), Einbeziehung des Publikums (→ 4.1.13), neue Aufführungsarten und -räume (→ 4.1.14), Klangkunst (Musik ohne Aufführung) (→ 4.1.15).

Starke Heterogenität bezüglich der Differenziertheit

Allgemeines. Die Musik nach 1950 ist bezüglich der Differenziertheit sehr heterogen. Das liegt unter anderem an der Aleatorik. Teilweise sind auch die Werke ein und desselben Komponisten stark unterschiedlich komplex.

Die Begriffe Kunst, Musik und Werk. Die Auffassung, dass zum Wesen von Kunst hohe Komplexität gehöre, ist heute nicht mehr allgemein akzeptiert. Daher kann zwar eine Diskussion darüber, ob ein Musikstück differenziert ist, zweckmäßig sein, seltener aber darüber, ob es Kunst sei (vgl. 1.2.2). Die Aussage, manche Musikstücke seien keine Werke mehr, was in der Regel auf Aleatorik bezogen wird, drückt aus, dass Komponisten keine ein für alle Mal gültigen, abgeschlossenen Stücke schaffen wollten.

Niedrigere Komplexität der Ernsten Musik nach 1950

Die Komplexitätsgrad von Ernster Musik nach 1950 ist gegenüber früher insgesamt geringer geworden. Dazu werden im Folgenden einige Gründe angegeben.

Abwechslungsreichtum ist schwieriger zu erzielen, je weiter sich der musikalische Stil von der Tradition des 17. bis 19. Jahrhunderts entfernt.

Bereits atonale Musik ist oft bezüglich der Harmonik geringer differenziert als tonale, da die Akkorde weniger abwechslungsreich eingesetzt sind. Die anderen Merkmale wie Rhythmik, Textur, Melodik usw. können aber zu hoher Komplexität beitragen.

In avantgardistischer Musik wird zuweilen auf vormals zentrale Merkmale verzichtet, z. B. auf Melodik und Harmonik bei Kompositionen mit (→) *Clustern* oder Geräuschen. In solchen Fällen ist Abwechslung sehr viel schwieriger zu erreichen als z. B. in tonaler Musik. Es besteht hierbei die Gefahr, dass sich nur noch interessante Effekte aneinanderreihen, die zusammen keinen kompositorischen Sinn ergeben.

Die Einbeziehung des Zufalls in der Aleatorik hat in entscheidendem Maße zur schwindenden Differenzierung beigetragen.

Komponisten sind zuweilen keine professionellen Instrumentalisten mehr, im Gegensatz zur Zeit vor 1950, was nicht ohne Auswirkung auf ihre Kompositionen bleibt.

Zuweilen ist ein *Missverhältnis zwischen Aufwand und Wirkung* hinsichtlich folgender Merkmale festzustellen:

- Besetzung: Manchmal könnte eine ähnliche Wirkung mit einer wesentlich geringeren Besetzung erzielt werden, insbesondere bei Musik für großes Orchester.
- Technik: Mitunter werden aufwändige elektronische Apparaturen eingesetzt.
- Notation: Bisweilen wird eine relativ einfache Musik mittels differenzierter Notation, z. B. komplexen Rhythmen, und mit ausgedehnten Erklärungen fixiert.
- Theorie: Gelegentlich stehen ausführliche Theorien im Missverhältnis zum klanglichen Resultat.

Hin und wieder wirkt Musik prätentiös durch gewichtige textliche und musikalische Zitate bei undifferenzierter Struktur. In einigen Fällen liegt Scharlatanerie vor, nämlich dann, wenn ein Komponist wider besseres Wissen Differenziertheit vorgibt.

Probleme der Wertung
Das Musikschrifttum zur zeitgenössischen Ernsten Musik scheut sich oft davor zu kritisieren. In Rundfunk-Sendungen werden beispielsweise zuweilen kommentarlos differenzierte Stücke neben ganz undifferenzierten ausgestrahlt. Das macht es für den Hörer schwer, sich zu orientieren. Die fehlenden Normen im Bereich der ästhetischen Sphäre stehen im Zusammenhang mit dem Werteverlust in allen anderen Lebensgebieten.

Verhältnis zwischen Komplexität, Popularität und Material
Wenn man von der Filmmusik absieht, änderte sich die Situation gegenüber der Zeit vor 1950 für die europäischen Komponisten. Diese sind im Allgemeinen weitaus weniger populär als diejenigen der ersten Hälfte des Jahrhunderts. Wie in diesem Zeitraum sind sie umso weniger bekannt, je moderner sie schreiben. Es gibt etliche Komponisten, die aufgrund ihrer weniger differenzierten und traditioneller orientierten Werke recht populär sind, z. B. *Arvo Pärt* und *Henryk Górecki* [gur'ɛtski], sowie Komponisten der (→) *Minimal Music*. Die 3. Sinfonie von *Górecki* war in Großbritannien beispielsweise 1993 sogar in den Top Ten der Hitparade. Im Gegensatz zur Zeit vor 1950 findet sich danach eine weitaus geringere Anzahl differenzierter Komponisten, die populär sind, z. B. *Strawinsky*, *Britten*, *Schostakowitsch* und *Vaughan Williams*.

Motivation der Komponisten, in moderner musikalischer Sprache zu schreiben
Fraglich ist, warum Komponisten in moderner Sprache schreiben, sodass sie wenig populär sind. Ein Künstler kommt natürlich einem inneren Bedürfnis nach, ohne nach den Gründen zu fragen. Dennoch können einige angegeben werden.
Neues hervorbringen. Die europäische Musik hat seit dem Mittelalter stetig Neues hervorgebracht. Das ist in anderen Kulturen weitaus weniger der Fall (→ Kap. 15). Etliche Komponisten glauben, man müsse originell sein und Neues, noch nie Dagewesenes schaffen.
Expressiv sein. Ein Grund für die moderne musikalische Sprache ist die Erweiterung der Ausdrucksfähigkeit der Musik. Ziel mancher moderner Komponisten war nicht die Erbauung, sondern die Erschütterung der Zuhörer. Die Musik sollte die Wirren der Zeit darstellen und nicht einen falschen Schein erwecken.
Provokation. In einigen Fällen nach 1950 ist ein Grund für ungewöhnliche Neuerungen zuweilen die Provokation, die Komponisten beim Publikum hervorrufen wollen.

4.1.6 Neue Gattungen / Gewichtung / neue Formprinzipien

Gattungen

Bedeutendes Merkmal der avantgardistischen Musik seit 1950 ist, dass die Gattungsgrenzen stark verwischt werden (vgl. beispielsweise → 4.1.2 *elektroakustische Musik*).
Neue Gattungen sind (→ 4.1.12) *szenische vokale Komposition*, (→ 4.1.12) *instrumentales Theater* und (→ 4.1.2) *elektroakustische Musik*.

Gewichtungen

Die Tendenz der ersten Hälfte des 20. Jahrhunderts, dass bekannte Komponisten weniger geistliche Musik schufen, setzte sich fort.

Neue Formprinzipien

Allgemeines zur Form avantgardistischer Musik nach 1950
Differenzierte avantgardistische Werke nach 1950 können bezüglich der Groß- und Detailform oft ähnlich analysiert werden wie herkömmliche. Das gilt auch für Musik ohne Töne und Akkorde. Demnach ist das Schema von Band I; 7.3 auch hier anwendbar, wobei die Kriterien *Pausen, melodisches Material* und *Schlusswirkungen* oft nicht gelten.

Weniger traditionelle Formen
Gegenüber der ersten Hälfte des 20. Jahrhunderts gab es in der zweiten Hälfte noch viel weniger traditionelle Formen.

Schlüsse
In der ersten Hälfte des 20. Jahrhunderts fielen in nicht durmolltonalen Stücken auch die üblichen (→ Bd. I; 7.6) *harmonischen Schlusswendungen* weg, wodurch die Schlüsse individueller wurden. Dieser Trend setzte sich in der zweiten Hälfte fort. Stücke aus dieser Zeit enden zuweilen ohne eigentliche Schlusswirkungen.

Neues Form-Prinzip: Minimal Music
Definition. Ein verbreitetes Formprinzip seit den 1960er Jahren ist dasjenige der *Minimal Music*. Unter **Minimal Music** (auch *minimal music*) versteht man eine tonale Musikrichtung, deren Stücke aus einfachen, kurzen, zumeist diatonischen melodischen und/oder rhythmischen Motiven bzw. Elementen *(patterns)* bestehen; diese werden andauernd gleich oder leicht verändert wiederholt und dabei oft jeweils unterschiedlich übereinander geschichtet. Das entsprechende Adjektiv heißt *minimalistisch*.

Beispiel: *Terry Riley* (* 1935): *In C* für beliebig viele Melodieinstrumente (1964).
In C von *Riley* ist eines der ersten und bekanntesten Stücke der Minimal Music. Ein Klavier spielt durchgehend einen raschen gleichmäßigen Achtel-Puls auf den obersten C-Tönen. Beliebig viele, frei zu wählende weitere Melodieinstrumente spielen insgesamt 53 Patterns in der Art von Notenbeispiel 4.4 nach diesen Vorgaben: Die Instrumente setzen nacheinander ein und spielen die Patterns in der angegebenen Reihenfolge, wobei sie eines beliebig oft wiederholen können, bevor sie zum nächsten übergehen. Der so entstehende Klang verändert sich kontinuierlich. Das Stück dauert in der Regel 45 Minuten oder länger.

Notenbeispiel 4.4:

T. Riley: In C, einige Elemente

Weitere Merkmale der Minimal Music, z. T. Folgen aus der Definition, sind:

- Rhythmik: Die Musik besitzt einen deutlichen Puls; sie ist rhythmisch stark betont.
- Harmonik: Es gibt keine oder kaum harmonische Bewegung; in der Regel erklingt ein Durakkord mit hinzugefügten Tönen, die keine Spannung erzeugen, also jeweils ein großer Sext-, Sept- und/oder Nonton. Es gibt selten Stücke ohne Töne.
- Detailform: Die einzelnen Stücke besitzen deutlich unterschiedlich lange Patterns.
- Horizontale Struktur von Klängen: Meist hört man eine (→) *Klangfläche*.
- Großform: Es gibt häufig eine langsame Entwicklung; sie verläuft oft kontinuierlich, ohne klare Einschnitte. Der Ablauf kann genau notiert sein, aber auch Elemente der Improvisation oder Aleatorik aufweisen.
- Instrumente: Minimal Music wird sowohl live als auch mittels Tonträger realisiert.
- Dauer: Diese ist unterschiedlich; Stücke können abendfüllend sein.
- Differenziertheit: Minimal Music ist oft wenig differenziert. Einfache Stücke können leicht selbst erfunden und gespielt werden. Es gibt aber auch komplexe Werke.
- Wirkung: Die Minimal Music eignet sich gut zur Meditation.

Minimal Music wird auch in der (→ 4.1.15) *Klangkunst* eingesetzt.

Entstehung. Die Minimal Music kam in der Mitte der 1960er Jahre in den USA auf und ist seit den 1970er Jahren auch in Europa verbreitet. Einflussreich für ihre Entstehung war nicht-westliche Musik, die mit der Minimal Music verwandte Strukturen aufweist, besonders aus Afrika südlich der Sahara, aus Indonesien und Indien. Vorläufer waren auch Experimente mit repetierten Motiven auf Tonband.

Verbreitung. Hauptverteter neben *Riley* sind *Steve Reich* (*1936) und *Philip Glass* (*1937). Bekannt, vor allem in Nordamerika, sind *Glass'* minimalistische Opern *Einstein on the Beach* (1976), *Satyagraha* (1980) und *Akhnaten* (deutsch: *Echnaton*, 1984). Minimalistisch ist auch *Glass'* Musik zum Film *Koyaanisqatsi* (1981). (Siehe auch 4.2.2.)

Einordnung in Ernste und Popularmusik. Die Minimal Music weist viele Elemente der Ernsten und der Popularmusik auf und ist somit schwer in eine der Kategorien einzuordnen. Sie beeinflusste die Popularmusik, z. B. den Techno.

4.1.7 Notation

Erweiterung. Die Notation wurde in der avantgardistischen Musik nach 1950 erheblich erweitert. Es gab eine Vielzahl von neuen Zeichen, die sich auf alle musikalischen Merkmale beziehen, z. B. Tonhöhe, Tondauer, Spielweisen usw.
Keine Allgemeinverbindlichkeit. Diese neuen Zeichen sind im Gegensatz zur herkömmlichen Notation oft nicht allgemein verbindlich; zuweilen gelten sie nur für einen Komponisten, teilweise nur für ein bestimmtes Stück. Für manche Kompositionen sind seitenlange Erklärungen erforderlich.
Notation mit Grafik und mit Worten. Die neuen Zeichen enthalten im Allgemeinen grafische Elemente, so wie auch unsere herkömmliche Notenschrift. Unter **grafischer Notation** versteht man eine solche, die etliche grafische Elemente aufweist und die deutlich von der herkömmlichen Notation abweicht. Diese Notation wurde in den 1960er Jahren in der

avantgardistischen Musik beliebt, angeregt durch (→) *Aleatorik* und (→) *Klangflächenkompositionen*. Notationsgrafiken sind bisweilen auch als Werk der Bildenden Kunst von Interesse und zwar umso stärker, je unbestimmter sie sind.
Teilweise wird zusätzlich zu Zeichen auch Text verwendet; im Extremfall erscheint sogar ausschließlich Sprache. Ein Beispiel hierfür ist *Stockhausens* Opus *Aus den sieben Tagen* (entstanden 1968), das aus 15 Kompositionen besteht. Das Stück *Treffpunkt* lautet: „Alle spielen denselben Ton // Führe den Ton, wohin Deine Gedanken / Dich auch führen / Verlasse ihn nicht, bleibe bei ihm / Komme immer wieder / zum gleichen Ort zurück."
Notation von elektroakustischer Musik. Bei elektroakustischer Musik ist grundsätzlich zu unterscheiden zwischen *Realisations-*, *Aufführungs-* und *Hörpartituren*. In selteneren Fällen gibt es von einem Stück eine *Realisationspartitur*; diese dient zur Herstellung.
Bei Kompositionen mit Live-Interpreten, z. B. Sängern, Instrumentalisten, Dirigent und Klangregisseur, dient eine *Aufführungspartitur* diesen zur Orientierung. Bei Live-Elektronik sind außerdem die vorzunehmenden klanglichen Veränderungen notiert.
Hörpartituren, die in der Regel nicht vom Komponisten verfasst werden, haben den Zweck, die Rezeption zu erleichtern (→ Notenbeispiel 4.6). Sie sind oft auch als Aufführungspartituren verwendbar. Sie werden nicht nur von elektroakustischen Stücken angefertigt, sondern auch zuweilen von komplexen Instrumental- und Vokalkompositionen, z. B. von (→) *Klangflächenkompositionen*. Auch in der Musikpädagogik finden sie Verwendung.
Die *Genauigkeit der Notation einer Grafik* ist höchst unterschiedlich.

- Eine Grafik kann sehr genau sein, sogar exakter als die herkömmliche Notenschrift.
- Sie kann das klangliche Resultat nur ungefähr verdeutlichen. Solche Notationen werden auch in der Musikpädagogik verwendet (→ Notenbeispiel 4.5).
- Die Grafik kann den Klang schließlich unbestimmt lassen.

Natürlich existieren zwischen den drei Arten alle Formen der Abstufung. Häufig gibt es Gebrauchsanweisungen zum Lesen einer Grafik.

Notenbeispiel 4.5:

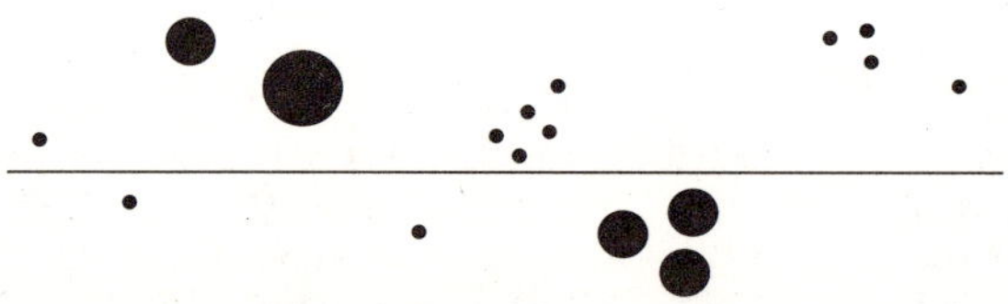

Beispiel für grafische Notation, wie sie in musikpädagogischer Literatur verwendet wird

Zur Möglichkeit, sich das klangliche Resultat vorzustellen. Ein im Notenlesen gebildeter Hörer kann sich beim Betrachten der Notation durmolltonaler Musik das klangliche Resultat einigermaßen genau vorstellen. Dies ist bei frei- und atonaler Musik bei weitem schwieriger, vor allem wenn besondere klangliche Effekte gefordert sind.

4.1.8 Musikalische Merkmale

Einleitung und Grundsätzliches zu Musik mit und ohne Töne

Zwei Arten der Musik

Etliche avantgardistische Stücke nach 1950 bestehen, wie erwähnt, nicht mehr nur aus Tönen und Akkorden, sondern auch aus Geräuschen und geräuschartigen Klängen.

Dies war vor 1950 mit Ausnahme von Schlagzeugklängen in herkömmlichen Stücken nur vereinzelt der Fall. Ein Pionier für Musik, die wenig oder keine Töne und Akkorde aufweist, ist der US-Amerikaner französischer Herkunft *Edgar(d) Varèse* (1883–1965). Die meisten seiner Werke entstanden zwischen 1920 und 1936. Sein 1931 vollendetes Stück *Ionisation (for Percussion Ensemble of 13 Players)* ist eine der frühesten Kompositionen, in denen fast ausschließlich Geräusche vorkommen. Verwendet werden 39 Schlag- und Reibe-Instrumente, darunter eine Reibetrommel, zwei Ambosse und zwei Kuhglocken, außerdem zwei Sirenen, Celesta und Klavier.
Musik ohne Töne und Akkorde macht neue Analyse- und Hörweisen erforderlich.

Zur traditionellen Musik mit Tönen und Akkorden
Traditionelle Musik besteht aus Tönen; deren Kompositionen werden auch *Tonsatz* genannt; die entsprechende Kunstmusik heißt bisweilen *Tonkunst*.
Ein **Ton** ist ein einzelnes, vom Ohr nicht weiter teilbares akustisches Ereignis mit bestimmter Tonhöhe.
Der Ton ist in der traditionellen Musik horizontal, d. h. hinsichtlich des zeitlichen Ablaufs, die kleinste Einheit der Musik. Eine Melodie besteht in der Regel aus verschiedenen deutlich abgrenzbaren Tönen, die also für eine bestimmte Zeitspanne eine feste Tonhöhe haben; es gibt mit anderen Worten in der herkömmlichen Musik im Allgemeinen keine (→ Bd. I) *Glissandi*. Der Ton ist in der traditionellen Musik auch vertikal, d. h. hinsichtlich des Zusammenklangs, die kleinste Einheit der Musik. Das bedeutet, dass beim gleichzeitigen Erklingen der Töne diese im Prinzip einzeln wahrnehmbar sind.

Akkord und Harmonik. Ein (→ Bd. I; 2.3) **Akkord** ist ein Zusammenklang von mehreren (zumeist mindestens drei) verschiedenen Tönen (also solchen mit unterschiedlichen Tonnamen), die prinzipiell als einzelne gehört werden können. Beim (→) *Cluster*, der auch aus einzelnen Tönen besteht, ist das nicht der Fall.
Die Grundbestandteile der traditionellen Musik sind also Töne, Zweiklänge und Akkorde. Die Harmonik beschreibt den Aufbau von Akkorden und deren Verbindungen. Bestimmend für einen Akkord ist, dass seine Identität im Allgemeinen nicht von der Lage der Töne – mit Ausnahme des Basstones – abhängt, d. h. dass beispielsweise C – es – g^2 der gleiche Akkord ist wie c – c^1 – c^2 – es^2 – g^3. Ganz unterschiedliche Tonsätze können also die gleiche Harmonik aufweisen.

Klangfarbe. Die zentralen Eigenschaften eines Tones sind Tonhöhe, Tondauer, Lautstärke und *Klangfarbe i. e. S.* **Klangfarbe i. e. S.** ist die Eigenschaft, hinsichtlich derer zwei Töne gleicher Höhe, Dauer und Lautstärke voneinander unterschieden werden können.
Als **Klangfarbe i. w. S.** kann man hingegen die Klangeigenschaft von akustischen Erscheinungsformen bezeichnen, die keine Töne und Akkorde sind.
In der westlichen Musik war die Klangfarbe i. e. S. bis ins 20. Jahrhundert gegenüber den anderen musikalischen Merkmalen von untergeordneter Bedeutung. Arrangements, in denen ja in erster Linie die Klangfarbe des Originals verändert wird, sind bis heute gang und gäbe (vgl. auch Bd. II; 3.1.3 und 4.1.6). Je wichtiger die Klangfarbe i. e. S. wird, desto problematischer sind Arrangements.
Arrangements von Musik ohne Töne und Akkorde sind offensichtlich schwer möglich.

Allgemeines zu Musik ohne Töne und Akkorde: Beschaffenheit und Herkunft

Zur Einteilung kurzzeitiger akustischer Erscheinungsformen. Töne und Akkorde können, wie erwähnt, als kleinste horizontale Einheiten aufgefasst werden. Außer diesen gibt es die im Folgenden genannten akustischen Erscheinungsformen, die jedoch nicht sehr prägnant voneinander unterschieden werden können.

Ein **Geräusch** ist ein akustisches Ereignis, das etwa durch folgende Merkmale charakterisiert werden kann:

- Es besitzt keine bestimmte Tonhöhe.
- Es wird in der Umwelt eher als neutral oder unangenehm empfunden.
- Es wird zuweilen als weniger musikalisch als ein Klang aufgefasst.

Ein **Klang** ist ein akustisches Ereignis, das etwa folgendermaßen bestimmt werden kann:

- Er schließt Töne, Akkorde, die meisten (→) *Cluster* und andere akustische Erscheinungsformen ein, kann also bestimmte oder unbestimmte Tonhöhe aufweisen.
- Er wird gegenüber dem Geräusch eher als positiv und angenehm empfunden.
- Er wird oft als musikalischer als dieses aufgefasst.

In der Physik bedeutet nach einer DIN-Norm der Begriff *Ton* einen (→ Bd. I) *Sinuston* und die Bezeichnung *Klang* einen (→) *Ton* im oben angegebenen Sinn.

Unter einem **Cluster** ['klʌstə] (engl.: Traube, Gruppe) versteht man einen Zusammenklang aus mehreren Tönen, und zwar im Allgemeinen mindestens drei, die jeweils einen sehr kleinen Abstand zueinander besitzen. Dieser kann eine große oder kleine Sekunde oder ein noch kleineres Intervall betragen, z. B. einen Viertelton. Ein Cluster kann durch ein oder mehrere Instrumente ausgeführt werden. Er wird auf einem Tasteninstrument zuweilen mit der Hand oder dem Unterarm produziert. Ein Cluster ist kein Akkord mehr, da die einzelnen Töne nicht mehr voneinander unterschieden werden können. Er besitzt oft keine eindeutige Tonhöhe, sondern nur eine Tonlage. Ein Cluster kann ein (→) *Klang* oder ein (→) *Geräusch* sein (weiteres unter 4.1.8: *Zur vertikalen Struktur von Klängen*).

Erzeugung von akustischen Erscheinungsformen, die keine Töne und Akkorde sind. Geräusche und geräuschartige Klänge in Kompositionen können entweder im Augenblick der Aufführung entstehen oder von Tonträgern stammen. Sie sind folgendermaßen zu klassifizieren:

- elektronisch hergestellt,
- aus der Umwelt stammend oder durch Klangerzeuger hervorgebracht, die keine Musikinstrumente sind, beispielsweise Autohupe, Sirene, Glas mit Wasser,
- auf Musikinstrumenten erzeugt, z. B. auf Schlaginstrumenten oder mittels Cluster.

Im Folgenden werden die beiden Musikarten, nämlich Musik mit Tönen und Akkorden sowie Musik ohne diese, miteinander verglichen. Dabei ist zu beachten, dass es Überschneidungen geben kann, dass also beispielsweise, wie etwa im folgenden Musikbeispiel, Abschnitte vorkommen können, in denen gleichzeitig Töne und Geräusche erklingen.

Beispiel für Musik mit wenig Tönen und Akkorden: *Luigi Nono* (1924–1990): *La fabbrica illuminata* (1964)

Besetzung. *La fabbrica illuminata* (ital.: die beleuchtete Fabrik) ist ein Werk für Sopran und vierspuriges Tonband. Bei einer Aufführung artikuliert die Sopranistin unverstärkt; den vier

Spuren des Tonbandes entsprechend sind vier Lautsprecher in den Ecken des Aufführungsraumes aufgestellt. Das Stück dauert ca. 16 1/2 Minuten.

Anliegen und verwendete Materialien. Das Werk thematisiert die Zustände in einer Fabrik mit schlechten Arbeitsbedingungen. Folgende Materialien sind einbezogen:

Live:	a)	Sopran-Stimme, in verschiedenen Artikulationsformen, z. B. gesungen, mit und ohne bestimmte Tonhöhe gesprochen (→ Notenbeispiel 4.6),
auf Tonband:	b)	gesprochener Chor, teilweise in exakten Rhythmen,
	c)	gesungener Chor, in eher lange gehaltenen Tönen ohne klare Melodie,
	d)	Elektronik- und Umwelt-Material, teilweise elektronisch bearbeitet,
	e)	Stimme einer Sopranistin, in verschiedensten Artikulationsformen und mannigfaltig elektronisch verändert,
	f)	in der Fabrik aufgenommene menschliche Stimmen.

Die genanten Materialbereiche sind im Allgemeinen deutlich voneinander unterscheidbar.

Die live und auf Tonband verwendeten Texte bestehen aus:
- Äußerungen von Arbeitern und Gewerkschaftern,
- Texten aus einem Tarifvertrag,
- dem Arbeiter-Jargon nachempfundenen Wendungen,
- (am Ende live ohne Tonband) vier Zeilen eines Gedichtes von *Cesare Pavese*.

Großform. Das Stück besteht aus vier Abschnitten, die deutlich in weitere Unterabschnitte eingeteilt werden können. Diese weisen außer beim vierten Abschnitt jeweils verschiedene Materialien auf.

Legende zur Hörpartitur. (Notenbeispiel 4.6 auf Seite 128) Die Zahlen beim gesungenen Chor und beim Elektronik- bzw. Umwelt-Material benennen die Lautsprecher. Deren Nummerierung beginnt vom Zuschauer aus gesehen auf der Bühne links und erfolgt im Uhrzeigersinn.

Zeichen für den gesprochenen Chor. Dieser ist nach den vier Spuren getrennt aufgezeichnet.

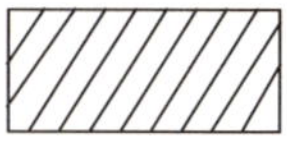 Männerchor 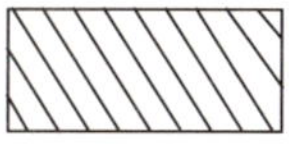 Frauenchor 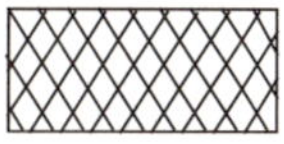 gemischter Chor

Zeichen für Elektronik- bzw. Umwelt-Material:

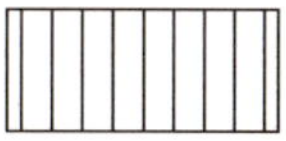 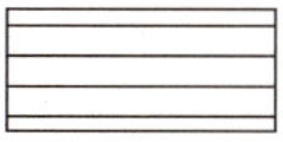 sägeartige Geräusche 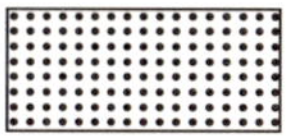 übrige Geräusche

Live-Stimme. Aus Platzgründen konnte die Live-Stimme nicht nach der üblichen Zeitordnung notiert werden. Die Pfeile unterhalb des Notensystems zeigen die tatsächlichen Zeiten an.

⤫ gesprochen mit festgelegter Tonhöhe,
× gesprochen ohne festgelegte Tonhöhe.

Notenbeispiel 4.6:

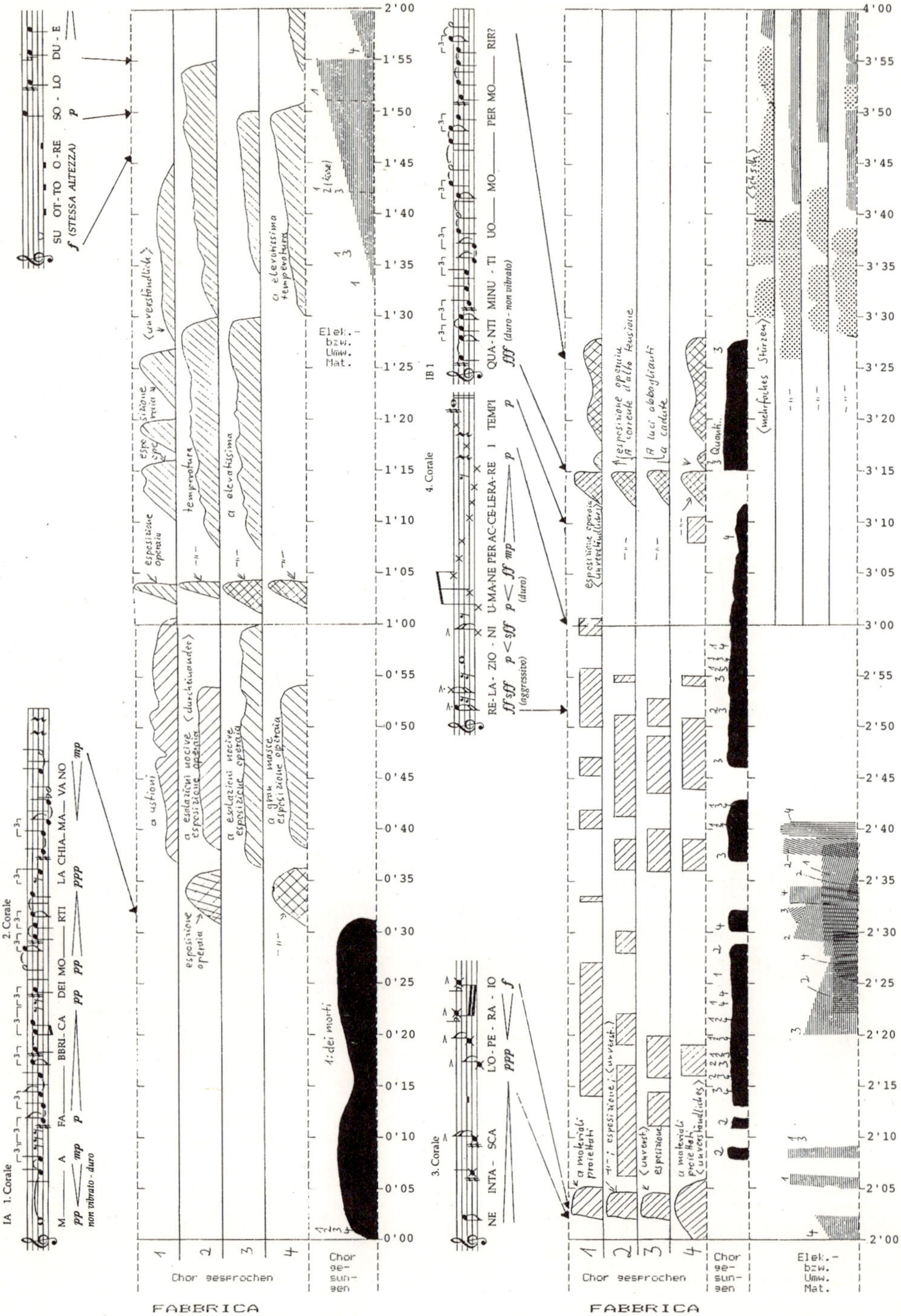

L. Nono: La fabbrica illuminata: (→ 4.1.7) *Hörpartitur von Bernd Riede mit von Nono notierter Live-Stimme, Beginn*

Abschnitt	Beginn	Materialien	Inhalt
I A 1. Corale [x)] 2. Corale 3. Corale 4. Corale B	0'00" 0'00" 0'30" 2'05" 3'14" 3'32"	a) b) c) d) a) c) a) b) d) a) b) c) d) a) b) c) d) f)	Arbeitsbedingungen in der Fabrik Arbeitsbedingungen in der Fabrik
II	6'44"	a) d) e)	Auswirkungen der Fabrikarbeit auf das Privatleben
III	12'12"	a) b) c) d) f)	Reaktion der Stadtbewohner auf die Arbeitsbedingungen
IV	14'12"	a)	Ausblick auf eine bessere Zukunft

x) Chorabschnitt

Der Abschnitt I A ist in vier Corali eingeteilt. Er ist außer durch die unterschiedlichen Materialien in den Unterabschnitten dadurch gegliedert, dass am Anfang des 2., 3. und 4. Corale jeweils vom gesprochenen Chor auf Tonband „esposizione operaia" („die Arbeiter sind ausgesetzt") artikuliert wird. Schließlich trägt zur Verdeutlichung der Form die Live-Stimme bei, die während des 1. Corale, jeweils am Ende des 2. und 3. und während des 4. Corale singt bzw. spricht. Ab dem 2. Corale erscheint der gesprochene Chor auf Tonband. In Minute 1' 32" tritt ein elektronisches Geräusch hinzu, erst leise, dann immer lauter und allmählich alle Spuren einnehmend. Im 3. Corale ab Minute 2' 05" erfährt die Musik eine deutliche Steigerung. Sie ist erheblich dichter, der gesungene Chor tritt hinzu; auf den verschiedenen Spuren erscheinen und verschwinden Materialien ganz abrupt.

Zur Analyse von Musik ohne Töne und Akkorde

Die folgende Tabelle stellt die beiden idealtypischen Musikarten gegenüber. Bei der Musik ohne Töne und Akkorde fallen etliche der traditionellen musikalischen Merkmale weg, sodass deren Analyse andere Schwerpunkte erfordert.

musikalische Merkmale	Abschnitt mit Tönen und Akkorden	Abschnitt ohne Töne und Akkorde	Beispiel Nono: *La fabbrica illuminata*
Melodik	ja	**nein**	kaum
Tondauern	ja	zuweilen	zuweilen
Harmonik	ja	**nein**	selten, nur in den Abschnitten mit gesungenem Chor
vertikale Struktur von Klängen	ja	**ja**	ja
Textur	ja	nein	nein
horizontale Struktur von Klängen	ja	**ja**	ja
Klangfarbe i. e. S.	ja	nein	nein
Klangfarbe i. w. S.	ja	**oft**	ja
Tempo	zumeist	manchmal	nein
Dynamik	ja	ja	**ja**

Bei der Untersuchung von Musik ohne Töne und Akkorde ist insbesondere Wert zu legen auf die (→ 4.1.8) *horizontale Struktur von Klängen* und die (→ 4.1.8) *vertikale Struktur von Klängen*. Weiter unten sind hierzu einige allgemeine Analyse-Kriterien genannt; diese sind aber nicht besonders zahlreich. Die Analyse-Kriterien für die Struktur von Klängen müssen vielmehr oft für jedes Stück eigens gefunden werden.

Einteilung der Oktave

Die Einteilung der Oktave in 12 Halbtonschritte wurde in Musik mit Tönen und Akkorden nach 1950 im Allgemeinen beibehalten. Es gab jedoch in der avantgardistischen Musik des Öfteren Vierteltonschritte, zuweilen auch andere Intervalle, z. B. Drittel- oder Sechsteltöne.

Melodik (bei Musik mit Tönen und Akkorden)

Allgemeines. Die Melodik nach 1950 war des Öfteren sehr unsanglich. In einigen Fällen vermögen Sängerinnen und Sänger die Töne gar nicht mehr richtig zu treffen.
Glissandi waren häufiger als in der Musik vor 1950. Ein Glissando wurde in der Regel durch einen nach unten oder oben verlaufenden Strich dargestellt, etwa im Notenbeispiel 4.7 a).
Ein dauerhaftes Glissando nach oben und unten wurde zuweilen durch eine Wellenlinie notiert, wie im Notenbeispiel 4.7 b).
Motivisch-thematische Beziehungen wurden nach 1950 seltener.

Notenbeispiel 4.7:

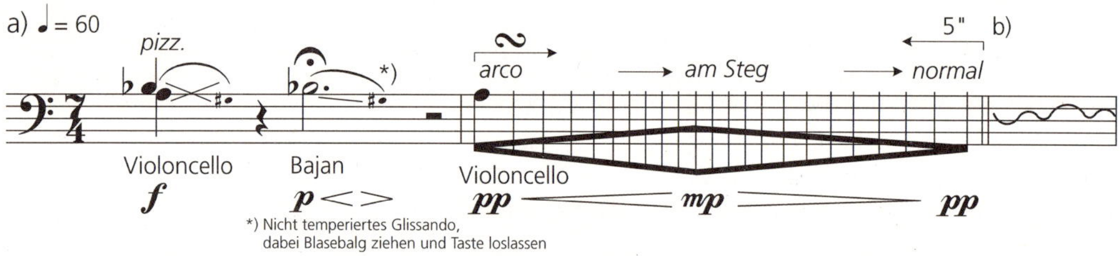

a) S. Gubaidulina: *Sieben Worte* 1. Satz: T. 1–2, b) dauerhaftes Glissando

Rhythmik und Takt

Allgemeines. Ein wichtiges Merkmal der Musik nach 1950 ist, dass sie oft keinen *Takt* und des Öfteren keinen *Puls* mehr aufweist.
In taktgebundener Musik konnte die rhythmische Intensität durch die Anzahl der verklanglichten Zählzeiten bestimmt werden. Wenn es keinen Takt und/oder Puls mehr gibt, kann man von *Ereignisdichte* sprechen. Eine große Zahl von Ereignissen pro Zeiteinheit bedeutet hohe Ereignisdichte. – Zuweilen wird die Dauer von Abschnitten in Sekunden angegeben, etwa in den Notenbeispielen 4.7 und 4.10. – Die Länge von Tönen wird manchmal durch den Abstand von Notenhälsen markiert (→ Notenbeispiel 4.7 a, T. 2).
Geräusche und geräuschartige Klänge sind oft nicht so deutlich horizontal, also bezüglich der Zeit, in einzelne Bestandteile einteilbar wie Töne und Akkorde. Dies ist beispielsweise in *Nonos La fabbrica illuminata* der Fall.

Harmonik

Die Harmonik der Musik nach 1950 war sehr unterschiedlich. In der Avantgarde war sie in der Regel atonal. Seit den 1970er Jahren gab es verstärkt wieder Tonalität (→ 4.2.3).

Zur vertikalen Struktur von Klängen

Exkurs: Genaueres zu Clustern

Notation. (→) *Cluster* werden mit herkömmlicher Notation (→ Notenbeispiel 4.8 a), grafisch (d) oder mit einer Mischung von beidem notiert (b, c, e). Eine Besonderheit sind die *Baumnoten*, bei denen gleichzeitig erklingende Töne nebeneinander geschrieben und durch Striche miteinander verbunden sind (→ Notenbeispiel 4.8 c).
Ein Cluster kann exakt (→ Notenbeispiel 4.8 a, b, c und e) oder ungefähr (d) festgelegt sein. Bei der Cluster-Notation mit senkrechtem Balken für Tasteninstrumente ist festzulegen, ob die weißen oder auch die schwarzen Tasten anzuschlagen sind, z. B. im Notenbeispiel 4.8 b) und d). – Wenn ein Cluster durch mehrere Instrumente erzeugt wird, ist oft anfangs markiert, welche Instrumente welchen Ton spielen sollen, anschließend wird als vereinfachte Schreibweise ein Rechteck oder Parallelogramm notiert.

Notenbeispiel 4.8:

Verschiedene Notationsformen von Clustern: a) herkömmlich diatonisch, b) mit senkrechtem Balken, c) mit Baumnoten, d) grafisch, e) entstehender Cluster: *H. Lachenmann:* (→ 4.6.3) *Ein Kinderspiel* für Klavier: *Hänschen klein*, T. 15–20

Entstehung und Verbreitung. Cluster wurden von *Henry Cowell* (1897–1965), von dem auch der Begriff stammt, im Jahre 1930 theoretisch dargestellt. Sie wurden vereinzelt vor 1950 verwendet, z. B. von *Cowell, Ives* und *Bartók*. Seit der Mitte der 1950er Jahre werden Cluster häufig eingesetzt, besonders in (→) *Klangflächenkompositionen*.
Kriterien für die Analyse von Clustern. Neben den traditionellen Merkmalen *Dauer* und *Lautstärke* kann die *Klangfarbe i. w. S.* (Art der beteiligten Instrumente) und die *vertikale Struktur des Klanges* untersucht werden.

Die *vertikale Struktur des Klanges* kann sich auf das Folgende beziehen:

- *Dichte.* Cluster können unterschiedlich dicht sein. Sie können aus Ganz-, Halb- oder Vierteltönen bestehen, oder aus einer Kombination dieser. Notenbeispiel 4.8 a) ist aus aus Ganz- und Halbtonschritten aufgebaut, c) aus lauter Halbtonschritten.
- *Tonlage, evtl. Grad der Deutlichkeit der Tonhöhe*
- *Breite*, d. h. Abstand vom höchsten zum tiefsten Ton
- *Innere Bewegung.* Cluster können expressiver gestaltet werden, wenn die beteiligten Instrumente oder menschlichen Stimmen eine innere Bewegung ausführen. Dies kann beispielsweise durch Folgendes geschehen:
  - Vibrato oder Tremolo (→ Notenbeispiel 4.9 a),
  - Die einzelnen Instrumente bzw. Stimmen haben an unterschiedlichen Stellen Crescendo und Decrescendo, z. B. in *Ligetis Atmosphères*,
  - Die Stimmen führen melodische Bewegungen aus, die sehr unterschiedlich sein können (→ Notenbeispiel 4.9 b).

Anmerkung. Bewegungen innerhalb eines Clusters werden oft *Mikropolyphonie* genannt, obwohl diese mit Polyphonie wenig zu tun haben. – Vgl. 4.1.10.

Notenbeispiel 4.9:

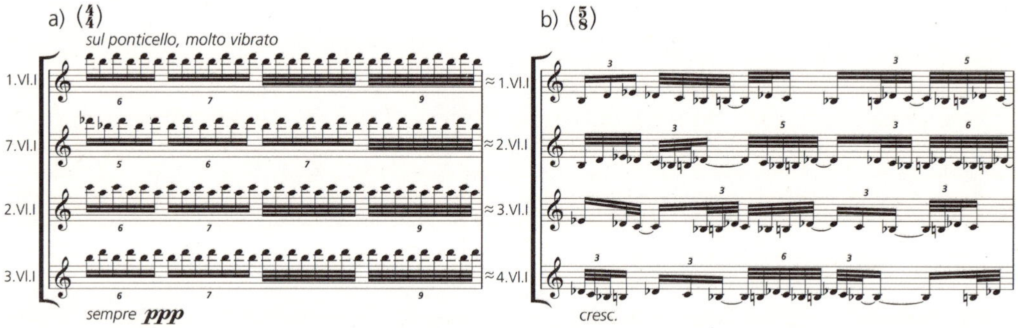

G. Ligeti: *Atmosphères* für großes Orchester, vertikale Ausschnitte, a) T. 25, b) T. 54

Textur

In der traditionellen Musik waren die beiden grundsätzlichen Texturen Homophonie und Polyphonie. Neu in der Musik nach 1950 ist die Textur der (→ 4.1.2) *punktuellen Musik*, die weder homophon noch polyphon ist.

Zur horizontalen Struktur von Klängen

Klangflächen

Definition. Eine **Klangfläche i. w. S.** ist ein längerer Musikabschnitt mit statischem Charakter. Klangflächen gibt es sowohl bei Musik mit als auch ohne Töne und Akkorde.
Eine *Klangfläche bei Musik mit Tönen und Akkorden* entsteht,

- wenn Töne längere Zeit liegen bleiben,
- wenn Töne oft repetiert werden oder
- wenn kurze Tonfolgen, häufig Akkordbrechungen, schnell wiederholt werden.

Klangflächen können sowohl homophon als auch polyphon sein.
Ein berühmtes Beispiel ist der Anfang von *Wagners* Musikdrama *Rheingold*, wo sich eine Klangfläche über einem Es-Dur-Dreiklang über mehr als 130 Takte erstreckt.
Des Öfteren erklingt zu einer Klangfläche eine Melodie.
Eine *Klangfläche bei Musik ohne Töne und Akkorde* liegt vor, wenn sich ein Klang gar nicht oder nur langsam verändert. Dies ist des Öfteren bei Clustern der Fall. Unter einer **Klangfläche i. e. S.** versteht man einen länger andauernden, sich gar nicht oder nur allmählich verändernden Cluster.
Wichtig in der avantgardistischen Musik sind *Klangflächenkompositionen*. Unter einer **Klangflächenkomposition** versteht man ein Stück, das zum großen Teil aus Klangflächen i. e. S. besteht. Solche Stücke werden zuweilen auch *Klangfarbenkompositionen* genannt.
Zur Geschichte. Die Erfahrungen mit der Komposition von elektronischen Klängen und Geräuschen führten zu dem Bedürfnis, auch neue Klänge mittels Instrumenten zu schaffen. Klangflächenkompositionen wurden vereinzelt in der Mitte der 1950er Jahre geschrieben, z. B. durch *Xenakis*. Sie entstanden in größerer Zahl am Ende der 1950er Jahre, wo sie als neueste Entwicklung der Avantgarde galten, die nicht mehr auf dem Serialismus basierte. Klangflächenkompositionen waren auch in den 1960er Jahren verbreitet. Zu den bekanntesten Komponisten zählen *Penderecki* (*Anaklasis*, 1960) sowie *Ligeti* (→ 4.6.1 *Atmosphères* und *Lontano*, 1967).

Collage

Exkurs: Verwendung von präexistentem musikalischem Material.

- Ein- oder mehrstimmiges präexistentes Material kann Grundlage für eine neue Komposition sein, beispielsweise bei der Form (→ Bd. I) *Thema mit Variationen*, bei der (→ Bd. II) *Choralkantate* und der (→ Bd. II) *Parodiemesse*.
- Ein in der Regel mehrstimmiges Stück kann Grundlage für eine (→ Bd. I; Kap. 13) *Bearbeitung* sein.
- Ein zumeist einstimmiger Ausschnitt eines Stücks kann ein (→ Bd. I) *Zitat* sein.

Definition. Unter **Collage** versteht man in der Musik das zumeist gleichzeitige, seltener sukzessive Erklingen von mehreren *heterogenen akustischen* Materialien, insbesondere von

- mehrstimmigen, oft präexistenten Tonsätzen, die nicht satztechnisch aufeinander bezogen sind,
- elektronischen Klängen und Geräuschen, Umweltgeräuschen, gesprochenen Texten.

Die *elektroakustische Musik* enthält oft Collagen. Man kann allerdings aus verschiedenen Materialien durchaus homogene Musik schaffen; das ist beispielsweise in Abschnitten von (→) *La fabbrica illuminata* der Fall.
Collagen in der reinen Instrumental- und Vokalmusik. Als Vorläufer können *Mahlers* Sinfonien und Werke von *Ives*, z. B. (→) *Putnam's Camp*, angesehen werden.
Collagen wurden in der reinen Vokal- und Instrumentalmusik besonders seit den 1960er Jahren, stärker noch seit den 1970er Jahren verwendet. Manche Werke bestehen fast gänzlich aus Zitaten. Collagen verwendeten beispielsweise *Zimmermann, Kagel, Berio* und *Alfred Schnittke*. Vgl. *Requiem für einen jungen Dichter* von *Zimmermann* (→ 4.7.3).
Gründe für die Collage-Technik.

- Mit Collagen kann man mannigfaltige semantische Beziehungen herstellen.

- Die Collage-Technik ist ein modernes, einfach zu handhabendes Kompositionsprinzip und kommt somit dem Wunsch von Komponisten nach Neuartigem entgegen.
- In unserer heutigen Zeit ist die Musik vergangener Jahrhunderte durch die Medien stark präsent und regt Komponisten dazu an, sie in eigenen Stücken zu verwenden.
- Die Collage-Technik ist beeinflusst durch unsere Rezeptionsweise. Wir leben heute in einer (→) *reizintensiven* Welt und sind oft gefordert, mehrere Dinge gleichzeitig wahrzunehmen.

Klangfarbe i. e. S. / Instrumentation

Die Instrumentation und dadurch die *Klangfarbe i. e. S.* spielte bei der Musik nach 1950 eine noch bedeutendere Rolle als in der ersten Hälfte des 20. Jahrhunderts. Zahlreiche neue Instrumente und neue Spieltechniken wurden eingesetzt (→ 4.1.10).
Es gibt zuweilen Musikabschnitte, in denen das entscheidende Element die Änderung der *Klangfarbe i. e. S.* ist (vgl. 4.6.1 *Sieben Worte*).

Klangfarbe i. w. S.

Beispiel: La fabbrica illuminata. Die auftretenden Elektronik- bzw. Umwelt-Klänge sind mannigfaltig, wobei eine Entwicklung der Klangfarbe festzustellen ist, was die Hörpartitur nur vereinfacht zeigen kann. Zunächst erscheint in Minute 1'33" ein einziges elektronisches Geräusch in unterschiedlicher Lautstärke und in verschiedenen Spuren. Ab Minute 2'06" erklingen zudem mehrere verwandte Geräusche. Ab Minute 3' 26" ertönen neue Geräusche, die nunmehr nicht mehr elektronisch erzeugt, sondern aus der Fabrik zu stammen scheinen.

Tempo und Dynamik

Musik nach 1950 weist oftmals keinen Puls auf; in diesem Fall ist die Angabe eines Tempos schwierig. Die Dynamik ist zuweilen sehr extrem, besonders in elektroakustischer Musik. Akustische Ereignisse können fast unhörbar oder von größter Lautstärke sein.

Einbeziehung des Raumes

Bereits seit dem 16. Jahrhundert wurde der Raum zuweilen in die Komposition mit einbezogen. Im 16. Jahrhundert und im Barock wurde beispielsweise manchmal (→ Bd. II) *Mehrchörigkeit* eingesetzt. In Opern gab es auch beispielsweise des Öfteren Musik hinter der Bühne. Dieses Prinzip wurde vereinzelt auch in Sinfonien angewandt, z. B. durch *Mahler*.
In der Musik nach 1950 bekam der Raum eine viel größere Bedeutung, sodass er oft als ein eigener Parameter aufgefasst werden kann. Bedeutenden Anteil an der Entwicklung hatte *Stockhausen* (→ 4.7.2 *Gesang der Jünglinge*).
Besonders wichtig ist der Raumklang in der elektroakustischen Musik.
Beispiel: La fabbrica illuminata. Deutlich ist in der Hörpartitur zu erkennen, dass das erste „esposizione operaia“ in Minute 0' 30" aus nur zwei Lautsprechern ertönt. Beim zweiten Einsatz in Minute 1' 02" beginnt der Klang in einem Lautsprecher und vervollständigt sich rasch im Raum. Das Elektronik- bzw. Umwelt-Material ab Minute 1' 33" erklingt zunächst in einem Lautsprecher und verteilt sich dann auf die übrigen. Vgl. auch 4.1.15.

4.1.9 Vorformung bzw. Prädetermination

Arten der Vorformung sind die (→) *aleatorische Musik* und der (→) *Serialismus*.

4.1.10 Instrumente / menschliche Stimme / Besetzungen

Instrumente

Neue Instrumente und Klangerzeuger. Nach 1950 wurde eine Vielzahl neuer Instrumente verwendet, vor allem Schlaginstrumente. Auch wurden unübliche Klangerzeuger eingesetzt, wie Autohupen, Gläser, Essbesteck oder der menschliche Körper. Elektronische Musikinstrumente wurden vielfach einbezogen (→ 4.1.3).
Die *Spieltechniken* der Instrumente wurden sehr stark erweitert; es gab alle nur erdenklichen Arten der Tonerzeugung, wobei manchmal auch andere Elemente einbezogen wurden, z. B. Stricknadeln und Papier. Hin und wieder müssen die Instrumentalisten auch während des Spielens singen oder sprechen, auch Bläser. Manche Instrumentalstücke weisen kaum einen einzigen herkömmlichen Ton auf.
Avantgardistische Musikstücke sind zumeist sehr schwierig zu spielen, sodass sie beispielsweise mit Schulorchestern nur in Ausnahmefällen aufgeführt werden können.
Bei *Streichern* wurden bislang selten verwendete Spieltechniken häufiger eingesetzt, z. B. *col legno*, *Flageolett* und *Glissando*. Neue Spieltechniken sind z. B. das Streichen unterhalb des Stegs und das Klopfen auf den Korpus (vgl. 4.1.12 *Kagel*: *Streichquartette*).
Bei *Bläsern* wurde häufiger Gebrauch von *Flatterzunge* gemacht, das ist eine Artikulationstechnik, die durch Hineinblasen eines „R" in ein Blasinstrument entsteht und einem *Tremolo* gleichkommt. Außerdem wurden des Öfteren *Glissando* und das Spielen mit verschiedenen Dämpfern gefordert. Neue Spieltechniken sind Blasen auf dem Mundstück ohne Instrument, Bewegen der Klappen bzw. Ventile ohne Luftzufuhr und *Mehrklänge*, die durch spezielle Anblastechnik entstehen. Bei Blechblasinstrumenten gab es außerdem das Blasen ohne Ton und das Hineinsprechen.
Das *Klavier* wurde zuweilen auf vielfältige Weise anders als üblich eingesetzt, z. B. durch Reiben, Zupfen oder Schlagen der Saiten, oder durch das Klopfen auf den Resonanzkörper. Manchmal wurde das Klavier auch präpariert, z. B. durch *Cage* (→ 4.1.4).
Die *Schlaginstrumente* wurden erheblich erweitert. Oft wurden Instrumente aus der asiatischen oder afrikanischen Musik verwendet, bzw. solche, die von ihnen angeregt sind. Auch Instrumente der Popularmusik wurden einbezogen. Beispiele sind Tomtoms, Congas, Schlitztrommeln, Crotales, Ratschen, Schellen, Rasseln, Tempelblocks, exotische Trommeln, Almglocken, Vibraphone, Marimbaphone, Cymbals, Gongs.
Perkussive Klänge spielen eine große Rolle in Ensembles aller Art. Seit den 1960er Jahren gibt es vermehrt Stücke, die nur für Schlagzeug geschrieben sind (vgl. *Varèse*: *Ionisation*).
Problematik. Ungewöhnliche Spielweisen, aber auch Cluster-Kompositionen, führten bisweilen zur Abneigung und Auflehnung der Instrumentalisten gegen eine Komposition. In einigen Fällen gehört zur Ausführung der Musik, dass Instrumente beschädigt oder zerstört werden.

Neue Sprachbehandlung

Einleitung

Charakteristisch für manche avantgardistischen Stücke ist eine gegenüber herkömmlicher Musik völlig neue Art der Sprachbehandlung. Die unten genannten Neuerungen wurden in den 1950er Jahren zunächst in der elektroakustischen Musik verwendet, z. B. in *Stockhausens* (→ 4.7.2) *Gesang der Jünglinge* (1956). Am Ende der 1950er Jahre wurden diese Novitäten auf die reine Vokalmusik übertragen. Sie galten in den 1960er Jahren als neueste Entwicklung der Avantgarde. Die unter a), c) und d) genannten Novitäten sind am später folgenden Beispiel von *Berio* erläutert.

a) Verlust der Textverständlichkeit

Im Mittelalter wurden Motetten komponiert, bei denen gleichzeitig verschiedene Texte erklangen, was Unverständlichkeit zur Folge hatte. Nach Aufgabe dieses Kompositionsprinzips war die Sprachverständlichkeit vom 15. bis 20. Jahrhundert in der Regel Ziel des Komponisten. Ausnahmen bilden Vertonungen von besonders bekannten Texten, vor allem des Ordinarium der lateinischen Messe (→ Bd. II; 4.5.1 *Konzil von Trient* und → Bd. II; 6.5.2). Ausnahmen sind auch Ensembles in Opern, bei denen oft mehrere Personen ganz verschiedene Texte gleichzeitig singen.

Auf Textverständlichkeit wurde in der avantgardistischen Musik nach 1950 zuweilen geringerer oder gar kein Wert mehr gelegt. Manchmal wurde der Grad der Verständlichkeit bewusst kompositorisch eingesetzt, z. B. in *Stockhausens* (→ 4.7.2) *Gesang der Jünglinge*. Dies ist auch in *Nonos La fabbrica illuminata* der Fall, wo im Verlauf des zweiten Corale die Verständlichkeit tendenziell abnimmt und im dritten Corale kaum mehr vorhanden ist.

Die Textverständlichkeit wird insbesondere durch die nachfolgend aufgeführten Mittel, die oft miteinander kombiniert werden, beeinträchtigt oder aufgehoben.

b) Technische Verarbeitung der Stimme durch elektronische Mittel

Das geschieht in vielfältiger Weise, z. B. durch Verschnellerung oder Verlangsamung der Abspielgeschwindigkeit, durch Schnitte oder elektronische Bearbeitung (vgl. 4.7.2).

c) Neue Artikulations- und Ausdrucksarten der Sing- und Sprechstimme

Zu Anfang des 20. Jahrhunderts führte *Schönberg* im Melodram *Pierrot lunaire* das Sprechen auf ungefährer Tonhöhe ein (→ 3.1.6). Nach 1950 wurden die Artikulationsarten auf mannigfaltige Weise erweitert. Es wurde nicht nur gesprochen und gesungen, sondern auch geflüstert, geschrieen, gekeucht, gelacht, gewinselt, gemurmelt, geweint, gejammert, geröchelt usw. In einigen Fällen erklingen auch unästhetische Geräusche, die auf manche geschmacklos wirken. – Einher mit der Einführung der verschiedenen Artikulationsarten ging eine starke Erweiterung von Ausdrucksangaben, z. B. verwirrt, verträumt, witzig.

d) Aufspaltung der Wörter in Silben und Laute, Komposition mit Lauten

Nach 1950 wurden in der avantgardistischen Musik zuweilen Wörter in einzelne Silben oder Laute aufgespalten. In mehrstimmigen Tonsätzen geschah dies zunächst, indem ein fortlaufender Text auf einzelne Stimmen verteilt wurde, sodass jede Stimme für sich sinnlose Silben oder Laute zu sprechen hatte, im Gesamtklang der Text aber verständlich war, z. B. in *Nonos Il canto sospeso*. Seit den 1960er Jahren gab es verstärkt auch Aufspaltung von

Wörtern, wobei der Text nicht mehr verständlich war, z. B. in *Kagels Anagrama* (1958) und *Dieter Schnebels* (*1930) *Glossolalie 1961* (1961). Bald wurde auch nur noch mit Lauten komponiert, z. B. bei *Ligetis Aventures* (1962) und *Nouvelles aventures* (1965). – Vorläufer dieser Entwicklung waren Gedichte mit Fantasie-Wörtern im (→) *Dadaismus*.

Vertonung oder Verklanglichung

Wenn ein Text nach den Methoden b), c) oder d) verarbeitet wird, spricht man weniger von *Vertonung*, sondern eher von *Verklanglichung*.

Gründe für die neuartige Sprachbehandlung

- Wunsch, Neues zu schaffen,
- Herstellung neuer Beziehungen zwischen Lauten, analog zur (→) *Collage*,
- Ausdruck der Sprachlosigkeit.

Ein verklanglichter unverständlicher Text ist durchaus symbolisch vorhanden und kann semantisch wirken.

Beispiel: *Luciano Berio*: *Sequenza III* (1966)

Notenbeispiel 4.10:

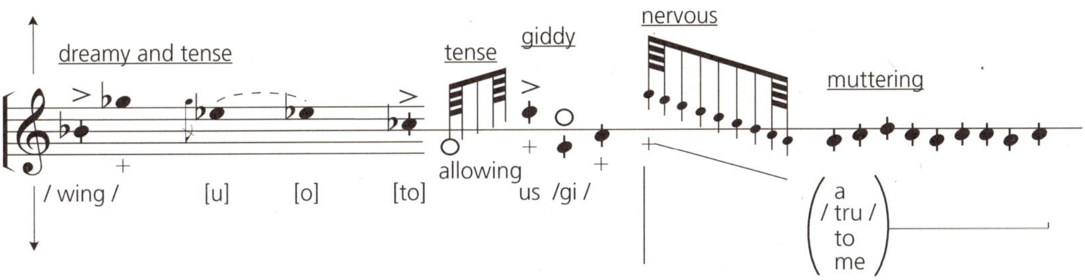

L. Berio: Sequenza III für Frauenstimme (1966), Minute 1′20″ bis 1′34″

Zum Komponisten. *Luciano Berio* (1925–2003) gehört zu den bekanntesten italienischen avantgardistischen Komponisten. Er schrieb viele Stücke zahlreicher Gattungen, einschließlich elektroakustischer Musik. Seit 1958 komponierte er Solostücke für jeweils verschiedene Instrumentalisten bzw. für eine Frauenstimme, die er mit *Sequenza* bezeichnete. Diese Kompositionen sind sehr virtuos und geprägt durch mannigfaltige ungewöhnliche Spiel- bzw. Artikulationsweisen.

Zum Stück.

Text. In *Sequenza III* für weibliche Stimme artikuliert eine Sängerin oder Schauspielerin ein Gedicht von *Markus Kutter.* Der Text lautet: „give me – a few words – for a woman // to sing – a truth – allowing us // to build a house – without worrying – before night comes."

Zur Verklanglichung des Textes und Notation. Wortgruppen, Wörter, Silben oder Laute werden aneinander gereiht – und zwar nicht in der Reihenfolge des Gedichts.

Die Notation ist sehr genau, aber nicht immer ganz eindeutig. Angegeben ist die Zeit, es gibt dabei keine Taktstriche und keine generelle Tempoangabe. Das Stück dauert gemäß Parti-

tur insgesamt 8 Minuten und 40 Sekunden. Verwendet sind eine Vielzahl von Zeichen, einschließlich solcher der Lautschrift, die in einer umfangreichen Legende erklärt werden, sowie etliche englische Vortragsbezeichnungen.
Erläuterung des Notenbeispiels. Die Interpretin hat in den ersten ca. 8 Sekunden des vorliegenden Notenbeispiels zu singen, was durch das Fünfliniensystem deutlich wird. Die Tonhöhe ist im ganzen Stück relativ und nicht absolut. Der erste und letzte Ton sind so kurz wie möglich zu singen, der zweite Ton mit geschlossenem Mund. Vom dritten zum vierten Ton soll der Übergang der Vokale allmählich vollzogen werden.
Der folgende Abschnitt ist gemäß der Legende zu sprechen oder zu flüstern, da er auf einer Linie notiert ist. Die Wörter „allowing us" sind gespannt in verschiedenen Geschwindigkeitsgraden zu flüstern. „gi" ist wiederholt *leichtsinnig* mit geschlossenem Mund zu sprechen und zu flüstern, wobei am Ende *nervös* so schnell wie möglich zu sprechen ist.
Zur Form des Stückes. Das Stück ist ingesamt nicht in deutliche Abschnitte zu gliedern. Am Anfang überwiegen gesprochene, am Ende gesungene Partien.

Besetzungen

Die Besetzungen von Musik nach 1950 waren noch erheblich individueller als diejenigen in der ersten Hälfte des 20. Jahrhunderts. – Vgl. 4.1.3 *Live-Elektronik* und 4.1.10 *Schlaginstrumente*.

4.1.11 Musikalische Semantik

Neue Ausdruckscharaktere. Avantgardistische Musik nach 1950 war oft nicht mehr schön, sondern bewusst hässlich. Sie war manchmal bedrohlich und abgründig.
Zitate. Seit den 1970er Jahren nahmen musikalische Zitate deutlich zu (→ 4.2.2).
(Vgl. auch → 4.1.8 *Collage* und → 4.1.10 *neue Sprachbehandlung.*)

4.1.12 Verstärkte Einbeziehung des Visuellen

Das Visuelle in der herkömmlichen Musik

Die visuelle Dimension ist in herkömmlicher Musik bei der Oper und beim Ballett Bestandteil der Komposition. Allerdings spielt sie auch bei anderen Gattungen eine Rolle. Gestik und Mimik von Instrumentalisten, Sängern und vor allem Dirigenten gehören zu einer Aufführung dazu und verleihen ihr manchmal einen besonderen Reiz.

Das Visuelle in der avantgardistischen Musik

Um 1960 erhöhte sich die Tendenz, das Visuelle in Musikstücken solcher Gattungen einzukomponieren, die dieses Prinzip bisher nicht aufwiesen, also in Instrumentalmusik und Vokalmusik außerhalb der Opernbühne. Arten der Einbeziehung sind:

- Mimik und Umhergehen des oder der Interpreten,
- Bühnenbild und Licht,
- seltener: Sprechen, Singen usw. von Instrumentalisten.

Instrumentales Theater

Definition, Entstehung und Verbreitung

Definition. Unter **instrumentalem Theater** versteht man Instrumentalmusik, bei der das in die Komposition einbezogene visuelle Element deutlich ausgeprägt ist. Beim instrumentalen Theater werden oft avantgardistische Arten der Klangerzeugung angewandt. Häufig ist die Szenerie grotesk.

Entstehung und Verbreitung. Mauricio Kagel war maßgeblich an der Entstehung des instrumentalen Theaters um 1960 beteiligt und gilt bis heute als dessen Hauptrepräsentant. Bekannte Stücke von ihm sind *Sur scène* (1960, Uraufführung 1962), *Match* (1964) und *Staatstheater* (1971). Weitere Vertreter sind *Cage* und *Schnebel*.

Das instrumentale Theater galt in den 1960er Jahren als besonders aktuelle Gattung.

Beispiel für instrumentales Theater: *Mauricio Kagel:* Streichquartett I/II (1967)

Zum Komponisten. *Mauricio Kagel* wurde 1931 in Buenos Aires geboren und lebt seit 1957 in der Bundesrepublik Deutschland. Auf dem Gebiet der Komposition ist er Autodidakt. Charakteristisch für sein Schaffen ist das instrumentale Theater und die kompositorische Umgestaltung älterer Musik, vor allem durch (→) *Collagetechniken*. In provozierender Art und Weise nimmt er auch gesellschaftliche Gepflogenheiten aufs Korn, z. B. in *Staatstheater* den Opernbetrieb und in der *Sankt-Bach-Passion* (1985) die Bach-Verehrung. Er ist auch Autor von Filmen, die teilweise Inszenierungen von instrumentalem Theater sind, sowie von Hörspielen.

Zu den Stücken.

Einführung. Gemäß der Partitur bilden die beiden einsätzigen, jeweils ca. 10 Minuten dauernden Kompositionen eine Einheit. Die Reihenfolge ist beliebig; sie sollen jedoch durch eine Pause oder ein anderes Stück voneinander getrennt werden.

Zur Klangerzeugung und Notation. Die Arten der Klangerzeugung sind höchst vielfältig. Im ersten Quartett kommt kaum ein normaler Streicherton vor. Die Instrumente sind außer mit dem Bogen mit allerlei zusätzlichen Utensilien zu behandeln, wie Streichhölzern, Stricknadeln, gekerbter Holzstange, Lederhandschuh, Tuch, Papierstreifen, Plektrum, Metallstift, Büroklammer, Klebefilm und Schlägel. Die Notation ist präzise.

Zum Theatralischen. Das Stück beginnt gemäß Partitur: „Der Cellist erscheint allein auf der Bühne, mit vorwurfsvollen Blicken in Richtung des Eingangs. Zögernd geht er zu seinem Platz, rückt den Stuhl zur Seite und hält einen Augenblick mit der Hand auf der Stuhllehne inne.“ Im weiteren Verlauf werden Bewegungen, Gestik und Mimik oft genau beschrieben. Die Spieler müssen die Instrumente teilweise anders als üblich halten und manchmal im Gehen spielen.

Szenische vokale Komposition

Eine **szenische vokale Komposition** ist ein Vokalstück mit einbezogenen visuellen Elementen für eine Besetzung, die herkömmlicherweise keine visuelle Dimension aufweist. Solche Stücke entstanden in den 1960er Jahren, etwa gleichzeitig mit dem instrumentalen Theater. Zu ihnen gehören *Ligetis Aventures* und *Nouvelles aventures*, die jedoch auch nicht-szenisch aufgeführt werden können, und Kompositionen von *Cage* und *Schnebel*.

Performance

Unter einer *Performance* versteht man eine sich seit den 1960er Jahren verstärkt ausbreitende avantgardistische Gattung des Musiktheaters, bei der in der Regel der Autor oder die Autoren gleichzeitig auch Interpreten sind, und die gekennzeichnet ist durch Bewegung, Musik, Text und oft Verwendung von Medien, vor allem Videos. Ihren Ursprung hat die Performance im (→) *Dadaismus*. Eine bekannte Performance-Künstlerin ist *Laurie Anderson* (*1947). Die Performance hat viele Elemente von der neodadaistischen *Fluxus-Bewegung* übernommen, die in den 1960er Jahren entstanden ist.

4.1.13 Einbeziehung des Publikums

In einigen avantgardistischen Musikstücken nach 1950 wurde das Publikum einbezogen. Dieses konnte beispielsweise über mehrere vorgegebene Möglichkeiten des Verlaufs abstimmen, aber auch selbst durch Singen und Musizieren auf mitgebrachten Instrumenten aktiv werden (vgl. 4.1.15 *Klanginstallationen* und 3.4.5 *Lehrstück*).

4.1.14 Andere Aufführungsräume und -formen

Andere Aufführungsräume. Musik nach 1950 wurde in einigen Fällen auch an bislang unüblichen Orten aufgeführt, z. B. in Stadien, Höhlen oder Fabrikhallen.
Andere Aufführungsformen. Neuartig war beispielsweise das *Wandelkonzert*. Unter einem *Wandelkonzert* versteht man ein Veranstaltung, bei der in mehreren Räumen eines Hauses gleichzeitig unterschiedliche Musik dargeboten wird, wobei die Zuhörer nach Belieben umherwandern können. (Vgl. 4.1.3 und 4.1.12.)

4.1.15 Musik ohne Aufführung: Klangkunst

Allgemeine Definition. Eine neue Art von Musik ist die *Klangkunst*, die in den 1960er Jahren entstand und sich seit den 1980er Jahren verbreitet hat. **Klangkunst** liegt vor, wenn Musik ohne Aufführung, also ohne deutlichen Anfang und Schluss, mit einem künstlerischen Anspruch erklingt, wobei keine Musiker sichtbar sind und zumeist eine Verbindung zur Bildenden Kunst wesentlich ist.
Die Arten der Klangkunst sind vielfältig, die Hauptformen sind *Klangskulptur* und *Klanginstallation*, zwischen denen auch Mischungen möglich sind.
Eine **Klangskulptur** besteht aus einem oder mehreren Objekten, die Töne oder Geräusche von sich geben. Der Begriff Skulptur ist missverständlich, gemeint sind alle Arten von Gegenständen. Diese können statisch sein oder bewegliche Elemente enthalten. Die akustischen Phänomene stammen oft aus Lautsprechern an diesen Objekten. In selteneren Fällen werden Klänge durch das Objekt selbst hervorgerufen, indem Teile in Bewegung gesetzt werden, beispielsweise mit der Hand, durch Elektromotoren oder Luftbewegungen.
Eine **Klanginstallation** liegt vor, wenn akustische Phänomene speziell auf einen Raum ausgerichtet sind, in welchem die Rezipienten in der Regel umherwandern können. Sie ist also im Gegensatz zur Klangskulptur nicht an andere Orte transportierbar. Materielle

Objekte müssen im Raum nicht vorhanden sein. Es gibt Installationen, deren Klänge oder Geräusche sich je nach Ort der Rezipienten verändern.
Weitere Eigenschaften. Die musikalische Dimension von Klangkunst ist im Allgemeinen wenig differenziert. Bei beiden genannten Formen spielt die Technik eine wichtige Rolle; Computer werden des Öfteren einbezogen. – Klangskulpturen und -installationen können sowohl in geschlossenen Räumen wie auch im Freien platziert sein.

4.2 Historische Entwicklung in Europa und Einflüsse anderer Musiksparten

In der 2. Hälfte des 20. Jahrhunderts kann man im Gegensatz zur 1. Hälfte kaum deutliche Einschnitte erkennen. Zu Beginn der 1970er Jahre ist jedoch ein solcher festzustellen.

4.2.1 Ca. 1950 bis ca. 1970

Avantgardisten. Die musikalische Avantgarde der 1950er und 1960er Jahre ist dadurch gekennzeichnet, dass es in relativ kurzen Abständen jeweils Neuerungen gab. Diese sind im Folgenden tabellarisch aufgezeichnet.

1948	Musique concrète (→ 4.7.2)
Anfang der 1950er Jahre	Aleatorik in den USA (→ 4.1.4)
um 1950	punktuelle serielle Musik (→ 4.1.2)
1952	elektronische Musik i. e. S. (→ 4.7.2)
Mitte der 1950er Jahre	freiere serielle Musik (→ 4.1.2)
1957	Aleatorik in Europa (→ 4.1.4)
Ende der 1950er Jahre	Klangflächenkompositionen (→ 4.1.8)
um 1960	neue Arten der Textbehandlung in reiner Vokalmusik (→ 4.1.10) verstärkte Einbeziehung des Visuellen (→ 4.1.12) vermehrt Live-Elektronik (→ 4.1.3 und 4.7.3) häufiger grafische Notation (→ 4.1.7)

Die wichtigsten Neuerungen waren gegen Ende der 1960er Jahre abgeschlossen, außer auf dem Gebiet der elektroakustischen Musik. Seit dieser Zeit verwischten sich die Grenzen zwischen der Avantgarde und den traditionelleren Komponisten zunehmend.

Traditioneller orientierte Komponisten.
Mitteleuropa. In Mitteleuropa (deutschsprachiges Gebiet, Frankreich, Italien) gehörten einige ältere Komponisten zur Avantgarde, z. B. *Křenek*. Die meisten Älteren jedoch waren relativ unbeeinflusst von der Avantgarde, wie *Hindemith*, *Orff* und *Fortner*.
Außerhalb Mitteleuropas blieben die meisten Komponisten ihrem relativ traditionellen Stil verhaftet, z. B. *Britten* und *Vaughan Williams*.

4.2.2 Ab den 1970er Jahren

Allgemeines

Nach 1970 wurden verstärkt Werke mit traditionellerer musikalischer Sprache geschaffen und zwar sowohl von einer neuen Komponistengeneration als auch von Älteren, einschließlich bisheriger Avantgardisten. Die (→ 4.1.6) *Minimal Music*, deren Harmonik sehr traditionell ist, entstand bereits Mitte der 1960er Jahre.

Musikalische Merkmale

Harmonik. Die Tonalität wurde erneut zu einem wichtigen Kompositionsprinzip. Etliche ehemals avantgardistische Komponisten schrieben wieder tonale Stücke, z. B. *Penderecki* und (→ 4.6.3) *Pärt*. Auch andere musikalische Merkmale, wie *Melodik*, *Rhythmik* und *Textur* wurden wieder fasslicher.
Semantik. Es wurden wieder verstärkt deutlich expressive Werke geschrieben. Musikalische Zitate wurden vermehrt verwendet (→ 4.6.1 *Gubaidulina: Sieben Worte*).
Gattungen. Es wurden wieder mehr Stücke in traditionellen Gattungen, wie Streichquartett und Sinfonie, komponiert.
Differenziertheit. Teilweise entstanden Stücke, die einfache Struktur aufweisen (→ *Pärt*).
Stil allgemein. Häufig sind Stilmerkmale festzustellen, die unter „Postmoderne" dargestellt sind.
Stärkere Annäherung von Ernster und Popularmusik. Besonders in der elektroakustischen Musik wurden vermehrt Stücke geschrieben, deren Einordnung in eine der genannten Sparten schwer fällt.

Begriffe

Es gibt verschiedene Begriffe für die Beschreibung der einzelnen musikalischen Strömungen nach ca. 1970, die sich teilweise überschneiden.

Neue Ausdrucksmusik oder **Neoexpressionismus** betont die Semantik der Musik. Wichtige Vertreter sind *Rihm* und *Manfred Trojahn* (*1949).

Unter **Postmoderne** versteht man allgemein die geistesgeschichtliche Strömung in allen Künsten seit Anfang der 1970er Jahre, deren Kennzeichen die Verwendung heterogener Materialien und Stile verschiedener Epochen und geographischer Räume innerhalb eines Stückes oder Objektes ist. Das Schlagwort der Postmoderne heißt *Anything goes*.
Postmoderne in der Musik heißt stilistische Heterogenität und Verwendung von Zitaten und Collagen. Ein Beispiel für postmoderne Musik ist (→) *Gubaidulinas Sieben Worte*.

Neue Einfachheit. Der Begriff *Neue Einfachheit* betont die einfache Harmonik und die fassliche Struktur. Ein Beispiel hierfür ist (→) *Pärt*.

4.2.3 Politisch engagierte Musik im Westen

1950er und 1960er Jahre. In den 1950er und 1960er Jahren gab es einige Komponisten, deren Werke deutliches politisches Engagement aufwiesen, z. B. *Nono*, *Dallapiccola* und *Hartmann*. Ein Thema war der Holocaust (→ *A Survivor from Warsaw*) und die Widerstandsbewegung im Dritten Reich.
In Italien wurde die Verbreitung von Werken, die sich mit Letzterem befassten, von offizieller Seite behindert. *Nonos* Kantate *Il canto sospeso* über dieses Thema, die 1956 in Köln uraufgeführt wurde, erlebte beispielsweise die italienische Erstaufführung erst 1973.
Zweite Hälfte der 1960er Jahre. Die Entkolonisierung, besonders die zweite Phase des Vietnamkrieges (1965–1973), führte zusammen mit einem Anwachsen innergesellschaftlicher Spannungen in der zweiten Hälfte der 1960er Jahre in der westlichen Welt zu einem stärkeren politischen Bewusstsein der Bevölkerung, vor allem der Jugend. Ein Höhepunkt waren die Studentenunruhen 1968 in Paris und Berlin. In der zweiten Hälfte der 1960er Jahre und in den 1970er Jahren entstanden demensprechend vermehrt politisch engagierte Werke (→ 4.3.3 *Nono*, → 4.3.4 *Henze*, → 4.7.2 *Stockhausen*: *Hymnen*).
In den späten 1970er Jahren ließ das Interesse an politisch engagierter Musik wieder nach.

4.2.4 Sowjetunion und andere sozialistische Staaten (1953–1989)

Nach dem Tode *Stalins* im Jahre 1953 begann in den sozialistischen Ländern innenpolitisch die so genannte *Tauwetter-Periode*, die eine Lockerung der Zensur mit sich brachte. Dies war ein allmählicher Prozess, der sich in den einzelnen sozialistischen Ländern stark unterschiedlich vollzog. Im Allgemeinen wurde der Eiserne Vorhang durchlässiger, die Kontakte zwischen Ost und West intensivierten sich. Die Richtlinien für die zu komponierende Musik wurden insgesamt gelockert. Moderne Kompositionsmethoden wurden stärker angewandt, besonders von jüngeren Komponisten. Vormals verbotene Stücke wurden wieder aufgeführt. Allmählich gewann auch Kirchenmusik wieder an Bedeutung.
Die Öffnung zum Westen vollzog sich besonders in Polen. Bei den internationalen Festspielen für moderne Musik, dem *Warschauer Herbst*, der seit 1956 jährlich abgehalten wird, trafen sich zum ersten Mal Komponisten aus West und Ost. In Polen wurden bereits am Ende der 1950er Jahre avantgardistische Werke geschrieben, z. B. von *Penderecki*. In der DDR geschah dies zu Beginn der 1970er Jahre, in der Sowjetunion erst in den 1980er Jahren.
Reaktion der Komponisten. Außer den unter 3.2.4 genannten Reaktionen war nach dem Zweiten Weltkrieg auch die Auswanderung in den Westen möglich. Diese Möglichkeit ergriffen beispielsweise *Ligeti*, *Gubaidulina*, *Schnittke* und *Pärt*.

4.2.5 Einflüsse anderer Musiksparten (ab 1950)

Einflüsse des Jazz

Nach dem Zweiten Weltkrieg wurde mit der Differenzierung mancher Bereiche des Big-Band-Jazz in der Kunstmusik der Jazz erneut verstärkt einbezogen, besonders in den 1960er Jahren. Komponisten sind u. a. *Boris Blacher* (1903–1975) und *B. A. Zimmermann*.

Einflüsse nicht-westlicher Musik

Exkurs: In früheren Jahrhunderten bis ca. 1950. Vor der Mitte des 20. Jahrhunderts wurden in der europäischen Musik in szenischen vokalen Gattungen, Balletten, Programm- und Filmmusik viele Stoffe verarbeitet, deren Schauplatz außerhalb Europas lag. Ein Beispiel ist *Mozarts* Singspiel (→ Bd. II) *Die Entführung aus dem Serail.*
Die Einbeziehung von nicht-westlichen musikalischen Materialien war allerdings gering. Die Harmonik war durmolltonal, in der ersten Hälfte des 20. Jahrhunderts auch freitonal, ganz im Gegensatz zur nicht-westlichen Musik.
Die zentralen Mittel für die Erzeugung fremdländischen Kolorits waren vornehmlich Tonleitern (Pentatonik, Ganztonleiter, Zigeunertonleiter), exotisch anmutende Harmonik (vor allem parallele Quinten und Quarten sowie andere → *Mixturen*) und Instrumente, selten echte Melodien. Beispiele aus der ersten Hälfte des 20. Jahrhunderts sind Werke von (→ 3.3.2) *Debussy* und (→ 3.4.3) *Madame Butterfly* von *Puccini.*
Anmerkung. Unter *Exotismus* in der Musik versteht man die Einbeziehung fremdländischer, insbesondere nicht-westlicher Elemente bezüglich der Stoffwahl, der Ausstattung und der Verwendung entsprechenden musikalischen Materials.

Arten der Einbeziehung nach 1950. Nach 1950 wurde nicht-westliche Musik zuweilen in stärkerem Maße in ein Werk der Ernsten Musik einbezogen. Es gibt Stücke, die sehr deutlich von der entsprechenden Musik geprägt sind. Die Arten der Einbeziehung sind vielfältig:
- Instrumente und Spielweisen, z. B. bei *Takemitsu* (→ *November Steps*),
- Rhythmen, z. B. bei *Messiaen* (→ *Pfingstmesse*),
- Tonleitern,
- Gesangsweise,
- Formen,
- melodisches Material,
- (→) *Materialtonleiter.*

Komponisten. Bei europäischen Komponisten wurden nicht-westliche Elemente beispielsweise von (→) *Messiaen* und (→) *Stockhausen* einbezogen. Ostasiatische Komponisten, die auch im Westen lebten, schufen zahlreiche Werke mit deutlichem Einfluss der Musik ihrer Heimat, z. B. (→) *Takemitsu*, *Isang Yun* (1917–1995) und *Toshio Hosokawa* (*1955).

Gründe.
- Möglichkeit einer besonderen Art der modernen Musik,
- Ausdruck der Heimatverbundenheit,
- Ausdruck der Gemeinschaft der Völker.

Beispiel. *Tōru Takemitsu* (1930–1996): *November Steps* (1967)
Zum Komponisten. Tōru Takemitsu gehört zu den bekanntesten japanischen Komponisten nach 1950. Charakteristisch für seine Werke ist die gleichzeitige Verwendung von Elementen traditioneller japanischer Musik und westlicher avantgardistischer Mittel.
Zum Stück. Zu *Takemitsus* bekanntesten Kompositionen gehört *November Steps* (1967) für Shakuhachi [ʃakuh'atʃi], Biwa und Sinfonieorchester. Die *Shakuhachi* ist eine fünflöchrige Bambusflöte, ein in Japan weit verbreitetes Instrument; die *Biwa* gehört zur Familie der

Lauten. Sie wird üblicherweise mit einem Plektrum angeschlagen. Das Stück ist atonal, hat keinen durchgehenden Puls und ist in seinen Orchester-Abschnitten geprägt von an impressionistische Musik erinnernden Klangreichtum.
Folgende Elemente in diesem Stück sind typisch für japanische Musik, die im Übrigen auch für andere Kompositionen *Takemitsus* kennzeichnend sind:

- Einsatz von japanischen Instrumenten und deren typischen Spielweisen, d. h. viele Glissandi, hoher Geräuschanteil, z. B. durch Atemgeräusche, verschiedene Arten des Vibrato auf der Shakuhachi,
- der meditative, statisch-verhaltene, manchmal karge Charakter der Solo-Instrumente,
- die Verwendung charakteristischer rhythmischer Figuren, z. B. die Repetition eines Tones bei Vergrößerung der Geschwindigkeit und Abnahme der Lautstärke.

4.3 Komponisten

4.3.1 Dmitri Schostakowitsch (1906–1975)

Leben

Dmitri Schostakowitsch wurde in St. Petersburg als Sohn eines Chemieingenieurs und einer Pianistin geboren. Von 1919 bis 1925 studierte er am dortigen Konservatorium Klavier und Komposition. Er arbeitete als Kompositionslehrer und Pianist, unter anderem als Begleiter von Stummfilmen. Von 1937 bis 1948 war er Professor für Komposition in Leningrad und Moskau, wo er viele angesehene Komponisten ausbildete. Schostakowitsch war dreimal verheiratet. Er starb in Moskau.

Werke

Allgemeines. Schostakowitsch schuf eine große Anzahl von Werken fast aller Gattungen einschließlich Filmmusik, mit Ausnahme von Kirchenmusik. Der Schwerpunkt liegt bei Musik für die Bühne und Sinfonik (15 Sinfonien, einige mit Chor und / oder Gesangs-Solisten). Das Spätwerk ist geprägt durch Kammermusik (insgesamt 15 Streichquartette). – Seine Harmonik ist tonal, freitonal und nur selten atonal. Charakteristisch ist ein Hang gleichermaßen zum Grotesken wie zum Pathetischen, besonders in den Spätwerken.
Bis 1936. Mit der 1925 als Examensarbeit geschaffenen 1. Sinfonie wurde *Schostakowitsch* bekannt. Er komponierte zunächst avantgardistisch mit freitonaler Harmonik und komplexer Rhythmik. Mit dem Aufkommen des (→) *Sozialistischen Realismus i. e. S.* in den 1930er Jahren verschwanden seine avantgardistischen Stücke aus den sowjetischen Konzertsälen. 1934 wurde seine Oper *Lady Macbeth aus Mzensk* uraufgeführt, eines der bedeutendsten Bühnenwerke des 20. Jahrhunderts. Es wurde 1936 offiziell als dekadent und formalistisch kritisiert. Das führte *Schostakowitsch* in eine künstlerische und existentielle Krise. Aus Angst vor Repressionen zog er die Oper zurück und legte erst 1963 eine Neufassung vor (*Katerina Ismailowa*). Auch seine 4. Sinfonie zog er zurück, sie wurde erst 1962 uraufgeführt.

Ab 1937. Schostakowitsch schrieb in den folgenden Jahrzehnten in einer allgemein verständlichen musikalischen Sprache. Er verwendete eine freiere Form der Durmolltonalität. Mit der 5. Sinfonie (1937) fand er breite Anerkennung als Sinfoniker und seine offizielle Rehabilitierung. Einige Werke blieben aber umstritten und waren Anlass zu kontroversen Diskussionen. Er komponierte mehrere moderne Stücke in der Hoffnung, sie später aufführen zu können. 1941 entstand bei der Belagerung Leningrads durch die deutsche Armee die 7. Sinfonie, die *Leningrader*, eines seiner bekanntesten Werke.
1948 wurde seine 9. Sinfonie (1945) wegen neoklassizistischem Manierismus gerügt, worauf er seine Lehrämter verlor (vgl. 4.2.4). Nach dem Tode *Stalins* 1953 wurden die einst verfemten Werke wieder aufgeführt. Zum Konflikt mit dem Staat kam es erneut wegen der 13. Sinfonie (1962), deren vertonte Texte sich gegen Missstände im alltäglichen Leben der Sowjetunion richteten, einschließlich des offiziell totgeschwiegenen Antisemitismus.
Seit den 1960er Jahren schrieb *Schostakowitsch* wieder in einer moderneren Tonsprache, beispielsweise durch Einbeziehung von Elementen der Zwölftonmusik. Nach einem Herzinfarkt beschäftigte er sich stark mit dem Tod, etwa in seiner 14. Sinfonie, die eigentlich ein Orchesterlieder-Zyklus ist, in der 15. Sinfonie und den Michelangelo-Gesängen.
Politische Einstellung. Schostakowitschs Einstellung zur Sowjetunion und zum Sozialistischen Realismus war ambivalent, wie die vieler Menschen in den sozialistischen Staaten. Einerseits begeisterte er sich für die Ideale der russischen Revolutionen von 1905 und 1917, die er in der 2., 11. und 12. Sinfonie verherrlichte. Auch engagierte er sich im kulturellen und politischen Leben; so war er von 1957 bis 1968 Sekretär des sowjetischen Komponistenverbandes, ab 1962 Deputierter des Obersten Sowjets.
Andererseits verabscheute er die Diktatur, was auch in seinen vertonten Texten mehrfach zum Ausdruck kommt, beispielsweise in der genannten 13. Sinfonie. Er wollte durchaus allgemein verständlich komponieren, lehnte aber die Bestimmungen des (→) *Sozialistischen Realismus i. e. S.* ab. Offiziell blieb ihm aber nichts anderes übrig, als sich dazu zu bekennen. Er unterlief die Bestimmungen allerdings, indem er sie vordergründig erfüllte, für Eingeweihte aber insgeheim kritisierte (→ 3.6.1 *Fünfte Sinfonie*).

Bedeutung

Schostakowitsch gilt als einer der bedeutendsten sowjetischen Komponisten des 20. Jahrhunderts.

4.3.2 Benjamin Britten (1913–1976)

Leben. *Benjamin Britten* wurde 1913 in Lowestoft (Suffolk) in Großbritannien als Sohn eines Zahnarztes und einer begabten Musikerin geboren. Mit 5 Jahren lernte er Klavier und Bratsche; mit 8 begann er zu komponieren. Von 1927 an nahm er privaten Kompositionsunterricht. Von 1930 bis 1933 studierte er am Royal College of Music in London Komposition und Klavier. 1939 verließ der Pazifist *Britten* Europa und kehrte 1942 nach England zurück. Er lebte von seinen Kompositionen, als Pianist und Dirigent.
1947 war er Mitbegründer der English Opera Group, für die und mit der er eine neue Tradition der Kammeroper schuf. 1976 wurde er zum Lord erhoben.

Britten schrieb viele seiner zahlreichen Liederzyklen und Charakterrollen von Opern für seinen Lebensgefährten, den Tenor *Peter Pears*, mit dem *Britten* über 35 Jahre zusammenarbeitete und der an der Uraufführung fast all seiner Vokalwerke beteiligt war.

Werke (Auswahl).
Allgemeines. Britten komponierte viele Werke aller Gattungen, wobei der Schwerpunkt auf der Vokalmusik liegt. Opern: (→) *Peter Grimes* (1945), *Billy Budd* nach *Herman Melville* (1951), *Death in Venice* nach *Thomas Mann* (1973); Kammeropern: *The Rape of Lucretia* (1946/47), *Albert Herring* (1947), *The Turn of the Screw* (1954); Oratorium: (→) *War Requiem* (1962); Lieder; Orchesterwerke: *Simple Symphony* für Streicher (1934), (→) *The young Person's Guide to the Orchestra* (1945); Kammer- und Klaviermusik; etliche Kompositionen für Amateure und Kinder.
Stilmerkmale. Brittens Musik ist leicht fasslich, klar und übersichtlich. Die Harmonik ist tonal und freitonal, manchmal bitonal. Musikalisch im Vordergrund steht die klanglich-melodische Dimension. Die Formen sind häufig traditionell. Die Instrumentation ist oft kammermusikalisch. Einige Stücke sind von japanischer Musik beeinflusst. Seine Musik weist hohe handwerkliche Sicherheit auf.
In seinen Opernstoffen zeigt *Britten* eine Vorliebe für gesellschaftliche Außerseiter.
Er wurde von der Kritik des Öfteren als eklektizistisch gebrandmarkt.

Bedeutung. *Britten* gehört zu den bedeutendsten britischen Komponisten. Mit *Peter Grimes* leitete er ein Revival der englischen Operntradition ein.

4.3.3 Luigi Nono (1924–1990)

Leben und Werke (Auswahl).
Bis 1963. Luigi Nono wurde 1924 als Sohn eines Ingenieurs aus großbürgerlichem Hause in Venedig geboren, wo er bis zu seinem Tod lebte. Er studierte zunächst Jura, widmete sich aber bald ausschließlich der Musik und wirkte als freier Komponist. Er unterrichtete auch in verschiedenen europäischen Ländern Komposition.
In seiner ersten Schaffensperiode von 1950 bis 1963 schrieb er vorwiegend Orchester- und Chorkompositionen. Er galt in den 1950er Jahren neben *Stockhausen* und *Boulez* als einer der führenden (→) *seriellen* Komponisten. Zeitlebens blieb er einer avantgardistischen atonalen Musiksprache verhaftet.
1952 trat *Nono* in die kommunistische Partei Italiens ein. Sein Schaffen war bis 1977 von dezidiert politischem Engagement geprägt (vgl. 4.2.3 und 4.4.1).
1955 heiratete er *Arnold Schönbergs* Tochter *Nuria*.
1964–1977. In einer zweiten Schaffensperiode schrieb *Nono* vorwiegend elektroakustische Werke mit Tonband, wenige mit Orchester. Sein politisches Engagement verstärkte sich; in seinen Werken griff er oft aktuelle Missstände auf und wandte zuweilen neue Formen der Konzertpraxis an, z. B. Aufführung in Fabriken.
Wichtige elektroakustische Stücke sind (→) *La fabbrica illuminata* (1964), *A floresta é jovem e cheia de vida* (1966) für verschiedene Live-Interpreten und zwei vierspurige Tonbänder sowie *Contrappunto dialettico alla mente* (1968) für Tonband. *Nonos* politisch engagierte Werke stehen bzgl. der musikalischen Sprache der Ästhetik des (→) *Sozialis-*

tischen Realismus fern; sie verherrlichen schon gar nicht den Sozialismus sowjetischer Prägung.

1979–1990. In der dritten Phase wandte sich *Nono* vom dezidiert politischen Engagement ab und widmete sich philosophischen Themen. Er komponierte fast ausschließlich Werke mit (→) *Live-Elektronik*. Sie sind oft sehr leise und enthalten viele Pausen. Bekannt ist das Streichquartett *Fragmente – Stille, an Diotima* (1980) und die Oper *Prometeo* (1984/85).

Charakterisierung seiner Musik. Der Schwerpunkt von *Nonos* Schaffen ist die Vokalmusik. Seine Sprache ist insgesamt stark expressiv. Sie ist atonal, wobei auch (→) *Cluster* verwendet werden, und weist keine Aleatorik auf. *Nono* hatte in all seinen Schaffensperioden eine Vorliebe für hohe Frauenstimmen. Seit den 1960er Jahren wurde auch der Raum in seine Kompositionen einbezogen. Charakteristisch für die Werke auf Tonband sind die langen, sich kaum merklich verändernden Klänge.

Bedeutung. *Nono* war seit den 1950er Jahren einer der führenden Avantgardisten der Ernsten Musik nach 1950. Er verband moderne Musiksprache mit Expressivität und höchstem kompositorischen Niveau. Er ist zudem einer der bekanntesten politisch engagierten Komponisten nach 1950.

4.3.4 Hans Werner Henze (*1926)

Leben.

Bis 1953. Hans Werner Henze wurde 1926 in Gütersloh als Sohn eines Lehrers geboren. 1944 wurde er zum Kriegsdienst eingezogen und kam 1945 für kurze Zeit in britische Gefangenschaft. Von 1946 bis 1948 erhielt er Kompositionsunterricht bei *Wolfgang Fortner* in Heidelberg. 1946 wurde *Henze* vom Mainzer Musikverlag *Schott* unter Vertrag genommen, wo seine Werke bis heute erscheinen. Seine frühen Stücke waren vom Neoklassizismus und von *Hindemith* beeinflusst. Bald eignete er sich die Zwölftontechnik an, die er aber mit vielen Freiheiten verwendete, insbesondere unter Einbeziehung von tonaler Harmonik.

1948/49 war *Henze* musikalischer Leiter am Deutschen Theater in Konstanz. Von 1950 bis 1953 war er Ballettkapellmeister am Hessischen Staatstheater in Wiesbaden. Sein erster großer Erfolg als Opernkomponist war *Boulevard Solitude* (1952).

1953–1968. 1953 zog *Henze* nach Italien. Sein Stil wurde kantabler, seine Musik insgesamt traditioneller, was ihm zuweilen Ablehnung und Verachtung der avantgardischen Komponisten einbrachte. Neben seiner Kompositionstätigkeit wirkte er als Dirigent und Kompositionslehrer an verschiedenen Hochschulen.

Seit 1968. Mit dem Oratorium *Das Floß der Medusa* zeigte *Henze* erstmals eine dezidiert politisch engagierte Haltung (→ 4.2.3). Seit dieser Zeit bevorzugt er sozialkritische Stoffe. *Henze* bezog für ihn neue Kompositionstechniken wie Simultanszenen, Stil- und Genrezitate, Einflüsse der Popularmusik und Umweltklänge ein. Später traten diese Techniken in den Hintergrund.

Henze gründete mehrere periodische Veranstaltungsreihen zur Förderung des musikalischen Nachwuchses, z. B. 1976 in Montepulciano / Italien.

In den 1980er Jahren wandte sich *Henze* verstärkt traditionellen Gattungen zu. Seine Schaffenskraft ist bis heute ungebrochen. – *Henze* ist auch als Musikschriftsteller tätig.

Werke (Auswahl). *Henze* schrieb sehr viele Werke fast aller Gattungen. Der Schwerpunkt liegt auf dem Musiktheater, vor allem auf der Oper. Opern: *Elegy for Young Lovers* (1961), (→) *Der junge Lord* (1965), *Die Bassariden* (1966), *Pollicino* (1980), *Das verratene Meer* (1990); Kantaten; weitere Vokalwerke; Orchestermusik: 9 Sinfonien, Solokonzerte für verschiedene Instrumente, Ballette, Bühnen- und Filmmusik; Kammermusik. Werke für jugendliche Interpreten.
Henzes Musiksprache ist insgesamt traditionell orientiert, dabei stilistisch vielfältig. Seine Harmonik ist freitonal und atonal. Bei den Instrumentalwerken knüpft *Henze* an traditionelle Gattungen an. Typisch ist eine Bezugnahme auf literarische Texte oder Themen.

Bedeutung. *Henze* gehört zu den bekanntesten und fruchtbarsten Komponisten nach 1950. Viele seiner Werke sind durch politisches Engagement geprägt.

4.3.5 Wolfgang Rihm (*1952)

Leben. *Wolfgang Rihm* wurde 1952 in Karlsruhe geboren. Bereits Mitte der 1960er Jahre entstanden erste Lieder und Klavierstücke. Von 1968 bis zum Abitur 1972 studierte er Komposition an der Karlsruher Musikhochschule, 1972/73 in Köln bei *Stockhausen* und von 1973 bis 1976 in Freiburg. Daneben studierte er Musikwissenschaft. Von 1973 bis 1978 unterrichtete *Rihm* in Karlsruhe, 1981 in München. Seit 1985 ist er Professor für Komposition in Karlsruhe, wo er auch lebt. 1974 wurde er mit der Uraufführung seines Orchesterstückes *Morphonie – Sektor IV* einer breiteren Öffentlichkeit bekannt.

Werke (Auswahl).
Allgemeines. Rihm schrieb eine große Anzahl von Werken aller Gattungen mit Ausnahme von Musik auf Tonband. Weltliche Vokalmusik: Bühnenwerke, darunter *Jakob Lenz* (Kammeroper, 1979), *Die Hamletmaschine* nach *Heiner Müller* (1983/86), *Die Eroberung von Mexiko* (1987/91), Chorwerke, Lieder; Orchestermusik: 3 Sinfonien, Werke für Soloinstrument und Orchester, darunter *Gesungene Zeit* (für Violine und Orchester, 1991/92), Ballette, z. B. *Tutuguri* (1980/82); Kammermusik: 10 Streichquartette; Klaviermusik. *Rihm* ist auch als Musikschriftsteller tätig.
Charakterisierung seiner Musik. Rihms Schaffen ist von unmittelbarem Ausdrucksbedürfnis geprägt; er komponiert ohne Vorstrukturierung wie Zwölftontechnik und Serialismus. Seine Musik ist sehr expressiv. Die Werke sind gekennzeichnet durch große stilistische Vielfalt. Er bezieht beispielsweise tonale Elemente ein. Einige Werke sind stark durch Geräusche und geräuschhafte Klänge geprägt, z. B. der (→) *Schwarze und rote Tanz*. Häufig sind große dynamische und klangliche Kontraste. In einigen Vokalwerken verwendet er hohe Sopranpartien, z. B. in *Séraphin* (1993/94/96); er ist hierin von *Nono* beeinflusst.
Rihm schrieb diverse Werkreihen.
Vertonte Texte. Rihm verwendete zuweilen fragmentarische Texte. Seine bevorzugten Dichter sind *Hölderlin, Nietzsche, Rimbaud, Artaud, Celan* und *Heiner Müller*.

Bedeutung. *Rihm* gehört in Deutschland zu den am meisten gespielten und im Rundfunk gesendeten Komponisten der jüngeren Generation.

4.4 Weltliche Vokalmusik

4.4.1 Oper

Allgemeines

Die Oper nach 1950 war in den sozialistischen Ländern deutlich traditioneller als im Westen. Hier gab es besonders in Großbritannien und Nordamerika eigene Operntraditionen.

Mitteleuropa.
Heterogenität. Die Oper in Mitteleuropa nach 1950 ist insgesamt durch große stilistische Vielfalt gekennzeichnet. Es gab einerseits traditionell orientierte Opern, z. B. solche von *Henze* und zum anderen avantgardistische Werke wie *Zimmermanns Die Soldaten* und *Ligetis Le grand macabre*.
Auch einzelne Kompositionen zeichnen sich zuweilen durch Mischung von verschiedenen Stilen aus, z. B. *Henzes* Opern und *Strawinskys The Rake's Progress* (1951).
Avantgardisten schrieben in den 1950er Jahren keine Opern, sondern erst seit den 1960er Jahren; im Jahre 1961 wurde beispielsweise *Nonos Intolleranza 1960* uraufgeführt.
Tendenzen. In den 1950er und 1960er Jahren wurden verstärkt (→) *Literaturopern* geschaffen, z. B. von *Henze*; hierzu gehört (→) *Der junge Lord* (1965). In diesem Zeitraum wurden wenig aktuelle Stoffe verwendet. Eine Ausnahme bildet *Nonos* genannte Oper.
In der Oper nach 1950 wurden zuweilen die herkömmlichen Zeitstrukturen verändert, z. B. in *Zimmermanns Die Soldaten*, wo eigentlich Ungleichzeitiges simultan abläuft.
Ein Zug der letzten Jahrzehnte scheint die Reduktion der szenischen Aktion und die Verknappung des Dialogs zu sein.
Komponisten. Neben den genannten Komponisten schufen bekannte Opern: *Hindemith* (*Die Harmonie der Welt*, 1957), (→) *Messiaen*, (→) *Stockhausen*, *Penderecki* (*Die Teufel von Loudon*, 1969), *Aribert Reimann* (* 1936) (*Lear*, 1978) und (→) *Rihm*.
Zu den bedeutendsten Komponisten der DDR neben *Hanns Eisler* gehört *Paul Dessau* (1894–1979). Eines seiner bekanntesten Werke ist *Die Verurteilung des Lukullus* (1951), dessen Libretto von *Brecht* stammt und das in der Tradition des (→) *epischen Musiktheaters* steht. *Dessau* prägte maßgeblich die Operngeschichte der DDR.

Großbritannien. Bekannte Opernkomponisten in Großbritannien sind (→) *Britten* und *Sir Harrison Birtwistle* (*1934).

Nordamerika. In Nordamerika sind vor allem die Opern von (→ 4.1.6) *Glass* bekannt.

Funk- und Fernsehoper. In den 1940er bis 1960er Jahren lag die Blütezeit der (→) *Funkoper*. Ein Beispiel ist *Henzes Ein Landarzt* nach *Kafka* (1951, NWDR).
Um 1950 entstand die *Fernsehoper*, also eine Oper, die eigens für das Fernsehen komponiert wurde. Die erste war *Amahl and the Night Visitors* (1951, NBC) von *Gian Carlo Menotti* (*1911), die auch zu den bekanntesten gehört. Die Fernsehoper trat seit den 1960er Jahren in den Hintergrund und spielt heute praktisch keine Rolle mehr.

Hans Werner Henze: Der junge Lord (1965)

Zur Biografie → 4.3.4.

Inhalt. Der Untertitel lautet: „Komische Oper in zwei Akten". Der Stoff ist einer Parabel von *Wilhelm Hauff* entlehnt. Danach schuf *Ingeborg Bachmann* (1926–1973) das Libretto, die mehrere Texte für Vokalkompositionen *Henzes* schrieb.
Das Stück spielt in der kleinen deutschen Stadt Hülsdorf-Gotha im Jahre 1830 zu verschiedenen Jahreszeiten. Hierher zieht der reiche englische Gelehrte Sir Edgar. Die Einwohner erhoffen sich dadurch einen Prestigegewinn. Sie werden aber enttäuscht, da Edgar alle Einladungen ablehnt. Als ein Wanderzirkus in das Städtchen kommt, lädt Edgar zum Missfallen der Bewohner einige von dessen Mitgliedern in sein Haus ein.
Im zweiten Akt versammelt sich die Gesellschaft in Edgars Haus. Alle sind von der Erscheinung von Edgars Neffen, Lord Barrat, beeindruckt, obwohl dessen Benehmen etwas flegelhaft ist. Besonders Luise ist hingerissen, sehr zum Leidwesen ihres Geliebten Wilhelm. Das letzte Bild zeigt ein Fest, an dessen Ende die Verlobung zwischen Luise und Barrat sicher zu sein scheint. Da beginnt dieser zu tanzen und steigert sich zu wilder Raserei. Die entsetzten Festteilnehmer erfahren, dass Lord Barrat der Affe aus dem Wanderzirkus ist. Beschämt sinkt Luise in Wilhelms Arme. – Das Stück thematisiert, dass die Gesellschaft leicht zu blenden ist.

Musik. Die Stimmung der Musik ist oft heiter und spritzig. Es kommen aber auch lyrische und groteske Charaktere vor.

Notenbeispiel 4.11:

H. W. Henze: Der junge Lord: Takte 343–347, Klavierauszug

Die Besetzungen sind abwechslungsreich: Es gibt Solo-Gesang, Ensembles, Abschnitte mit gemischtem und mit Kinderchor, virtuose und klangprächtige instrumentale Zwischenteile, reine Schlagzeug-Abschnitte und Musiken auf der Bühne. Die Instrumentation ist oft kammermusikalisch. – Die Harmonik ist freitonal, es gibt auch einige tonale Stellen; zuweilen erscheinen einfache durmolltonale Melodien in dissonantem Umfeld (→ 3.1.4 *Harmonik*;

→ Notenbeispiel 4.11). – Die Melodik und Rhythmik sind relativ traditionell. Die Musik ist stark rhythmisch betont. Es gibt etliche Wiederholungen, des Öfteren Ostinati und einige Leitmotive.
Von besonderer Komik sind die Auftritte von Lord Barrat. Dieser wird von einem sehr hohen Tenor gesungen, dessen Part bis zum e" reicht. Zunächst singt er ohne Text auf „Ah" oder „Ahi", später wiederholt er immer wieder Sentenzen wie „Im Deutschen lügt man, wenn man höflich ist" und „Was Sie nicht sagen! Ich weiß es besser!"

4.4.2 Lied

Klavierbegleitetes Sololied. Nach 1950 wurden nur noch wenige bedeutende Lieder geschaffen. Die Gattung scheint im Niedergang begriffen. In Deutschland schufen *Reimann* und *Rihm* bekannte Werke, in Großbritannien *Britten*.
Orchesterlied. Nach 1950 entstand nur noch eine geringe Anzahl bedeutender Orchesterlieder. Solche wurden in den 1970er Jahren wieder vermehrt geschrieben. Bekannte Werke schufen *Henze* und *Schostakowitsch* (*Michelangelo-Gesänge, 14. Sinfonie*).

4.4.3 Sonstige weltliche Vokalmusik

Allgemeines

Nach 1950 entstand eine Vielzahl von Vokalstücken, die außerhalb der bisherigen Gattungstraditionen stehen, und zwar sowohl auf dem Gebiet des Musiktheaters, als auch auf dem der nicht-szenischen Musik. In der avantgardistischen Musik gewann die (→ 4.1.10) *neue Sprachbehandlung* an Bedeutung und es wurde verstärkt die visuelle Dimension einbezogen (→ 4.1.12).
Ein wichtiger Komponist von neuartigen Vokalwerken ist der Ungar *György Kurtág* (*1926).

*Pierre Boulez (*1925): Improvisation I sur Mallarmé (1957/1962)*

Leben. Pierre Boulez [bu'lɛ:z] wurde 1925 in Montbrison/Loire geboren. Er studierte in Paris, unter anderem bei *Messiaen*. Seine frühen Stücke sind von diesem beeinflusst. Seit Ende der 1940er Jahre verfasste er serielle Musik (→ 4.1.2 *Structure Ia*), zu deren bekanntesten Vertretern er gehört. Er war in den 1950er Jahren zusammen mit *Nono* und *Stockhausen* einer der wichtigsten Vertreter der jungen Avantgarde.
Hauptwerk der 1950er Jahre ist *Le marteau sans maître* für Alt und sechs Instrumente aus dem Jahr 1955/57 (die deutsche Übersetzung „Der Hammer ohne Meister" ist unüblich). In seiner 1957 veröffentlichten *Dritten Klaviersonate* verwendete *Boulez* zum ersten Mal (→) *aleatorische* Prinzipien, von denen er in der Folgezeit des Öfteren, aber in zunehmend eingeschränktem Maße Gebrauch machte.
Von 1946 bis 1956 war *Boulez* Kapellmeister einer Theatertruppe. 1958 übersiedelte er als ständiger Gastdirigent des Südwestfunks nach Baden-Baden. Hier begann seine Karriere als berühmter Dirigent, vor allem von Werken des 20. Jahrhunderts.
Seit Mitte der 1960er Jahre widmete sich *Boulez* der Orchesterleitung und schrieb weniger Werke. Von 1971 bis 1977 war er Chefdirigent des BBC Symphony Orchestra in London und

des New York Philharmonic Orchestra. Von 1975 bis 1991 leitete er das (→ 4.7.1) *IRCAM* in Paris.
Allgemeine Charakteristika. Charakteristisch für *Boulez'* Werke sind seine klangsinnliche Sprache und die rationale Konstruktion; nach eigenen Worten erstrebte er eine Synthese zwischen dem späten *Debussy* und *Webern*. Er bearbeitete seine Stücke oft.
Bedeutung. Boulez ist einer der vielseitigsten Verteter der avantgardistischen Musik. Als Komponist war er in den 1950er Jahren maßgeblich an Neuerungen wie Serialismus und Aleatorik beteiligt. Außerdem wirkt er als Dirigent, Theoretiker, Lehrer und Organisator.
Zum Stück. Das ca. 6 Minuten dauernde Werk *Improvisation I sur Mallarmé* ist der zweite des aus fünf Teilen bestehenden *Pli selon pli* (die deutsche Übersetzung „Falte gemäß Falte" ist unüblich). Es liegt in zwei Versionen vor, einer für die Aufführung des Gesamtwerkes, die im Folgenden besprochen wird, und einer Kammermusikfassung für die Aufführung allein oder in Verbindung mit *Improvisation II* aus *Pli selon pli*. Die Besetzung ist Sopran, zwei Flöten, zwei Klarinetten, zwei Altsaxophone, vier Hörner, Celesta, Mandoline, Gitarre, drei Harfen, zwei Vibraphone, Xylophon, diverse weitere Schlaginstrumente, acht Bratschen und sechs Kontrabässe.
Das Stück ist die Vertonung eines Sonetts von *Stéphane Mallarmé* (1842–1898), eines französischen Dichters des Symbolismus. Das Gedicht beschreibt mit teilweise hermetischen Bildern einen Schwan, der an einem vereisten See verendet.
Die Musik ist seriell und besitzt nur leicht ausgeprägte aleatorische Züge. Sie ist atonal und weist keinen Puls auf. Motive sind nicht zu erkennen, bis auf ein kurzes rhythmisches Motiv in einer Trommel, mit dem das Stück auch endet. Die Instrumentation ist ausgesprochen feinsinnig und farbig. Die vier Strophen des Gedichts sind durch instrumentale Zwischenspiele voneinander getrennt. Sie besitzen unterschiedliche Ereignisdichte.
Die eisige Atmosphäre, der im Gedicht eine Bevorzugung des Vokales i entspricht, wird durch hohe metallische Klänge charakterisiert. Diverse Textstellen werden ausgedeutet.

4.5 Religiöse und religiös gefärbte Vokalmusik

4.5.1 Exkurs: Oratorium (weltlich und geistlich)

Nach 1950 entstanden wie in der ersten Hälfte des 20. Jahrhunderts insgesamt wenig bedeutende Oratorien. Deren musikalische Sprache und Aufbau ist wie bei den Opern nach 1950 von Werk zu Werk sehr unterschiedlich.
Bekannte geistliche Oratorien sind (→) *Pendereckis Lukas-Passion* und *Messiaens La transfiguration de Notre Seigneur Jésus-Christ* (1969).
Ein bekanntes weltliches Oratorium ist *Henzes Das Floß der Medusa* (1968).

4.5.2 Katholische Kirchenmusik

Der katholische Gottesdienst. Das Zweite Vatikanische Konzil (1962–1965) stellte die katholische Liturgie und damit die Kirchenmusik auf neue Grundlagen. Zugelassen ist nun alle Musik, die dem Geist der Liturgie entspricht. Außer in der lateinischen Sprache können jetzt liturgische Texte auch in der Volkssprache gebetet und gesungen werden. Liturgische

Texte sind teilweise ersetzbar, z. B. durch Kirchenlieder oder durch Chöre, ähnlich wie in der evangelischen Kirche. Der katholische Gottesdienst wurde damit stärker für die Tradition der evangelischen Musik geöffnet (vgl. Bd. II; 3.2.1).
In den 1960er Jahren gelangte ein neuer Liedtypus über die Jugendgottesdienste in die Liturgiefeier, der sich an der Popularmusik orientierte. Er wurde stilbildend für Kirchenlieder, die textlich und musikalisch neue Wege suchten.

Kirchenmusik. Bedeutend ist die *Messe* a cappella (1963) von *Hindemith*.

4.5.3 Übrige religiöse und religiös gefärbte Musik

Allgemeines

In der avantgardistischen Musik gibt es in der Regel keinen klanglichen Unterschied zwischen weltlicher und geistlicher bzw. religiöser Musik.
Nach dem Zweiten Weltkrieg verstärkte sich die Tendenz zu nicht-liturgisch gebundenen Vertonungen des (→ Bd. II) *Requiems* bei bekannten Komponisten. Solche Stücke können als *Oratorium i. w. S.* bezeichnet werden, ähnlich wie (→ Bd. II) *Ein deutsches Requiem* von *Brahms*. Requiem-Vertonungen schrieben beispielsweise *Britten* (→ *War Requiem*) und *Ligeti* (1965). – Weitere Beispiele für religiöse und religiös gefärbte Musik sind (→ 4.6.4) *Messiaens Messe de la Pentecôte* und (→ 4.6.1) *Gubaidulinas Sieben Worte*.

Krzyszstof Penderecki (1933): Stabat Mater (1962) für gemischten Chor*

Zum Komponisten. *Krzyszstof Penderecki* [pɛndɛ'rɛtski] wurde 1933 bei Krakau in Polen geboren. 1958 wurde er Professor für Komposition an der Musikhochschule in Krakau und 1972 deren Direktor.
Penderecki wurde Ende der 1950er Jahre durch Werke der (→) *Klangflächenkomposition* bekannt, zu deren Hauptvertreter er in den frühen 1960er Jahren gehörte. Beispiele sind *Anaklasis* für Streicher und Schlagzeug (1960), *Threnos – den Opfern von Hiroschima* für 52 Solostreicher (1961) und *Fluorescences* für großes Orchester (1962). Er setzte dabei auch damals neuartige Spieltechniken für Streicher ein.
Zu seinen bekanntesten Werken gehört die *Lukas-Passion* (*Passio et mors Domini nostri Iesu Christi secundum Lucam*, 1966) für Sopran, Bariton, Bass, Sprecher, Knabenchor, drei gemischte Chöre und Orchester. Er bezog in dieses Werk neben avantgardistischen Techniken wie Cluster auch traditionelle Stilmittel, z. B. Tonalität ein. Das Stück steht zwar in der Tradition der Passion, sprengt aber mit seiner Besetzung den liturgischen Rahmen. Es kann als Oratorium bezeichnet werden.
In den 1970er Jahren wurden *Pendereckis* Stücke zunehmend traditioneller und seit Ende der 1970er Jahre wieder tonal. Ein Beispiel ist das Papst *Johannes Paul II.* gewidmete *Te Deum* (1980). Seit den 1970er Jahren schuf *Penderecki* verstärkt Stücke in traditionellen Gattungen, wie Sinfonien und Konzerte. Sein Schaffen ist insgesamt deutlich von Religiosität geprägt. *Penderecki* ist auch als Dirigent tätig. Er gehört zusammen mit *Lutosławski* zu den bedeutendsten polnischen Komponisten nach 1950.

Notenbeispiel 4.12:

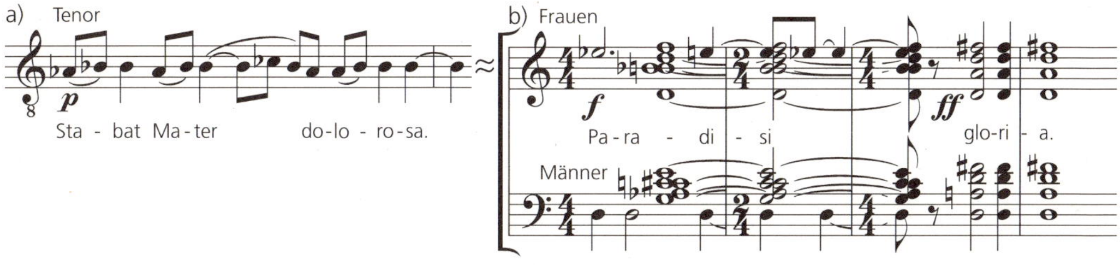

K. Penderecki: Stabat Mater aus der *Lukas-Passion*, a) Anfang, vollständig, b) Schluss, vollständiges Particell ohne Notation der genauen Rhythmen der einzelnen Stimmen und ohne Akzentzeichen

Zum Stück. Das *Stabat Mater* (lat.: Es stand die Mutter) ist eine der bis heute im Gottesdienst gebräuchlichen lateinischen (→ Bd. II) *Sequenzen*. Es gibt etliche bekannte Vertonungen dieses Gedichtes, z. B. von *Pergolesi* und *Rossini*. Der Text handelt von den Schmerzen der Mutter Gottes am Kreuz ihres Sohnes und von der Bitte, dass durch die Teilnahme an ihrem Schmerz der Betende gläubiger werden soll.
In *Pendereckis* ca. 7 Minuten dauerndem Stück sind sechs der insgesamt 20 Strophen des Gedichtes vertont. Der Grundcharakter des Stückes ist, zum Text passend, düster.
Die Stimmbehandlung ist reichhaltig: Es wird gesungen, gesprochen, quasi rezitiert, geflüstert und im (→ Bd. I: 4.7) *Falsett* gesungen; die Silben des Textes werden teilweise auf verschiedene Stimmen des Chores aufgeteilt.
Die Harmonik ist atonal; es kommen etliche (→) *Cluster* vor. Oft ist kein Puls vorhanden, des Öfteren ist ein langsamer Puls zu spüren. An mehreren Stellen sind Anklänge an den Gregorianischen Choral zu erkennen (→ Notenbeispiel 4.12 a).
Die Textausdeutungen sind nicht sehr ausgeprägt. Das Schlusswort „Gloria" (Ruhm) wird jedoch deutlich durch einen D-Dur-Akkord interpretiert (→ Notenbeispiel 4.12 b).
Penderecki integrierte das Werk in seine (→) *Lukas-Passion*.

Benjamin Britten: War Requiem (1962)

Zur Biografie → 4.3.2.
Entstehung. Das Werk gehört zu *Brittens* bekanntesten Kompositionen und zu den berühmtesten Chorwerken des 20. Jahrhunderts. Es wurde für die Einweihung der neuen Kathedrale in Coventry in Auftrag gegeben und dort 1962 uraufgeführt. Die alte mittelalterliche Kathedrale und fast die gesamte übrige Stadt waren im Zweiten Weltkrieg 1940 von deutschen Bomben zerstört worden.
Text und Besetzung. Das Werk besteht aus zwei verschiedenartigen Textsorten, denen zwei räumlich getrennte Orchester und Gesangsgruppen zugeordnet sind. Diese wechseln sich zunächst ab und vereinigen sich am Schluss. – Der lateinische Text des Requiems wird von Sopran, gemischtem Chor und Knabenchor gesungen, welche vom großen Orchester begleitet werden. – Gedichte gegen den Krieg des wenige Tage vor dem Ende des Ersten Weltkrieges verstorbenen britischen Dichters *Wilfred Owen* (1893–1918) werden von einem Bariton und einem Tenor gesungen, die von dem aus zwölf Spielern bestehenden

Kammerorchester begleitet werden. – Das Werk ist durch den Text und die große Besetzung deutlich nicht liturgisch.

Notenbeispiel 4.13:

a) Quick (♩ = 160)

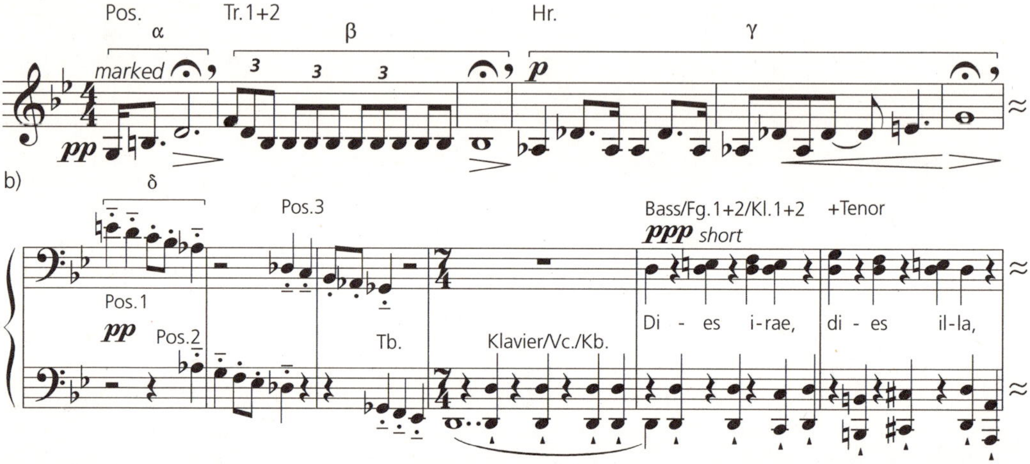

B. Britten: War Requiem, 2. Satz (Dies irae), a) T. 1–6, b) T. 10–15, vollständiges Particell

2. Satz: Dies irae. Der Satz beginnt mit den ersten vier Strophen der gleichnamigen (→ Bd. II; 6.5.2) *Sequenz*, in welcher zunächst die Schrecken des Jüngsten Tages beschrieben werden. Zu Anfang erklingen einstimmig die drei Motive bzw. Motivgruppen α, β und γ in verschiedenen Blechblasinstrumenten (→ Notenbeispiel 4.13 a). Es schließen sich, weiterhin einstimmig, α' und β' an. Die Motive bestehen aus Dreiklangsbrechungen und repetierten Tönen in verschiedenen Tonarten. Das Motiv δ (→ Notenbeispiel 4.13 b), das durch Sequenzierung zu einer nach unten führenden Tonleiter aneinandergereiht wird, leitet zum folgenden Teil über. Die vier Motive bzw. Motivgruppen erscheinen im zweiten Satz und auch in den folgenden des Öfteren, wobei sie Assoziationen an die Sphäre des Krieges und des Jüngsten Gerichts wecken. Jedes Motiv ist durch einen eigenen Rhythmus gekennzeichnet, was es leicht wiedererkennbar macht.

Ab T. 14 tragen die Männerstimmen die erste Strophe der Sequenz in d-Moll mit phrygischem Einschlag vor. Die Melodie ist von Pausen unterbrochen; diese werden synkopisch von Holzbläsern, Klavier und Streichern ausgefüllt, sodass insgesamt durchgehende Viertel erklingen. Die Synkopen, die durchgehenden Viertel und der 7/4-Takt geben dem Stück einen bedrohlichen, aufgewühlten Charaker (→ Notenbeispiel 4.13 b).

Nach der ersten Strophe ertönen die Motive α bis δ in den Blechblasinstrumenten mehrstimmig im forte. Die zweite Strophe ist vertont mit einer Abwandlung der Dies-irae-Melodie aus dem ersten Abschnitt im forte, begleitet wiederum mit Holzbläsern, Klavier und Streichern. Anschließend erklingen abermals die vier Motive in den Blechbläsern, nunmehr mächtig gesteigert. Die folgende dritte Strophe bringt die Vereinigung der beiden Instrumentengruppen und Materialien im fortissimo, grandios und bedrohlich zugleich.

4.6 Instrumentalmusik

Als Folge davon, dass avantgardistische Musikstücke oft keine traditionellen Gattungen und Formen mehr aufweisen (→ 4.1.6), wurden für deren Bezeichnung oft Begriffe aus allen möglichen Bereichen, vor allem aus Naturwissenschaften, verwendet, z. B. *Volumina*, *Atmosphères*, *Anaklasis*. Dies gilt besonders für Orchesterwerke. (Vgl. 4.1.12.)

4.6.1 Orchestermusik

Sinfonie. Der Begriff *Sinfonie* wurde manchmal auch auf Werke übertragen, die nur wenig oder gar keine Beziehung zur herkömmlichen Sinfonie aufweisen. Andererseits wurden auch Werke nicht mit *Sinfonie* bezeichnet, die in einer gewissen Tradition zur herkömmlichen Gattung stehen. Sinfonien wurden vor allem in Osteuropa geschrieben, wo sie für kulturpolitisch repräsentative Zwecke eingesetzt wurden (→ *Sozialistischer Realismus i. e. S.*). In den USA war die Sinfonie-Tradition ungebrochen. In Europa wurden nach 1970 wieder vermehrt solche Werke geschrieben.
Sinfonien schrieben *Schostakowitsch*, *Hartmann*, *Lutosławski*, *Henze*, *Rihm*, *Bernstein*, die Briten *Michael Tippet* (*1905) und *Peter Maxwell Davies* (*1934), der Franzose *Henri Dutilleux* (*1916), die Russin *Galina Ustwolskaja* (*1919) und der Schwede *Allan Pettersson* (1911–1980).

Konzert. Stücke für Solo-Instrument und Orchester wurden nach 1950 des Öfteren nicht Konzert genannt. Umgekehrt wurden zuweilen auch Stücke mit Konzert bezeichnet, die nach herkömmlichem Verständnis keine sind. Besonders in der avantgardistischen Musik war die tradierte Trennung zwischen Tutti und Solo-Stellen oft aufgelöst, z. B. beim *Cello-Konzert* von *Ligeti*. In den 1980er Jahren wurden in Mitteleuropa wieder verstärkt Stücke komponiert, die sowohl Konzerte hießen als auch gemäß ihrer kompositorischen Faktur Konzerte im herkömmlichen Sinne sind.
Wichtige Komponisten von Konzerten sind *Schostakowitsch*, *Lutosławski*, *Henze*, *Ligeti*, der Franzose *André Jolivet* (1905–1974) und der US-Amerikaner *Samuel Barber* (1910–1981).

György Ligeti (1923): Atmosphères (1961)*

Zum Komponisten. *György Ligeti* wurde 1923 in Ungarn geboren. Von 1950 bis 1956 war er Dozent für Musiktheorie an der Budapester Musikhochschule. 1956 emigrierte er nach Westeuropa. 1959 zog er nach Wien und lebte von 1969 an in Berlin (West); seit 1973 hat er seinen Wohnsitz in Hamburg, wo er bis 1989 Professor für Komposition an der Musikhochschule war.
Ligetis frühe Kompositionen sind am Stil *Bartóks* orientiert. Nach seiner Emigration wandte er sich avantgardistischen Techniken zu. Um 1960 wurde er bekannt durch seine (→) *Klangfarbenkompositionen*; er ist einer von deren Hauptvertretern. Beispiele sind die Orchesterwerke *Atmosphères* (1961) und *Lontano* (1967), das *Konzert für Violoncello und Orchester* (1966) und *Lux aeterna* für Chor a cappella (1966). In den 1960er Jahren verwendete *Ligeti* auch Methoden der (→ 4.1.10) *neuen Sprachbehandlung*. 1978 wurde *Ligetis* erste abendfüllende, avantgardistische Oper *Le grand macabre* uraufgeführt.

Das 1982 entstandene *Trio für Violine, Horn und Klavier* verwendet traditionellere Mittel. Seit den 1980er Jahren sind viele Werke *Ligetis* durch komplexe Rhythmik charakterisiert, die von afrikanischer und asiatischer Schlagzeugmusik beeinflusst ist. Beispiele hierfür sind das *Klavierkonzert* (1988) und die *Études pour piano*, deren Komposition 1985 begonnen wurde und die bisher 16 Nummern umfassen.

Zum Werk.
Allgemeines. Atmosphères besteht ausschließlich aus Clustern und dauert ca. 9 Minuten. Berühmt wurde das Stück auch dadurch, dass es in *Stanley Kubricks* Film *2001 – Odyssee im Weltraum* verwendet wurde.
Die *Besetzung* besteht aus großem Orchester ohne Schlagzeug mit Klavier, dessen Saiten aber nicht mittels Tastatur angeschlagen, sondern durch Reiben mit Bürsten und Tüchern in Schwingung versetzt werden. Die Streicher sind bis zu 56fach geteilt, sodass teilweise bis zu 70 Systeme übereinander notiert sind (bei Buchstabe N).
Rhythmik und Tempo. Das Stück hat keinen durchgehenden Puls. Die Taktstriche dienen nur der Orientierung. Es soll mit Ausnahme einiger Stellen ganz ohne Akzente gespielt werden. Es gibt ungefähre Metronomangaben und keine zeitliche Festlegung.
Art der Cluster, Klangfarbe. Die Cluster sind aus Halbtonschritten und größeren Intervallen zusammengesetzt. Die Arten sind mannigfaltig, wie unter 4.1.8 *Zur vertikalen Struktur von Klängen* dargestellt (siehe auch Notenbeispiel 4.9).
Form. Das Stück besitzt viele unmerkliche Übergänge, was typisch für *Ligetis* Klangfarbenkompositionen ist. Es gibt nur wenige Stellen, die deutlich als Ereignisse erkennbar sind, in der Regel Einsätze von neuen Instrumentalgruppen. Eine mögliche Einteilung des Stücks ist in der folgenden Tabelle dargestellt. Die Zeitangaben beziehen sich auf eine CD-Aufnahme (WER 286 903–2). Die Abschnitte sind durch deutliche Einschnitte voneinander getrennt, nach denen jeweils ganz neues Material erklingt.

Zeit	Formteil	Art der Cluster	Ereignisse
0'00"	1.	zunächst statisch, allmählich in sich bewegter (Tremoli)	kaum Einschnitte, deutlich nur bei Buchstabe B in Minute 1'18", langsamer Wechsel der Klangfarben
G 3'48"	2.	alsbald Glissandi, dann keine mehr	mehrere leichte Einschnitte, schnellerer Wechsel der Klangfarben
Q 6'31"	3.	anfangs col legno, Geräuschanteil zunächst recht groß, teilweise stark in sich bewegte Cluster	zunächst mehrere leichte Einschnitte, langsamerer Wechsel der Klangfarbe, langer Ausklang

Witold Lutosławski (1916–1994): Novelette (1980)

Zum Komponisten
Witold Lutosławski wurde 1913 in Warschau geboren, lebte als freischaffender Komponist und starb 1994 in Warschau. Er komponierte zunächst unter neoklassizistischem Einfluss und bezog folkloristische Mittel in seine Werke mit ein. Seit Ende der 1950er Jahre verwendete er verstärkt modernere Kompositionsmittel, z. B. Zwölftontechnik, und wurde auch bald außerhalb Polens bekannt. Typisch für ihn ist seit den 1960er Jahren der (→ 4.1.4)

aleatorische Kontrapunkt. Er gehört neben *Penderecki* zu den bedeutendsten polnischen Komponisten nach 1950.

Zum Werk

Allgemeines. Das atonale Stück ist geprägt durch Zwölftontechnik, (→) *aleatorischen Kontrapunkt* und Verwendung von Vierteltönen.
Der Begriff *Novelette* (ital.: kleine Novellen) wurde ursprünglich zuweilen für (→ Bd. I) *Charakterstücke* verwendet. *Lutosławskis* Werk besteht aus fünf zumeist kurzen Sätzen.

Dritter Satz: Second Event. Der Satz mit einer Länge von ca. 3 1/2 Minuten hat die Form A, B, C, D, A_1. Ein Puls ist nicht unterlegt. Für die A-Teile und partiell für den Abschnitt B sind Töne mit einem oder mehreren (→ Bd. I) *Vorschlägen* charakteristisch.
Abschnitt A (Anfang bis Ziffer 18). Das Stück beginnt mit einzelnen Tönen in Englisch Horn, Klarinette und Fagott mit ein, zwei oder drei Vorschlägen, woran sich ein Cluster mit Vorschlägen in Klavier und Harfen mit nachschlagendem Marimbaphon anschließt. Dieses Prinzip wiederholt sich. Darauf erklingt eine Melodie im Fagott, die viele Vorschläge aufweist, unterbrochen von Clustern der genannten Instrumente und mit nachschlagendem Marimbaphon. Bald treten gedämpfte Streichertremoli hinzu, die immer mit dem Marimbaphon neu ansetzen. Wieder erscheinen Klarinette und Englisch Horn mit einem Ton. Bei Ziffer 18 wird dieser Abschnitt durch einen Blechbläser-Akkord beendet, wonach eine längere Pause eintritt.
Abschnitt B (Ziffer 18 bis Ziffer 20). Der folgende Teil bildet einen Kontrast zum ersten. Zunächst erklingen schnelle, tendenziell nach oben verlaufende kurze Noten in den Holzbläsern. Bei Ziffer 19 (→ Notenbeispiel 4.3) beginnen Holzbläser einen Abschnitt, der einem (→ Bd. I) *Fugato* ähnelt. Die Notenwerte werden allmählich immer kleiner; der Tonsatz wird durch das Hinzutreten zweier Hörner immer dichter. Auch hier spielt der Vorschlag eine wichtige Rolle. Es liegt (→) *aleatorischer Kontrapunkt* vor. Die Spieler wiederholen am Ende eine Phrase, bis gemäß Partitur der Dirigent einen neuen Abschnitt einleitet.

Wolfgang Rihm: Schwarzer und roter Tanz (1985)

Zur Biografie → 4.3.5.
Einleitung. Das Werk mit dem Untertitel „Fragment aus Tutuguri" enthält Materialien aus *Rihms* abendfüllendem Ballett *Tutuguri* (1982). Es dauert knapp 16 Minuten. Im Folgenden sind keine Takte, sondern Zeiten nach einer CD-Aufnahme (CAD 800 886) angegeben.
Großform und allgemeine Charakteristika. Das Stück ist atonal und insgesamt sehr ausdrucksstark. Es ist in fünf Teile gliederbar, wobei die erste Zäsur nicht sehr deutlich ist. Die ersten beiden Abschnitte weisen einen fast durchgehenden verklanglichten Puls im selben Tempo auf, wobei durch unregelmäßige Einwürfe nicht das Gefühl einer Taktart aufkommt. Die beiden ersten Abschnitte sind sehr impulsiv und körperlich anregend.
Der verklanglichte Puls erklingt in sehr abwechslungsreicher Weise, in verschiedenen Instrumenten, zumeist als Geräusch oder auf einem repetierten Ton, teilweise auch melodisiert; zuweilen setzt er kurzzeitig aus.– In den letzten drei Abschnitten ist nur an wenigen Stellen ein Puls vorhanden, der dann auch verklanglicht ist.

Abschnitt	Zeit	verklanglichter Puls	Beginn	weitere Merkmale
1.	0′ 00″	fast durchgehend		in der Regel laut, zunächst stark geräuschhaft, keine Melodik, zumeist nur repetierter Ton, kaum Akkorde, zumeist tiefe Lage
2.	4′ 27″	fast durchgehend	Einsatz der hohen Streicher	oft laut, durchgehend Töne und Akkorde, hohe Lage, höchst erregt
3.	7′ 57″	nur zweimal kurz	langes hohes Tremolo in Streichern	ruhigere Notenwerte, zunächst etwas leiser, viele Tremoli, fff-Ausbrüche, zumeist hohe Lage
4.	10′ 28″	keiner	Tonfolge c‴ – a″ in längeren Notenwerten	leise, ruhig, längere Notenwerte
5.	14′ 29″ –15′ 51″	einmal kurz	Quintklang d″ – a″	laut, hohe Trompetenmelodie, erregt, offener Schluss

1.Abschnitt. Das Stück beginnt mit regelmäßigen col-legno-Schlägen auf den Kontrabässen, die als Viertelnoten gehört werden, begleitet von unregelmäßigen Streichertremoli auf dem kleinen g. Nach 34 Sekunden erklingt ein hohes Schlagzeug-Geräusch. Nach 51 Sekunden ertönt ein tiefes Schlagzeug-Geräusch, woraufhin die tiefen Streicher kurzzeitig durchgehende Achtelnoten spielen. In Minute 1' 08" erscheint wieder das hohe Schlagzeug-Geräusch, woraufhin die tremolierenden Streicher kurzzeitig ihr unregelmäßiges Spiel durch durchgehende Achtelnoten unterbrechen.

Sofia Gubaidulina (1931): Sieben Worte (1982)*

Zur Komponistin

Sofia Gubaidulina wurde 1931 in der Sowjetunion geboren. Sie lebte freischaffend in Moskau und ließ sich 1992 bei Hamburg nieder. In ihrer Musik verwendet sie gleichermaßen avantgardistische und traditionelle Kompositionsmittel. Charakteristisch für ihre Werke ist hoher Kontrastreichtum. Fast alle sind vokal oder von Programmatik geprägt, vor allem von religiöser (jüdischer und christlicher). Sie verwendet teilweise auch russische, kaukasische und mittelasiatische Instrumente der Volksmusik. *Gubaidulina* zählt zu den führenden Vertretern der russischen Avantgarde. Sie gehört auch zusammen mit *Adriana Hölszky* (*1953) zu den bekanntesten in Deutschland lebenden Komponistinnen.

Zum Werk

Besetzung. Die Besetzung des Stückes besteht aus Solo-Violoncello, *Bajan*, einem russischen Akkordeoninstrument mit Knöpfen, und Streichern, die oft mehrfach geteilt sind.
Historische Einordnung und Zitat. Die sieben Worte sind eigentlich sieben Sätze, die Jesus gemäß den vier Evangelien am Kreuz sprach. Diese Sätze spielen in der Volksfrömmigkeit eine Rolle. Vertont wurden „Die sieben Worte Jesu Christi am Kreuz“ von (→ Bd. II) *Heinrich Schütz*; außerdem schrieb *Joseph Haydn* „Die sieben Worte des Erlösers“ für Streichquartett.
An diese Tradition knüpft das Werk *Gubaidulinas* an. Jeder der sieben Sätze, die zusammen etwas mehr als eine halbe Stunde dauern, hat als Überschrift einen der Aussprüche Jesu.

In drei Sätzen werden Melodie und Begleitung eines fünftaktigen Ausschnitts aus dem oben genannten schützschen Werk zitiert, der dort zum fünften Wort Jesu „Mich dürstet" erklingt.

Materialien allgemein. Das Werk besteht aus sehr heterogenen Materialien. Es kommen einerseits atonale avantgardistische Techniken vor, z. B. Cluster, andererseits tonale Abschnitte; teilweise erklingt beides auch gleichzeitig. Das Stück ist somit typisch für die (→) *Postmoderne*.

Zwei Kompositionsprinzipien und Grundcharaktere. Das Werk besitzt zwei unterschiedliche Kompositionsprinzipien und Grundcharaktere, die einerseits den Solo-Instrumenten, andererseits den Streichern zugeordnet sind. Diese Prinzipien sind jedoch zuweilen vermischt.

Charakteristika der Instrumentengruppen:

Merkmal	Solo-Instrumente	Streicher
Material	zumeist Töne und Cluster	zumeist Akkorde
Harmonik	zumeist atonal	oft tonal, seltener atonal
Puls	selten	oft
Grundcharakter	karg	häufig entrückt, tröstlich
Notation	in Sekunden	mit Takten

Material der Solo-Instrumente. In den Parts der Solo-Instrumente herrscht insgesamt eine geringe Ereignisdichte. Von großer Bedeutung ist oft der einzelne Ton, der zuweilen die Klangfarbe wechselt, chromatisch oder im Glissando in der Tonhöhe verändert (→ Notenbeispiel 4.7 a, T. 1 und b) oder vielfältig rhythmisiert wird, wie z. B. im Notenbeispiel 4.7 a, T. 2 dargestellt. Charakteristisch sind somit die ersten beiden Takte des Stückes (→ Notenbeispiel 4.7 a). – Ab dem zweiten Satz erscheinen auch Cluster.

Deutung der Sphären und Programmatik. Die beschriebene Trennung der beiden Materialbereiche legt zusammen mit den Satzüberschriften folgende Deutung nahe: Die Streicher gehören der Sphäre des Transzendenten an, die Solo-Instrumente der irdischen.

In den ersten drei Sätzen beginnen die Solo-Instrumente mit kargen, dissonanten Materialien, im zweiten Teil der Sätze erklingen die Streicher mit jeweils ähnlichem Material entrückt, wobei der letzte Klang jeweils dissonant ist. Die Überschriften der drei Sätze zeigen Jesus vergebend, tröstend und zuversichtlich.

Im fünften Satz mit der Überschrift „Mich dürstet", wo nicht von Gott, sondern von den menschlichen Qualen die Rede ist, sind keine Streicher vorhanden. Er endet dissonant.

Der siebte Satz „Vater, ich befehle meinen Geist in deine Hände" beginnt mit den Solo-Instrumenten weniger karg als zuvor; allmählich treten Streicher hinzu mit neuen sphärisch flirrenden Klängen, hervorgerufen durch Tremoli mit Dämpfern.

Das Stück hat deutlichen programmatischen Einschlag. Es ist klar (→) *religiös gefärbt*.

4.6.2 Kammermusik

Das Streichquartett blieb weiterhin eine Gattung, auf die Komponisten ein besonderes Gewicht legten (vgl. 4.2.2). Bekannte Streichquartette schufen *Schostakowitsch, Henze, Rihm, Lutosławski, Messiaen, Britten* und *Nono*.

4.6.3 Klaviermusik

Arvo Pärt (1935): Für Alina (1976)*

Arvo Pärt wurde in Estland geboren. Er lebte zunächst dort und wanderte 1980 über Israel zunächst nach Wien aus; seit 1982 wohnt er in Berlin. Sein bisheriges Schaffen ist deutlich in zwei verschiedene Kompositionsphasen einteilbar. Bis 1968 verwendete er unter anderem serielle Techniken. Seit 1968 entwickelte *Pärt* den von ihm selbst so genannten *Tintinnabuli-Stil* (nach lat.: *tintinnabulum* – das Glöckchen), der geprägt ist durch Skalen, Dreiklänge, Formstrenge und Einfachheit. Dieser Stil ist somit ein Beispiel für (→) *Neue Einfachheit*. *Pärts* Werke sind zumeist geistlich. Er zählt heute zu den populärsten Komponisten der Ernsten Musik.
Ein Beispiel für den *Tintinnabuli-Stil* ist das Klavierstück *Für Alina*.

Notenbeispiel 4.14:

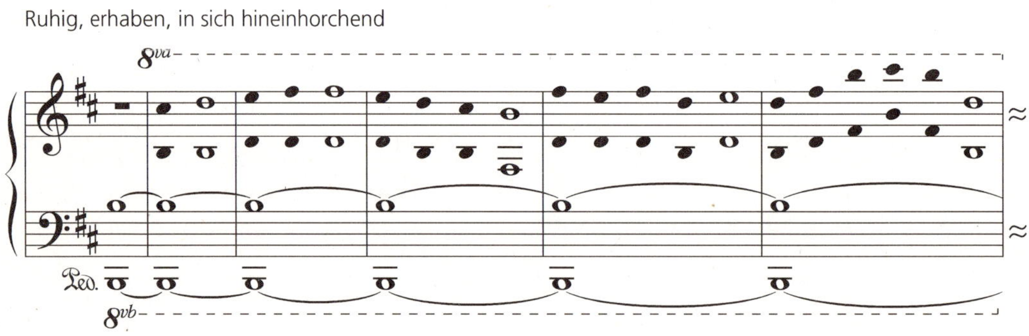

Arvo Pärt: Für Alina: die ersten 6 von insgesamt 15 „Takten"

Helmut Lachenmann (1935): Hänschen klein (1980)*

Zum Komponisten. Helmut Lachenmann wurde 1935 in Stuttgart geboren. Er studierte unter anderem bei *Luigi Nono* in Venedig. Seit 1970 war er Dozent, später Professor für Musik an der Pädagogischen Hochschule in Ludwigsburg, danach Professor für Komposition an der Musikhochschule in Hannover und seit 1981 an der Musikhochschule in Stuttgart.
Charakteristisch für *Lachenmanns* Musik ist der hohe Anteil von Geräuschen und geräuschartigen Klängen, die durch ungewöhnliche Spielweise auf herkömmlichen Instrumenten erzeugt werden (→ 4.1.10). Er verwendet diese Geräusche und Klänge aber nicht als Groteske, sondern fein differenziert und expressiv.
Zum Stück. Hänschen klein ist das erste des aus sieben kleinen Stücken bestehenden Klavierwerkes *Ein Kinderspiel*. Es verarbeitet das gleichnamige Kinderlied. Dessen Rhythmus wird zunächst ganz streng beibehalten, später wird der Schluss wiederholt; anschließend ist der Rhythmus freier. Die Melodie verläuft chromatisch vom höchsten Ton des Klaviers bis zum tiefsten. Manchmal erklingen Vorschläge; im zweiten Teil ertönen zur Steigerung durchgehend Terzen.

Die chromatische Linie wird nicht durch Akkorde oder Töne begleitet; vielmehr erklingen, wie für *Lachenmann* typisch, Geräusche. Diese entstehen durch Treten des rechten Pedals, stummes Niederdrücken der Tasten als Cluster und durch einen allmählich entstehenden Cluster (→ Notenbeispiel 4.8 e). Der Geräuschanteil steigert sich im Verlauf der Komposition. – Das Stück ist insofern nicht ganz typisch für *Lachenmann*, als keine ganz ungewöhnlichen Arten der Erzeugung von akustischen Phänomenen verwendet werden.

4.6.4 Orgelmusik

Zu den bedeutendsten Komponisten von Orgelmusik des 20. Jahrhunderts zählt *Olivier Messiaen*. – Orgelmusik erfreut sich seit einigen Jahrzehnten über den Gottesdienst hinaus bei Zuhörern wachsender Beliebtheit.

Olivier Messiaen (1908–1992): Messe de la Pentecôte (Pfingstmesse, 1950)

Leben. *Olivier Messiaen* wurde 1908 in Avignon als Sohn einer Schriftstellerin und eines Anglisten geboren. Bereits im Alter von acht Jahren begann er zu komponieren. Von 1919 bis 1930 studierte er am Pariser Conservatoire unter anderem Orgel und Komposition. Von 1931 bis in die späten 1980er Jahre war er Organist an der Kirche Sainte Trinité in Paris. In den 1930er Jahren hatte er erste Erfolge als Komponist. 1936 gründete er mit *André Jolivet* (1905–1974) und anderen die Gruppe „Jeune France" (franz.: junges Frankreich), die dem musikalischen Neoklassizismus der 1930er Jahre fern stand. Nach Kriegsdienst und Gefangenschaft war *Messiaen* von 1942 bis 1978 Professor am Pariser Conservatoire. Er hatte zahlreiche Schüler, darunter *Boulez* und *Stockhausen*. Sein Klavierstück (→) *Mode de valeurs et d'intensités* (1949) wurde zum Ausgangspunkt für die serielle Musik. Er selbst schrieb jedoch keine seriellen Stücke. *Messiaen* war zweimal verheiratet.

Werke. *Messiaen* schrieb wenig Vokalmusik, darunter eine Oper, *Saint François d'Assise* (Der heilige Franz von Assisi, 1983), und kaum Kirchenmusik. Er verfasste vorwiegend Orchesterwerke, darunter die *Turangalîla-Sinfonie* (1948), sowie Orgelmusik. Er war auch Autor theoretischer Werke. Für seine Kompositionen sind folgende Merkmale typisch.
Vogelstimmen. Häufig sind Vogelstimmen einbezogen, die *Messiaen* selbst in großer Zahl in der Natur in Noten aufzeichnete. Vögel erscheinen oft in Werktiteln; manche Stücke bestehen fast ausschließlich aus Vogelstimmen. Der Name der Vögel ist häufig in der Partitur angegeben. Die Stimmen sind oft verlangsamt und/oder nach unten transponiert. Das vorliegende Stück enthält im 4. und 5. Satz Vogelstimmen.
Einbeziehung von Gregorianischen Chorälen. Der 2. und 3. Satz des vorliegenden Stücks bezieht solche aus der Pfingstliturgie ein.
Verwendung von indischen und griechischen Rhythmen. Die Rhythmen werden oft vergrößert und verkleinert wiederholt, häufig nicht um einen ganzzahligen Faktor verändert; auch rhythmische Krebse und Kanons kommen vor. Diese Rhythmen verleihen *Messiaens* Musik einen eigentümlich schwebenden Gestus. Im vorliegenden Beispiel enthalten die ersten drei Sätze solche Rhythmen, was in der Partitur vermerkt ist.
Modi. Typisch für *Messiaen* ist die Verwendung von melodischen (→) *Modi*. Seine Musik ist insgesamt freitonal und atonal.

Form. Oft werden heterogene Abschnitte aneinandergereiht, die manchmal später gleich oder ähnlich wiederholt werden.
Semantik. Seine Werke sind vom katholischen Glauben bestimmt und programmatisch. Oft wird das Leben nach dem Tode thematisiert.

Bedeutung. *Messiaen* ist einer der wichtigsten Komponisten des 20. Jahrhunderts. Er blieb unabhängig von den avantgardistischen Neuerungen der 1950er und 1960er Jahre.

Zum Stück. Die *Messe de la Pentecôte* besteht aus fünf Sätzen. Diese entsprechen genau den Abschnitten der damaligen stillen (→ Bd. II) *Messe*, bei denen Orgelmusik aufgeführt werden konnte. (Mehrsätzige Orgelwerke, die für solche stillen Messen verfasst wurden, haben eine lange Tradition.) Alle Sätze tragen neben der Überschrift, welche die liturgische Stelle kennzeichnet, Untertitel und ein Motto, die mit dem Pfingstfest in Verbindung stehen.
3. Satz: Consécration (Le don de Sagesse) (Das Geschenk der Weisheit). Das Motto heißt: Der heilige Geist wird euch an alles erinnern, was ich euch gesagt habe (nach Joh. 14,26). Das Stück hat die Form: A, B, C, B_1, A, B', C, B_2, A, B", A_2. Die Materialien sind heterogen. Die B-Teile sind einstimmig, die anderen vielstimmig. Ein Puls ist schwach ausgeprägt.

4.7 Elektroakustische Musik: historische Entwicklung, Ästhetik

4.7.1 Vor dem Zweiten Weltkrieg

Bereits vor dem Zweiten Weltkrieg gab es verschiedene elektrische und elektronische Klangerzeuger (→ Bd. I; 4.5). Diese wurden aber wie herkömmliche Musikinstrumente eingesetzt; sie spielten also (→ 4.1.8) *Töne* und Akkorde.

4.7.2 1950er Jahre

Allgemeines zur Situation nach dem Zweiten Weltkrieg. Nach dem Zweiten Weltkrieg begann die Entwicklung einer neuartigen elektroakustischen Musik. Im ersten Jahrzehnt war sie vornehmlich Musik für Tonband. Ihr Ziel war zunächst, gerade keine (→) *Töne* und Akkorde im herkömmlichen Sinne zu verwenden, sondern neue Klangbereiche zu erschließen.
In den ersten Jahren nach 1950 gab es in Europa zwei verschiedene Arten von elektroakustischer Musik, die *Musique concrète i. e. S.* in Paris und die *elektronische Musik i. e. S.* in Köln, bei denen jeweils unterschiedliche Materialien verwendet wurden. Die Komponisten und Verfechter der beiden Richtungen standen sich zunächst ablehnend gegenüber.

Musique concrète i. e. S. (ab 1948). Unter *Musique concrète i. e. S.* versteht man die Musik der späten 1940er und 1950er Jahre, die im elektronischen Studio des französischen Rundfunks in Paris entstand und die ausschließlich aus konkreten Materialien besteht, also

Geräuschen und Klängen aus der Umwelt, z. B. solchen von Wasser, Donner, Schritten, Atem oder einer Dampflokomotive. Die *Musique concrète* wurde 1948 von *Pierre Schaeffer* (1910–1995) entwickelt. Sie ist die erste wichtige Neuerung in der Ernsten Musik nach dem Zweiten Weltkrieg.

Elektronische Musik i. e. S. (ab 1952). In Köln wurde 1951 das elektronische Studio des damaligen NWDR (Nordwestdeutscher Rundfunk), heute WDR, gegründet. Hier wurde die (→) *serielle* Musik auf elektronische Klänge angewandt. Unter *elektronischer Musik i. e. S* versteht man die Musik der frühen 1950er Jahre, die im Kölner Studio des NWDR entstand, ausschließlich elektronische Klänge verwendete und seriell war. Elektronische Musik wurde als besonders geeignet für den Serialismus angesehen, da hier auch die Klangfarbe eines Tons und die Art der Geräusche Gegenstand serieller Planung werden konnten. Außerdem gab es bei der Musik keine Interpreten, deren Part bei instrumentaler und vokaler serieller Musik von erheblichem Schwierigkeitsgrad war.

Weitere Studios. Außer in Paris und Köln entstanden weitere Studios, beispielsweise in Mailand, Tokio, Warschau, München, Utrecht und in den USA.

Vermischung der beiden Arten elektroakustischer Musik. Die Trennung zwischen den beiden genannten Arten der elektroakustischen Musik wurde bald aufgehoben. Eines der frühesten Stücke, die elektronisches und konkretes Material miteinander verbinden, ist *Stockhausens Gesang der Jünglinge* (1956). Auch die französischen Komponisten der Musique concrète i. e. S. begannen in den ausgehenden 1950er Jahren, elektronische Klänge in ihre Kompositionen einzubeziehen. Nach Aufhebung der Trennung wurden alle Arten von Musik auf Tonband *elektronische Musik* (i. w. S.) genannt.
In Frankreich hat sich die Tradition von Musik, die vorwiegend auf konkreten Klängen basiert, noch lange gehalten, ebenfalls der Begriff. Dementsprechend ist *Musique concrète i. w. S.* solche, die ausschließlich oder überwiegend aus Umweltklängen besteht.

Mittel der Erzeugung und Verarbeitung von akustischen Ereignissen. Elektronische Klänge wurden bis in die 1960er Jahre mittels Ton- und Rauschgeneratoren erzeugt. Von besonderer Bedeutung waren Sinustöne. – Elektronisches und konkretes Material wurde vielfältig bearbeitet, z. B. geschnitten, verhallt, elektronisch manipuliert, mit verschiedenen Bandgeschwindigkeiten abgespielt, gefiltert, mit Rückkoppelung versehen, rückwärts gespielt, übereinandergeschichtet und verzerrt.

Karlheinz Stockhausen (1928): Gesang der Jünglinge (1956)*

Zum Komponisten. *Karlheinz Stockhausen* wurde 1928 in Mödrath bei Köln geboren. Seine Mutter wurde in Folge des nationalsozialistischen Euthanasieprogramms ermordet, sein Vater fiel im Zweiten Weltkrieg. Von 1947 bis 1951 studierte *Stockhausen* in Köln Schulmusik, Klavier und Komposition.
1951–1970. Nach frühen tonalen Kompositionen schrieb er ab 1951 moderne Werke, die ihn bald zusammen mit *Nono* und *Boulez* zu einem der wichtigsten Vertreter der jungen Avantgarde machten. In den 1950er und 1960er Jahren gehörte er zu den Pionieren vieler musikalischer Neuerungen wie (→) *Serialismus*, (→) *elektronische Musik i. e. S.*, (→ 4.1.8)

Einbeziehung des Raumes, (→) *Aleatorik* und (→) *Live-Elektronik*. Ein bekanntes Beispiel aleatorischer Komposition ist *Zyklus für einen Schlagzeuger* (1959).
Seit Anfang der 1960er Jahre ist das Prinzip der Live-Elektronik für sein Schaffen wichtig. Ein Hauptwerk der 1960er Jahre ist *Hymnen* (1967) für Tonband. In diesem Stück verarbeitete *Stockhausen* Nationalhymnen verschiedener Länder, wobei er vielfältige Beziehungen zwischen diesen und anderen konkreten, teilweise stark verfremdeten Klangmaterialien (z. B. Volksmassen, Folklore, Jazz) herstellte.
Das Prinzip der Aleatorik für den Interpreten weitete *Stockhausen* in seiner instrumentalen und vokalen Musik in den 1960er Jahren immer weiter aus. Höhepunkt dieser Entwicklung war die vom Komponisten so genannte *Intuitive Musik*, bei der die Notation nur aus kurzen Texten oder knappen Symbolen bestand, wobei die klanglichen Mittel weitgehend unbestimmt blieben (Beispiel →4.1.7). – 1970 konnte *Stockhausen* während der Weltausstellung in Osaka in einem von ihm selbst entworfenen, kugelförmigen Aufführungsraum ein halbes Jahr lang täglich seine Werke präsentieren lassen.
1970–1977. Ab 1970 änderte sich seine Kompositionstechnik. Er kehrte wieder zu klar fixierter Notation zurück. Seit dieser Zeit ist für *Stockhausen* die von ihm so genannte *Formelkomposition* von Bedeutung. Dabei leitete er die gesamte Struktur eines Werkes aus einem einzigen melodisch-rhythmischen Komplex ab. Eines der frühesten Stücke mit einer Formel ist *Mantra* für zwei Pianisten (1970). – Ab den 1970er Jahren besitzen seine Stücke deutlich erkennbare Melodien. Zuweilen werden auch Gestik der Interpreten, Bühnenbild, Kostüme und Beleuchtung fixiert.
Seit den 1970er Jahren entwickelte *Stockhausen* eine mystische Weltanschauung, die seither für sein Schaffen bestimmend ist. Von 1971 bis 1977 war er Professor für Komposition an der Kölner Musikhochschule.
Ab 1977. Seit 1977 arbeitet *Stockhausen* im Wesentlichen an dem großdimensionierten Werk *Licht*, das aus sieben abendfüllenden Opern besteht. Es soll bis zum Jahr 2002 vollendet sein. Jede Oper ist nach einem Namen des Wochentages benannt. Das Stück ist aus drei Formeln komponiert, aus denen oft leitmotivartige Zusammenhänge entwickelt werden. Besonderheiten sind Phantasiesprachen, simultan ablaufende Handlungen und Aufspaltung einer Rolle auf mehrere Personen. Ein Stück aus *Licht* ist das *Helikopter-Streichquartett* (1995), bei dem die einzelnen Spieler in vier fliegenden Hubschraubern sitzen; ihr Spiel wird auf die Erde übertragen, wobei die Klänge der Rotoren mit zur Komposition gehören. – *Stockhausen* schwebt vor, in seinem Heimatort Kürten, ähnlich wie *Wagner* in Bayreuth, sieben Gebäude errichten zu lassen, in denen die sieben Opern aus *Licht* aufgeführt werden sollen.
Bedeutung. Karlheinz Stockhausen gehört zu den bekanntesten, erfolg- und einflussreichsten sowie gleichzeitig umstrittensten avantgardistischen Komponisten der zweiten Hälfte des 20. Jahrhunderts. Er ist auch als Musikschriftsteller tätig. Von seinen gesammelten musikalischen Schriften sind bis 1998 zehn Bände erschienen.

Zum Stück. Das musikalische Material besteht, wie erwähnt, aus elektronischen Klängen und verarbeitetem sprachlichem Material.
Text. Der Text stammt aus den Apokryphen (Zusatzschriften) zum Buch Daniel aus dem Alten Testament. Es handelt sich um den Lobgesang Gottes dreier jüdischer Jünglinge in einem Feuerofen. Sie hatten sich geweigert, ein goldenes Götterbild anzubeten; durch ihren

Gesang blieben sie auf wunderbare Weise unversehrt. *Stockhausen* knüpft hier an den Jahrtausende alten Mythos von der rettenden Macht der Musik an, die auch im Orpheusmythos zum Ausdruck kommt.
Textbearbeitung. Der Text wurde von einem Knaben auf verschiedene Art gesungen und auf Tonband aufgenommen. Das sprachliche Material wurde vielfältig bearbeitet. Oft sind mehrere Schichten übereinander gelagert. Angestrebt wurde ein kontinuierlicher Übergang zwischen stimmlichem und elektronischem Material.
Es gibt verschiedene Grade der Wortverständlichkeit, die eine serielle Reihe bilden. Manchmal sind nur Laute, manchmal Wörter, seltener Wortgruppen wahrnehmbar. Zentraler Satz ist „Preiset den Herren". Das Stück kann als (→) *religiös gefärbte Musik* bezeichnet werden. Das *elektronische Material* ist sehr vielfältig. Konstitutiv für das Stück sind schnelle Impulsketten, d. h. rasch aufeinander folgende, kurze akustische Phänomene, die in der Tonhöhe gleichbleiben oder sich wellenförmig ändern. Sie machen das Stück lebendig und frisch.
Raum. Der *Gesang der Jünglinge* gehört zu den frühesten Werken, bei denen die Verteilung der akustischen Ereignisse im Raum ein wichtiges kompositorisches Merkmal ist. Es ist für sechs Lautsprechergruppen komponiert, die rings um die Zuhörer zu verteilen sind.
Form. Stockhausen gliedert das Stück in sechs Abschnitte, die sich – wie in der traditionellen Musik – durch verschiedene Texte, Materialien und Gestalt der Musik unterscheiden, außerdem durch die unterschiedliche Textverständlichkeit.
Der erste Abschnitt ist vorwiegend leise bis mittellaut; am Anfang und Ende erklingen schnelle, sich bezüglich der Tonhöhe wellenförmig bewegende Impulsketten. Dazwischen ertönen Impulsketten auf einem Ton, Geräusche unterschiedlicher Tonlage sowie Laut- und Silbenscharen. Die Textverständlichkeit ist mittelgroß.
Der zweite Abschnitt, der nach einer Pause beginnt (ab Minute 1' 02"), ist insgesamt lauter, besitzt größere Dichte und weist Hall auf. Die Tonhöhe des stimmlichen Materials wechselt häufiger. Dieses erklingt im Gegensatz zum ersten Abschnitt ohne elektronisches Material, das in diesem Teil vielfältiger ist. Die Textverständlichkeit ist unterschiedlich. Der dritte Abschnitt (Minute 2'52" bis 5'15,5") beginnt mit einem deutlich gesungenen „preist".

4.7.3 1960er Jahre

Tonbandmusik mit Live-Interpreten

Allgemeines. Seit etwas 1960 gibt es verstärkt elektroakustische Musik mit Live-Interpreten. Das sollte die sterile Konzertsituation von reiner Tonbandmusik auflockern. Hierfür sind (→ 4.1.7) *Aufführungspartituren* nötig. – Wichtige Werke komponierte (→ 4.3.3) *Nono*.

***Bernd Alois Zimmermann* (1918–1970): *Requiem für einen jungen Dichter* (1969)**

Zum Komponisten. *Bernd Alois Zimmermann* wurde 1918 in Bliesheim bei Köln geboren. Er nahm am Zweiten Weltkrieg teil, studierte Schulmusik und eignete sich eine umfassende geisteswissenschaftliche Bildung an. Von 1946 bis 1957 war er freier Mitarbeiter bei Schauspieltheatern und beim NWDR, wo er vor allem im Bereich der Hörspielmusik experimentierte. Nebenbei schrieb er auch zahlreiche Arrangements für ein Unterhaltungsorchester. Von 1957 an war er Lehrer an der Kölner Musikhochschule für Komposition, Film-, Hörspiel- und Bühnenmusik. 1970 nahm er sich das Leben.

Zur Musik allgemein. *Zimmermann* schrieb Werke fast aller Gattungen, darunter auch solche für Streichinstrumente solo. Sein bekanntestes Stück ist die Oper *Die Soldaten* (1965) nach *J. M. R. Lenz*. *Zimmermann* gehört zu den avantgardistischen Komponisten; er verwendete Zwölftontechnik und serielle Planung. Seine Musik ist sehr ausdrucks- und klangreich mit einem Hang zum Grotesken. Etliche Werke sind von Religiosität geprägt.
Zentral für *Zimmermanns* Schaffen ist seine Philosophie von der *Kugelgestalt der Zeit*. Darunter versteht er, dass in unserer geistigen Wirklichkeit Vergangenheit, Gegenwart und Zukunft gleichzeitig präsent sind. Diese Vorstellung führte zu einer Kompositionstechnik, bei der Musiken und/oder Texte verschiedener Zeiten, Stile und Arten innerhalb eines Werkes verarbeitet sind und dabei oft gleichzeitig erklingen. Eine wichtige Rolle spielen Zitate und (→ 4.1.8) *Collagen*. *Zimmermann* glaubte, die Komplexität der Welt könne auf diese Weise angemessen dargestellt und reflektiert werden.

Zum Stück.
Allgemeines. Neben der Oper *Die Soldaten* ist das *Requiem für einen jungen Dichter* mit einer Dauer von ca. 60 Minuten *Zimmermanns* zweites großdimensioniertes Werk.
Das Stück ist religiös gefärbt, da Teile des (→ Bd. II) *Requiem-Textes* vertont werden. Diese sind aber im Verhältnis zu den anderen vorkommenden Texten von untergeordneter Bedeutung, sodass das Stück nicht als geistlich bezeichnet werden kann. Das Werk ist durch die zahlreichen politischen Textzitate Ausdruck seiner Zeit (→ 4.2.3).
Gattung. *Zimmermann* nennt die Komposition ein Sprachstück, in dem Elemente der Kantate, des Hörspiels, des Features, des Oratoriums und der Reportage zusammentreffen. Insofern ist das Werk relativ untypisch für elektroakustische Musik.
Besetzung. Live eingesetzt werden zwei Sprecher, Sopran, Bariton, drei Chöre, Orchester, Jazz-Combo und Orgel. Es erklingen Teile des Requiem-Textes sowie historisch-politische und literarische Texte.
Von zwei vierspurigen Tonbändern, deren Spuren acht im Kreis aufgestellten Lautsprechern zugeordnet sind, ertönen:

- elektronische Klänge,
- philosophische, literarische und Gesetzestexte,
- politische und religiöse Reden in Originalton, z. B. *Goebbels* Rede im Berliner Sportpalast am 18. Februar 1943 („*Wollt ihr den totalen Krieg?*"),
- Zitate von bekannten Musikstücken, z. B. aus *Hey Jude* von den *Beatles*,
- Umweltgeräusche.

Insgesamt werden acht Sprachen verwendet. Das Stück steht an der Grenze der Möglichkeiten heutiger Aufführungspraxis.
Textbehandlung. Die Texte der Sprecher und die gesprochenen Zitate auf Tonband werden normal gesprochen und sind teilweise leicht elektronisch verändert. Sie sind als einzelne im Allgemeinen zu verstehen. – Gesungene Texte sind schwer verständlich.
Struktur. Die verschiedenen Materialien werden als Collage miteinander verbunden im Sinne der oben erwähnten Vorstellung von der Kugelgestalt der Zeit. Es entsteht eine reizintensive Mischung aus gleichzeitig gesprochenen unterschiedlichen Texten, Sprachfetzen, Orchesterklängen und elektronischen akustischen Ereignissen, was zu vielfältigen Assoziations- und Deutungsmöglichkeiten führt. Die Abfolge der einzelnen Texte kann anhand einer Synopse verfolgt werden, welche in CD-Booklets aufgeführt sind.

Inhalte. Das Grundthema der Texte ist die geistige, kulturelle, geschichtliche und sprachliche Situation eines jungen Dichters und die Forderung nach Frieden. Es handelt sich nicht um ein Requiem für ein Individuum, sondern für einen jungen Dichter schlechthin. Verschiedene Autoren werden zitiert, wobei drei besonders hervortreten: *Wladimir Majakowski, Sergej Jessenin* und *Konrad Bayer*. Alle drei nahmen sich das Leben.
Maßgebliches Material sind die politischen Texte. Thematisiert wird die Zeit von der Oktoberrevolution 1917 bis zum Einmarsch der sowjetischen Armee in die Tschechoslowakei 1968, also die 50 Jahre etwa, die der Komponist selbst lebte.
Form: Das Stück wandelt sich von einem in den Konzertsaal pojizierten Hörspiel zu einer Kantate.

Live-Elektronik

Seit Beginn der 1960er Jahre wird (→ 4.1.3) *Live-Elektronik* verwendet, besonders beispielsweise von *Stockhausen*.

4.7.4 Seit den 1970er Jahren

Verbreitung von elektronischen Musikinstrumenten. Seit den 1970er Jahren verbreiteten sich elektronische Musikinstrumente. Das erleichterte die Komposition elektroakustischer Musik auch außerhalb von elektronischen Studios.
Computermusik. Der Computer wurde in der Musik bereits in den späten 1950er Jahren eingesetzt, und zwar für die Errechnung von Instrumentalstücken. Seit den 1970er Jahren setzte er sich zur Musikerzeugung auf allen unter 4.1.3 genannten Gebieten durch.
Wichtig für die Produktion von Computermusik wurde das 1975 am Centre Georges Pompidou in Paris gegründete Forschungsinstitut für elektroakustische Musik IRCAM, das **I**nstitut de **R**echerche et de **C**oordination **A**coustique / **M**usique. Hier komponierte dessen damaliger Leiter *Pierre Boulez* 1981 *Réponds* für sechs Solisten, Kammerensemble und Computer, der unter Anwendung von Live-Elektronik die Klänge der Solisten elektronisch verwandelt und im Raum verteilt.

4.7.5 Zur Ästhetik

Zu realen Klängen. Elektroakustische Musik macht vielfältigen Gebrauch von der technischen Manipulation von Umweltklängen. In der Regel wird keine reale Situation geschildert; das u. a. unterscheidet elektroakustische Musik vom Hörspiel. Umweltklänge können einerseits so verarbeitet werden, dass ihre Herkunft deutlich wird. Dadurch kann eine Auseinandersetzung mit der akustischen Umwelt stattfinden; viele Assoziationen können geweckt werden, was oft in politisch engagierten Stücken möglich ist. Umweltklänge sind andererseits auch so verarbeitet, dass ihre Herkunft nur schwach oder gar nicht zu erkennen ist.
Oft sind Umweltklänge auf Tonträger so manipuliert, dass sie an elektronische Klänge angenähert sind, sodass ein Kontinuum zwischen den beiden Bereichen vorhanden ist (→ *Nono*: *La fabbrica illuminata* und → *Stockhausen*: *Gesang der Jünglinge*).
Bei *Musik auf Tonträgern mit Live-Interpreten* werden oft auf dem Tonträger die gleichen Instrumente verwendet wie live, sodass einheitliches Material vorhanden ist.

5 (Westliche) Volksmusik

Zentrale Merkmale der Volksmusik und Unterschiede zu den anderen beiden Musiksparten sind in Abschnitt 1.2.1 aufgeführt. Im Folgenden werden nur die europäische und die afroamerikanische Volksmusik in Nordamerika behandelt.

5.1 Europäische Volksmusik

5.1.1 Beschaffenheit

Allgemeine musikalische Merkmale

Materialtonleiter. Die Einteilung der Oktave in 12 Halbtonschritte ist die Regel. Einige Kulturen weisen besondere (→ Bd. I; 3.1) *Stimmungen* auf.
Harmonik / Melodik. Europäische Volksmusik ist meist (→) *modal* oder durmolltonal.
Erscheinungsform. Das Wesentliche an der Erscheinungsform von Stücken der Volksmusik ist zumeist die einstimmige Melodie ohne Harmonik.

Volksgesang

Allgemeines. Unter Volksgesang versteht man jeglichen Gesang einer Volksgruppe, unabhängig davon, ob ein Text vorliegt, und unabhängig von der Form.

Volkslied. Die meisten Volksgesänge sind Volkslieder. Ein **Volkslied** ist ein zumeist einstimmiges Lied von einfacher Form, das i. A. mündlich überliefert wird. Volkslieder sind oft strophisch (vgl. Bd. I; 9.4.1); auch andere (→) *Reihenformen* kommen vor. Es gibt auch mehrstimmige Volkslieder. Sie können natürlich auch von Instrumenten begleitet werden. Volkslieder verändern im Laufe der Zeit oft durch die Singpraxis ihre Gestalt.
Herkunft der Melodien. Volkslieder stammen in der Regel von einem Verfasser, der allerdings oft unbekannt ist, und nicht wie früher angenommen von einer Gruppe.
Verhältnis zur Kunstmusik. Einflüsse aus der Kunstmusik hinsichtlich der Stilistik und des Repertoires sind deutlich. Teilweise wurden Kunstlieder zu Volksliedern, z. B. (→ Bd II; 6.4.8) *Der Mond ist aufgegangen.* (Zum Einfluss der Volksmusik auf die Kunstmusik → 3.2.6.)

Weitere Arten des Volksgesangs. Zu ihnen gehören Stücke ohne Text, die insgesamt sehr selten sind, z. B. Jodler.

Instrumentale Volksmusik

Allgemeines. Es gibt sowohl einstimmige als auch mehrstimmige instrumentale Volksmusik. Sie wird meistens zum Tanzen gespielt.
Herkunft der Melodien. Das Repertoire der instrumentalen Volksmusik stammt zu mindestens 90 % von Volksliedern, die teilweise sehr stark verändert wurden.
Berufsmusikertum. Es gibt bei der Instrumentalmusik eine Tendenz zum Berufsmusikertum.

5.1.2 Funktionen

Allgemeines. Im Folgenden werden Funktionen aufgeführt, die besonders für die europäische Volksmusik gelten, teilweise auch für andere Arten der Musik in Europa und ebenso für afroamerikanische Volksmusik. Einige Funktionen gehören zur (→) *Sozialpsychologie*.

Stärkung der Gruppenzugehörigkeit geschieht vor allem dadurch, dass die Musik einzelner Volksgruppen unterschiedlich ist. Diese unterscheidet sich durch folgende Merkmale:

- Repertoire,
- melodische und rhythmische Besonderheiten, z. B. Tanzrhythmen,
- Instrumente, die sich oft von solchen der Kunstmusik unterscheiden. Ein typisches Instrument der Volksmusik ist die Geige. Instrumente, die in der Kunstmusik kaum vorkommen, sind Drehleier, Akkordeon, Dudelsack und Banjo.
- gegebenenfalls Gesangstechniken, z. B. Jodeln.

Weitere Unterschiede der Volksgruppen sind Tanz und Bewegungsabläufe, die eng mit der Musik verbunden sind, Kleidung bzw. Trachten, Sprache bzw. Mundart, Sitten und Gebräuche sowie gegebenenfalls Einstellungen, z. B. religiöse.

Begleitung des Brauchtums zu bestimmten Anlässen. Diese beziehen sich auf die Jahreszeit, z. B. Fastnacht, oder auf persönliche Zeremonien, wie Taufe, Hochzeit oder Beerdigung. Es gibt also ein spezielles musikalisches Repertoire für diese Anlässe, und zwar für die Vokal- und Instrumentalmusik. – Die Begleitung des Brauchtums zu bestimmten Anlässen ist ein zentraler Unterschied zur Kunst- und Popularmusik. In der Kunstmusik weist Kirchenmusik allerdings auch diese Funktion auf. – Es gibt auch Volksmusik, die nicht brauchtums- oder situationsgebunden ist.

Begleitung von Tanz und Bewegungsabläufen. Tanzmusik ist in der Regel Instrumentalmusik für Ensembles, seltener für Soloinstrumente. Es gibt auch Vokalmusik zum Tanzen.

Erleichterung oder Unterstützung der Arbeit. Instrumentalmusik dient beispielsweise zur Signalgebung, etwa bei der Jagd. Vokalmusik hat vornehmlich Kommandofunktion bei Tätigkeiten, die einer allein nicht verrichten kann; es handelt sich hierbei jedoch i. A. nicht um Lieder. Die existierenden Arbeitslieder wurden und werden nicht während der Arbeit, sondern in den Pausen oder auf den Wegen zur oder von der Arbeit gesungen.

Unterhaltung. Natürlich gibt es sowohl Vokal- wie Instrumentalmusik zur reinen Unterhaltung. Bei der Instrumentalmusik handelt es sich hierbei oft um solistischen Vortrag.

5.1.3 Zur Geschichte und heutigen Situation

Überlieferung. Seit dem letzten Drittel des 18. Jahrhunderts wurden verstärkt Volkslieder veröffentlicht, anfangs zumeist nur der Texte. Maßgeblich initiiert wurde dies von *Johann Gottfried Herder* (1744–1803), von dem auch der Begriff *Volkslied* stammt. Zu den bedeutendsten Sammlungen von Volksliedtexten gehört *Des Knaben Wunderhorn* (1806–1808) von *Achim von Arnim* und *Clemens Brentano* (vgl. Bd. II; 7.4.6).

Geschichte. Mit der Industrialisierung seit dem Ende des 18. Jahrhunderts ging die Pflege der Brauchtümer zurück, damit auch die Volksmusik. Das vollzog sich in den Ländern unterschiedlich stark. Zugleich entstand die Popularmusik (→ 6.1). Die Volksmusik wurde seitdem vielfältig umgewandelt; die Auffassung von einem ständigen Rückgang ist nicht korrekt.
Die Volksmusik wurde im Dritten Reich als Mittel der politischen Erziehung vereinnahmt (→ 3.2.4). Dieser Missbrauch führte in Deutschland nach dem Zweiten Weltkrieg bei vielen zu einer allgemeinen Abneigung gegenüber der Volksmusik.
Volksmusik und allgemein Volkskunst wird in Europa heute vor allem in ländlichen Gebieten stark gepflegt. Im deutschsprachigen Raum ist Volksmusik beispielsweise in Teilen Österreichs und der Schweiz sehr verbreitet, aber auch bei den Sorben. – Die Volksmusikpflege ist heute wieder aktiv. Sie liegt vor allem in den Händen von vereinsmäßig organisierten Laiengruppen (Blasmusik, Trachtengruppen, Gesangvereine).

5.1.4 Zur Trennung von Volksmusik und volkstümlicher Musik

Heute wird oft *Volksmusik* genannt, was genauer *volkstümliche Musik* heißen sollte. Unter **volkstümlicher Musik** versteht man Popularmusik – zuweilen mit einer bestimmten Volksgruppe als Zielgruppe – mit folgenden Merkmalen:
- Text: zuweilen auf Landschaften der Volksgruppen eingehend, z. B. Berge, Meere,
- Sprache: oft mundartlich, aber verständlich,
- Instrumente: häufig solche der entsprechenden Volksmusik, jedoch mit dem üblichen Schlagzeug bzw. Drumcomputer der Popularmusik,
- Stil: in der Regel einfache Melodien und Akkorde, Durtonarten,
- Repertoire: zuweilen aus der Volksmusik,
- Kleidung der Interpreten: oft Trachten oder trachtenähnliche Kleidung.

5.2 Nordamerika: Afroamerikanische Volksmusik

5.2.1 Einleitung

Definition. Unter **Afroamerikaner** versteht man einen Amerikaner, der oder dessen Vorfahren aus Afrika südlich der Sahara, auch Schwarzafrika genannt, abstammen.
Zur Geschichte. Im Zuge der Eroberung des amerikanischen Kontinents durch die Europäer wurden viele schwarze Sklaven in die überseeischen Kolonien verkauft. Sie nahmen ihre Kultur, insbesondere ihre Musik mit. Die Musik der Sklaven und die der Weißen beeinflussten sich gegenseitig, jedoch war die Musik beider Gruppen klar voneinander abgegrenzt.
In den südamerikanischen Ländern, die von den katholischen Spaniern und Portugiesen kolonisiert wurden, konnten die Afroamerikaner ihre eigenen Traditionen stärker bewahren als in Nordamerika, welches vorwiegend von Protestanten besiedelt wurde. Hier kam es

nach der Abschaffung der Sklaverei (1865) zu einem intensiveren kulturellen Austausch zwischen afro- und euroamerikanischer Kultur.
Sprache. Das Black American English ist die Sprache der afroamerikanischen Volksmusik.
Prägung der Popularmusik. Die Popularmusik wurde seit dem Ende des 19. Jahrhunderts durch die afroamerikanische Musik maßgeblich geprägt.
Übernahme von Weißen. Die unten genannten Arten der afroamerikanischen Volksmusik wurden nach ihrer Entstehung auch von Weißen übernommen.

5.2.2 Musikalische Merkmale der afroamerikanischen Musik und der von ihr geprägten Popularmusik

Die im Folgenden genannten Merkmale gelten zumeist auch für die Popularmusik, die im 20. Jahrhundert stark von der afroamerikanischen Volksmusik beeinflusst wurde.

Melodik und Tonerzeugung

Ein charakteristisches Merkmal afroamerikanischer Volksmusik und mancher Popularmusik sind die *dirty tones*. Unter **dirty tones** versteht man Töne, die

- gepresst, gequetscht, rauh oder schrill sind und/oder
- glissandiert oder intonationsunrein sind.

Diese Eigenschaften werden auch mit den Begriffen *dirty singing* und *dirty play* bezeichnet. Sie entsprechen nicht dem europäischen Klangideal.

Ein zentrales melodisches Merkmal sind die *Blue notes*, deren Name vom (→) *Blues* stammt. Unter einer **Blue note** versteht man zweierlei:

- in der Durtonleiter den um einen Halbton erniedrigten dritten und siebten Tonleiterton, in C-Dur also es und b (→ Notenbeispiel 5.3),
- in der Durtonleiter den um etwa einen Viertelton erniedrigten dritten und siebten Tonleiterton. Blue Notes in diesem Sinne gehören also zu den dirty tones.

Notenbeispiel 5.1:

Dur-Tonleiter mit Blue Notes

Takt und Rhythmus

Takt. Die meiste afroamerikanische Musik und die daraus abgeleitete Popularmusik steht im (→ Bd. I; 2.1) geraden Takt, der als 4/4-Takt oder 2/2-Takt notiert wird.

Betonung der üblicherweise unbetonten Zählzeiten in der Begleitung ist charakteristisch. Im 4/4-Takt wird also die 2. und 4. Zählzeit betont.

Synkopen / Vorgezogene Noten. Typisch sind häufig vorkommende (→ Bd. I) *Synkopen*. Eine oft auftretende Form der Synkope ist die *vorgezogene Note*. Unter einer *vorgezogenen Note* versteht man eine betonte Note, die früher erklingt (zumeist eine Achtelnote) als es für westliche Ohren üblich erscheint. Vorgezogene Noten erkennt man oft an einer Achtelnote, an die mit Haltebogen eine Viertel oder Halbe gebunden ist.

Notenbeispiel 5.2:

J. Lennon, P. McCartney (Beatles): Obladi-Oblada, Beginn des Refrains,
a) ohne vorgezogene Noten,
b) Original mit vorgezogenen Noten

Ternäres / Binäres Feeling. Entscheidend für die Rhythmik der afroamerikanischen Volksmusik und der von ihr beeinflussten Popularmusik ist der Unterschied zwischen binärem und ternären Feeling. Unter **Feeling** versteht man die Art und Weise, wie die Viertelnoten in kleinere Einheiten eingeteilt sind.

Ternäres Feeling. Ein Stück besitzt **ternäres Feeling**, wenn die Viertelnoten nicht, wie üblich, in zwei gleich lange Achtelnoten unterteilt werden, sondern in zwei Noten, deren erste doppelt so lange ist wie die zweite. Für die genaue Notation sind Triolen erforderlich, z.B.

4/4: 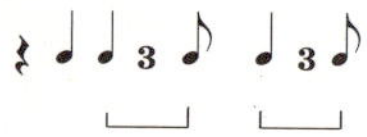 (*Dream a Little Dream of Me*).

Die Notation des ternären Feelings geschieht selten in dieser exakten Form. Häufig wird gar keine besondere Notation angewendet, d. h. die Viertelnoten werden in zwei gleiche Achtelnoten unterteilt:

4/4: 

Möglich ist auch folgende Variante mit punktierten Achteln:

4/4: 

Nicht selten werden auch die verschiedenen Notationsvarianten innerhalb eines Stückes vermischt. Zur Verdeutlichung des ternären Feelings steht zu Beginn eines Stückes oft Folgendes:

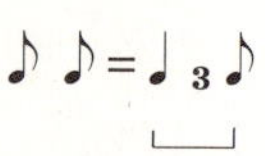

Hinweise geben beim Jazz auch Begriffe wie: *Jazz, Swing, Medium, Up* oder *Uneven eights* (ungerade Achtel) (→ Notenbeispiele 5.3 und 6.2).

Binäres Feeling. Das **binäre Feeling** meint, dass die Viertelnoten, wie in der europäischen Musik üblich, in zwei gleiche Achtelnoten unterteilt werden. Hinweise auf dieses Feeling im Jazz geben Begriffe wie *Latin, Bossa* oder *Samba.*

Verbreitung. Das ternäre Feeling bestimmt fast durchgängig den Blues, den Ragtime, den (→) *Rhythm and Blues*, die meiste Stücken des Jazz und den Rock'n'Roll. Die übrige Popularmusik ist weitgehend binär.

Off-Beat. In afroamerikanischer Musik und im Jazz ist das Phänomen des Off-Beat zu finden. Die Spiel- oder Gesangsweise des *Off-Beat* (engl.: weg vom Schlag) liegt vor, wenn die Töne eines Interpreten sehr kurz vor oder nach einer Zählzeit erklingen. Off-Beat-Spielweise ist mit der herkömmlichen Notenschrift nicht zu fixieren und für ungeübte Ohren in der Regel schwer als solche zu erkennen (vgl. Swing-Gefühl).

Tanzrhythmen. In der Popularmusik kommen des Öfteren (→ Bd. I; 12.2) *Tanzrhythmen* vor.

Form

Ein Charakteristikum der afroamerikanischen vokalen Volksmusik ist, wie bei jeder Volksmusik, das Prinzip des **Call-and-Response**, d. h. nach dem Vorsingen eines Einzelnen antworten mehrere chorisch. – Häufig sind auch Refrains.
Eine verbreitete Form in der Popularmusik ist das zwölftaktige (→) *Bluesschema.*

5.2.3 Geistliche Vokalmusik: Sacred Singing (Spritual, Gospel u.a.)

Definition. Unter **Sacred Singing** (engl. wörtlich: heiliges Singen) versteht man die religiösen Gesänge der Afroamerikaner, die eine Vielzahl von Arten aufweisen.
Entstehung. Es entstand im Zuge der Christianisierung seit dem späten 18. Jahrhundert.
Merkmale sind *Shouting* (zum Schreien tendierendes, stark emotionales Singen) und formale Offenheit.
Arten.

- Der *Ring-Shout* ist ein religiöses Tanzritual, bei dem im Kreis aufgestellte Menschen sich mit Händeklatschen und Fußstampfen allmählich in Ekstase singen.
- Techniken des Predigens und Betens im (→) *Shouting-Stil*
- **(Negro) Spirituals** (engl.: *spiritual* – geistlich) sind geistliche Lieder der Afroamerikaner, die vorwiegend nach dem nordamerikanischen Bürgerkrieg in Anlehnung an religiöse Lieder der Weißen entstanden, starken europäischen und geringeren afrikanischen Einfluss aufweisen, oft auf das Alte Testament bezogen, eher langsam sowie häufig pentatonisch sind. Spirituals sind eher ein Randphänomen des Sacred Singing.
- **Gospelsongs** oder kurz **Gospels** (engl.: Lieder des Evangeliums) sind geistliche Lieder der Afroamerikaner, mit deutlichen Merkmalen des Jazz, thematisch vielfältiger, schneller und vitaler als Spirituals. Gospels entstehen seit dem ausgehenden 19. Jahrhundert. Ein berühmter Gospelsong ist *Oh happy day* . Der Unterschied zum Spiritual ist oft nicht deutlich. Eine bekannte Interpretin ist *Mahalia Jackson* (1911–1972).

5.2.4 Weltliche Vokalmusik: Blues (partiell Popularmusik)

Definitionen. Unter **Blues i. e. S.** versteht man allgemein verschiedene Arten weltlicher afroamerikanischer Volks- oder Popularmusik seit der zweiten Hälfte des 19. Jahrhunderts, mit folgenden gemeinsamen Merkmalen:

- Text von einem Einzelnen in der Ich-Form dargeboten,
- zumeist instrumental begleitet (Gitarre oder Klavier und später Ensemble),

∾ strophische Form, wobei die Strophen oft das unten in der Tabelle angegebene Modell oder eine Abwandlung aufweisen.

Ein **Blues i. w. S.** ist ein Stück des Blues i. e. S. oder ein beliebiges Stück, welches das (→) *Bluesschema* oder eine Abwandlung davon aufweist.

Bedeutung. Der Blues i. e. S. ist die bekannteste Art der afroamerikanischen weltlichen Vokalmusik; weitere Gattungen sind Worksong, Ballade und Kinderlied.

Etymologie. Das Wort „Blues" geht auf eine angloamerikanische Wendung für Niedergeschlagenheit zurück.

Inhalte. Blues-Stücke handeln vom Alltag und weisen entgegen der Etymologie alle Arten von Inhalten und Stimmungen auf, also nicht nur traurige. Eine Handlung ist selten.

Form(en) der Bluesstrophe. Die Formen der Bluesstrophe waren in der Frühzeit des Blues sehr zahlreich, wobei die nachstehende Version häufig war. Im Verlauf des 20. Jahrhunderts traten die anderen Formen zunehmend in den Hintergrund.

Takte	1	2	3	4	5	6	7	8	9	10	11	12
Text	A				A				B			
Melodie	a ———				a′ ———				b ———			
Harmonik	T(7b)	S(7b) T(7b)	T(7b)	T(7b)	S(7b)	S(7b)	T(7b)	T(7b)	D(7)	S(7b) D(7)	T(7b)	T(7b) D(7)

Notenbeispiel 5.3:

Traditionell: *Backwater Blues* (ternäres Feeling)

Unter dem **Bluesschema** versteht man das zwölfttaktige (→ Bd. I) *Harmonieschema* der oben wiedergegebenen Bluesstrophe. Die Akkorde werden oft mit der kleinen Septime angereichert. Die kleinen (in Dur leiterfremden) Septtöne der Tonika und der Subdominante sind die (→) *Blue notes*.

Arten. Man unterscheidet folgende Arten von Blues:
Downhome-Blues (Volksmusik). Der *Downhome-Blues* oder *Country-Blues* ist diejenige Art des Blues, die in der zweiten Hälfte des 19. Jahrhunderts in den ländlichen Gegenden der Südstaaten der USA entstand, dort bis zum heutigen Tag fortlebt, eher ländliche Sujets thematisiert und bei der ein (männlicher) Sänger in der Regel sich selbst auf der Gitarre oder dem Klavier begleitet. Einer der bekanntesten Vertreter ist *Big Bill Broonzy* (1893–1958).
City-Blues (Popularmusik). Der *City-Blues* ist die von ca. 1910 bis ca. 1930 bestehende Variante des Blues, die in den Städten für ein Amüsiermilieu geschaffen, vorwiegend von Frauen gesungen und von einer Combo begleitet wurde, und deren teilweise anzügliche Texte oft von Weißen geschrieben wurden. Aus kommerziellen Gründen wurde der City-Blues „klassischer Blues" genannt. Als Popularmusik verschwand er, als ihm die ökonomische Basis durch die Weltwirtschaftskrise genommen wurde. Zu den berühmtesten Interpretinnen gehört *Bessie Smith* (1898–1937), die „Kaiserin des Blues".
Urban-Blues (Volksmusik). Die Wanderbewegungen der Afromerikaner in die Städte des Nordens, verstärkt zu Beginn des 20. Jahrhunderts, ließ aus dem Downhome-Blues den *Urban Blues* entstehen. Der *Urban-Blues* ist die seit ca. 1940 bis heute bestehende Variante des Blues, die das Leben der Afroamerikaner in den Städten thematisiert und deren (männlicher) Sänger zum Zwecke höherer Schallstärke für größere Aufführungsräume von einem Ensemble begleitet wird. Einer der bekanntesten Vertreter ist *Muddy Waters* (1915–1983). – Aus dem Urban Blues entstand der (→) *Rhythm and Blues.*

5.2.5 Instrumentalmusik: Ragtime (auch Popularmusik)

Die Geschichte des Ragtime verläuft ähnlich wie diejenige des Blues, wie das Folgende zeigt.
Country- und Urban-Ragtime (Volksmusik). Unter dem **Country- und Urban-Ragtime** versteht man eine noch vor dem amerikanischen Bürgerkrieg entstandene Art afroamerikanischer Instrumentalmusik für kleine Ensembles, die heute ausgestorben ist. Der Ragtime entstand als Country-Ragtime und entwickelte sich während der schwarzen Binnenwanderung zum Urban-Ragtime. Beide Formen sind wesentliche Vorläufer des Jazz und von diesem nicht klar zu trennen.
City-Ragtime (Popularmusik). Aus dem Country- und Urban-Ragtime entwickelte sich vor der Wende zum 20. Jahrhundert durch Kommerzialisierung und Einbeziehung europäischer Elemente der *City-Ragtime.* Der **City-Ragtime**, auch „klassischer Ragtime" genannt, ist eine zwischen ca. 1890 und 1920 verbreitete Strömung der Popularmusik mit folgenden Merkmalen:

- verschiedene Arten von Besetzungen – heute ist hauptsächlich Klaviermusik bekannt,
- 2/4-Takt,
- mäßiges Marschtempo,
- stark synkopische Melodik der Oberstimme,
- europäische Reihenformen aufweisend, z. B. solche von Walzer und Marsch.

Der City-Ragtime war eine der ersten kommerziellen Verwertungen afroamerikanischer Traditionen. Sein bekanntester Vertreter ist *Scott Joplin* (1868–1917).

6 Popularmusik

6.1 Exkurs: Popularmusik im 19. Jahrhundert

Seit dem ausgehenden 18. Jahrhundert verlor die Volksmusik in den Städten immer mehr an Bedeutung. An ihre Stelle traten zunehmend frühe Formen der Popularmusik. Popularmusik des 19. Jahrhunderts wird heute oft auch als *Unterhaltungsmusik* bezeichnet.
Eine wichtige Voraussetzung für die Verbreitung von Musik war die Erfindung des (→ 2.3.1) *Flachdrucks* um 1800, wodurch Noten erheblich preiswerter hergestellt werden konnten. Damit Noten auch in größerer Zahl verkauft werden konnten, mussten Stücke gedruckt werden, die für viele Menschen eingängig und auch einfach zu spielen waren. Seit dem ausgehenden 19. Jahrhundert wurde Popularmusik zunehmend durch Tonträger verbreitet.
Die Popularmusik war im 19. Jahrhundert zunächst von der Entwicklung der Ernsten Musik abhängig. Seit dem ausgehenden 19. Jahrhundert geriet sie in den Einfluss der afroamerikanischen Volksmusik und des Jazz.

Salonmusik. Eine frühe Form der Popularmusik war die *Salonmusik*. Unter *Salonmusik* versteht man Musik, vorwiegend für Klavier, auch für Gesang oder Violine mit Klavierbegleitung, die geringeren Differenziertheitsgrad als herkömmliche Kunstmusik aufweist und deren Stücke oft kurz und leicht spielbar sind. Das Repertoire bestand aus Opernparaphrasen, Themen mit Variationen, *Potpourris*, d. h. Reihungen von bekannten Themen aus verschiedenen Genres, Modetänzen, Charakterstücken u. a. Salonmusik war ursprünglich für die Unterhaltung im *Salon* gedacht, einem Treffpunkt der vornehmen Gesellschaft, in der Regel von Frauen veranstaltet. Zu den berühmtesten Stücken der Salonmusik gehört das Klavierstück *Das Gebet einer Jungfrau* (1856) von *Tekla Badarzewksa* (1834–1861).

Weitere Arten der frühen Popularmusik im 19. Jahrhundert waren unterhaltende Orchestermusik mit ähnlichen Formen wie diejenigen der Salonmusik, Arrangements für Hausmusik und Stücke für Männerchöre, beispielsweise von *Friedrich Silcher* (1789–1860).

6.2 Exkurs: Nationalhymnen

Entstehung. Nationalhymnen entstanden in der Regel seit Beginn des 19. Jahrhunderts, in der Zeit des aufkommenden (→ Bd. II; 7.2.2) *Nationalismus*.
Texte. Die Texte sind sehr unterschiedlich, zumeist literarisch nicht sehr differenziert. Manchmal werden nationale Besonderheiten eines Staates thematisiert, z. B. die Landschaft (Schweiz) oder die Geschichte (Niederlande). Manche Texte sind auch blutrünstig, was zuweilen heute zu Diskussionen führt (Frankreich, Großbritannien).
Musik. Die Musik von Nationalhymnen ist zumeist in der Harmonik des frühen 19. Jahrhunderts abgefasst, auch wenn sie später entstanden sind. Manchmal entspricht die Musik der Eigenart eines Volkes; z. B. weist die italienische Hymne einen heiteren und beschwingten

Charakter auf. Melodik aus der landeseigenen Volksmusik ist selten. Auch ostasiatische und afrikanische Hymnen klingen oft recht europäisch.
Zu Nationalhymnen wurden beispielsweise patriotische Volkslieder, Militärmärsche, Stücke aus Opern oder Neukompositionen erklärt. Sie sind in der Regel gesetzlich geschützt.
Nationalhymnen werden zuweilen seit dem 19. Jahrhundert in Werken der Ernsten Musik zitiert (→ Notenbeispiel 3.16 b und *Stockhausens Hymnen*), seltener in der Popularmusik, z. B. in *All You Need is Love* von den *Beatles*.
Funktion. Durch das Hören und Singen der Nationalhymne sollen patriotische Gefühle aktiviert werden.

6.3 Allgemeines zur Popularmusik des 20. Jahrhunderts

Erscheinungsform und Notation

Erscheinungsform. Das Wesentliche an der Erscheinungsform der Ernsten Musik ist in der Regel der Tonsatz und die Instrumentation. Um also beispielsweise ein Stück von *Beethoven* korrekt im Original aufzuführen, müssen alle Töne in der vom Komponisten gewünschten Tonhöhe und Länge auf den von ihm verlangten Instrumenten in der vorgeschriebenen Dynamik gespielt werden.
Das Wesentliche an der Erscheinungsform der Popularmusik ist von Fall zu Fall unterschiedlich. Oft ist das Arrangement entscheidender Bestandteil. Die Anhänger einer Musikgruppe wollen beispielsweise deren Stücke möglichst im gleichen Sound hören, sodass bei Auftritten Bands ihre Kompositionen immer im gleichen Arrangement spielen.
Häufig liegt das Zentrale an der Erscheinungsform eines Stückes der Popularmusik aber nur in der Melodie und den Begleitakkorden, d. h. es gibt kein originales Arrangement, man kennt es nicht oder es ist durch zahlreiche andere Versionen nicht mehr das primäre. Dies ist beispielsweise bei (→) *Standards* oder Evergreens der Fall.
Zuweilen gehört zu einem Stück neben der Melodie und den Begleitakkorden auch noch ein *Vamp*, vor allem beim Jazz (→ Notenbeispiel 6.7). Unter einem *Vamp* versteht man ein des Öfteren gleich oder ähnlich wiederholtes Motiv bzw. eine Motivgruppe, zumeist im Bass und oft in Kombination mit dem Schlagzeug. Ein Vamp wird zumeist als Einleitung verwendet, durchzieht zuweilen das ganze Stück und fungiert als Grundlage für Improvisationsabschnitte. Vamps finden sich seit den 1970er Jahren machmal in der Popularmusik.
Notation. Popularmusik wird in der Regel in ihrer einfachen wesentlichen Erscheinungsform notiert, d. h. einstimmige Melodie mit Harmoniesymbolen (→ Notenbeispiele in diesem Kapitel). Das Arrangement wird selten schriftlich fixiert.

Allgemeine musikalische Merkmale

Die im Folgenden aufgeführten Kategorien Form und Harmonik gelten nicht für den Jazz.

Dauer

Bis in die 1940er Jahre war die Dauer von Kompositionen der Popularmusik auf Tonträgern durch das Fassungsvermögen der Schallplatte begrenzt (→ 2.3.2). Auch heute dauern Stücke der Popularmusik im Allgemeinen nur ca. 3 bis 5 Minuten.

Melodik

Die Melodik vieler Stücke der Popularmusik ist sehr eingängig. Das liegt manchmal daran, dass ein Motiv oder eine Motivgruppe in einer Komposition gleich oder nur leicht abgewandelt oft wiederholt wird, etwa beim Notenbeispiel 6.5 b) und bei *Strangers in the Night*. Manche Stücke besitzen einen *Hook*. Unter *Hook* (engl.: Haken) oder *Hookline* versteht man ein Motiv bzw. eine Motivgruppe im Thema oder in der Begleitung, das leicht zum Ohrwurm wird, sich also gleichsam im Gedächtnis des Hörers „einhakt". Bekannte Hooks, die auch gleichzeitig (→) *Vamps* sind, erklingen in der Gitarre von *Satisfaction* der *Rolling Stones* und im Bass von *Michael Jacksons Thriller*. Den Einfluss der afroamerikanischen Volksmusik auf die Popularmusik zeigen die des Öfteren vorkommenden (→) *Blue notes*.

Takt und Rhythmus (→ 5.2.2)

Dynamik

Die Popularmusik weist oft eine geringe dynamische Bandbreite auf. In der modernen Popularmusik werden vorhandene Dynamikunterschiede zumeist durch technische Mittel getilgt. – Eine Ausnahme bilden das Musical und die Big-Band-Musik.

Harmonik (außer Jazz)

Die folgenden Merkmale gelten nicht für den Jazz, der eine besondere Harmonik aufweist. Sie gelten vornehmlich für Popularmusik nach 1950.

Allgemeines. Die Harmonik ist oft recht einfach; zumeist werden in einem Stück nur wenige Tonarten verwendet. Der (→ Bd. I) *harmonische Rhythmus* ist in der Regel langsam.

In einigen Kompositionen oder Abschnitten wird eine einfache Akkordfolge beständig wiederholt, z. B. in *La bamba* (D^7 / T S) und in den Strophen von *Guantanamera* (D^7 / T S).

Traditionelle Regeln. Die Regeln der traditionellen durmolltonalen Harmonielehre gelten nur eingeschränkt. Dominantsepttöne werden oft wie in der Ernsten Musik nach unten weitergeführt. Andere aufzulösende Töne, wie z. B. kleine Septtöne von Molldreiklängen, werden häufig nicht gemäß den bisherigen Regeln weitergeführt. Es gibt kein Verbot von Quint- und Oktavparallelen.

Art der Akkorde. In der Regel werden Dreiklänge, zuweilen Vierklänge verwendet, zumeist in Grundstellung. Ein Einfluss des (→) *Blues* ist darin zu erkennen, dass in Dur zuweilen die Tonika und die Subdominante mit kleinem Septton, zuweilen auch mit großem Nonton versehen sind (→ Notenbeispiel 5.3).

Verbindung der Akkorde. Oft, besonders in der Rockmusik, gibt es einen (→ Bd. I) *kirchentonalen* Einschlag, z. B. einen (→ Bd. I) *dorischen* durch Verwendung der Dursubdominante in Moll, oder einen (→ Bd. I) *mixolydischen* durch Verwendung des Durakkordes auf dem erniedrigten siebten Tonleiterton im Durgeschlecht, z. B. des B-Dur-Akkords in der Tonart C-Dur. – Zuweilen werden Dur-Akkorde miteinander verbunden, die eine kleine oder große Terz auseinanderliegen, z. B. C und Es. – Des Öfteren werden Akkorde parallel verschoben, was vermutlich von der (→ Bd. I) *Barré-Technik* beim Komponieren auf der Gitarre herrührt, z. B. die Akkordfolgen C, d, e, F oder c, B, As, G.

Zuweilen gibt es Vierklänge, die aus Basston und Dreiklang bestehen, der diesen Ton nicht enthält, z. B. C / D (→ Bd. I; 2.3). – In der Molltonart werden manchmal auch Molldominanten verwendet.

Ein in der Popularmusik häufig vorkommendes Mittel zur Steigerung ist die unvermittelte Modulation um einen Halb- oder Ganzton nach oben zu Beginn einer neuen Strophe.

Tongebung und Gesangsweise

Die **Tongebung**, d. h. die Spielweise bezüglich des Toncharakters, ist besonders im Jazz verschieden von derjenigen der westlichen Musik (→ 6.4). In der Rockmusik ist die Spielweise des Saxophons von derjenigen des Jazz beeinflusst. (Zur Gesangsweise → 5.2.2.)

Textur

Popularmusik ist vorwiegend homophon. Polyphonie kommt zuweilen in Musicals vor, ansonsten selten.

Klangfarbe / Sound

Die Klangfarbe wurde durch die technische Entwicklung zunehmend wichtiger (→ 6.7.3).

Form und Improvisation (außer für Jazz)

Allgemeines. Die *Taktgruppengliederung* in 4 und 8 Takte ist sehr deutlich.
Die Formen der Popularmusik sind in der Regel einfach, zum allergrößten Teil (→) *Reihenformen*, und zwar sowohl bei der Vokal- wie auch der Instrumentalmusik.
Strophische Formen sind sehr häufig. Viele Stücke besitzen einen Refrain (→ *Formmodell* in Bd. I; 9.4.1.) In der Popularmusik nach 1950 wird häufig im Refrain ein Background-Chor eingesetzt; dies dient zur Steigerung und kann zum Mitsingen animieren.

Form der Strophe. Strophen ohne Refrain weisen zuweilen die Bluesform auf, besonders im *Rock 'n'Roll* und manchmal im Jazz; sie sind somit (→) *Blues i. w. S.*
Der Refrain oder die gesamte Strophe ist zuweilen eine 32-taktige (→ Bd. I) *Reprisenbarform* oder eine Abwandlung davon.

Form von üblichen Liedern und Songs. Diese Formen sind mannigfaltig. Bei Strophenliedern ist die Grundstruktur: Strophe – Refrain – Strophe – Refrain usw. Diese wird des Öfteren abgewandelt. Mögliche Methoden sind folgende:
Manchmal erklingen zwei Strophen vor dem Refrain. Ein Stück kann auch mit dem Refrain beginnen und/oder mit der Strophe enden.
Zuweilen erklingt eine *Bridge*, d. h. ein vokaler oder instrumentaler Überleitungsteil mit neuem Material. (Unter *Brigde* versteht man auch den B-Teil einer (→) *Reprisenbarform*).
Manchmal erscheint auch ein instrumentaler Zwischenteil mit zuvor verwendetem melodischen Material oder eine instrumentale Improvisation über die Harmonik eines Liedabschnitts oder einer ganzen Strophe.
Auch instrumentale Vor- und Nachspiele sind üblich. Zuweilen gibt es auch eine vokale Coda. Am Ende von technisch verstärkten Stücken kommt zur Ersparnis eines komponierten Schlusses zuweilen das *Ausblenden* (*fade out*) vor, d. h. das allmähliche Leiserwerden.
Manchmal finden sich *Breaks*. Unter einem **Break** (engl.: Unterbrechung) versteht man einen kurzen, in der Regel 2 oder 4 Takte umfassenden Abschnitt, in dem fast alle Instrumente, insbesondere das Drumset, pausieren und ein Solist in der Regel auf einem Melodieinstrument allein spielt, zumeist improvisiert.

Form von längeren Stücken. Mit der Verbreitung der Langspielplatte in der Popularmusik in den 1960er Jahren entstanden in der Rockmusik teilweise lange Stücke, in denen viel improvisiert wurde, wodurch das Solo stark aufgewertet wurde. Hierdurch entwickelten sich auch teilweise ganz neue Formen.

Form in der mit Computern hergestellten Musik. Bei Musik, die mit Computern erzeugt wird, kommen häufig *Loops* vor. Ein **Loop** (engl.: Schleife) ist die mehrfache, exakte Wiederholung einer oder mehrerer Schichten eines Kompositionsabschnitts. Wiederholt werden entweder nur Schlagzeug-Patterns oder auch zusätzlich Töne.

Semantik

Oft entspricht der Charakter eines Stückes im Groben dem Inhalt, wie in der Ernsten Musik. Beim *Metal Rock* und im *Rap* ist dies in der Regel nicht der Fall. Konkrete Textausdeutungen kommen zuweilen in Musicals vor, ansonsten sehr selten.

Instrumente

Drumset. Das (→ Bd. I; 4.2.3) *Drumset* wird in vielen Bereichen der Popularmusik des 20. Jahrhunderts verwendet. Durch dieses Instrument unterscheiden sich die meisten Arten der Popularmusik des 20. Jahrhunderts deutlich von der Ernsten Musik und der Popularmusik des vorigen. Es entstand in seiner heutigen Form zu Anfang des 20. Jahrhunderts.
Die *Gitarre* ist in den meisten Arten der Popularmusik ein zentrales Instrument. Seit Ende der 1930er Jahre wird sie auch mit (→ Bd. I) *Tonabnehmer* gespielt und im Jazz als Soloinstrument eingesetzt. Zu Anfang der 1950er Jahre entstand die (→ Bd. I; 4.3.3) *Elektrogitarre*. Das Verzerren der Gitarre, zunächst eine unabsichtliche Folge mangelnder Verstärkertechnik, wird seit den 1960er Jahren praktiziert, besonders im Rock.
Kontrabass und E-Bass. Für die Basslage wurde in der Popularmusik außer der Tuba im frühen Jazz bis um die Mitte der 1950er der Kontrabass verwendet. Seit dieser Zeit, kurz nach der Erfindung der Elektrogitarre, wurde der E-Bass eingeführt.
In den 1970er Jahren verbreiteten sich im (→) *Rock-Jazz* der (→ Bd. I; 4.3.3) *bundlose Bass* und die *Slap-Technik*, bei der eine Saite so stark angerissen wird, dass sie auf das Griffbrett zurückschnellt und zusätzlich zum Ton ein Geräusch entsteht. Bundloser Bass und die Slap-Technik verbreiteten sich auch in der Rock- und Popmusik.
Synthetische Klänge. In den 1960er Jahren brachte der analoge Synthesizer neue Klangfarben in die Popularmusik. – Die Einsätze der Instrumente kann man mittels (→ Bd. I) *Harddisc recording* erheblich präzisieren, wodurch der Klang viel perfekter wird.

Aufnahme- und Verstärkertechnik

Verstärkertechnik. Die Verstärkertechnik war bis in die 1950er Jahre nicht sehr ausgereift. Dadurch war insbesondere der Bass in der Popularmusik nicht sehr laut. Seit dieser Zeit verbesserte sich die Verstärkertechnik und damit die Hörbarkeit des Basses.
Aufnahmetechnik. In den 1960er Jahren verbesserte sich die Aufnahmetechnik für Schallplatten entscheidend. Der Sound wurde erheblich differenzierter. Mehrkanaltechnik wurde üblich. Ein Meilenstein war das Album *Sgt. Pepper's Lonely Hearts Club Band* (1967) von den *Beatles*. Fortan versuchten die Bands in ihren Live-Konzerten den Klang der Schallplattenaufnahme nachzuahmen.

Bis heute hat sich der Sound weiterhin erheblich verbessert. Das Publikum ist diesbzgl. viel anspruchsvoller geworden als früher. Bei Fernseh-Sendungen wird daher zur Erzeugung eines entsprechenden Sounds ohne Pannen oft (→) *Halbplayback* oder (→) *Playback* gesungen. – Ein wichtiges Hilfsmittel ist heute der *pitch adjustor* (engl.: Tonhöhen-Anpasser), ein Gerät, das die ungenaue Intonation eines Sängers mittels Computertechnik zurechtrückt. Er wird heute in Studios bei Sängern oft eingesetzt.

Arten von Konzerten

Live und Playback. **Live** wird gesungen bzw. gespielt, wenn sowohl Sänger bzw. Solo-Instrumentalist(en) als auch die begleitenden Musiker bei einem Auftritt wirklich singen bzw. spielen. Zumeist wird der Klang durch ein Mikrofon verstärkt und zuweilen durch technische Geräte verändert. Damit sich die Interpreten bei der Verstärkung selbst angemessen hören, benötigen sie *Monitor-Lautsprecher*, die auf sie gerichtet sind und die ihren Klang reproduzieren. – Wenn Sänger bei einem Auftritt wirklich singen, die Begleitung aber vom Band bzw. von einer Festplatte stammt, spricht man von **Halb-Playback**.
Playback (oder Voll-Playback) wird gesungen oder gespielt, wenn alle Klänge von einem Tonträger stammen und der oder die Sänger nur die Lippen bewegen bzw. ein Solo-Instrumentalist nur entsprechende Bewegungen vollführt. Bei Playback-Auftritten liegen auf den Fellen der Trommeln Materialien aus Gummi, damit der Schlagzeuger keine störenden Geräusche produziert.

Größe des Konzerts. Man kann in der zweiten Hälfte des 20. Jahrhunderts eine allgemeine Tendenz zur **Vergrößerung der Konzerte** feststellen. Die hängt zum einen mit den Möglichkeiten der Beschallungstechnik zusammen; zum anderen steigen die finanziellen Gewinne für Interpreten und Veranstalter mit der Größe der Veranstaltung.
In **Clubs** im ursprünglichen Sinne, d. h. in kleinen Räumen, ist der Kontakt zwischen Interpreten und Publikum besonders eng. – Zuweilen wird hier *unplugged* (engl. etwa: Stecker herausgezogen) gespielt, d. h. mit möglichst wenig technischem Aufwand und Instrumentarium. Sänger und akustische Gitarren werden mit Mikrofonen verstärkt; ein vorhandenes Schlagzeug wird in der Regel mit (→ Bd. I) *Besen* oder *Rods* gespielt, das sind aus mehreren dünnen Holzstäben bestehende Stöcke.
In **Hallen** ist die Distanz zwischen Interpreten und Publikum größer.
Bei einer **Open-Air-Veranstaltung**, also einer solchen im Freien, ist der Abstand zwischen Aufretenden und Rezipienten groß. Das Publikum kann heute in der Regel die Interpreten auf einer großen Leinwand betrachten. Open-Air-Veranstaltungen finden oft in einem Sportstadion oder als Festival statt, also als mehrtägige Veranstaltung. Die ersten großen Popfestivals waren 1969 diejenigen in Woodstock und Altamont.

Popularmusik wird reizintensiver

Allgemeines. Generell wurde unsere Umwelt im 20. Jahrhundert, vor allem in den letzten Jahrzehnten **reizintensiver**, d. h. pro Zeiteinheit strömen heute mehr und stärkere Reize auf uns ein als früher. Das führt dazu, dass unsere Reizschwelle immer weiter heraufgesetzt wird. Eine zentrale Voraussetzung für die Reizintensivierung ist die Entwicklung der Technik. (Zu den möglichen Wirkungen → 8.3.2.)

Popularmusik. Die Reizintensivierung ist an folgenden Merkmalen zu erkennen:

- Die Musik wird heute lauter gespielt und gehört als früher.
- Das Schlagzeug wurde im Verlauf der letzten Jahrzehnte zunehmend durchdringender.
- Die Gesangsweise ist in mancher Rockmusik heute sehr schrill.
- Die Bässe sind oft so laut, dass die Eingeweide deutlich spürbar vibrieren (→ 8.1.2).
- Der Klangumfang wurde in die Extreme erweitert.
- In manchen Sparten der Rockmusik sind die Stücke sehr laut aufgenommen; sie vermitteln diese Lautstärke unabhängig von der real gehörten, da der Klangcharakter bei laut gespielter ein anderer als bei leise gespielter Musik ist.

Exkurse: *Reizintensivierung in anderen Bereichen.* Allgemein wurde unsere Umwelt lauter. – Die Geschwindigkeit des Geschehens in Filmen und Dokumentationen (→ 8.3.7) wurde größer, die Bildschnitte schneller, die Bilder brutaler. Beim Fernsehen verbreiteten sich das Zappen und die Rezeption im Hintergrund. – *Bildschirmspiele* wurden zunehmend gewalttätiger. – Es entstanden immer reizintensivere *Sportarten*, z. B. Rafting und Bungee Jumping.
Dauer der Reize. Die Reize werden nicht nur intensiver, sondern strömen auch länger auf uns ein. In der Gesamtdauer nahm der Musik- und Fernsehkonsum zu, vor allem bei Jugendlichen, unter anderem durch Rezeption im Hintergrund.

Zum Musiker der Popularmusik

Ausbildung. Im Gegensatz zu professionellen Musikern der traditionellen Ernsten Musik brauchen solche der Popularmusik kein Musikstudium absolviert zu haben, Sängerinnen und Sänger brauchen keine Gesangsausbildung. Seit den 1970er Jahren wurde die Ausbildung von Popularmusik zunehmend an Musikschulen, Konservatorien und Musikhochschulen institutionalisiert.
Instrumentalisten. Unter anderem aufgrund der Ausbildung erhöhte sich die Virtuosität der Instrumentalisten in den 1970er Jahren deutlich. Zu dieser Zeit kamen virtuose Jazzmusiker durch die (→) *Fusion-Musik* zur Rockmusik. Dadurch wurden in verschiedenen Bereichen der Popularmusik, vor allem im Rock, komplexere Bassfiguren und differenziertere Schlagzeugtechniken aufgenommen.
Komponisten von Rap und Techno brauchen gar kein Instrument spielen zu können und keine herkömmliche musikalische Ausbildung zu besitzen.

Zum Tanz

Ein zentrales Merkmal der meisten Sparten der Popularmusik ist, dass sie als Tanzvorlage verwendbar sind. Bis zum Anfang der 1960er Jahre wurde in der Regel (→ Bd. I) *Paartanz* ausgeführt. Zu etlichen Stücken auf Schallplatten wurde die Tanzart genannt, oft ein gerade aktueller Modetanz. In den 1960er Jahren kam der freie Tanz auf; die Verbindung zwischen aktuellem Stück und Tanz wurde aufgehoben. Aber auch nach 1960 gab es immer wieder Modetänze, z. B. den *Lambada* (1986).

Drogen

Unter Musikern. Drogen spielen in vielen Bereichen der Popularmusik bei Musikern eine wichtige Rolle. Drogen werden beispielsweise genommen, um den Lustgewinn beim Musizieren zu erhöhen, aus Enttäuschung darüber, dass man als Musiker nicht so bedeutend ist, und zur vorübergehenden Bewältigung von Stress.
Unter Rezipienten. In vielen Szenen der Popularmusik ist auch bei den Rezipienten die Einnahme von Drogen verbreitet (vgl. 8.4.3).

6.4 Jazz

6.4.1 Einführung

Definition. Unter **Jazz** versteht man eine um 1900 entstandene Art der Popularmusik mit folgenden charakteristischen Merkmalen, die ihn von der übrigen Popularmusik unterscheiden:

- Die Improvisation spielt eine zentrale Rolle.
- Die Tongebung ist in der Regel die (→) *Hot intonation.*
- Die Harmonik weist zumeist Vier- und Fünfklänge auf; sie ist an die Durmolltonalität angelehnt.

Weitere generelle Merkmale. Der Jazz ist oft sehr ausdrucksstark. Der Gesang spielt eine untergeordnete Rolle. Der Jazz war bis in die 1940er Jahre als Tanzmusik verwendbar und wurde häufig auch zu diesem Zweck eingesetzt; die Stile, die seit den 1940er Jahren entstanden, waren bis auf die (→) *Fusion-Musik* weniger zum Tanzen geeignet.

6.4.2 Musikalische Merkmale

Takt und Rhythmus

Feeling. Die meisten Jazzstücke sind (→) *ternär.*
Grundrhythmus im Schlagzeug. Der Rhythmus des Beckens aus Notenbeispiel 6.1 ist typisch für den Jazz ab dem (→) *Swing*. Er erscheint nur im (→) *ternären Feeling.*
Anmerkung. Als charakteristisch für den Jazz, besonders desjenigen seit den 1930er Jahren, wird oft das *Swing-Gefühl* (im Deutschen oft auch als *swing* kleingeschrieben) angesehen, das zum körperlichen Mitmachen anregt. Die musikalischen Merkmale des Swing-Gefühls sind schwer zu fassen. Verantwortlich sind folgende Faktoren, die auch allein auftreten können: (→) *Off-Beat*, ternäre Spielweise und (→) *Walking bass.*

Melodik: Walking bass

Für den Jazz im ternären Feeling seit dem Swing ist der *Walking bass* charakteristisch. Unter einem **Walking bass** (engl.: gehender Bass) versteht man eine Bassmelodie, die in Viertelnoten und zumeist in Sekundschritten fortschreitet (→ Notenbeispiel 6.1). Der Bass spielt in der Regel bei einem Akkordwechsel den Grundton.

Harmonik

Notation und Akkorde. Typisch für die Harmonik des Jazz seit dem Swing sind folgende Merkmale: Notiert werden in der Regel terzgeschichtete Vierklangs-Akkorde (→ Notenbeispiel 6.2). Die meisten Akkorde stehen in der Grundstellung. Ein Pianist oder Gitarrist spielt die Akkorde in der Regel synkopiert, etwa wie in Notenbeispiel 6.1.
Besonders ab dem (→) *Modern Jazz* ist es üblich, dass Pianisten und Gitarristen nach eigenem Belieben nicht nur die bezeichneten Töne spielen, sondern zusätzlich weitere, oft Nontöne; zuweilen erhöhen sie auch bei dominantischen Akkorden den Quintton um einen Halbton, selten wird der Quintton erniedrigt. Manchmal werden vorgeschriebene Akkorde durch verwandte ersetzt und/oder zwischen den notierten weitere Akkorde gespielt. Insgesamt erklingt somit oft eine Fünfklangharmonik. Im Notenbeispiel 6.1 sind in Klammern die Töne angegeben, die ein Pianist oft zusätzlich spielt.

Akkordverbindungen. Der Jazz ist bis auf den *Free Jazz* (→) *tonale* Musik, dabei an der durmolltonalen Harmonik orientiert. Typisch sind Verbindungen von II., V. und I. Stufe, in C-Dur also des d-Moll-, G-Dur- und C-Dur-Akkords.
Stücke sind oft so aufgebaut, dass II–V–I-Folgen oder Teile solcher Folgen in verschiedenen Tonarten aneinander gesetzt werden. Typisch hierfür ist Notenbeispiel 6.2, in welchem zur Verdeutlichung die Stufen bezeichnet sind. Das Stück weist übrigens Beziehungen zum herkömmlichen (→) *Bluesschema* auf; es besitzt 12 Takte, und an zentralen Stellen stehen die erwarteten Harmonien, nämlich in den Takten 1, 5 und 11 auf der 1. Zählzeit sowie in den Takten 4 und 12 auf der 3. Zählzeit.
Im (→) *Fusion-Stil* kommen auch andere Formen der tonalen Harmonik vor. Der Free Jazz ist oft atonal.

Notenbeispiel 6.1:

Typische Begleitung von Klavier, Bass und Drumset in ternärem Feeling im Swing

Notenbeispiel 6.2:

Charlie Parker: Blues for Alice (ternäres Feeling)

Form und Improvisation

Art der Themen. Die Themen weisen in der Regel einfache Reihenform auf; sehr häufig sind 32-taktige Reprisenbarformen oder Abwandlungen davon; des Öfteren weisen Themen das Bluesschema auf, z. B. *In the Mood*, oder Abwandlungen davon, z. B. Notenbeispiel 6.2. Die Themen sind meistens Evergreens oder bekannte Stücke aus Musicals. Im *Modern Jazz* gibt es auch eigens komponierte unsangliche, stark synkopierte Themen (→ Notenbeispiel 6.2). Sehr oft werden **Standards** verwendet, d. h. populäre Stücke. Es gibt seltener Kompositionen, die einen komplexen Aufbau besitzen, z. B. vom *Modern Jazz Quartett*.

Form eines Stückes bei Combobesetzung.
Allgemeines. Die Form im Jazz ist im Allgemeinen schlicht. Die meisten Stücke besitzen folgenden Ablauf:

Einleitung (kann fehlen)	Thema, evtl. Wiederholung, mit allen Instrumenten, oft unisono	verschiedene Soli, Improvisationen über das (→ Bd. I) *Harmonieschema* des Themas	Thema, evtl. Wiederholung, mit allen Instrumenten, oft unisono	Schluss (kann fehlen)

Improvisation. Improvisiert wird über das (→ Bd. I) *Harmonieschema* des Themas. Unter einem *Chorus* (Plural: *Chorusse*) versteht man unter anderem die einmalige Improvisation über das Harmonieschema eines Themas. – Selten wird, wie bei der Form *Thema mit Variationen*, Material des Themas verwendet, zuweilen im (→) *Oldtime* und (→) *Cool Jazz*. Steigerungen und Rückentwicklungen sind des Öfteren zu finden.

Vokalisten improvisieren manchmal mit *Scat-Gesang*; darunter versteht man virtuoses Singen mit sinnlosen Silben, z. B. „dugadabap, wobabup".
Häufig kommen (→) *Breaks* vor, in der Regel vor dem Beginn eines neuen Chorus.
Den Schluss eines Jazzstückes bildet oft ein kurzer Abschnitt, in dem alle Instrumente über einen dissonanten Akkord improvisieren, wobei es keinen Puls gibt.
Zumeist wird solistisch improvisiert. Unter *Kollektivimprovisation* versteht man das gleichzeitige Improvisieren mehrerer Instrumente. Dies ist im Oldtime und Free Jazz verbreitet.

Form eines Bigband-Stückes.
Allgemeines. Diese entspricht der im obigen Schema genannten Form, ist aber komplexer. In der Regel wird am Anfang das Thema von der ganzen Big Band vorgetragen. Sehr oft schließen sich mehrere Harmonieschemata an, bei welchen sich folgende Abschnitte abwechseln: Soloimprovisationen, oft mit Einwürfen der anderen Instrumente, notierte Variationen von Teilen des Themas, Abschnitte mit neuem Material. Am Schluss erscheint das Thema erneut, oft verändert oder verkürzt. – Es gibt auch Big-Band-Stücke, die einen sehr komplexen Aufbau besitzen, z. B. von *Stan Kenton* (1911–1979).
In Big Bands werden die Instrumentengruppen der (→) *Melody Section*, Trompeten, Saxophone und Posaunen, in der Regel homorhythmisch, zuweilen unisono eingesetzt.
Des Öfteren erscheinen zu einer Improvisation eines Soloinstruments in der Big Band *Riffs*. Unter einem **Riff** versteht man eine kurze, rhythmisch prägnante Melodie in der Oberstimme, die öfter hintereinander gleich oder ähnlich wiederholt wird. Sie passt sich dabei der sich verändernden Harmonik an. Riffs werden auch zuweilen für Themen verwendet. – **Riff** hat zuweilen auch die Bedeutung von Muster bzw. Pattern.
Beispiel. Billy Strayhorns (1915–1967) *Take the A-Train* (1941), ein Stück der Big Band von *Duke Ellington*, ist typisch für den Ablauf eines Big-Band-Stückes.

Taktanzahl	Form	Thema in	Solo-Improvisation	Bläserbegleitung
8+8+8+8	A a, a, b, a'	Saxophone	—	Trompeten / Posaunen
8+8+8+8	A_1 c, c, d, c	—	Solo-Trompete	Saxophone
4	Zwischenteil	—	—	alle
8+8	A_2 d, d		Solo-Trompete	Saxophone
8	e	—	Solo-Trompete	alle
8	a"	Saxophone	—	Trompeten / Posaunen
8+8	A' a''', a'''	Saxophone		Trompeten / Posaunen

Tongebung (Hot intonation)

Typisch für den Jazz und z. T. für die Rockmusik ist die (→) *Tongebung*, die als *Hot intonation* bezeichnet wird. Sie unterscheidet sich deutlich von der Tongebung in der traditionellen westlichen Musik und trägt wesentlich zur Intensität des Ausdrucks bei. Merkmale der *Hot intonation* sind:

a) Die Klangfarbe der Instrumente enthält oft starke Geräuschanteile; sie ist zuweilen rauh schrill und gepresst. Dieses wird manchmal auch mit einem Dämpfer erzeugt.
b) Es gibt viele (→ Bd. I) *Glissandi* und intonationsunreine Töne.
c) Viele Akzente werden gesetzt, namentlich synkopische.
d) Besonders im frühen Jazz wird mit starkem (→ Bd. I) *Vibrato* gespielt.

Töne, die gemäß den Spielweisen a) und b) erzeugt werden, heißen auch (→) *Dirty tones*. Viele Jazzmusiker besitzen ihren individuellen Ton, an denen sie Experten erkennen.

Besetzungen / Instrumente

Man teilt die Besetzungen im Jazz in Combo und Big Band ein (→ Bd. I; 5.3). Bei beiden gibt es die *Melody Section* mit den Melodieinstrumenten und die *Rhythm Section*, die aus Harmonieinstrument(en), Schlagzeug und Bass besteht (vgl. Tabelle in 6.4.3).

Zur Einordnung in die hauptsächlichen Musiksparten

Am Anfang changierte der Jazz zwischen Volks- und Popularmusik. In den 1930er Jahren war er zum großen Teil Popularmusik. Seit den 1940er tendiert er zuweilen zur Ernsten Musik. – Die meisten Stücke des Jazz unterscheiden sich durch folgende Merkmale von der Kunstmusik: Die Form ist einfach. Die Textur ist zumeist homophon; die Begleitung in der Combo ist stereotyp (i. d. R. Walking bass und synkopische Akkorde im Klavier oder der Gitarre). Die Harmonik ist zumeist viel weniger differenziert als in der Kunstmusik.

6.4.3 Jazzstile

Schematische Übersicht über die Jazzstile

	Oldtime Jazz	**Swing**	**Modern Jazz**	**Free Jazz**	**Fusion Music** (Rock Jazz)
Entstehung	ca. 1900	ca. 1930	ca. 1940	ca. 1960	ca. 1970
Träger (vornehmlich)	Schwarze, später Weiße	Weiße	Schwarze, im Cool Jazz Weiße	Schwarze	Schwarze und Weiße
Improvisation	kollektiv und solistisch	solistisch	solistisch	kollektiv und solistisch	hauptsächlich solistisch
Harmonik	durmolltonal	tonal	tonal, dissonanter als im Swing	in der Regel atonal	durmolltonal
Besetzung	5–7	Big Band	4–5	4–5, auch mehr	4–5, auch mehr
hauptsächliche Melodie-instrumente	Trompete oder Kornett, Klarinette, Posaune	Big Band: Saxophone, Trompeten, Posaunen (Klarinette)	Trompete, Saxophon	Trompete, Saxophon	Trompete, Saxophon

	Oldtime Jazz	Swing	Modern Jazz	Free Jazz	Fusion Music (Rock Jazz)
Harmonieinstrument(e)	Banjo, später, Klavier, Gitarre	Klavier, Gitarre	Klavier, Gitarre, E-Gitarre	Klavier, Gitarre, E-Gitarre	E-Gitarre, Keyboard, Klavier
Rhythmen der Harmonieinstrumente	gleichmäßige Akkorde in Vierteln	meistens gleichmäßige Akkorde	Synkopen	Synkopen	Synkopen
Bassinstrument(e)	Tuba, Kontrabass	Kontrabass	Kontrabass, E-Bass	Kontrabass, E-Bass	Kontrabass, E-Bass
Bassbewegung im 4/4-Takt	besondere Betonung der beiden Hauptzählzeiten	oft Walking bass	oft Walking bass	alles möglich, oft Synkopen	Synkopen
Rhythmen des Schlagzeugs bei ternärem Feeling	gleichmäßige Akzente, kaum Synkopen, kein Grundrhythmus	Grundrhythmus, wenig Synkopen	Grundrhythmus, oft starke Synkopen	ab und zu Grundrhythmus, oft starke Synkopen	selten Grundrhythmus, oft starke Synkopen

Die einmal entstanden Stile bestehen weiter und erleben zuweilen ein Revival. Sie vermischten sich untereinander in vielfältiger Weise. Eine Mischung aus *Swing* und *Bebop* wird *Mainstream* genannt, der seit den 1940er Jahren beliebt ist.

Oldtime Jazz (New Orleans, Dixieland, Chicago)

Entstehung und Ausbreitung. Der Jazz entstand um 1900 in New Orleans, der Stadt am Mississipi-Delta. Hier waren in den vergangenen Jahrhunderten sehr viele Sklaven eingetroffen, sodass der Anteil der Afroamerikaner relativ zu anderen Städten der USA besonders groß war. Der Jazz entwickelte sich durch eine Mischung von afroamerikanischer Musik und europäischer Tanz- bzw. Marschmusik. Er wurde zunächst (→) *Ragtime* genannt. – Die afroamerikanischen Bevölkerungsverschiebungen vom Süden in den industrialisierten Norden führten zur Ausbreitung des Jazz. Zum neuen Zentrum wurde um 1920 Chicago. Hier etablierten sich verstärkt auch weiße Jazzmusiker. Zur Verbreitung des Jazz trug auch die Schallplatte bei; die erste Aufnahme entstand 1917 in New York.
Merkmale. Charakteristisch für den Oldtime Jazz ist die (→) *Kollektivimprovisation*. Das Repertoire war breit gefächert, es gab Märsche, Evergreens, Ragtimes, Blues usw.
Berühmte Vertreter sind der afroamerikanische Trompeter *Louis Armstrong*, genannt *Satchmo* (1900–1971) und der weiße Trompeter *Bix Beiderbecke* (1903–1933).

Swing

Entstehung. Am Ende der Depression zu Beginn der 1930er Jahre entstand in den USA die Swing-Musik, die dem Geschmack eines breiteren Publikums angepasst war. Sie war hauptsächlich Big-Band-Musik. Big Bands entstanden vereinzelt bereits am Ende der 1920er Jahre (z. B. *Fletcher Henderson, Duke Ellington*). Wie kaum eine andere Jazz-Art ist der Swing stark von den Weißen geprägt.

Merkmale. Ein Merkmal des Swing ist neben raffinierten Arrangements, wie sie die Tabelle S. 188 zeigt, die ausgeweitete Harmonik. Im Swing war auch Gesang verbreitet. Der Swing erfreute sich großer Beliebtheit und nahm die Rolle der aktuellen Popularmusik in Nordamerika ein. Aus dem Repertoire verschwanden allmählich Märsche und Ragtimes.
Berühmte Big-Band-Leader sind *Fletcher Henderson* (1898–1952, Klavier), *Duke Ellington* (1899–1974, Klavier), der *King of Swing Benny Goodman* (1909–1986, Klarinette), *Glenn Miller* (1904–1944, Posaune) und *Count Basie* (1904–1984, Klavier). Bekannte Saxophonisten sind *Coleman Hawkins* (1904–1969) und *Lester Young* (1909–1959); eine berühmte Sängerin ist *Ella Fitzgerald* (1918–1997).

Exkurs: Im **Nationalsozialismus** war der Jazz verfemt, er galt als *entartet*. Es gab verschiedene Maßnahmen zur Eindämmung, aber kein offizielles Verbot. Der Jazz war für die Machthaber gefährlich, weil durch ihn eine nicht genehme Weltanschauung vermittelt und in Radiosendern mit Jazzmusik Kritik gegenüber dem Regime geäußert wurde.

Modern Jazz (Bebop, Cool Jazz, Westcoast)

Allgemeines. Mit dem Begriff *Modern Jazz* wird eine Vielzahl von Stilen zusammengefasst, die seit ca. 1940 praktiziert werden. Er wird zumeist aufgeteilt in *Bebop* und *Cool Jazz*. Des Öfteren werden auch noch *Westcoast Jazz* und *Hardbop* angeführt.

Bebop. Der erste Stil des *Modern Jazz* war der *Bebop*, der sich deutlich vom Swing unterschied. Der **Bebop** ist charakterisiert durch hektischen Charakter, dissonante Improvisationen, Hervortreten des verminderten Quinttones, starke Synkopen im Schlagzeug, dissonante Akkorde, oft schnelles Tempo. Er war nicht mehr zum Tanzen geeignet.
Entstehung. Der Bebop entstand in New Yorker Lokalen im Jahre 1941. Hier trafen sich schwarze Musiker zu abendlichen *Jam Sessions*, d. h. Musizieren ohne vorherige Probe. Ein Grund für die Entstehung des neuen Stils lag darin, dass die Musiker in den Big Bands nur sehr wenig improvisieren konnten.
Berühmte Vertreter sind die Afroamerikaner *Charlie Parker* (1920–1955, Saxophon), *Dizzy Gillespie* (1917–1993, Trompete) und *Miles Davis* (1926–1991, Trompete).
Beispiel. Das Notenbeispiel 6.2 von *Charlie Parker* ist typisch für eine Bebop-Komposition. Charakteristisch ist die Melodie, die zahlreiche Synkopen enthält. Kennzeichnend ist auch der schnelle harmonische Rhythmus und die rasche Folge von berührten Tonarten.

Cool Jazz. *Merkmale* des **Cool Jazz** sind kühle, also nicht an der *Hot intonation* orientierte Spielweise, sparsames Schlagzeug, weniger starke Synkopierung als im Bebop, differenzierte Formen und Arrangements, stärkere Strukturierung der Improvisationen.
Die Besetzungen wurden vielfältiger, teilweise auch größer; bisher unübliche Instrumente wurden beim Arrangement und Solo eingesetzt, z. B. Oboe, Fagott und Horn.
Entstehung und Verbreitung. Der *Cool Jazz* blieb in seinem Entstehungsland, den USA, ökonomisch erfolglos. Er fand seine größte Anerkennung in Europa, insbesondere in England, Skandinavien und der Bundesrepublik.
Berühmte Vertreter sind *Lennie Tristano* (1919–1978, Klavier) und das *Modern Jazz Quartett*, das von 1951–1971 bestand.
Beispiel. Modern Jazz Quartett: Concorde (1963 aufgenommen).

Das *Modern Jazz Quartett* ist eines der einflussreichsten Ensembles des Cool Jazz. Neben den in der folgenden Tabelle genannten Instrumenten spielt noch das Schlagzeug mit.
Das Stück *Concorde* ist ein Beispiel für hohe Kunstfertigkeit. Es ist an die Form der (→ Bd. I) *Fuge* angelehnt. Wie bei einer Fuge wird das Thema (T) zunächst in den einzelnen Instrumenten vorgestellt. Abschnitte mit dem Thema wechseln sich ab mit Solo-Improvisationen (I) der Instrumente, sodass von Durchführungen und Zwischenspielen (Zw.) gesprochen werden kann. Ab Abschnitt 3 spielen alle Instrumente immer mit.
Das Stück ist nicht durchgehend polyphon, vielmehr begleitet das jeweils nicht improvisierende oder themaführende Melodieinstrument des Öfteren mit Akkorden. Neben dem Fugenthema sind auch weitere Stimmen komponiert.

	1	2	3	4	5	6	7	8	9	10	11
Klavier		T		I	T				T		T
Vibraphon			T			T		T		I	T
Bass	T						I				T
Formteil	1. Durchführung			1. Zw.	2. Df.		2. Zw.	3. Df.		3. Zw..	4. Df.

Free Jazz

Merkmale. Charakteristisch für den Free Jazz ist die freie Tonalität oder Atonalität. Ansonsten sind die Stücke des Free Jazz stilistisch und in ihrer Differenziertheit sehr vielfältig. Im Free Jazz wird nicht nur improvisiert, sondern auch komponiert.
Entstehung. Der neue Stil wurde nach der Schallplatte *Free Jazz* von *Ornette Colemann* (1960) benannt. Er war ursprünglich stark von afroamerikanischen Musikern geprägt, verbreitete sich aber rasch weltweit. – Etliche schwarze Musiker engagierten sich im Free Jazz politisch, besonders für die Gleichberechtigung der Rassen. Das äußerte sich in Titeln oder Widmungen von Stücken, z. B. in *Sonny Rollins Freedom Jazz Suite.*
Berühmte Vertreter sind *John Coltrane* (1926–1967, Saxophon), *Ornette Coleman* (*1930, Saxophon) und *Cecil Taylor* (*1933, Klavier).

Fusion Music

Merkmale. Die Fusion-Musik ist eine Mischung zwischen Jazz und Rock und wird daher auch *Rock Jazz* oder *Jazz Rock*, zuweilen auch *Electric Jazz* genannt.
Charakteristisch ist das aus dem Rock stammende (→) binäre Feeling, die rockorientierte Schlagzeugbegleitung, die Verwendung elektrisch verstärkter Instrumente, vor allem Gitarren und Keyboards, einfachere formale Strukturen, hohe Virtuosität der Solisten und große Lautstärke. Die Fusion-Musik fand ein breites Massenpublikum.
Entstehung. Von Bedeutung war *Miles Davis*' Album *Bitches Brew* aus dem Jahre 1969.
Berühmte Vertreter sind *Miles Davis, John McLaughlin* (*1942, E-Gitarre), *Carlos Santana* (*1947, E-Gitarre), *Herbie Hancock* (*1940, Klavier) und *Chick Corea* (1941, Klavier).

Neuere Entwicklung

Der Jazz der letzten Jahrzehnte ist gekennzeichnet durch Revivals und vielfältige Stilmischungen, was als Ausdruck der (→) *Postmoderne* gedeutet werden kann.

6.5 Musical

6.5.1 Allgemeines

Musik

Definition und Entstehung. Unter einem **Musical** (Kurzform von *musical comedy* oder *musical play*) versteht man eine szenische vokale Gattung der Popularmusik, bei der Tanz und gesprochene Dialoge ohne Musik einen breiten Raum einnehmen (→ Bd. I; 11.1.4). Das Musical entstand um 1900 in New York aus Operette, Pantomime, Ballett, Show und weiteren Gattungen. Die Angabe der genauen Entstehungszeit hängt von der Definition des Musicals ab. – Wichtige Vorläufer waren die Operetten des Briten *Sir Arthur Sullivan* (1842–1900), der zusammen mit dem Librettisten *William Gilbert* (1836–1911) zahlreiche in Großbritannien und Nordamerika noch heute populäre Werke schrieb. Zu den bekanntesten Stücken zählt *Mikado* (1885).

Merkmale und Beispiele.
Stilistik. Die Stilistik des Musicals ist heute sehr vielfältig. Es gibt Einflüsse aus allen möglichen Bereichen der Popularmusik, wie Jazz, lateinamerikanische Musik oder Rock, sowie der Ernsten Musik, wie Operette und Oper.
Man kann bis nach der Mitte des 20. Jahrhunderts vereinfacht zwei Entwicklungslinien des Musicals unterscheiden, eine vom Jazz beeinflusste und eine in der Tradition der Operette stehende, wobei es natürlich mannigfaltige Mischungen gibt.
Zu den vom Jazz beeinflussten Werken gehören beispielsweise von *George Gershwin*: *Lady, Be Good* (1924), und von *Cole Porter* (1891–1964): *Anything Goes* (1934). In der Tradition der Operette stehen: *Jerome Kerns* (1885–1945) *Show Boat* (1927), *Richard Rodgers'* (1902–1979) *Oklahoma!* (1943) und *Frederic Loewes* (1901–1988) *My Fair Lady* (1956).
Die in den 1960er Jahren entstandene Rockmusik hatte großen Einfluss auf das Musical. Es entstanden viel Rockmusicals und vom Rock beeinflusste Musicals. Eines der ersten Rockmusicals ist *Hair* (1967) von *Galt MacDermot*. *Richard O'Briens Rocky Horror Picture Show* (1973) erhielt in der Filmversion Kultstatus. *Andrew Lloyd Webbers* Musicals sind zumeist stark vom Rock beeinflusst oder Rockmusicals.
Form. Das Musical weist oft zwei Akte auf. Es ist wie die Oper im 18. und 19. Jahrhundert und die Operette in der Regel in Nummern eingeteilt. Die einzelnen Nummern, zumeist Songs, besitzen zum überwiegenden Teil Formen der Popularmusik, oft Reprisenbarformen. Des Öfteren erscheinen Erinnerungsthemen oder -motive. Zuweilen gibt es Leitmotive.
Stoffe. Musicals weisen des Öfteren eine sozialkritische Thematik auf. Zuweilen finden sich auch Stoffe aus der Weltliteratur, z. B. bei *My Fair Lady*; auch Märchen und Bibelstoffe werden verwendet. Ein Musical hat in der Regel eine Handlung; es kann, vor allem in der Frühzeit, aber auch aus lose aneinandergereihten Szenen bestehen.
Aufwand. Charakteristisch für die meisten Musicals ist ein großer Aufwand an Bühneneffekten, Bühnenbild, Licht und Kostümen.
Differenziertheit. Musicals sind deutlich unterschiedlich differenziert. Einige sind klar der Kunstmusik zuzurechnen, z. B. die *West Side Story* oder *My Fair Lady*.

Verfilmungen. Musicals werden des Öfteren verfilmt. Oft wird in der Filmversion die Musik anders arrangiert, in der Regel für ein größeres Orchester, das virtuoser spielt. Es gibt mehr Musik, da Ballett-Szenen zuweilen länger dauern und den Dialogen zusätzlich Musik unterlegt wird.

Zum Betrieb

Musical-Theater. Musicals werden im Allgemeinen von privaten Bühnen aufgeführt. Ein Musical läuft oft an einem Theater ununterbrochen in einer Serie, zuweilen über mehrere Jahre. Die meisten nordamerikanischen Musicals von den 1920er bis in die 1960er Jahre wurden „am Broadway", genauer gesagt in den Musical-Theatern rund um den Broadway in New York uraufgeführt. Ein weiteres Zentrum sind die Musical-Theater im Londoner West End. In Deutschland gibt es verschiedene private Musical-Häuser, die teilweise seit Jahren ein und dasselbe Musical aufführen, z. B. in Hamburg, Bochum, Stuttgart und Berlin.
Zur Entstehung. Charakteristisch für die Entstehung eines Musicals ist die Arbeitsteilung zwischen Buchautor, Songtexter, Komponist, Arrangeur u. a. Bevor ein Musical uraufgeführt wird, werden oft Teile daraus in Voraufführungen getestet, häufig in der „Provinz", und bei mangelndem Erfolg nochmals verändert.
Musicaldarsteller müssen gleichzeitig Schauspieler, Sänger und Tänzer sein. Hierfür gibt es eigene Ausbildungsstätten.

Die drei im Folgenden besprochenen Werke sind jeweils Beispiele für vom Jazz, von der Operette und von der Rockmusik beeinflusste Stücke (vgl. 2.7).

6.5.2 Beispiele

Leonard Bernstein (1918–1990): West Side Story (1957) (ca. 2 1/2 Std.)

Zum Komponisten.
Leben. Leonard Bernstein wurde 1918 als Sohn von aus der Ukraine eingewanderten jüdischen Eltern in Lawrence / Massachussets geboren. Er studierte ab 1935 Klavier, Dirigieren und Komposition. 1943 wurde er über Nacht als Dirigent bekannt. Seitdem leitete er verschiedene große Orchester und zählte zu den bekanntesten Dirigenten des 20. Jahrhunderts. Ebenfalls 1943 wurde *Bernstein* durch die Uraufführung seiner Ersten Sinfonie *Jeremiah* auch als Komponist berühmt. *Bernstein* wirkte außerdem als Pianist und war Autor musikpädagogischer Bücher und Fernsehsendungen.
Werke (Auswahl): Weltliche Vokalmusik: Opern, Operette: *Candide* (1956), Musicals, Lieder; Geistliche Vokalmusik: *Mass, Chichester Psalms*; Instrumentalmusik: drei Sinfonien; Kammer- und Klaviermusik; Film- und Bühnenmusiken.
Bernsteins Musik ist tonal und freitonal. Charakteristisch ist die stilistische Vielfalt; er bezog beispielsweise Jazz, lateinamerikanische Musik und synagogalen Gesang in seine Kompositionen der Ernsten Musik ein. Seine Orchesterwerke weisen manchmal Programme oder gesungene Texte auf. Die Instrumental- und Vokalmusik sind stark von Religiosität geprägt und des Öfteren auf die jüdische Tradition bezogen.
Bedeutung. Bernstein zählte zu den vielseitigsten nordamerikanischen Musikern des 20. Jahrhunderts.

Inhalt. Das Stück spielt in der West Side, einem Stadtteil von Manhattan in New York. Hier bekämpfen sich zwei jugendliche Banden, die beide ein Viertel des Stadtteils als ihr Revier beanspruchen. Die Jets sind alteingesessene US-Amerikaner, die Sharks kurz zuvor eingewanderte Puertoricaner. Tony, der die Jets mitbegründet, sich aber mittlerweile von ihnen entfernt hat, und Maria, die Schwester des puertoricanischen Bandenchefs Bernardo, verlieben sich ineinander. In einem Zweikampf ersticht Bernardo Tonys besten Freund Riff, den Anführer der Jets. Daraufhin tötet Tony im Affekt Bernardo mit einem Messer. Maria verzeiht Tony die Tötung ihres Bruders. Chino, dem Bernardo seine Schwester Maria zur Ehe versprochen hatte, erschießt Tony hinterrücks. Marias Verzweiflung an Tonys Leiche scheint die befeindeten Jugendbanden zu versöhnen. – Das Stück ist eine Übertragung von *Shakespeares Romeo und Julia* auf aktuelle Verhältnisse (vgl. *Prokofjew*); es gibt zahlreiche Analogien in der Handlung zu *Shakespeares* Drama, z. B. die Balkonszene (Nr. 6).

Notenbeispiel 6.3:

L. Bernstein: West Side Story: Nr. 8: Cool, Klavierauszug T. 9-13

Musik.

Allgemeines. Die *West Side Story* zeichnet sich durch hohe Differenziertheit aus, vor allem bezüglich der Harmonik und Melodik, und gehört deutlich zur Kunstmusik. Der Tanz spielt eine große Rolle. – Etliche Stücke sind melodisch durch den verminderten Quintton charakterisiert; oft erklingt ein Tritonussprung vom Grundton aus, z. B. in *Cool* (→ Notenbeispiel 6.3) und in Nr. 5: *Maria.*

Stilistik. Das Musical ist gekennzeichnet durch Einbeziehung verschiedener Musikrichtungen, sowohl hinsichtlich der Stilistik als auch der Formen. Prägend ist der sinfonische (→) *Modern Jazz* mit komplexer Fünfklangsharmonik (→ Notenbeispiel 6.3). Durch diesen Stil sind die Jets charakterisiert. – Es gibt lateinamerikanische Einflüsse, vor allem Tanzrhythmen, z. B. in den Nummern 4 B (Mambo), 4 C (Cha-Cha-Cha) und 7: *America* (Seis). Durch diese werden die Sharks gekennzeichnet. – Elemente der Operettenmusik werden vorwiegend bei der Liebesgeschichte zwischen Tony und Maria verwendet. – Einflüsse der Oper zeigt das Ensemble Nr. 10: *Tonight.* – Ein Charakteristikum der Ernsten Musik ist die Fuge mit einem zwölftönigen Thema in Nr. 8: *Cool.*

Jerry Bock (*1928): Fiddler on the Roof (Der Fiedler auf dem Dach, Anatevka) (1964) (ca. 3 Std.)

Inhalt. Das Stück spielt in Anatevka, einem kleinen jüdischen Dorf in der zu Russland gehörenden Ukraine kurz vor Ausbruch der Russischen Revolution im Jahre 1905. Die Juden sind durch antisemitische Pogrome stark gefährdet. Der arme Milchmann Tevye versucht, seinen fünf Töchtern jeweils eine für ihn vorteilhafte Heiratspartie zu verschaffen; er muss aber zusehen, wie die drei Ältesten nacheinander seine Pläne durchkreuzen.
Durch einen Erlass des Zaren werden die Juden aus Anatevka ausgewiesen. Die drei ältesten Töchter ziehen mit ihren Ehemännern nach Polen bzw. Sibirien. Tevye, seine Frau und die beiden jüngsten Töchter wandern nach Nordamerika aus.
Die Hauptfigur Tevye fungiert als Handelnder und Erzähler. Er ist von tiefem Glauben beseelt. Seine Texte, wie auch diejenigen anderer, sind oft witzig und teilweise bitter ironisch, auch in seinen Gesprächen mit Gott. Im Welthit *If I were a Rich Man* heißt es beispielsweise am Schluss: „Would it spoil some vast, eternal plan, if I were a wealthy man?"

Musik. Die Musik ist sehr differenziert. Sie steht in der Tradition der Operette. Etliche Stücke weisen Reprisenbarform auf. Die Stimmungen sind vielfältig; ausgelassene ekstatische stehen neben besinnlichen und melancholisch-traurigen; mit einer solchen endet auch das ganze Musical. Es gibt zahlreiche, teilweise detaillierte Textausdeutungen.

Notenbeispiel 6.4:

J. Bock: Anatevka, Nr. 1: *Prolog-Tradition*, a) T. 64-67, Gesangsstimme mit Akkordsymbolen, b) häufig in der Begleitung auftretendes Motiv

In der Nr. 1 des Musicals mit der Überschrift Prolog-Tradition erklärt Tevye, dass jeder in dem Dorf ein Fiedler auf dem Dach sei, der versuche, eine schöne Melodie zu spielen, sich also gewissermaßen Mut zu machen, ohne herunterzufallen und sein Genick zu brechen. Das Gleichgewicht auf dem Dach würde gleichsam durch die jüdische Tradition gehalten. Im Prolog werden die verschiedenen jüdischen Personengruppen vorgestellt. Dazu erklingt Musik, die deutlich jüdischen Charakter besitzt. Solche Einschläge kommen in späteren Stücken des Musicals des Öfteren vor.
Der jüdische Charakter wird durch folgende musikalische Mittel erzeugt:

- Harmonik: Die Tonika ist ein Dur-Akkord; die Funktion der Dominante übernimmt der Dur-Akkord, der eine Sekunde höher liegt (→ Notenbeispiel 6.4 a).
- Melodik: Daraus ergeben sich für die Melodik Konsequenzen. Der zweite Tonleiterton ist oft erniedrigt, der dritte zuweilen, der vierte und fünfte bleiben bestehen, der sechste ist ebenfalls des Öfteren erniedrigt. Charakteristisch ist die übermäßige Sekunde zwischen zweitem und drittem Tonleiterton (→ vgl. Notenbeispiele 6.4 a und b).
- Instrumentation: Die jüdische Atmosphäre wird auch vermittelt durch entsprechende Instrumente, z. B. Akkordeon, oder solistischen Einsatz der Oboe.

Andrew Lloyd Webber (*1948): The Phantom of the Opera (Das Phantom der Oper) (1986) (ca. 2 1/4 Std.)

Zum Komponisten. *Andrew Lloyd Webber* wurde in London als Sohn begabter Musiker geboren. In früher Jugend erhielt er Unterricht in Klavier, Violine und Horn. Er schrieb vorwiegend Musicals und gehört heute zu den erfolgreichsten Komponisten dieser Gattung. 1968 verfasste *Lloyd Webber* für eine Schulaufführung ein 15-minütiges Oratorium, das in London Beachtung fand und der Beginn seiner Laufbahn war. Das Stück wurde allmählich erweitert und 1976 unter dem Titel *Joseph and the Amazing Technicolor Dreamcoat* veröffentlicht und international bekannt. *Lloyd Webbers* erster Welterfolg war das Rock-Musical *Jesus Christ Superstar* (1971). Es folgten etliche weitere Werke (→ 2.7).

Inhalt. Das Stück entstand gemäß einer Romanvorlage von 1910. Nach einem Prolog spielt die eigentliche Handlung im Jahre 1861 in der Pariser Oper. Sie wird von einem Phantom in Atem gehalten, einem hässlichen, genialen universalen Künstler, der nur mit Maske auftritt und in den unterirdischen Stockwerken der Oper wohnt. Das Phantom liebt die junge Tänzerin und Chorsängerin Christine, die spätere Geliebte Raouls. Es stellt beständig Forderungen, vor allem dass Christine Hauptrollen übernehmen solle, unter anderem in einer seiner eigenen Opern. Er schreckt auch nicht vor zwei Morden zurück. Am Schluss stellt er Christine vor die Alternative, entweder bei ihm zu bleiben oder ihren Geliebten sterben zu sehen. Christine küsst darauf das Phantom, das, überwältigt von der Zuwendung, Christine und Raoul freigibt und verschwindet. – Gründe für den großen Erfolg des Musicals mögen neben der eingängigen Musik die unheimlichen Ereignisse, die Morde, das Schauen hinter die Kulissen eines Opernhauses und das Mitleid mit dem Phantom sein.

Notenbeispiel 6.5:

a) Allegro vivace

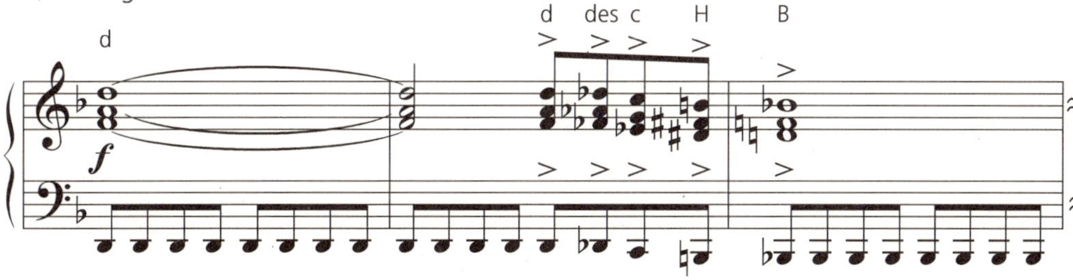

b) Moderato

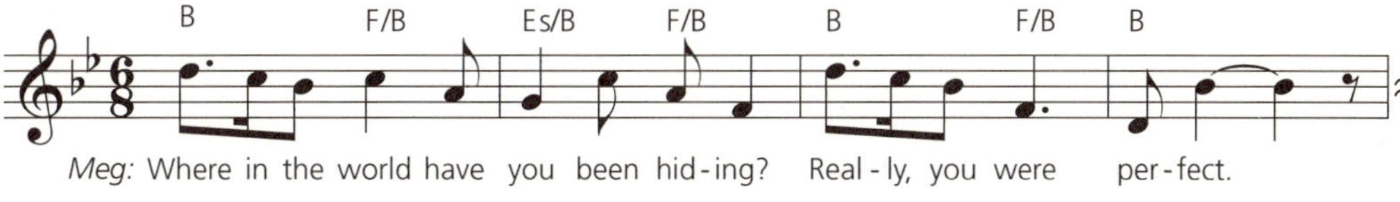

A. Lloyd Webber: The Phantom of the Opera, a) Leitmotiv des Phantoms: Beginn des Songs *Phantom of the Opera*, Klavierauszug, b) *Angel of Music*, Anfang, Gesangsstimme

Musik. Die Musik ist stilistisch vielfältig. Es kommen opernhafte Stücke vor, z. B. *Poor Fool, he makes me laugh*, Lieder im üblichen Musical-Stil, z. B. *Think of me*, und Rock-Songs wie z. B. *Phantom of the Opera*. – Die einzelnen Stücke sind sehr eingängig. Das liegt vor allem daran, dass einfache Motive oder Motivgruppen oft gleich oder ähnlich wiederholt werden, wobei sie sich in Instrumental- und Vokalbesetzung, Begleitung, Tonart sowie Lautstärke unterscheiden. Sie werden auch unterbrochen durch andere, häufig kontrastierende kurze Abschnitte. In *Angel of Music* etwa erklingen die ersten vier Takte (Notenbeispiel 6.5 b) insgesamt 13 mal, die erste Hälfte des ersten Taktes erscheint sogar 27 mal.
Das Phantom wird durch die Orgel charakterisiert, die es selbst auch im Musical spielt, außerdem durch ein Leitmotiv (→ Notenbeispiel 6.5 a), das auch ohne die durchgehenden Achtel im Bass erscheint. Es ist gekennzeichnet durch die für dieses Musical sonst unübliche Chromatik und durch bedrohliche Dramatik.

6.6 Übrige Popularmusik bis Mitte der 1950er Jahre

Allgemeines. Die Popularmusik war in der ersten Hälfte des 20. Jahrhunderts deutlich in afroamerikanische und weiße getrennt. Eine jugendorienterte weltweit bekannte Popularmusik gab es nicht.
Weiße Popularmusik. Zu Beginn des 20. Jahrhunderts wurde die Musik für Weiße deutlich von der afroamerikanischen Volksmusik und dem Jazz beeinflusst. Sie entwickelte die in Abschnitt 5.2.2 beschriebenen Merkmale. Außerdem wurde der weiße Gesellschaftstanz stark von der afroamerikanischen Tanzweise geprägt. Zu den populärsten weißen Sängern der 1940er Jahre gehörte *Frank Sinatra* (1915–1998).
Afroamerikanische Popularmusik (in Nordamerika). Aus dem (→) *Urban Blues* und dem (→) *Swing* entwickelte sich der *Rhythm and Blues*. Der **Rhythm and Blues** (auch Rhythm & Blues, R & B) ist Popularmusik von Afroamerikanern zunächst für Schwarze, später auch für Weiße mit folgenden musikalischen Merkmalen: zumeist zwölftaktiges Bluesschema in der Strophe, schneller und rhythmisch betonter als der Blues und mit größerem Anteil der Instrumente. Wichtiger Vertreter ist *Fats Domino* (*1928).

6.7 Übrige Popularmusik ab Mitte der 1950er Jahre

6.7.1 Allgemeines zu den Stilen

Zum Einschnitt. Mit dem Rock 'n' Roll entstand Mitte der 1950er Jahre erstmals eine weltweit erfolgreiche Musik, die vorwiegend von Jugendlichen gehört wurde. Die Musik für Jugendliche spiegelt oft in den Texten Erfahrungen, die für diese Altersgruppe spezifisch sind und dadurch der Identitätsstiftung dienen.

Übergeordnete Begriffe. Es gibt keinen Gesamtbegriff für die Vielzahl von Sparten der Popularmusik, die nicht zum Jazz und zum Musical gehören. Zuweilen wird versucht, diese

Musik durch das Begriffspaar *Rock und Pop* zusammenzufassen, das allerdings beispielsweise Chansons, volkstümliche Musik, Rap und Techno kaum umfassen kann.
Die im Folgenden genannten Begriffe schließen sich nicht gegenseitig aus. Sie sind zuweilen wertend.

- *Popmusik.* Mit **Pop** oder **Popmusik** (als Abkürzung von engl: *popular music*) wird oft eine Musik bezeichnet, deren musikalische Merkmale Extreme vermeiden und die von breiteren Bevölkerungsschichten gehört wird. Schlager und leichtere Rockmusik werden einbezogen. Chansons gehören teilweise dazu. Eine typische Pop-Gruppe ist *ABBA*.
- *Rockmusik.* (→ 6.7.2)
- *Schlager.* Ein **Schlager** ist ein deutsches Lied in der Stilistik des Pop mit einfacher Melodik und Harmonik und in der Regel wenig differenzierten Texten. Der Begriff wird von den Schlagerfans positiv, von den Gegnern abschätzig aufgefasst.
- *Stücke von Liedermachern und Chansons* sind weniger rockorientiert, oft nur für Gitarre oder Klavier verfasst, besitzen anspruchsvollere Texte und zuweilen differenziertere Musik als Schlager. Ein Chanson gilt als höherrangig als ein Stück eines Liedermachers, sowohl hinsichtlich der Differenziertheit des Textes wie der Musik.
- *Volkstümliche Musik.* (→ 5.1.4)
- *Rap.* (→ 6.7.2)
- *Techno.* (→ 6.7.3)

Musikalische und andere Merkmale.
Stilistische Vielfalt wurde größer. Die Anzahl der Stile nahm in der zweiten Hälfte des 20. Jahrhunderts erheblich zu. Die entstandenen Hauptstile differenzierten sich immer weiter aus. Die Substile werden in der Szene, von Journalisten oder DJs (Discjockeys) benannt. Ähnlich wie im Jazz blieben die entstandenen Stile in der Regel weiter bestehen.
Stile und Interpreten. Viele Interpreten bleiben ihrem Stil treu, z. B. *ABBA* oder die *Bee Gees*. Andere passen sich den aktuellen Trends an, z. B. *Heino* und *Modern Talking*.
Unterschied zwischen den Stilen. Die Stile unterscheiden sich durch Sound, Rhythmik, Instrumente/Klang, Spielweisen, Phrasierung, Gesangsweise, Texte, Aufführungsart, selten durch Harmonik und Melodik. Es gibt dabei Merkmale, die nicht durch die herkömmliche Notenschrift zu erfassen sind.
Häufige Begleitmuster. Häufig wird in verschiedenen Stilen der Popularmusik seit den 1960er Jahren die Begleitung verwendet, die in Notenbeispiel 6.6 a) dargestellt ist, bzw. eine ähnliche. Sie gilt für mittleres und schnelles Tempo.
Eine besondere Rhythmik ist der *Funk*. **Funk** [fʌŋk] ist eine rhythmische Spielweise im (→) *binären Feeling* bei mittlerem Tempo (i. d. R. ♩ = 100 bis 120) im 4/4-Takt, bei der in Melodie und Begleitung oft Töne bzw. Klänge zwischen die vollen und die Und-Zählzeiten (also auf die Sechzehntel) erklingen, häufig synkopisch (→ Notenbeispiele 6.6 b und 6.7); zuweilen wird im Schlagzeug ein Sechzehntelpuls verklanglicht. Die Spielweise des Funk wird *funky* genannt. Der Funk verbreitete sich Mitte der 1970er Jahre im Jazz und im Rock / Pop (zur Entstehung → *Soul*).

Notenbeispiel 6.6:

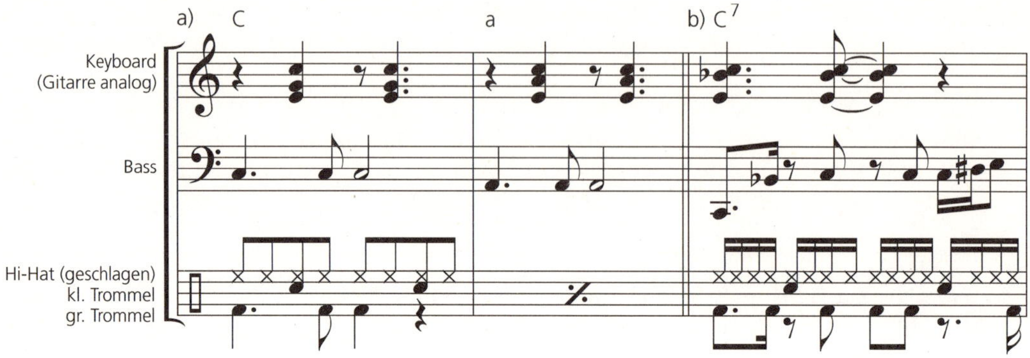

a) Typische Begleitmuster von Popularmusik b) Funk

Notenbeispiel 6.7:

H. Hancock: Chameleon, Beginn

Zur Soziologie.

Zuordnungen der Stile zu Gruppen. Den verschiedenen Stilen sind mehr oder weniger deutlich eine Vielzahl von Jugendgruppen zugeordnet (→ 8.4.3). Mit der Anzahl der Stile wuchs auch diejenige der Jugendgruppen.

Jugendorientierte Musik ist zuweilen Volksmusik. Jugendorientierte Volksmusik wird zuweilen **authentisch** genannt, im Sinne von *echt* und *ursprünglich*. Etliche Stile jugendorientierter Popularmusik waren zu Anfang Volksmusik, z. B. der Rap, und wurden später kommerzialisiert. – Der Begriff *authentisch* hat noch die Bedeutung von *ehrlich* und wird oft zur Verkaufsförderung eingesetzt.

Zur Trennung zwischen weißer und schwarzer Musik. Die Trennung zwischen schwarzer und weißer Musik ist nach dem Zweiten Weltkrieg in Nordamerika noch relativ klar ausgeprägt. Von Afroamerikanern geprägte Stile sind, wie übrigens auch beim Jazz, deutlich expressiver als von Weißen gestaltete. Aus dem *Rhythm and Blues* entwickelte sich in den 1960er Jahren der *Soul*. Merkmale des **Soul** sind afroamerikanische Interpreten, mehrstimmiger Gesang, jazzartige Harmonik, oft (→) *Funky-Spielweise*; Einflüsse des (→) *Gospels* sind deutlich. Wichtige Interpreten sind *James Brown* (*1929), *Temptations*, *Ike and Tina Turner* (*1939) und *Stevie Wonder* (*1950) (vgl. *Disco Sound*).

Stile der Afroamerikaner sind auch der frühe (→) *Rap* und der (→) *Reggae*.

6.7.2 Wichtige neue Stile bis ca. 1985

Rock 'n' Roll (Mitte der 1950er Jahre) (aus den USA)

Entstehung. Der (→) *Rhythm and Blues* erfreute sich zu Beginn der 1950er Jahren bei weißen Jugendlichen in Nordamerika immer größerer Beliebtheit. Der Musikkonsum der Jugendlichen wurde durch die Einführung der Single-Schallplatte, des Kofferradios und des Fernsehens erleichtert (→ 2.3.2). Weiße Musiker spielten die Stücke des Rhythm and Blues nach und glätteten sie. Die neue Musik wurde *Rock 'n' Roll* genannt.

Definition. Unter dem **Rock 'n' Roll** versteht man eine Musik, die in den frühen 1950er Jahren entstand, mit folgenden musikalischen Merkmalen: sehr oft (→) *Bluesschema*, insgesamt einfache Harmonik, oft Harmoniefolge der Stufen I, IV, II, V.

Vertreter. Der Weiße *Bill Haley* (1927–1981) brachte 1955 mit *Rock around the Clock* den ersten großen internationalen Rock 'n' Roll-Hit heraus. Er war der Titelsong des Filmes *Blackboard Jungle* (Saat der Gewalt). Wichtige Interpreten waren zudem *Elvis Presley* (1935–1977) sowie die Afroamerikaner *Chuck Berry* (*1931) und *Little Richard* (*1932).

Soziologische Begleitumstände. Es gab zum ersten Mal Jugendliche mit provozierendem Benehmen, die Rocker, die einen Motorradkult pflegten. Der Rock'n' Roll erregte heftigen Widerspruch bei vielen Erwachsenen.

(British) Beat (Anfang bis Mitte der 1960er Jahre)

Unter **Beat** oder *Beatmusik* versteht man die britische jugendorientierte Popularmusik zwischen ca. 1960 bis Mitte der 1960er Jahre, die harmonisch etwas komplexer war als der Rock 'n' Roll und seltener das Bluesschema verwendete. Seit dieser Zeit ist der Einsatz der E-Gitarre üblich. Wichtigste Gruppe waren die *Beatles*. – Zuweilen wird im Deutschen *Beat* auch synonym mit Rockmusik verwendet.

Soziologische Begleitumstände. Seit der Ära des Beat gehen Innovationen in der jugendorientierten Popularmusik auch von Europa aus. – Lange Haare wurden Mode.

Rock (seit Mitte der 1960er Jahre)

Musikalische Merkmale. Die Rockmusik entstand um die Mitte der 1960er Jahre. Unter **Rock** oder **Rockmusik** (entstanden aus einer Abkürzung von Rock 'n' Roll) versteht man Popularmusik mit folgenden Merkmalen:

- die verzerrte Gitarre spielt oft eine zentrale Rolle;
- das Schlagzeug ist reichhaltig und dominierend;
- die Stimme des Sängers oder der Sängerin ist oft schrill;
- es gibt freiere Form als bei üblicher Popularmusik, z. B. durch lange Improvisationen.

Rockmusik gilt zuweilen im Gegensatz zur (→) *Popmusik* als (→) *authentisch.*

Zu den ersten Interpreten gehören die *Rolling Stones, Who, Jimi Hendrix* (1942–1970), *Cream* und *Pink Floyd*. Der Aufwand an Instrumenten, Bühnenbildern, Beleuchtung, Kleidung usw. wurde zusehends größer (vgl. folgende Seiten *New Wave* und *Punk*).

Es entstanden die ersten *Konzept-Alben*. Unter einem *Konzept-Album* versteht man eine LP oder CD, deren Songs formal oder inhaltlich zusammen gehören und im Studio aufwändig produziert wurden. Als erstes Konzept-Album gilt *Sgt. Pepper's Lonely Hearts Club Band* (1967) der *Beatles*.

Soziologische Begleitumstände. Die Konzerte wurden länger, (→ 6.3) *Festivals* entstanden. Der freie Tanz verbreitete sich. – Zum Rock gehörten die anarchischen, antiautoritären Hippies, die Konsumverweigerung und Gewaltfreiheit propagierten. Ihr Wahlspruch war: *Make Love not War.*

Ausdifferenzierungen. Bald setzte eine sehr starke Differenzierung des Rock ein:
Folkrock (verbreitet Mitte der 1960er und 1970er Jahre) ist eine Mischung zwischen nordamerikanischer weißer Volksmusik und Rock. Merkmale sind weicher Klang und nicht verzerrte Gitarre. Zu den wichtigsten Interpreten gehört *Bob Dylan* (*1941).
Psychodelic Rock (vorwiegend Mitte der 1960er bis Anfang der 1970er Jahre) weist esoterische Texte und oft komplexere Klanggestaltung auf. Eine wichtige Gruppe war *Pink Floyd.*
Art Rock bzw. *Kulturrock* (vornehmlich 1970er Jahre) will zuweilen Kunstmusik sein. Eine Sonderform ist der *Classic Rock*, in dem vorwiegend Stücke des Barock verwendet wurden. Wichtige Gruppen sind *Ekseption, Nice* und *Emerson, Lake and Palmer.*
Jazzrock. (→ 6.4.3)
Hard Rock / Metal. Um 1970 entstand der *Hard* bzw. *Heavy Rock*. Er ist härter und aggressiver als seine Vorgänger, die Texte sind teilweise brutal. Bekannte Gruppen sind *Deep Purple* und *Black Sabbath*. Aus dem Hard Rock entwickelte sich der *Metal Rock*. Dieser wird aufgeteilt in: *Heavy, Death, Black, White, Gothic, Doom, Speed* und *Trash Metal.*
Weitere Rockarten sind die unten genannten *New Wave* und *Punk* sowie *Gothic, Grunge, Wave Rock, Industrial* und *Hard Core.*

Reggae (afroamerikanisch, seit 1970er Jahren weltweit bekannt)

Der **Reggae i. e. S.** ist eine Musikart, die Mitte der 1960er Jahre auf Jamaica entstanden ist, mit folgenden musikalischen Merkmalen: mittelschnelles Tempo, eher (→) *ternär*, einfache Harmonik, kurze Gitarrenakkorde auf die Zählzeiten 2 und 4, im Schlagzeug keine Betonung auf 1, motivisch relativ komplexer Bass. Die meisten Reggae-Sänger sind *Rastafaris*, die den früheren Kaiser von Äthiopien, *Haile Selassie*, als Gott verehren und die Rückkehr der Schwarzen nach Afrika prophezeien. Reggae blieb im Kern eine Musik von Schwarzen. – **Reggae i. w. S.** ist jede Musik mit den musikalischen Merkmalen des Reggae i. e. S. Etliche Gruppen verwendeten Reggae-Rhythmen, z. B. *Police.*

Disco Sound (seit Mitte der 1970er Jahre)

Unter *Disco Sound* oder *Disco Music* versteht man eine Vokalmusik mit abgeschwächter (→) *Funk-Rhythmik*, in der elektronisch erzeugte Streicherklänge (*Strings*) eine wichtige Rolle spielen. Weißen Disco Sound verkörpern die *Bee Gees*, schwarzen *Gloria Gaynor* (*1947). Beim Disco Sound spielen die Produzenten oft eine gewichtige Rolle. Sie liefern nicht nur die finanziellen Mittel, sondern komponieren, texten, mischen ab, singen und spielen. Werden andere Interpreten eingesetzt, so wird ihr Auftritt häufig maßgeblich von den Produzenten bestimmt. In einigen Fällen singt auch der Produzent, während „Interpreten" auf der Bühne nur die Lippen bewegen, z. B. bei *Boney M.*

New Wave (Rock) (Mitte der 1970er Jahre)

Der *New Wave Rock* weist als Gegenbewegung gegen die mit großem Aufwand arbeitenden Rockgruppen sparsamere Instrumentierung und kürzere Songs auf. Zu den bekanntesten Gruppen zählt *Police*. New Wave war eine der ersten Revival-Bewegungen, d. h. man orientierte sich an der Musik der 1950er Jahre. Die deutsche Variante hieß *Neue deutsche Welle*.

Punk (Rock) (seit Mitte der 1970er Jahre)

Etwa gleichzeitig mit dem New Wave entstand in den USA der *Punk* oder *Punkrock* in der Unterschicht als Gegenbewegung gegen den etablierten und aufwändigen Rock. Er wollte (→) *authentisch* sein. Der **Punk** hat folgende musikalische Merkmale: zumeist schnelles Tempo, verzerrte Gitarre, keine Bläser, sehr einfache Harmonik (oft nur die drei Hauptfunktionen), keine Soli, zumeist aggressive Texte, i. d. R. über Missstände, kurze Stücke von ca. drei Minuten. – Die Anhänger des Punk bilden noch heute eine ausgeprägte Gruppe (→ 8.4.3).

Rap (seit Mitte der 1970er Jahre)

Definition. Unter **Rap** versteht man eine Musikrichtung, bei der zu einem instrumentalen Hintergrund rhythmisch, oft schnell gesprochen wird. Des Öfteren sind mehrere Sprecher beteiligt. Es gibt, anders als in anderer Popularmusik, kaum eine Beziehung zwischen Charakter der Musik und Text.

Entstehung. Rap entstand in der Mitte der 1970er Jahre in den schwarzen Gettos der nordamerikanischen Großstädte. Der Rap war ursprünglich afroamerikanische Volksmusik. Er wurde am Anfang der 1980er Jahre weltweit populär.

Instrumentale Begleitung. In der frühen Phase entstand die Begleitung aus einem Abspielen und Mischen von Schallplatten-Aufnahmen. Wesentlich dabei war das *scratchen*, das heute auch noch zuweilen praktiziert wird. Unter *scratchen* versteht man die Vorgehensweise, bei der eine Schallplatte auf dem laufenden Plattenteller an geeigneter Stelle mit der Hand gestoppt und ihr durch manuelles Hin- und Herbewegen unter der Abtastnadel rhythmische Geräusche entlockt werden. – In heutigen Raps wird die instrumentale Begleitung auch mit Instrumenten oder mit Musikcomputer erzeugt oder besteht aus Samples von präexistenten Stücken (→ 6.7.3).

Soziologische Begleitumstände. Der Rap ist seit seiner Entstehung bis heute Teil einer Jugendkultur, die *Hip Hop* genannt wird. Unter **Hip Hop**, auch Hiphop oder Hip-Hop, versteht man die Jugendkultur, die am Ende der 1970er Jahre entstanden ist und zu der neben dem Rapgesang oft die folgenden Merkmale gehören: Wollmütze oder Kapuze, Trainingsanzug, Turnschuhe, Breakdance (schneller, akrobatischer Tanz) und Sprayen.

Der Begriff Hip Hop wird zuweilen auch im Sinne von Rap verwendet.

6.7.3 Wichtige neue Stile ab ca. 1985

Zum Einschnitt

Technische Neuerungen. Mitte der 1980er Jahre wurden Computer zur Musikproduktion, also (→ Bd. I) *Sequenzer*, (→ Bd. I) *Sampler* und (→ Bd. I) *Drumcomputer* immer preiswerter (→ 2.3.3). 1983 entstand die (→ Bd. I; 4.5.4) *MIDI-Norm*. Das führte allgemein dazu, dass viele Klänge in der Popularmusik nicht mehr real gespielt, sondern gesampelt oder elektronisch erzeugt wurden. Dadurch wurde der Klang bei den bisherigen Stilen synthetischer und es entstanden neue Richtungen, z. B. House und Techno.
Bis Anfang der 1980er Jahre wurde das Schlagzeug hauptsächlich real auf einem Instrument gespielt. Nunmehr übernahmen des Öfteren Drumcomputer den Schlagzeugpart, was den Klang wesentlich exakter machte.
Rapper, Techno- und House-Musiker verwenden oft Abschnitte aus präexistenten Stücken und stellen mit (→ Bd. I) *Harddisc recording* (→) *Loops her*.
Eine Folge dieser Entwicklung ist, dass nun jeder mit einem Computer aktuelle Musik erzeugen kann, ohne eine herkömmliche musikalische Ausbildung zu besitzen. Eine weitere Folge ist, dass die Produktion von professionellen, erfolgreichen Hits mit relativ geringem finanziellen Aufwand möglich ist, was eine große Produzentenszene entstehen ließ (vgl. Disco Sound).
Die DJs gewannen an Bedeutung, sie legten nicht mehr nur Schallplatten bzw. CDs auf, sondern produzierten und komponierten.

Visualisierung der Musik. Ein wesentlicher Einschnitt war die zunehmende Darbietung von Musik zusammen mit Videoclips durch das 1981 ins Leben gerufene (→ 2.6.2) *MTV*.

House (seit Mitte der 1980er Jahre)

Unter *House* versteht man eine Musikrichtung, bei der ähnlich wie beim frühen Rap präexistente Musik aus Tonträgern zusammengemischt wird, wobei Loop-Strukturen entstehen, unter Einbeziehung von Drumcomputer und elektronischen Klängen. House wird teilweise gesungen; auch der Gesang weist oft Loop-Strukturen auf. Für House und Techno war die deutsche Rockgruppe *Kraftwerk* (seit 1970) von Bedeutung.

Techno (seit Ende der 1980er Jahre)

Aus dem *House* entwickelte sich der *Techno*, indem rein synthetische Klänge verwendet und die Repetitionsstrukturen stärker wurden. Unter **Techno** versteht man schnelle Musik im 4/4-Takt (♩= 160 bis 195), in der Regel ohne Gesang, die sehr hektisch wirkt durch durchgehend verklanglichte Sechzehntel, wobei häufig ein Viertelpuls in einer mittlerer Tonlage mit einem charakteristischen Sound verklanglicht wird. Techno kann nicht mittels eines Drumsets, sondern nur durch Computer hergestellt werden.
Soziologische Begleitumstände. Neu war in der Techno-Szene die Rave-Kultur. Ein *Rave* ist ein *Event* außerhalb der üblichen Discotheken, z. B. im Freien oder auf einem überdachten Industriegelände. Raves entstand in Großbritannien aus Furcht vor der Polizei, vor allem wegen illegaler Drogen.

7 Nicht-eigenständige Musik (Beschaffenheit, ästhetische Funktionen)

7.1 Musik im Spielfilm

Im Folgenden wird **Filmmusik i. w. S.** betrachtet, das ist Musik im Spielfilm sowohl für das Kino als auch für das Fernsehen. Beschrieben werden die Beschaffenheit der Musik und deren ästhetische Funktionen. (Zu den Wirkungen auf die Rezipienten → 8.3.7)

7.1.1 Die Stummfilmzeit (1895 bis ca. 1930)

Film

Die ersten Filme wurden Ende 1895 in Berlin und Paris öffentlich vorgeführt. In den ersten Jahrzehnten der Filmgeschichte war die exakte Synchronisation zwischen Bild und Ton nicht möglich; daher gab es – von einigen Experimenten abgesehen – keine Filme mit gleichzeitig erklingender Tonaufzeichnung. Allerdings ertönte praktisch bei jeder Filmaufführung Live-Musik. Unter einem **Stummfilm** versteht man demnach einen Film, bei dem nicht gleichzeitig eine Tonaufzeichnung abläuft.
Der Film war zunächst ein Massenvergnügen auf Jahrmärkten. Gezeigt wurden in erster Linie Dokumentationen. Seit Anfang des 20. Jahrhunderts entstanden vornehmlich Spielfilme. 1903 dauerte ein Film durchschnittlich 10 Minuten. 1907/08 wurden feste Spielstätten eingerichtet. 1910 gab es in den USA bereits mehr als 10 000 Kinos. 1914 waren abendfüllende Filme keine Seltenheit mehr. Bald entwickelten sich die heute noch klassischen Filmgenres wie Krimi, Horror, Abenteuer, Science Fiction und Western.

Filmmusik

Gründe für Musik
Mögliche Gründe für die Unterlegung von Filmen mit Musik sind folgende:
- Das Rattern des Projektors und andere störende Geräusche sollten übertönt werden.
- Der fehlende Ton und Filmschnitte wurden von den Zuschauern als irritierend empfunden.
- Das Publikum war an (→ Bd. I; 12.4) *Schauspielmusik* gewöhnt, die wesentlich verbreiteter als heute war.

Besetzungen
Zu Beginn begleiteten Pianisten die Stummfilme. In den 1910er Jahren wurde die Musik aufwändiger. Kino-Orgeln und Ensembles mit bis zu 80 Spielern wurden eingesetzt.

Herkunft der Musik
1. Improvisation von Pianisten oder Organisten.

2. Kompilation. *Kompilation* liegt vor, wenn ein Film mit (→ Bd. II) *präexistenten* Musikpassagen in jedem Kino anders illustriert wird. Dieses Verfahren war am weitesten verbreitet. Es gab folgende Möglichkeiten:
Durch Pianisten und Organisten. Eine Form der Kompilation lag vor, wenn Pianisten und Organisten ihr Repertoire spielten.
Cue-Sheet-Praxis für alle Arten von Besetzungen (seit ca. 1910). Produktionsgesellschaften brachten zu einem Film auch ein *cue sheet* (engl.: Stichwort-Liste) heraus, welches die Stimmungen der einzelnen Filmszenen verzeichnete. Parallel dazu kamen Notensammlungen von kurzen Musikstücken auf den Markt, die für diese Stichworte die passende Musik beinhalteten. Verwendet wurden vorhandene Werke, vornehmlich Charakterstücke, aber auch Motive und Themen von Opern und z. B. Anfänge von Werken *Beethovens* sowie neu geschaffene Kompositionen. Unter der *Cue-Sheet-Praxis* versteht man das Begleiten von Filmen nach vorgegebenen Stichworten aus entsprechenden Sammlungen. Solche erschienen für Klavier sowie für alle Arten von Ensembles bis zum Sinfonie-Orchester. Die Musiker, bei größeren Ensembles der Dirigent, stellten aus den Materialien eine Suite zusammen und richteten gegebenenfalls die Noten ein.
Welche Musik im Stummfilm in welcher Besetzung erklang, lag also zumeist nicht in der Entscheidung des Film-Produzenten, sondern des Kino-Besitzers.

3. Autorenillustration. Unter *Autorenillustration* versteht man die von einem Musiker für einen Film eingerichtete Zusammenstellung von präexistenten Materialien für Orchester, die in allen Lichtspieltheatern gleich war.

4. Originalkompositionen. Solche gab es bereits in den 1910er Jahren, und zwar nicht nur von Komponisten aus der Filmbranche, sondern auch solchen der Ernsten Musik, beispielsweise *Camille Saint-Saëns*. Vereinzelt wurde hierbei, wie später beim Tonfilm, (→ Bd. I und II) *Leitmotivtechnik* angewandt. Solche Kompositionen waren allerdings sehr teuer.

7.1.2 Der frühe Tonfilm (ca. 1930 bis ca. 1950)

Film

Technik der Tonaufzeichnung. Unter dem *Nadeltonverfahren* versteht man dasjenige Tonaufzeichnungsverfahren, bei dem der Projektor eine Schallplatte steuert. Tonfilme mit Nadeltonverfahren gab es bereits vereinzelt um die Wende zum 20. Jahrhundert. Allerdings war die Synchronisation nicht exakt möglich. Außerdem war das Grammophon nicht zur Beschallung von großen Lichtspieltheatern geeignet.
Nach Erfindung und Entwicklung der elektrischen Schallaufzeichnung (→ 2.3.2) wurde auch das Nadeltonverfahren verbessert. 1927 kam der erste weltweit erfolgreiche Tonfilm heraus: *The Jazz Singer*. 1928 gab es bereits Wochenschauen mit Ton.
Bald wurde das (→ Bd. I; 3.2) *Lichttonverfahren* erfunden, das bis ans Ende des 20. Jahrhunderts in Gebrauch blieb. Die Tonqualität ist zwar schlechter als beim später entwickel-

ten Magnettonverfahren, es besitzt aber den Vorteil, dass bei der Vervielfältigung des Films gleich auch der Ton mitkopiert wird.
Synchronisierung. Bis heute wird fast immer zunächst der vollständige Film gedreht, anschließend wird die Filmmusik geschrieben. Oft wird diese ganz exakt, heute international auf Drittelsekunden genau, mit dem Film synchronisiert. Das erlaubt genaue Entsprechungen zwischen Bild, Text und Musik.
Heutzutage werden bei der Produktion des Films die Original-Geräusche, der gesprochene Text und die Musik auf jeweils getrennten Spuren aufgezeichnet. Das erlaubt bei der Synchronisierung der Texte in andere Sprachen die Beibehaltung der Geräusche und der Musik. Zu Beginn der Tonfilmzeit waren die Spuren noch nicht getrennt. Das hatte zur Folge, dass bei der Synchronisation zusammen mit Originaltext und -geräuschen auch die Musik verloren ging. Daher ist in deutschen Fassungen von Tonfilmen der 1930er und 1940er Jahre oft ganz andere Musik unterlegt als im Original.
Entwicklung. Der Tonfilm verbreitete sich rasch. 1928 gab es in den USA 20 000 Stummfilmkinos und 500 Tonfilmkinos. 1929 existierten bereits 5000 Tonfilmkinos.
Die Entstehung des Tonfilms bewirkte, dass die Elektro-Industrie in den USA maßgeblichen Einfluss auf den Film gewann, da sie die Patente für die Tontechnik besaß. 1935 war in den USA fast die gesamte Filmindustrie in den Händen zweier Elektrokonzerne: der Western Electric und der RCA. Diese produzierten in Hollywood. Daher stammt ein Großteil der Filme auf der Welt seit den 1930er Jahren von dort. Das rechtfertigt, im Folgenden zwischen Hollywood und dem Rest der Welt zu unterscheiden.

Filmmusik

Allgemeines zur Filmmusik

Filmmusik wurde nun in der Regel komponiert, und zwar von einem einzigen Komponisten, was den Film stilistisch vereinheitlichte. Seit den 1950er Jahren unterlegte man in größerem Umfang auch *präexistente* Musik.
Geprägt wurde die Filmmusik der 1930er und 1940er Jahre durch eine ausgefeilte (→ Bd. I und II) *Leitmotivtechnik* und durch genaue Ausdeutungen von Text und Bildern, wie es in der Oper üblich war.
In den meisten älteren Filmen erklingt zum Vorspann eine Titelmusik, auch *Main-Title* genannt, die den Charakter des Films darstellt und gegebenenfalls das Hauptthema bzw. die wichtigsten Themen oder Leitmotive beinhaltet. Seit den 1960er Jahren fangen Filme manchmal auch ohne Vorspann und ohne entsprechende Musik an.

Filmmusik in Hollywood

Stil. Im frühen Tonfilm wurde der Musikstil der *Cue-Sheet-Praxis* für Orchester übernommen und verfeinert. Die meisten Filme wurden mit einem relativ einheitlichen sinfonischen Stil unterlegt, der sich an der Orchester-Musik des ausgehenden 19. Jahrhunderts orientierte. Unter **Hollywood-Sound** versteht man demnach den von ca. 1930 bis in die 1950er Jahre in Hollywood verwendeten Stil der Filmmusik mit folgenden Merkmalen:

- sangliche Melodie in der Oberstimme,
- Harmonik im Stil der Ernsten Musik des 19. Jahrhunderts,
- flächiger Begleitsatz aus meist unselbstständig geführten Nebenstimmen,
- volltönendes Orchester,

- große Gefühlintensität,
- motivisch-thematische Beziehungen durch die Leitmotivtechnik.

Manchmal wird von einem beliebigen Musikstück ausgesagt, es klänge wie Filmmusik. Man meint damit, dass sein Stil mit dem Hollywood-Sound verwandt sei. Zuweilen wird dies abwertend gemeint; man stört sich am Pathos.

Zur Produktion. Die Musikproduktion verlief unter einem sehr großen Zeitdruck. In der Regel gab es eine Arbeitsteilung zwischen Komponisten und Arrangeuren. Die Partituren wurden zuweilen nach der Tonaufnahme vernichtet, z. B. *Miklós Rózsas* Musik zu *Ben Hur*.

Komponisten. Der Hollywood-Sound wurde maßgeblich geprägt durch aus Europa, vor allem Deutschland, Österreich und Russland ausgewanderte, an der europäischen Kunstmusik orientierte Komponisten. Zu den bedeutendsten gehört der aus Wien stammende *Max Steiner* (1888–1971), der auch die Leitmotivtechnik im Film maßgeblich prägte. Berühmt ist auch *Erich Wolfgang Korngold* (1897–1957) (*The Sea Hawk*, 1940), der außerdem zahlreiche Instrumental- und Vokalwerke schrieb. Weitere bekannte Filmkomponisten sind *Franz Waxman* (1906–1967) (*Taras Bulba*, 1962), *Dimitri Tiomkin* (1894–1979) (*High Noon*, 1952), *Miklós Rózsa* (1907–1995) (*Ben Hur*, 1959) und *Bernard Herrmann* (1911–1975) (Musiken zu verschiedenen Filmen von *Alfred Hitchcock*).

Beispiel. Zu *Max Steiners* bekanntesten Filmmusiken gehört diejenige zu *Gone with the Wind* (*Vom Winde verweht*) von 1939. Der Film gilt als einer der berühmtesten des 20. Jahrhunderts. Er hat die für seine Zeit ungewöhnliche Länge von 222 Minuten. Davon sind nur 30 Minuten nicht mit Musik unterlegt. *Steiner* hatte nur zwölf Wochen Zeit für die Komposition. Das Orchester besteht aus fast 100 Musikern. Die Partitur weist eine Fülle von Leitthemen und -motiven auf.
Der Main-Title stellt das Thema des Hauses *Tara* vor, von der aus sich die Geschichte entwickelt und zu der sie wieder zurückkehrt. Die nach oben verlaufenden Oktavsprünge weisen darauf hin, dass der Film eine gefühlsintensive, schicksalhafte Geschichte erzählt.

Notenbeispiel 7.1:

M. Steiner: Vom Winde verweht: Thema des Hauses *Tara*, Beginn

Filmmusik außerhalb Hollywoods

Außerhalb Hollywoods gab es vielfältige Arten von Filmmusik. Manche Komponisten der Ernsten Musik schrieben auch für den Film, z. B. *Britten, Eisler, Prokofjew, Schostakowisch* und *Vaughan Williams*.

7.1.3 Der Film im Zeitalter des Fernsehens (ab ca. 1950)

Film

Technik der Tonaufzeichnung. Nach dem Zweiten Weltkrieg wurde neben dem Lichtton- auch das (→ Bd. I) *Magnettonverfahren* verwendet, bei dem auf dem Filmstreifen ein Magnetband angebracht ist.

Entwicklung.
Finanzielle Einbußen der Filmindustrie. Bis zur Mitte des 20. Jahrhunderts blühte die Filmindustrie. Um 1950, in Europa teilweise später, verlor der Film wegen des aufkommenden Fernsehens an Publikum. 1946 hatten die Kinos in den USA noch wöchentlich über 80 Millionen Eintrittskarten verkauft; 1955 waren es noch 40 Millionen; 1971 nur 16 Millionen. In den 1980er Jahren stiegen die Umsätze der Kinos wieder.
Reaktion der Filmindustrie in Hollywood. Als neue zahlungskräftige Zielgruppe boten sich die Jugendlichen an. Viele Filme richteten sich fortan verstärkt an sie mittels jugendlicher Schauspieler und hinsichtlich der Filminhalte. Entsprechendes vollzog sich in der Popularmusik (→ 6.7). – Die Filme wurden nunmehr regelmäßig in Farbe produziert. Farbfilme gab es allerdings bereits in den 1930er Jahren. – Breitbandfilme kamen auf. – Verstärkt wurden so genannte *Blockbusters* gedreht, also große, aufwändig gestaltete Filme, z. B. *Ben Hur* (1959). – 3D-Filme wurden vereinzelt herausgebracht.

Filmmusik

Stil
Seit den 1950er Jahren ist ein allgemeiner Stilpluralismus in der Filmmusik zu verzeichnen. *Rock, Pop und Jazz* wurden in großem Umfang in der Filmmusik verwendet. Ein durchschlagender Erfolg wurde 1952 der Western *High Noon* (*12 Uhr mittags*) mit der Musik von *Dimitri Tiomkin*, die an der Country & Western-Musik orientiert war.
Ein kommerziell sehr erfolgreicher Film war 1955 *Blackboard Jungle* (*Die Saat der Gewalt*), dessen Filmmusik aus Rock 'n' Roll-Stücken bestand, darunter *Bill Haleys Rock around the Clock*. – Ein bekanntes Werk, das Jazz als Filmmusik verwendet, ist *Der Mann mit dem goldenen Arm* von 1955. Ende der 1950er Jahre komponierten Jazz-Solisten und Band-Leader verstärkt Filmmusiken. – In den 1960er Jahren wurden sie von Popmusikern abgelöst.
Der Einsatz von Rock, Pop und Jazz brachte mit sich, dass die Filmmusik stark an Differenziertheit verlor. Leitmotivtechnik wurde selten benutzt, Ausdeutungen durch die Musik wurden nur noch rudimentär verwendet.
Sinfonische Musik im Hollywood-Sound wurde also nur noch selten angewandt, vornehmlich in Kolossalfilmen. Die Hollywood-Filmkomponisten von einst fanden bloß noch sporadisch Beschäftigung.
Seit den 1970er Jahren wurde in Hollywood wieder verstärkt mit großem Sinfonieorchester und Leitmotivtechnik gearbeitet, was maßgeblich durch *John Williams* (*1932) beeinflusst wurde. Er verwendete beides beispielsweise bei der Musik für die *Star Wars-Filme* (*Krieg der Sterne*, seit 1977) und in *Schindlers Liste* (1993). Auch *James Horner* (*1953) wandte diese Prinzipien an, z. B. in *Titanic* (1997).

Zeitgenössische Kunstmusik. Seit den 1960er Jahren wird auch verstärkt zeitgenössische Ernste Musik im Film eingesetzt. *Hans Werner Henze* schrieb beispielsweise die Musik zu *Die verlorene Ehre der Katharina Blum* (1975).
Weitere Musik. Ab den 1960er Jahren wird auch vermehrt Musik vergangener Jahrhunderte verwendet. – Eine besondere Art der Filmmusik komponierte *Ennio Morricone* (*1928), z. B. in *Spiel mir das Lied vom Tod* (1968). Typisch für ihn sind ungewöhnliche Instrumente, außergewöhnliche Kombinationen von Instrumenten und elektronische Verfremdung.

Klang / Sound
Damit der Filmton sich vom Fernsehton deutlich unterscheidet, wurde viel Wert auf die Klangqualität gelegt. In den 1980er Jahren entstand der *Surround-Klang*, bei dem der Ton aus allen Richtungen des Kinos erklingt.

Koppelung mit Tonträgern
Seit den 1950er Jahren wird versucht, Filmmusik auch auf Tonträgern zu vermarkten. Film und Musik werben so gegenseitig füreinander (→ 2.6.3).
Oft wurden daher gesungene Main-Titles im Gewande der Popularmusik komponiert. 1952 war der Main-Title aus *High Noon*, nämlich *Do not forsake me, oh my Darlin'*, ein großer Hit. Ab den 1960er Jahren ist es üblich geworden, nicht nur den Titelsong, sondern den **Soundtrack**, also die Musik zum Film, teilweise oder ganz zu veröffentlichen.
Seit den 1950er Jahren spielen zuweilen bekannte Stars der Popularmusik in Filmen mit. Ein sehr großer Erfolg wurde beispielsweise *A Hard Day's Night* (1964) von den *Beatles*. Filme wurden auch prägend für neue Wellen der Popularmusik, beispielsweise *Saturday Night Fever* (1977) für den (→) *Disco Sound*.

Exkurs: Filmmusik-Suiten
Seit Beginn des 20. Jahrhunderts verwenden Komponisten eigene Filmmusiken zuweilen in anderen Werken, z. B. Sinfonien, oder stellen Suiten zusammen (vgl. Bd. I; 10.1.1).

7.1.4 Zur Systematik

Arten von Musik. Man kann grundsätzlich drei Arten von Musik im Film unterscheiden:
- Musik, die in der Handlung des Films selbst vorkommt, deren Erzeugung man sieht oder von der man weiß, dass sie die Personen im Film real oder in der Einbildung hören.
- Musik zu Stücken, die Personen im Film singen, deren Herkunft aber nicht durch die Bilder ausgewiesen ist, beispielsweise bei Musical-Verfilmungen.
- Musik, welche die Personen im Film nicht hören. Oft ist nur diese gemeint, wenn von Filmmusik die Rede ist, sodass sie als *Filmmusik i. e. S.* bezeichnet werden kann. Diese war bis um 1950 fast ausschließlich Instrumentalmusik.

Allgemeines zum Einsatz von Musik. Es gibt kaum Filme ohne Musik. Diese macht einen Film oft überhaupt erst interessant; ohne Musik wären etliche Filme langweilig. Sie erscheint eher dann, wenn sich Aktionen nach innen verlagern, wenn Dialoge sparsam werden oder die Personen verstummen. Der Einsatz und das Aussetzen von Musik kann von großer dramaturgischer Wirkung sein.

Syntaktische Funktionen. Unter einer *syntaktischen Funktion* von Musik versteht man eine solche, die sich nicht auf die (→ Bd. I) *Semantik* bezieht, sondern auf die Struktur. Filmmusik kann folgende syntaktische Funktionen besitzen:

- Gliederung eines Films oder einer Szene, indem die Musik zeitweise aussetzt oder indem verschiedene Arten von Musik erklingen,
- Vereinheitlichung einer Szene, die ohne Musik sehr heterogen wäre, besonders beispielsweise bei schnellen Schnitten,
- Überbrückung von schauspielerischen und dramaturgischen Mängeln, z. B. logische Brüche und unmotivierte Schnitte,
- Hervorhebung von Höhepunkten.

Semantische Funktionen. Die *Arten der semantischen Beziehungen* sind alle bereits in der Oper vorgeprägt. Sie sind in Bd. I, Kapitel 14 systematisch dargestellt.

- Musik kann die Dramaturgie einer Szene unterstützen, Spannung und Entspannung erzeugen sowie Stimmungen hervorrufen wie Bedrohung, Freude usw. (→ Bd. I; 14.2).
- Musik kann durch Tonmalerei und Tonsymbolik Bewegungen verdeutlichen, Texte ausdeuten usw. (→ Bd. I; 14.4). In differenzierter Filmmusik befinden sich die Ausdeutungen auf ähnlichem Niveau wie bei einer Oper. Manchmal sind sie im Film noch intensiver, weil hier die Inhalte der Bilder wechseln und dadurch ein großes Potential zur Ausdeutung entsteht. Bilder zeigen z. B. verschiedene Einstellungsgrößen und Perspektiven; durch entsprechende Schnitte können auch unterschiedliche Handlungsstränge gleichzeitig gezeigt werden (vgl. 8.3.7: Musik bei Werbespots, Semantik der Musik).
- Eine entscheidende Funktion der Musik ist die Schaffung einer historischen und geographischen Szenerie durch Anlehnung an entsprechende Stile und Genres. Dies geschieht weitaus häufiger als in der Oper. Wie dort wird die entsprechende Musik jedoch selten unverändert zitiert, sondern zumeist in starkem Maße dem allgemeinen Stil der Filmmusik angenähert (vgl. 4.2.5).
- Entwickelte Leitmotivtechnik setzt das Vorhandensein einer beträchtlichen Menge von Musik voraus. Bei einer Serie, z. B. in den James-Bond-Filmen, erscheint oft dasselbe Material in jedem Film als Leitthema oder Leitmotiv. Leitmotive werden im Film weniger deutlich wahrgenommen als in der Oper, weil auf die Musik im Film weniger Aufmerksamkeit gerichtet ist (→ Bd. I; 14.6).

Zur semantischen Übereinstimmung zwischen Musik und Inhalt. Musik früherer Jahrhunderte konnte nicht nur Stimmungen intensivieren bzw. Inhalte genauer ausdeuten, sondern auch neue Bedeutungen hinzufügen, z. B. im (→ Bd. I) *Musikdrama*.

7.2 Weitere nicht-eigenständige Musik

Die anderen Sparten der in Abschnitt 1.2.5 aufgeführten nicht-eigenständigen Musik sind in Abschnitt 8.3.7 behandelt.
In Filmen, besonders in modernen, erklingt zuweilen Musik, die dem Inhalt der Bilder vom Charakter her entgegengesetzt ist. Dies ist häufiger in der Oper der Fall.

8 Musikpsychologie und Musikästhetik

8.1 Begriffe und allgemeine Wirkungen (Psychologie des Einzelmenschen)

8.1.1 Allgemeines zu Musikästhetik, -psychologie und -soziologie

Musikästhetik

Unter **Ästhetik** (griech.: *aisthesis* – Wahrnehmung, Empfindung) versteht man heute:
- die Lehre von den Grundlagen des Schönen und Hässlichen, vor allem in den Künsten und der Natur sowie
- die Lehre von der Wirkung des Schönen und Hässlichen auf den Rezipienten, einschließlich der Behandlung von Geschmacksurteilen und des Erlebens.

Man kann allgemein zwischen *normativer*, d. h. vorschreibender, und *deskriptiver*, d. h. beschreibender Ästhetik unterscheiden. – Methoden der Ästhetik sind sowohl philosophische Reflexion oder Spekulation als auch historische und empirische Untersuchung.

Unter **Musikästhetik** versteht man analog zur Definition von Ästhetik die Lehre von den Gesetzen und Grundlagen des musikalisch Schönen und Hässlichen sowie der Wirkung der Musik auf den Rezipienten. – Musikästhetische Sachverhalte wurden oft in Abhandlungen über Musik veröffentlicht, aber auch in philosophischen Schriften und anderen Werken, wie Geschichten der Kultur oder Kunst.
Musikästhetische Fragestellungen gibt es in allen (→) *Hochkulturen* (vgl. Bd. II: *Ethoslehre, Affektenlehre, romantische Musikanschauungen, Docta Sanctorum, Tridentiner Konzil, Annus Qui*).
Die Musikästhetik ist zu einem beträchtlichen Teil ein Gebiet der Philosophie, das auch als *Philosophie der Musik* bzw. *Musikphilosophie* bezeichnet wird. – Seit dem 20. Jahrhundert werden viele Bereiche, die ehedem der Musikästhetik zugewiesen waren, darunter vor allem empirische Untersuchungen, der (→) *Musikpsychologie* und (→) *Musiksoziologie* zugeordnet, wobei die Trennung zwischen den drei Bereichen unscharf ist.

Musikpsychologie

Die Psychologie ist die Wissenschaft vom menschlichen Erleben und Verhalten. Die **Musikpsychologie** ist demnach die Wissenschaft vom musikalischen Erleben und Verhalten.
Wie die Psychologie kann die Musikpsychologie eingeteilt werden in die *Psychologie des Individuums* (des Einzelmenschen) und die *Sozialpsychologie*.
Die **Psychologie des Einzelmenschen** stellt Gesetze und Prinzipien über das Erleben und Verhalten des Individuums auf, bei denen andere Menschen keine oder nur eine geringe Rolle spielen. Sie beschäftigt sich vornehmlich mit:
a) den Grundlagen der musikalischen Wahrnehmung,
b) den Wirkungen der Musik auf den Menschen in vielerlei Hinsicht,

c) dem Erlernen musikalischer Fähigkeiten,
d) der Entwicklung musikalischer Fertigkeiten in der Kindheit und der Jugend.

Die folgenden Ausführungen beschränken sich auf den Bereich b). Zu a) wurden in Band I einige Aspekte aufgeführt (→ Bd. I; 3.2 *Ohrenschäden* und *absolutes Gehör*).

Die **Sozialpsychologie** behandelt Gesetze und Prinzipien vom Erleben und Verhalten eines Individuums in Abhängigkeit von anderen Menschen. Dementsprechend untersucht die *Sozialpsychologie der Musik* das musikalische Erleben und Verhalten des Einzelnen in Abhängigkeit von anderen. Sie beschäftigt sich vor allem mit der Rolle der Musik in Gruppen und mit Musikgeschmack.
Die Trennung zwischen Psychologie des Einzelmenschen und Sozialpsychologie ist in den folgenden Abschnitten nicht immer genau aufrecht zu erhalten.

Musiksoziologie

Die **Musiksoziologie** beschäftigt sich erstens mit den Beziehungen zwischen Musik und Gesellschaft. Sie erforscht dabei in erster Linie die sozialen und ökonomischen Umstände, welche die Entstehung, Darbietung oder Rezeption von Musik begleiten. Die Abgrenzung zur *Sozialpsychologie der Musik* ist dabei nicht immer deutlich. Musiksoziologische Sachverhalte in diesem Sinn sind vor allem im Kapitel 2 sowie im Kapitel 1 von Band II dargelegt. Zweitens werden in der Musiksoziologie die Einwirkungen der sozio-ökonomischen Faktoren auf die Beschaffenheit der Musik untersucht (vgl. beispielsweise Bd. II; 3.2.3). Zuweilen sind solche Untersuchungen spekulativ.

Funktionen und Wirkungen

Allgemeines. Spricht man von der *Funktion* einer Sache, so wird eine Absicht unterstellt, wobei die Wirkung aber nicht einzutreffen braucht. Die Funktion einer Sache ist also deren beabsichtigte mögliche Wirkung.
Bei der Musik gibt es auf vielen Ebenen Funktionen und Wirkungen. Ein musikalischer Abschnitt hat z. B. die Funktion der Überleitung. Ein Stück kann für einen Komponisten oder eine Tonträger-Firma die Funktion haben, Profit zu erwirtschaften.
Die Musikpsychologie befasst sich zum großen Teil mit Funktionen und Wirkungen. Zur genauen Unterscheidung spricht man hierbei am besten von *Funktionen und Wirkungen auf den Menschen*. Solche wurden bereits in Abschnitt 3.5 und im 5. Kapitel thematisiert.

Funktionale und autonome Musik. Unter *autonomer Musik* versteht man solche, die um ihrer selbst willen komponiert und/ oder rezipiert wurde oder wird, somit nicht an äußere Zwecke gebunden ist. Sie unterscheidet sich von der (→ Bd. II; 7.6.2) *absoluten Musik* dadurch, dass sie Vokal- und Programm-Musik einschließt.
Unter *funktionaler Musik* versteht man im Gegensatz dazu solche, die nicht um ihrer selbst willen komponiert und/oder rezipiert wurde oder wird, somit an äußere Zwecke gebunden ist, wie z. B. Musik zum Tanzen, für den Gottesdienst, zur Arbeit usw.
Da jede Musik Funktionen im weitesten Sinne hat, wenn auch nur die der Unterhaltung, ist die Unterscheidung zwischen den beiden Musikarten von der genauen Definition von *Funktion* abhängig. Im Extremfall könnte man sagen, es gäbe keine autonome Musik.

Genau zu unterscheiden ist zwischen der ursprünglichen Absicht des Komponisten und der ursprünglichen Rezeption einerseits sowie der späteren Rezeption andererseits. Ehemals autonome Musik kann beispielsweise funktionalisiert werden, z. B. *Beethovens* Sinfonien im Dritten Reich. Auch kann ehemals funktionale Musik autonomisiert werden, z. B. *J. S. Bachs* Musik im 19. Jahrhundert. – Da die beiden Begriffe nicht scharf voneinander abgrenzbar sind, werden sie im Folgenden nicht verwendet.
Von der *funktionalen Musik* sind die (→ 8.3.8) *funktionelle* und die (→ Kap. 7) *nicht-eigenständige Musik* zu unterscheiden.

8.1.2 Allgemeine Wirkungen der Rezeption, Interpretation und Produktion von Musik

Allgemeines zu Musik und Emotionen

Ausdruck und Wirkung.
Trennung zwischen Ausdruck und Wirkung. Man muss grundsätzlich unterscheiden zwischen dem erkennbaren emotionalen Ausdruck von Kunst und der Wirkung auf einen Rezipienten. Ein Musikabschnitt kann z. B. traurig sein, muss aber deshalb nicht beim Zuhörer auch Traurigkeit hervorrufen (→ Bd. II *Affektenlehre*).
Zuweilen überträgt sich die Stimmung und der Charakter der Musik mehr oder weniger deutlich auf den Zuhörer. Das heißt, dass eine traurige Musik den Hörer eher traurig stimmt. Das hängt aber ganz stark vom Individuum und von dessen psychischer Verfassung ab. Von einem immer vorhandenen kausalen Zusammenhang kann keine Rede sein.
Charakter in unserer Kultur recht deutlich erkennbar. Für die Mitglieder unseres Kulturkreises sind die Charaktere bzw. Stimmungen eines Musikstücks im Allgemeinen recht deutlich wahrnehmbar, wodurch es überhaupt gerechtfertigt ist, von einer relativ einheitlichen (→ Bd. I; Kap. 14) *Semantik* zu sprechen. Den ungefähren Charakter einer Musik können bereits Kinder mit 4 Jahren bestimmen.
Erregung als interkulturell zu erkennender Gefühlsausdruck. Grundsätzlich können Menschen, die mit der Musik eines bestimmten Kulturkreises nicht vertraut sind, den Gefühlsausdruck dieser Musik kaum wahrnehmen. Erkennbar ist jedoch als allgemeiner emotionaler Ausdruck die Erregung, und zwar an folgenden musikalischen Merkmalen:

	erregt	**nicht erregt**
Tempo	eher schnell	eher langsam
Tonhöhe	eher hoch	eher niedrig
Dynamik	eher groß	eher gering
rhythmische Betontheit	eher stark	eher schwach

Warum ist Musik so stark mit Emotionen verbunden?
Musik gelangt direkt ins Unbewusste. Musik besitzt so großen Einfluss auf unsere Emotionen, weil sie direkt ins Unbewusste gelangt, ohne den Verstand zu tangieren.
Verbindung von akustischen Ereignissen mit Emotionen. Als weitere Erklärung kann dienen, dass im Verlauf der Evolution akustische Ereignisse eng mit Emotionen verbunden wurden. Geräusche bieten für das Tier nämlich wesentliche Informationen, auf die es instinktiv mit

Emotionen reagiert. Artgenossen und Wasserquellen können ebenso akustisch erkannt werden wie Feinde und ein bedrohliches Gewitter.
Wir Menschen können durch akustische Ereignisse der Umwelt stark unterschiedlich emotional bewegt werden. Donnergrollen dürfte eher unangenehm sein; Wasserrauschen und Vogelgezwitscher werden im Allgemeinen als angenehm empfunden, weswegen beides auch zuweilen in Musik zur Entspannung und Meditation einbezogen wird (→ 8.3.6).
Anmerkungen. Auch nicht natürliche Geräusche sind mit Emotionen behaftet. In der Musik gibt es bei Melodieinstrumenten wie auch bei Schlaginstrumenten deutlich schöner und weniger schön klingende Exemplare, beispielsweise beim Becken.
Bei der Herstellung von Produkten werden zunehmend nicht nur das optische Design, sondern auch die Geräusche gestaltet, wofür der *Akustikdesigner* zuständig ist. Hierbei wird mit Lautstärke oft Kraft assoziiert, z. B. beim Staubsauger oder beim Motorrad.
Erkennung und Erregung von Emotionen durch die Stimme. Wir können durch die Stimmen unserer Mitmenschen wesentliche Informationen über deren Gefühle erhalten, die auch entsprechende Emotionen in uns auslösen können. So kann beispielsweise eine Stimme, die Aggression verrät, beim Hörer Angst auslösen.
Auch die allgemeine Klangfarbe einer Stimme kann uns emotional stark berühren. Fremde Menschen werden, wenn ihre Stimme unangenehm klingt, oft negativ beurteilt.
Hören im Uterus. Wie tief verwurzelt das Hören beim Menschen ist, zeigt, dass er bereits im Mutterleib deutlich hört. Ein Fötus kann unter Umständen positiv oder negativ beeinflusst werden, z. B. durch beruhigendes Singen der Mutter oder häufigen Streit der Eltern.

Sexuelle Anregung. Eine Wirkung der Musik ist die sexuelle Anregung, die durch die körperliche Aktivierung beim Tanzen verstärkt wird.

Körperliche Aktivierung durch Pulse

Besonders rhythmisch betonte Musik führt zu manchmal unbewusster körperlicher Erregung beim Zuhörer. Regelmäßige Bewegung, also ein verklanglichter (→ Bd. I; 2.1) *Puls*, ruft oft entsprechende Bewegung des Körpers hervor. Dies äußert sich oft durch Wippen mit dem Fuß; bei etlichen Konzerten der Popularmusik wird mitgeklatscht oder geschunkelt.
In allen Kulturen der Welt besitzt die meiste Musik einen Puls. In unserer Kultur ist im größten Teil der Kunstmusik und ganz besonders in der Popularmusik ein deutlicher Puls vorhanden. Musik ist auch in allen Kulturen eng mit Bewegung, zumeist mit Tanz verbunden.
Die körperliche Aktivierung vermittelt Lust. So könnte auch erklärt werden, dass die Bässe in der neueren Popularmusik oft so laut und durchdringend sind, dass die Eingeweide deutlich spürbar vibrieren.

Musik als Ersatz für Kommunikation

Wenn man sich allein fühlt, schaltet man den Fernsehapparat an oder hört Musik. Musik hat somit Ersatzfunktion für Kommunikation. Sie schafft Geborgenheit. Dies ist auch der Fall, wenn Kinder von ihren Eltern mit Fernsehen oder Musik ruhig gestellt werden.

8.2 Hörweisen (Psychologie des Einzelmenschen)

Einleitung

Definition. Menschen hören auf sehr unterschiedliche Weise Musik. Unter **Hör- oder Rezeptionsweise** wird die Art verstanden, wie eine Person Musik wahrnimmt. Im Abschnitt 8.5 wird demgegenüber der Geschmack behandelt, also untersucht, welche Musik jemand hört. Zu Vor- und Nachteilen von bestimmten Hörweisen werden in Abschnitt 8.6 einige Aspekte ausgeführt.

Bekannte Hörertypologien. Es gibt seit einigen Jahrhunderten verschiedene *Hörertypologien*, bei denen Hörer in verschiedene Gruppen eingeteilt werden. Neuere Einteilungen beruhen auf empirischer Grundlage. Unterstellt wird bei den Typologien in der Regel, dass ein Hörer immer oder meistens auf die gleiche Art und Weise hört.
Eine der bekanntesten Einteilungen stammt von *Theodor W. Adorno* (1903–1969), der acht Hörertypen festlegte, die 1962 in der *Einleitung in die Musiksoziologie* veröffentlicht wurden. Sie unterscheiden sich zum großen Teil durch den Grad der musikalischen Bildung. Am Anfang der Reihe steht der *Experte*, gefolgt vom *guten Zuhörer*, am Ende befinden sich der *Unterhaltungshörer* und der *Unmusikalische*.

Vorgehen im Folgenden. Im Folgenden wird keine Hörertypologie entworfen, sondern es werden mögliche *Hörweisen* unterschieden. Dabei werden mehrere Kriterien aufgestellt, die beim Hören jeweils unterschiedlich stark ausgeprägt sind. Sie schließen sich nicht gegenseitig aus, beeinflussen sich jedoch gegenseitig.
Mittels dieser Kriterien kann man das Hörverhalten einer bestimmten Person zu einem bestimmten Zeitpunkt beschreiben. Ein Mensch dürfte sehr oft auf ähnliche Art und Weise hören. Jedoch ist die Hörweise natürlich stark von der Umgebung abhängig; im Konzertsaal wird beispielsweise anders gehört als in der Disko.

Hörweisen

Körperlich aktiviert. Musik löst des Öfteren körperliche Bewegungen aus. Diese können sehr unterschiedlich sein; das Spektrum reicht von intensivem Mittanzen bis zum kaum merklichen Wippen mit einem Zeh. Die Bewegung hängt stark von der Situation und der Musik (→ 7.2.2), aber auch von der Persönlichkeit des Hörers ab.

Bewusst. Hinsichtlich des Grades des bewussten Zuhörens gibt es alle Arten von Abstufungen, vom ganz konzentrierten Zuhören bis zur unbewussten Rezeption.
Es gibt Menschen, besonders ausgebildete Musiker, denen es schwer fällt, Musik im Hintergrund zu hören. Sie sind leicht durch Musik abgelenkt und werden durch (→ 8.3.8) *unfreiwillig gehörte Musik* stark gestört. Andererseits wird ein Besucher selten während eines ganzen Konzertes oder einer ganzen Opernaufführung immer bewusst zuhören.
Wenn man zu Musik bewegte Bilder sieht, wird der Musik natürlich eine geringere Aufmerksamkeit zuteil.

Emotional. Die Menschen hören bzgl. ihrer Emotionen sehr unterschiedlich. Manche verstehen wenig von Musik, sind aber trotzdem von ihr stark emotional ansprechbar. Andere wiederum tangiert das Hören von Musik emotional wenig. Wie stark Musik beim Einzelnen mit Emotionen verbunden ist, hängt beispielsweise von folgenden Faktoren ab:

- der aktuellen Stimmung, in der sich der Hörer befindet,
- der Art der Musik,
- dem, was der Hörer mit dem Musikstück an persönlichen Assoziationen verbindet,
- davon, wie stark der Hörer auf die anderen genannten Hörweisen zurückgreift,
- dem Umfeld; große Lautstärke intensiviert beispielsweise die Emotionen.

Analytisch. Sehr unterschiedlich ist das Hören bzgl. der Einbeziehung des musikalischen Vorwissens. Man kann demnach verschiedene Grade des **analytischen Hörens** unterscheiden, also des bewusst auf das Erkennen musikalischer Zusammenhänge ausgerichteten Hörens (→ Bd. I; 7.2). Es setzt die bewusste Rezeption voraus. Je mehr jemand von Musik versteht, desto mehr wird er im Allgemeinen analytisch hören können. Stark analytisches Hören braucht das emotionale nicht zu beeinträchtigen, sondern kann dieses und dadurch den Musikgenuss im Gegenteil verstärken.

Assoziativ / synästhetisch. Mit Musik kann man träumen. *Assoziativ* kann eine Hörweise genannt werden, bei der die Musik gedankliche Assoziationen auslöst. Diese können Erlebnisse sein, die das Individuum mit dem betreffenden Musikstück bisher in Verbindung gebracht hat, andere eigene Erlebnisse oder neue Assoziationen. Heutzutage wird Musik öfter zusammen mit bewegten Bildern gehört als vor einigen Jahrzehnten, wodurch allgemein beim Hören von Musik die Assoziationen an Bilder stärker sein dürften als früher.
Verwandt mit dem assoziativen Hören ist das *synästhetische*. Unter **Synästhesie** (nach griech.: gleichzeitige Wahrnehmung) versteht man die Miterregung eines Sinnesorgans bei Reizung eines anderen. Ein Synästhetiker hat z. B. beim Hören optische oder Geruchsempfindungen oder beim Sehen Hörwahrnehmungen. Etwa jeder Vierhundertste ist Synästhetiker.
Besonders ausgeprägt und am meisten untersucht ist das *Farbenhören*, also die Assoziation von Farben bei der Wahrnehmung von bestimmten musikalischen Erscheinungen wie Tonhöhen, Klangfarben, Harmonien usw. Die Zusammenhänge zwischen musikalischen Erscheinungen und optischen Wahrnehmungen sind bei jedem Menschen unterschiedlich.

In einem veränderten Bewusstseinszustand. Es gibt eine Anzahl **veränderter Bewusstseinszustände**, z. B. Traum, Hypnose, Formen von meditativen Zuständen, Trance und Ekstase. – Musik kann dabei helfen, eine Person in einen meditativen Zustand zu versetzen (→ 8.3.6). Durch Musik kann ein Individuum auch in Trance oder Ekstase geraten. Beides gibt es in allen Kulturen, besonders in schriftlosen. Ekstase wird oft durch Tanz und Musik hervorgerufen. Zumeist ist entsprechende Musik sehr reizintensiv, also laut und stark rhythmisch betont. Die Erzeugung von Trance und Ekstase wird begünstigt durch Lichteffekte und (→) *Drogen*.

8.3 Wirkungen von Musik in Abhängigkeit von der Präsentations- und Rezeptionsweise

8.3.1 Zur Einteilung

Musik (→ 8.3.2)

Aufführungsart: eigenständig — nicht-eigenständig (→ 8.3.7)

Rezeption: freiwillig (→ 8.3.3) — unfreiwillig (→ 8.3.8)

Rezeption: bewusst (→ 8.3.4) — im Hintergrund (→ 8.3.5)

Musik im therapeutischen Zusammenhang (→ 8.3.6)

Die Wirkungen, die in den Abschnitten 8.3.2 bis 8.3.5 beschrieben sind, gehören zur Psychologie des Einzelmenschen. Diejenigen der Abschnitte 8.3.6 bis 8.3.8 sind sowohl dieser als auch der Sozialpsychologie zugehörig.
Aus dem Bereich der nicht-eigenständigen Musik wurde die Beschaffenheit der Filmmusik im 7. Kapitel dargestellt. In diesem Abschnitt werden nun deren Wirkungen auf den Menschen behandelt und weitere Arten der nicht-eigenständigen Musik untersucht.

8.3.2 Allgemeine Wirkungen auf das Individuum

Beeinträchtigung der Unterhaltung durch laute Musik. An verschiedenen Orten, an denen sich vor allem Jugendliche aufhalten, erklingt laute Musik, z. B. in Kneipen und Diskotheken. Die Unterhaltung wird dadurch deutlich beeinträchtigt, viele Nuancen werden nicht wahrgenommen. Gespräche an solchen Orten dürften auch rein quantitativ geringer sein als in Situationen ohne laute Musik.

Wirkungen von starken (optischen und akustischen) Reizen. Der Rezeption von Musik und bewegten Bildern hat in den letzten Jahrzehnten deutlich zugenommen, sowohl die bewusste als auch diejenige im Hintergrund, die freiwillige ebenso wie die unfreiwillige. Dabei wurden die Musik und die bewegten Bilder zunehmend reizintensiver (→ 6.3). Mögliche Wirkungen dieser Entwicklung sind Degeneration der Erlebnisfähigkeit und Schwinden des Gefühls für Ruhe.
Sicher ist, dass bei Menschen, vor allem Jugendlichen, die folgenden Merkmale zutreffen; schwer zu beurteilen ist, welchen Anteil die genannten starken Reize daran haben:

- Steigerung der Nervosität und Schwinden der Konzentrationsfähigkeit,
- Abnahme der Sensibilität,
- Erhöhung der Intelligenz,
- Zunahme von Allergien,
- Zunahme von (→ Bd. I; 3.2) *Hörschäden*.

Sucht nach Musik. Musik kann zur **Sucht** werden, im Sinne von physischer oder psychischer Abhängigkeit, die ein solches Ausmaß angenommen hat, dass das Verhalten des Betroffenen zwanghaft geworden ist und der Abhängige die Selbstkontrolle fast verloren hat. Vermutlich wird eher solche Musik süchtig machen, die sehr stark rhythmisch betont ist. Musik wird manchmal als *Droge* bezeichnet. Unter **Droge** im engeren Sinne versteht man einen Stoff, der Veränderungen im Gefühl und in der Wahrnehmung verursacht. Man kann unterscheiden zwischen betäubenden (z. B. Alkohol und Cannabis) sowie anregenden Drogen (z. B. Kokain und Ecstasy). Man grenzt außerdem legale von illegalen Drogen ab. Der Unterschied zwischen Musik und Drogen im engeren Sinne besteht darin, dass Musik nicht automatisch deren Wirkungen hervorruft, sondern nur unter bestimmten Umständen. Musik als Droge zu bezeichnen, könnte daher andere Drogen wie Alkohol verharmlosen.

8.3.3 Wirkungen von freiwilligem Hören (bewusst und im Hintergrund)

Positive Wirkungen. Selbstgewählte Musik vermag angenehme Gefühle hervorzurufen. Sie kann beispielsweise beruhigen und entspannen; dies geschieht am ehesten bei Musik, die einem bekannt ist. Musik kann auch aktivieren sowie Langeweile und Einsamkeit vertreiben (vgl. 8.1.2). Ein Missmutiger kann durch traurige Musik getröstet werden, u. a. deshalb, da er sich vorstellt, dass der Komponist sich ähnlich gefühlt hat.
Negative Wirkungen. Man fühlt sich nicht immer besser, wenn man Musik gehört hat. Es kann vorkommen, dass jemand in trauriger Stimmung, besonders wenn er ohnehin zu Depressionen neigt, durch entsprechende Musik in seinem Gefühl bestärkt wird. – Musik kann auch Angst hervorrufen.
Abschottung. Eine wichtige Funktion der Musik ist diejenige der Abschottung (→ 8.4.5).
Unterschwellige Botschaften. Es gibt verschiedene Praktiken, visuelle und auditive Informationen in Ton und Bild unterschwellig einzusetzen, also so, dass sie nicht bewusst wahrgenommen werden können. Sie sollen angeblich eine besondere Wirkung auf den Rezipienten ausüben. Zuweilen werden sie beispielsweise bei Audiokassetten zur (→ 8.3.6) *Autosuggestion* eingesetzt. Außerdem gibt es manchmal unverständliche Abschnitte auf Tonträgern, die rückwärts abgespielt Sinn machen. Zumeist werden so gewaltverherrlichende, drogenverharmlosende, sexistische oder satanistische Botschaften übermittelt (vgl. 8.4.7). Sie wirken aber nur dann unterschwellig, wenn man daran glaubt, ähnlich wie ein Placebo.

8.3.4 Wirkungen von bewusstem Zuhören

Sensibilisierung. Das bewusste und analytische Hören von Musik, besonders von differenzierter, kann einen Rezipienten hinsichtlich akustischer Reize sensibilisieren, was unter Umständen auch eine allgemeine Sensibilität begünstigt.
Bildung. Das Hören von Musik bildet auch, da die Kenntnis des Repertoires Ernster Musik zum klassischen Bildungskanon gehört.

8.3.5 Wirkungen von im Hintergrund gehörter, selbstgewählter Musik

Verstärkt Rezeption von Musik im Hintergrund. Musik dürfte immer schon auch im Hintergrund gehört worden sein. Durch die Entwicklung der Technik hat sich diese Rezeptionsform – besonders bzgl. der Popularmusik – im 20. Jahrhundert stark verbreitet. Das liegt auch daran, dass Popularmusik oft mit Freizeit und Freiheit assoziiert wird. Neuerdings wird auch verstärkt im Hintergrund ferngesehen.
Übertönung anderer akustischer Ereignisse. Eine wichtige Wirkung von Musik ist die Übertönung von unangenehmen Umweltgeräuschen, beispielsweise Lärm von der Straße oder vom Nachbarn.
Einfluss auf gleichzeitig verrichtete Tätigkeiten. Im Hintergrund gehörte Musik und nicht unangenehmer Schall können vom Bewusstsein gänzlich ausgeschaltet werden, wenn der Schallpegel nicht zu hoch ist und sich die Merkmale der Musik bzw. des Schalls, besonders die Lautstärke, nicht einschneidend ändern. Musik kann aktivieren und dadurch die Verrichtung einer Tätigkeit verbessern. Sie kann andererseits auch eine Arbeit beeinträchtigen, z. B. das Anfertigen von Hausaufgaben, und zwar um so mehr, je lauter die Musik und je komplexer die Tätigkeit ist.
Unter der Voraussetzung, dass sich die Musik und der Schall nicht deutlich ändern, kann man folgendes Schema aufstellen:

freiwillig gehörte Musik und nicht unangenehmer Schall

leise		laut	
einfache Tätigkeit: Aktivierung	komplexe Tätigkeit: keine Änderung	einfache Tätigkeit: keine Änderung	komplexe Tätigkeit: Beeinträchtigung

Gewöhnung an die Rezeptionsweise im Hintergrund. Diese birgt zweierlei Gefahren. Zum einen kann die Abhängigkeit von der Musik so stark werden, dass man ohne sie nicht mehr arbeiten kann und also süchtig wird (→ 8.3.2). Zum anderen kann die bewusste Rezeptionsweise beeinträchtigt werden.

8.3.6 Wirkungen von Musik im therapeutischen Zusammenhang

Musik zur Entspannung und Meditation. Musik eignet sich gut zur *Entspannung* und *Meditation*. Hierfür sind viele Arten von Musik geeignet; es gibt aber eine Reihe von speziell für die Entspannung und Meditation komponierter Musik.

Musik zur Autosuggestion. *Autosuggestion* liegt vor, wenn sich ein Mensch intensiv und systematisch einredet, dass ein Zustand verändert werden soll. Es gibt eine Vielzahl von käuflich zu erwerbenden Tonträgern für die Autosuggestion, beispielsweise für die Verbesserung von Schulleistungen. Sie enthalten beruhigende Musik und entsprechend motivierende Sätze. Ihre angebliche Wirkung hänge von der Häufigkeit des Hörens ab. Die

Wirkung solcher Tonträger ist höchst umstritten, sie kosten Zeit und Geld und bergen die Gefahr, dass man keine anderen Anstrengungen mehr unternimmt.

Exkurs: Musiktherapie (Definition, Anwendungsgebiete, Wirkungen). Das Folgende wird Exkurs genannt, weil nicht nur Wirkungen, sondern auch Anwendungsgebiete beschrieben werden.
Definitionen und Allgemeines. Unter **Musiktherapie** versteht man die gezielte Anwendung von Musik, die zu einer Verbesserung des körperlichen und/oder seelischen Befindens führt. Die Anwendungsgebiete der Musiktherapie sind sehr vielfältig. Sie hat in der zweiten Hälfte des 20. Jahrhunderts einen enormen Aufschwung erfahren.
Man unterscheidet heute grundsätzlich zwischen zwei Arten. Die seltenere *Rezeptive Musiktherapie* meint das Hören von Musik; unter der weitaus häufiger angewandten *Aktiven Musiktherapie* versteht man das Produzieren von Musik, i. d. R. ist dies (→ Bd. I) *Improvisieren.*
Beispiel Klinische Medizin. Als Rezeptive Musiktherapie wird Musik vor allem als angst- und schmerzlinderndes Mittel in der klinischen Medizin eingesetzt. Musiktherapie findet auch in der Rehabilitation Verwendung, beispielsweise zum Wiedererlernen von Bewegungen nach Unfällen.
Beispiel Psychotherapie. Der Einsatz von Musik ist hier vielfältig, insbesondere als Aktive Musiktherapie. Umstritten ist deren ausschließlicher Einsatz ohne begleitende Therapie.
Beispiel Arbeit mit alten und mit psychisch kranken Menschen. Hierbei leistet die Musik gute Dienste. Sie gewinnt therapeutische Funktion, indem sie Gemeinschaftsgefühl vermittelt, allgemein aktiviert sowie Fähigkeiten fördert, die in 8.7 beschrieben sind.

8.3.7 Wirkungen von nicht-eigenständiger Musik und Videoclips

Allgemeines: Information durch Musik

Information im weitesten Sinne liegt vor, wenn unsere Sinne in irgendeiner Form gereizt werden. In diesem Sinne besitzt jede Musik natürlich Information. *Sachorientierte oder sachliche Information* wird übermittelt, wenn ein Sachverhalt dargestellt, also eine Aussage getroffen wird. Die Musik zu einem Film kann nur dann sachliche Information besitzen, wenn sie selbst der Gegenstand des Films ist oder in unmittelbarem Zusammenhang mit den gezeigten Sachverhalten steht. In den allermeisten Fällen besitzt Musik keine sachorientierte Information. Dies kann bei der Werbung und bei Dokumentationen problematisch sein. Sie wird hier wie (→ 7.1) *Filmmusik* eingesetzt.

Die Wirkung von Filmmusik

Musik wird oft nicht bewusst wahrgenommen. Wie in Kapitel 7 erwähnt, kann die Musik dazu beitragen, dass ein Film als interessant gilt. Sie wird bei der Betrachtung eines Films jedoch oft nicht bewusst wahrgenommen. Für viele tritt sie erst ins Bewusstsein, wenn Bild und Sprache wenig Informationen übermitteln oder wenn die Musik sehr laut ist.
Wirkungen von Filmmusik. Filme können sehr stark manipulieren. Sie vermögen dezidiert Ideologien zu verbreiten, z. B. die Rechtfertigung der Gewalt gegen Indianer, die Rechtfertigung von Tötung überhaupt oder die Verherrlichung des Staates in Diktaturen. Musik kann durch ihre den Inhalt unterstützende Funktion solche Einstellungen verstärken. Das zeigen

besonders Filme aus Diktaturen, z. B. *Leni Riefenstahls* Film *Triumph des Willens* (1935) über den NSDAP-Parteitag von 1934 (siehe auch 8.4.7).

Musik in Werbespots

Abgrenzung
In Kapitel 2 wurde die Werbung *für* Musik und die Werbung i. w. S. *mit* Musik behandelt. Das Folgende bezieht sich auf die Musik in Werbespots. Eine Trennung zwischen rein musikalischer und die Wirkung betreffender Betrachtungsweise, wie dies bei der Filmmusik vorgenommen wurde, ist bei Werbespots nicht sinnvoll. Daher werden im Folgenden sowohl die Beschaffenheit als auch die Wirkung von Musik in Werbespots betrachtet.

Allgemeines zu Werbespots
Ausmaße. Werbung allgemein, vor allem aber die Anzahl der Werbespots, hat in den letzten Jahrzehnten stark zugenommen. Die meisten Spots sind mit Musik unterlegt. Im Kabelnetz gibt es heute in Deutschland ca. 30 Fernsehstationen und etwa 120 Radiosender, die Werbespots senden. Die privaten Sender finanzieren sich ausschließlich durch Werbespots, die öffentlich-rechtlichen teilweise. Das Ausmaß der Werbespots im Fernsehen und Rundfunk unterliegt gesetzlichen Bestimmungen. In den öffentlich-rechtlichen Sendern dürfen in den dritten Regionalprogrammen gar keine Spots gesendet werden, in ARD und ZDF nicht nach 20 Uhr und nicht an Sonn- und Feiertagen. Die Höchstzeit von Werbespots pro Stunde und die höchste Anzahl von Werbeunterbrechungen pro Spielfilm sind festgelegt.
Werbemüdigkeit. Die große Menge an Werbespots geht vielen Menschen auf die Nerven. Daher ist die Werbung bestrebt, möglichst originell zu wirken, z. B. durch Witzigkeit. Musik trägt wesentlich dazu bei, dass Werbung als weniger störend empfunden wird.
Werbung besitzt für manche eigenständigen Unterhaltungswert. Es gibt beispielsweise Sendungen, die für witzig befundene Werbespots zum Gegenstand haben.

Zur Musik allgemein
Vier Ebenen bei Werbespots im Fernsehen. Wie beim Film sind in Werbespots vier Ebenen analysierbar: *Bild, Musik, Geräusche* und *gesprochener Text.*
Art der Musik allgemein. Das Spektrum der in Werbespots vorkommenden Musik ist sehr breit. Es reicht von Volksmusik bis zu ins Geräuschhafte tendierenden elektronischen Klängen. Zuweilen kommt in einem Spot höchst unterschiedliche Musik vor. Diese kann eigens komponiert oder, zuweilen aus Kostengründen, präexistent sein.
Zu empirischen Untersuchungen. Über die genaue Wirkung der Musik in Werbespots liegen nur wenige gesicherten empirischen Erkenntnisse vor.

Allgemeine und syntaktische Funktionen der Musik
Die Funktionen der Musik im Werbespot sind vergleichbar mit denen der (→ 7.1) *Filmmusik*. Im Unterschied zum Film steht bei der Werbung das Produkt im Mittelpunkt; die Musik im Werbespot reagiert auch des Öfteren wesentlich schneller auf Text und Bilder als Filmmusik.
Allgemeine Funktionen. Musik trägt wesentlich dazu bei, den Werbevorgang zu intensivieren. Sie erzeugt Aufmerksamkeit und aktiviert. Die wiederholte Ausstrahlung von Spots mit Musik führt zu stärkerer Verankerung im Gedächtnis als eine solche ohne Musik.

Syntaktische Funktionen (→ 7.1.4). Diese sind zahlreich; Beispiele hierfür sind folgende:

- Musik kann zur Gliederung eines Spots beitragen, indem sie zeitweise aussetzt oder indem verschiedene Arten von Musik erklingen.
- Sie kann auch Schnitte überspielen, d. h. vereinheitlichend wirken.
- Oft erklingt am Beginn eines Spots eine signalartige Musik, damit Aufmerksamkeit erregt wird.
- Musik kann auch die Kernaussage hervorheben.

Semantik der Musik

Die folgende Übersicht zeigt die Beziehungen zwischen Musik und außermusikalischem Inhalt i. w. S. in verschiedenen Gattungen.

Art der Musik	Inhalt i. w. S. (worauf Musik semantisch Bezug nimmt)				
	Inhalt i. e. S.	Text	Bühnenbild, Bewegung der Akteure	sich bewegende Bilder	beworbenes Produkt
Programm-Musik	●				
Vokalmusik	●	●			
Musiktheater u. Schauspielmusik	●	●	●		
Ballett	●		●		
in Spielfilmen und Dokumentationen	●	●		●	
in Werbespots	●	●		●	●

Allgemeines. In Werbespots gibt es sehr enge Beziehungen zwischen Musik, Bild und Ton. Die Musik hängt vom Produkt bzw. von der dargestellten Situation des Werbespots ab. Oft charakterisiert sie das Produkt bzw. dessen Wirkung, z. B. Stärke, Frische, Sicherheit, Kraft oder Witzigkeit. Zuweilen ist dies aber nicht der Fall, sondern der Charakter der Musik beschreibt den Inhalt des Werbespots, und weniger oder gar nicht das Produkt. Einem lustigen Werbespot kann z. B. witzige Musik unterlegt sein, ohne dass das Produkt lustig ist.
Außerdem hängt die Musik von der Zielgruppe ab. Bei Produkten für Kinder wird eher eine an Kinderlieder erinnernde Musik verwendet. Jugendliche werden oft durch aktuelle Popularmusik angesprochen. Da die einzelnen Sender verschiedene Zielgruppen anvisieren, sind auch deren Werbespots und damit die Musik oft unterschiedlich.
Kennmusik mit möglichen Wirkungen bzgl. des Werbeeffekts. Charakteristisch für die Werbung ist die Verwendung von *Kennmusik*. Unter **Kennmusik** versteht man Musik, die fest mit einem Produkt oder mit einer Sendung assoziiert wird. Sie kann gesungen werden oder instrumental sein. Ob Musik in der Werbung *Kennmusik* ist, hängt davon ab, wie häufig Spots mit dieser Musik gesendet werden.

Unter einem **Jingle** versteht man ein kurzes Motiv, das als Kennmusik für Werbung, eine Nachrichtensendung oder für einen Sender verwendet wird. In der Werbung ist der *Jingle* oft mit Text versehen.

Einsatz. Manchmal ist die ganze Musik eines Spots Kennmusik. Oft fungieren aber nur Teile der in einem Spot erklingenden Musik als solche.

Arten. Zumeist erscheint Kennmusik bei verschiedenen Spots zum selben Produkt. – Man kann allgemein unterscheiden zwischen längerer Musik ohne Text, Song und Jingle. – Häufig ist Kennmusik präexistent. Zuweilen werden Kinderlieder oder andere bekannte Lieder tongetreu oder abgewandelt als Kennmusik verwendet, zumeist mit neuem Text versehen. Dies hat den Zweck, die Kennmusik eingängig zu gestalten. – Jingles bestehen oft aus einem gebrochenen Dreiklang oder einer kurzen (→ Bd. I) *pentatonischen Melodie*. Beispielsweise ist der pentatonische Jingle von „viele, viele bunte Smarties" dem Kinderlied „Backe, backe Kuchen" entlehnt. Die Melodie zu „Rei in der Tube" stammt von „La cucaracha".

Mögliche Wirkungen.

- Kennmusik soll Freude an der Wiedererkennung vermitteln und das Produkt vertrauter machen.
- Spots mit Kennmusik wirken beim unaufmerksamen Rezipieren intensiver als solche ohne.
- Die Musik wirbt auch ohne Spot, was besonders vorteilhaft bei bekannten präexistenten Stücken ist. Werbung benutzt somit den Erfolg dieser Musik.
- Beim Sehen des Produkts wird gedanklich die Musik ausgelöst und dadurch die Vorstellung an das Produkt intensiviert.
- Das Produkt wirbt auch für die Musik (→ 2.6.3). Es gibt immer mehr Tonträger mit Musik zu Werbespots.

Wirkungen von Musik in Werbespots auf den Konsumenten

Musik verschleiert die mangelhafte Information von Werbung. Werbespots werden heute von den Rezipienten in der Regel als ästhetisches Phänomen angesehen, d. h. als guter Spot gilt beispielsweise einer, dessen Bilder, Musik und Menschen schön sind und der vielleicht noch witzig ist. Musik trägt wesentlich zur ästhetischen Wirkung bei.

Die ästhetische Betrachtungsweise verschleiert, dass die Werbung zunehmend weniger sachorientierte Aussagen über das Produkt trifft. Dabei wird nicht explizit die Unwahrheit gesagt, sondern wesentliche Sachverhalte werden nicht genannt oder es wird überhaupt nichts ausgesagt. Zweckbezogene Eigenschaften von Produkten werden beispielsweise nicht durch Zahlen dokumentiert; Gesundheitsgefährdungen werden verschwiegen; es wird verschleiert, welche Umweltbelastungen bei der Herstellung, dem Transport und der Beseitigung eines Produkts anfallen, ob Menschen ausgebeutet oder Tiere gequält wurden. Hingegen wird in Werbespots die Güte des Produkts suggeriert. – Wie oben erwähnt (→ 8.3.7), vermittelt Musik in der Regel auch keine sachorientierten Informationen.

Musik trägt somit dazu bei, Produkte zu verklären, die bei genauer Analyse sich vielleicht als problematisch herausstellen würden. Sie dient also im Wesentlichen dazu, die mangelhafte Information der Werbung zu verschleiern.

Erschwerung des Zugangs zu Ernster Musik. Ernste Musik wird in Werbespots üblicherweise stark bearbeitet. Man hört nur ganz kurze Stücke, oft anders arrangiert, z. B. verpoppt, und gelegentlich auch persifliert; neue Schlüsse werden verfasst und Text wird unterlegt. Wenn man sich an solche Techniken gewöhnt hat, kann das Hören des Originals erschwert werden.

Exkurs: Ernste Musik in ursprünglich nicht beabsichtigtem Zusammenhang
Das Folgende wird *Exkurs* genannt, weil es nicht nur für die Werbung gilt.
Ernste Musik erklingt vielfach in ursprünglich nicht beabsichtigtem Zusammenhang:
- bei der Werbung,
- in der Popularmusik arrangiert (→ Bd. I; Kap. 13),
- zu Dokumentationen, in Filmen oder als Titelmusik im Fernsehen, z. B. der letzte Satz von *Beethovens* Streichquartett Op. 59 Nr. 3 bei *Das Literarische Quartett*,
- am Telefon in Warteschleifen in z.T. fehlerhaften Arrangements,
- beim Ballett, z. B. wenn zu *Bachs* Matthäus-Passion getanzt wird,
- an vielen weiteren Orten (→ 8.3.8).

Es ist sehr zweifelhaft, ob die Komponisten solcher Werke aus vergangenen Jahrhunderten mit dieser Praxis einverstanden gewesen wären.
Zu den beliebtesten so verwendeten Stücken gehören *Vivaldis Vier Jahreszeiten*, der erste Satz aus *Mozarts Sinfonie Nr. 40*, *Ravels Boléro*, *Orffs Carmina Burana*, *La donna è mobile* aus *Verdis Rigoletto* und der erste Satz aus *Mendelssohns* 4. Sinfonie. Oft kennen die Rezipienten das Stück, aber nicht deren Namen und Komponisten.
Die Verwendung Ernster Musik hat folgende mögliche negative Wirkungen:
- Die Aura dieser Musik wird beeinträchtigt. Das heißt, die Menschen verlieren den Respekt vor solchen Kunstwerken.
- Die Liebhaber dieser Musik fühlen sich gestört. Problematisch ist vor allem die Verwendung von religiöser Musik, da besonders hier Gefühle verletzt werden können.
- Die originale Musik kann nicht mehr ungestört gehört werden, da sie mit der neuen Situation assoziiert wird, beispielsweise mit einem Produkt, mit bewegten Bildern oder einer Fernsehsendung. Dies gilt übrigens auch für Popularmusik.
- Die originale Musik kann nicht mehr unbeeinträchtigt rezipiert werden, weil man sich an die Bearbeitung gewöhnt hat.

Musik bei Nachrichten und Dokumentationen im Radio und Fernsehen (Beschaffenheit und Wirkungen)

Kennmusik von Nachrichten
Die meisten Nachrichtensendungen im Rundfunk oder Fernsehen beginnen mit einer (→) *Kennmusik*. Manche Sender unterlegen auch die Schlagzeilen zu Beginn der Nachrichten mit Musik. Sie dient als Erkennungssignal, soll aber auch die Kompetenz des Senders darstellen, den Hörer in Erregung versetzen und neugierig auf die Nachrichten machen.
Bei öffentlich-rechtlichen Radiosendern gibt es zuweilen zur Erkennung von Nachrichten statt Musik nur einfache Signaltöne.

Musik bei Dokumentationen und Nachrichtenbeiträgen
Vorkommen und Beschaffenheit. Die Verwendung von Musik während der Nachrichten hat eine lange Tradition. Seit 1928, also kurz nach Etablierung des Tonfilms, gab es bei Filmvorführungen Wochenschauen, die mit dramatischer Musik unterlegt wurden. Musik zu

Dokumentationen und Nachrichtenbeiträgen im Fernsehen wurde in den letzten Jahren immer häufiger eingesetzt und (→ 6.3) *reizintensiver.*
Die Musik und die Bildgestaltung haben Techniken und Funktionen wie beim Spielfilm angenommen. Wenn beispielsweise ein Sachverhalt als bedrohlich dargestellt werden soll, werden zuweilen Praktiken angewandt, die auch im Horrorfilm Verwendung finden. Es werden z. B. tiefe Töne und evtl. ganz hohe schneidende Geräusche unterlegt. Der Film läuft in Zeitlupe und wird in den Farben verfremdet.

Wirkungen.
Vorgabe der Gefühle und Einstellungen. Mehr noch als die Bilder sagt uns die Musik deutlich, welche Gefühle und damit Einstellungen wir gegenüber den dargestellten Sachverhalten haben sollen. Dies funktioniert noch besser, wenn die Musik nicht bewusst erlebt wird.
Sprachverarbeitung wird durch Musik erschwert. In der Werbeforschung wurde herausgefunden, dass die Verarbeitung sprachlicher Informationen durch die Musik erschwert wird. Dies ist auch auf Dokumentationen übertragbar.
Ablenkung davon, dass Bild und Text nichts miteinander zu tun haben. Bei manchen Dokumentationen tragen die Bilder zur Information bei. Oft sind sie aber nicht wichtig, sondern lenken nur ab. Um dies zu verschleiern, wird häufig Musik eingesetzt.
Ästhetisierung der Nachrichten und Dokumentationen. Die Nachrichten und Dokumentationen weisen eine stärker werdende Tendenz zur *Ästhetisierung* auf. Das heißt, dass die Bilder und die Musik reizintensiver werden und insgesamt die sachorientierten Informationen geringer. Anders ausgedrückt werden die Nachrichten immer mehr zur Unterhaltung. Unterhaltende Nachrichten werden auch mit dem Begriff *Infotainment* bezeichnet.
Die Musik trägt, ähnlich wie bei der Werbung, wesentlich zu einer Ästhetisierung der Nachrichten und Dokumentationen bei. Das subjektive Gefühl, informiert zu sein, bleibt jedoch zumeist bestehen.

Wirkungen von Videoclips

- *Nähe zum Star.* Eine der wichtigsten Wirkungen von Videoclips ist, dass sich der Betrachter seinem (→) *Star* näher fühlt, der oft in einem Videoclip im Mittelpunkt steht.
- *Kennenlernen des Liedinhaltes,* der oft mit den Bildern in Verbindung steht.
- *Vermittlung von Informationen über Mode (→ Product Placement durch Musiker)*
- *Nervosität durch schnelle Schnitte.* Das Sehen der schnellen Schnitte kann zu Nervosität und Unwohlsein führen. Immerhin wird in der Gebrauchsanweisung für Bildschirmspiele vor epileptischen Anfällen gewarnt.
- *Schwierigkeit, Musik ohne Bilder wahrzunehmen.* Die häufige Rezeption von Videoclips kann dazu führen, dass es schwerer fällt, über längere Zeit Musik ohne Bilder bewusst zu hören.
- *Verlust eigener Fantasie.* Wenn man den Videoclip zu einem Song kennt, ist es schwerer, eigene Fantasien zu entwickeln.
- siehe auch 8.4.7.

8.3.8 Wirkungen von unfreiwillig gehörter Musik (am Arbeitsplatz, beim Einkaufen usw.)

Einführung

Erläuterungen zum Begriff „unfreiwillig gehörte Musik". Im Folgenden werden nicht nur Wirkungen dargestellt, sondern auch weitere Informationen zu unfreiwillig gehörter Musik gegeben. Dabei werden Orte und Situationen genannt, wo Musik unfreiwillig gehört wird. Das gilt natürlich nicht unbedingt für alle Beteiligten. Für den einen ist beispielsweise Musik in einem bestimmten Restaurant unfreiwillig, während ein anderer gerade wegen der Musik dorthin geht. Ähnliches gilt beim Einkaufen oder bei Sportveranstaltungen. – Ohne Einverständnis gehörte Musik muss nicht immer stören, sondern kann sogar angenehm sein. – Zu bedenken ist, dass oft die für einen Außenstehenden unfreiwillig gehörte Musik auch für die an der Schallquelle Arbeitenden unfreiwillig ist. Dies gilt insbesondere für die Musik beim Einkaufen.

Zur Geschichte der unfreiwillig gehörten Musik (vorwiegend bei der Arbeit). Vermutlich wurde bereits in der Vorgeschichte bei der Arbeit gesungen, was allerdings nicht unfreiwillig gewesen sein dürfte.
Die Beschallung von Menschen bei der Arbeit, mit oder ohne deren Einverständnis, fand vereinzelt bereits vor dem 20. Jahrhundert statt. Das Interesse hieran wuchs mit dem Beginn der Industrialisierung. Etwa ab 1915 wurde versucht, durch Abspielen von Schallplatten die Arbeitsleistung nordamerikanischer Industrie-Arbeiter konstant zu halten. In einigen Betrieben gab es auch Musiker, welche die Mitarbeiter in den Pausen unterhielten. Seit den 1930er Jahren entstanden Firmen, die sich der Produktion und Verbreitung von unfreiwillig zu hörender Musik verschrieben. Diese wurde nicht nur in Fabriken, sondern auch an anderen unten genannten Orten eingesetzt.

Funktionelle Musik im älteren Sinne.
Definition und Merkmale. Die von diesen Firmen verbreitete Musik war bis in die 1990er Jahre hinein in der Regel *funktionelle Musik im älteren Sinne.*
Unter **funktioneller Musik im älteren Sinne** versteht man Musik, die besonders für das Hören im Hintergrund geeignet ist, die somit möglichst unauffällig ist und ein freundliches akustisches Ambiente schaffen soll. Sie ist in der Regel eigens für diesen Zweck komponiert bzw. arrangiert. *Funktionelle Musik im älteren Sinne* soll gleichsam eine akustische Möblierung sein und zu einem positiven Raumklima beitragen, ähnlich wie das Mobiliar, die Beleuchtung und gegebenenfalls der Geruch. – Von der *funktionellen* ist die (→ 8.1.1) *funktionale* Musik zu unterscheiden.
Eine der ersten Firmen, die funktionelle Musik herstellten und vertrieben, war die 1934 in den USA gegründete *Muzak*, deren Name zum Synonym wurde für funktionelle Musik im älteren Sinne. Diese besitzt folgende Merkmale:

Tempo	nicht extrem
Dynamik	zumeist gleichbleibend, nur geringe Schwankungen
Hauptmelodie	nicht zu komplex, sanglich, in der Regel instrumental
Melodieinstrumente	keine reizintensiven Klangfarben wie verzerrte Gitarre oder schrille Saxophone
Stimmung	freundlich, nicht zu melancholisch, nicht zu hektisch
Takt	fast immer Viervierteltakt
Bekanntheitsgrad	mittel, oft Schein des Bekannten
Lautsprecher-Aufstellung	gleichmäßige Schallverteilung im Raum soll gewährleistet sein
Folge der Stücke	• wenig Wiederholungen, keine innerhalb eines Tages • Stimmungen und Tempi der Tageszeit angepasst (morgens schneller, mittags langsamer, abends schneller)

Frühe Distributionsformen. Zunächst wurde die Musik durch Tonträger (Schallplatten, Tonbänder und Kassetten) oder über Telefonleitungen vertrieben. Sie wurde auch mittels Rundfunksendungen verbreitet. Seit den 1980er Jahren wurden auch – zunächst analoge – Satellitensender verwendet.

Funktionelle Musik im neueren Sinne (seit den 1990er Jahren).
Einleitung. In den 1990er Jahren verbreitete sich die digitale Audio-Satellitenausstrahlung. Dadurch konnte man auf einen bisher analogen Kanal fünf digitale legen. Für die professionellen Anbieter von funktioneller Musik ergab sich somit die Möglichkeit, preiswert mehr Kanäle und somit weitere Arten von Musik anzubieten. Sie nannten diese Arten weiterhin *funktionelle Musik*, wodurch eine neue Definition nötig ist.
Definition und Merkmale. Unter **funktioneller Musik im neueren Sinne** versteht man solche, die von professionellen Anbietern für das unfreiwillige Hören zusammengestellt und in der Regel digital über Satelliten verteilt wird.
Die funktionelle Musik i. n. S. schließt diejenige im älteren Sinne ein. Sie umfasst außerdem weitere Sparten von Musik, etwa arrangierte oder originale Ernste Musik oder Originaltitel aus der Popmusik, also mit Gesang. Weitere Beispiele der Firma *Muzak* (1999) sind:

- *Easy listening:* leichte und angenehme Unterhaltungsmusik in mäßigem Tempo,
- *Soulful:* anspruchsvolle Pop- und Soulmusik, ergänzt mit lateinamerikanischen Interpretationen, in mäßigem bis mittlerem Tempo,
- *Pop / Dance:* Musik der Mega-Hits und Charts in schnellem Tempo.

Ähnlich wie bei der funktionellen Musik i. ä. S. sind Wiederholungen selten, allerdings gibt es auf den Kanälen mit originaler Popularmusik Wiederholungen innerhalb eines Tages. Die Geschwindigkeit der Stücke ist seltener abhängig von der Tageszeit.
Funktionelle Musik im neueren Sinne kann als reine Hintergrundmusik erklingen, beispielsweise in Hotels und Gaststätten, und sie kann an Einkaufsstätten durch Werbeeinlagen unterbrochen werden (→ 8.3.8).

Wichtige Funktion jeglicher *unfreiwillig gehörter Musik* ist die Übertönung von unerwünschten Geräuschen.

Mögliche negative Wirkungen, in erster Linie für Arbeitende. Wenn unfreiwillig gehörte Musik nicht als störend empfunden wird, dann gilt das oben unter *freiwillig gehörte Musik im Hintergrund* Ausgeführte (→ 8.3.5). Oft aber ist die Musik störend. Dann kann sie zu Ärger, Stress, Abstumpfung, Müdigkeit und herabgesetzter Konzentrationsfähigkeit führen, auch über die Zeit der Beschallung hinaus. Bei lange anhaltender dauerhafter Beschallung kann sie auch gesundheitliche Schäden wie beispielsweise Bluthochdruck verursachen. Dies gilt besonders für Musik am Arbeitsplatz.

Musik am Arbeitsplatz

Verbreitung. In Betrieben und in Großraumbüros ist Musik in Deutschland nicht sehr verbreitet. Allerdings ist an sonstigen Arbeitsplätzen Musik sehr stark präsent, z. B. an Einkaufsstätten, beim Frisör, in der Arztpraxis, auf der Baustelle usw.
Mögliche Wirkungen. Wenn die unfreiwillig gehörte Musik nicht unangenehm ist und nicht zuviel Aufmerksamkeit abfordert, können folgende Wirkungen auftreten:

- Steigerung der Arbeitsleistung bei einfachen Tätigkeiten, Senkung der Arbeitsleistung bei komplexen Tätigkeiten (vgl. 8.3.5),
- Positiveres Arbeitsklima, größere Zufriedenheit mit der Arbeit,
- Unterbindung von Gesprächen.

Musik beim Einkaufen

Verbreitung
Business-Radio. Musik beim Einkaufen hat stark zugenommen. Das liegt vor allem an der digitalen Verbreitung über Satellit (→ 8.3.8). In Kaufhäusern und Supermärkten sind *Business-Radiosender* verbreitet. Unter einem *Business-Radiosender* versteht man allgemein einen kommerziellen Rundfunksender, der verschlüsselt für bestimmte Firmen Sendungen ausstrahlt. Solche Stationen senden für Kaufhäuser und Supermärkte *funktionelle Musik im neueren Sinne*, die vor allem durch individuelle Werbung unterbrochen wird. Diese kann auf eine Einkaufskette, sogar auf eine bestimmte Filiale zugeschnitten werden. In manchen Sendern werden auch weitere sprachliche Elemente, wie Begrüßungen, Verabschiedungen, vermischte Meldungen usw. ausgestrahlt. Insgesamt entsteht so die Illusion eines eigenen Radio-Senders für eine bestimmte Einkaufskette.
Semantik. Die Musik in den Einkaufsstätten hängt von den Kunden und den Waren ab. In einem Jeansladen erklingt eher aktuelle Popmusik, in einem Tee-Geschäft eher Ernste Musik vergangener Jahrhunderte usw.

Mögliche Wirkungen
Sicht der Verkäufer.
Atmosphäre schaffen, Umsatz steigern. Die hauptsächliche Funktion der Musik besteht darin, dass eine angenehme Atmosphäre erzeugt wird; zuweilen wird auch Fernweh oder Urlaubstimmung vermittelt. Dies soll den Kunden zum Verweilen anregen und zum Kauf motivieren. Dass Musik zur Umsatzsteigerung beiträgt, ist empirisch schwer nachzuweisen.
Werbung ermöglichen. Eine wichtige Funktion der Musik beim Einkaufen ist, dass sie Werbeunterbrechungen möglich macht. Nach Untersuchungen steigern die Werbespots direkt an der Kaufstätte den Umsatz erheblich.

Erzeugung der Illusion eines Radiosenders. Die Illusion des eigenen Radiosenders für eine bestimmte Kette erhöht deren Image und soll zur Kundentreue beitragen.

Sicht der Käufer. Gegen Musik an Einkaufsstätten spricht natürlich vor allem, dass die Angestellten, unter Umständen ganz erheblich, gestört werden. Außerdem gelten Argumente, die auch gegen Musik in Werbespots ins Feld geführt werden können. Wie diese soll Musik beim Einkaufen den Käufer zu unkritischem Verhalten anregen.

Weitere für den Hörer bestimmte, unfreiwillig gehörte Musik

Verbreitung und hauptsächliches Interesse. Es gibt eine Vielzahl von Situationen, in denen Musik für eine Zielgruppe bestimmt ist. Die Funktionen dieser Musik sind zahlreich. Im Folgenden werden einige möglichen Wirkungen und dazugehörige Orte genannt, wobei natürlich die Musik an einem Ort verschiedene Wirkungen haben kann. Das materielle Interesse steht bei allen Funktionen mehr oder weniger im Vordergrund.
Beruhigung, Entspannung. Hotel, Flugzeug, Bus-, Fern- und U-Bahnhof, Flughafen, Kantine, Schalterhalle, Schwimmbad, Sauna, Massagesalon.
Angstreduktion, Schmerzlinderung. Wartezimmer, Krankenhaus, Operationssaal.
Schaffung einer speziellen Atmosphäre, Selektion des Publikums. Gastronomie (Restaurant, Kneipe, Bar), Spielhalle, Kirmes, touristisches Zentrum, Kirche, Kurgarten, Schiff. An gastronomischen Orten selektiert die Musik zuweilen das Publikum, d. h. bestimmte Leute werden von der Musik angelockt, andere ferngehalten.
Anlocken. Verkaufsstand, Schaufenster, Video im Kaufhaus, Musik aus der offenen Tür eines Geschäfts, Musik aus einem Bildschirmspielgerät.
Vertreibung. In den USA werden zuweilen Plätze mit Ernster Musik beschallt, um junge Leute fernzuhalten.
Geld verdienen. Straßenmusiker, U-Bahn-Musiker.
Demonstration der Bedeutsamkeit eines Individuums oder einer Gruppe. Handy, Anrufbeantworter, Gettobluster, Autoradio, Umzug von Kapellen, Love-Parade.
Kontakt halten. Warteschleife am Telefon.
Körperliche Aktivierung. Fitness-Studio.

Nicht für den Hörer bestimmte, unfreiwillig gehörte Musik

Die Situationen, in denen wir Musik hören müssen, die nicht für uns bestimmt ist, sind zahlreich. Beispielsweise hört man Musik aus dem Walkman eines anderen, vom Nachbarn, aus lauten Kneipen oder Diskos, von Open-Air-Veranstaltungen, von Freiluftkinos, im Taxi oder im Bus. In einigen deutschen Städten ertönt mehrmals pro Tag von einem Tonträger die Stimme eines Muezzins, der die gläubigen Moslems zum Gebet ruft, was manche als Lärmbelästigung empfinden.

8.4 Musik als Gruppenphänomen (Sozialpsychologie)

8.4.1 Hinweis

In diesem Abschnitt wird Musik als Gruppenphänomen dargestellt. Dabei wird die Rezeption und das gemeinsame Singen bei Veranstaltungen behandelt, bei denen dieses nicht im Vordergrund steht, also z. B. beim Sport. Die Wirkungen des Singens und Musizierens in musikalischen Gruppen wird in Abschnitt 8.7 abgehandelt.

8.4.2 Allgemeines zu Gruppen und deren Musik

Definition und Allgemeines zur Gruppe

Definition. Unter einer **Gruppe** versteht man eine Anzahl von zwei oder mehr Personen, die von Aufgaben oder einer Lage gemeinsam angesprochen und betroffen sind, außerdem dabei wechselseitig Einfluss aufeinander nehmen.

Ein Individuum ist Mitglied zahlreicher Gruppen. Der Mensch gehört einer Vielzahl von verschiedenen Gruppen in sehr unterschiedlicher Intensität an. Ein Jugendlicher ist beispielsweise Mitglied seiner Familie, seiner Klasse oder eines Leistungskurses, er ist Fan eines bestimmten Sängers, spielt im Basketballverein, singt in einem Chor, ist Mitglied seiner Altersgruppe usw. Eine Gruppe kann beständig sein, sie kann aber auch nur für relativ kurze Zeit existieren, z. B. für die Dauer eines Konzerts.

Allgemeine Wirkungen. Die Zugehörigkeit zu einer Gruppe verleiht dem Individuum ein Gefühl der Macht, der Sicherheit, der Geborgenheit, des Selbstvertrauens und des Wohlbefindens. Oft entsteht das Gefühl der Macht durch die Kennerschaft in einem bestimmten Bereich, beispielsweise bei den Anhängern einer Musikrichtung.

Gemeinsame Einstellungen. Die Mitglieder einer Gruppe sind vor allem geprägt durch gemeinsame *Einstellungen*. Unter einer **Einstellung** eines Individuums einer Sache gegenüber versteht man seine Prädisposition, hinsichtlich dieser Sache in einer bestimmten Weise wahrzunehmen, zu fühlen, zu denken und zu handeln. Unsere Urteile sind von denen anderer Gruppenmitglieder abhängig, d. h. sie werden im Bewusstsein dessen gefällt, wie diese urteilen und wie sie gegebenenfalls unsere Meinung bewerten könnten.

Überlegenheit über andere Gruppen. Die Mitglieder einer Gruppe fühlen sich gegenüber anderen Gruppen oft mehr oder weniger überlegen. Unangenehme Formen dieser Tatsache sind beispielsweise Chauvinismus und Rivalität von gewalttätigen Fußballfans.

Gruppen von Hörern

Allgemeines. Der musikalische Geschmack, d. h. die Vorliebe für bestimmte Musikrichtungen und Stücke sowie die Art der Rezeption, ist bei jedem Menschen unterschiedlich. Es gibt aber natürlich Personen, deren Gemeinsamkeit die Anhängerschaft einer bestimmten Musikrichtung, eines Musikers oder eines Ensembles ist. Wenn diese Personen nicht aufeinander Einfluss nehmen, kann nicht von einer Gruppe gesprochen werden. Oftmals bilden solche Anhänger aber eine Gruppe. Einige sind dabei intensiv Mitglieder, werden also von anderen stark beeinflusst und beeinflussen stark; bei anderen ist dies sehr viel weniger ausgeprägt.

Einteilung. Man kann hinsichtlich des Musikgeschmacks unter anderem folgende Gruppen unterscheiden:

a) Gruppen mit Anhängern von Strömungen oder von Künstlern der Ernsten Musik, beispielsweise Liebhaber der zeitgenössischen Ernsten Musik, Callas-Fans usw.
b) Gruppen, deren Gemeinsamkeit die Vorliebe für eine bestimmte Art der Popularmusik ist, beispielsweise die Anhänger einer bestimmten Sängerin oder die Gruppe der Jazz-Fans usw. Jugendliche gehören zum großen Teil Gruppen an, die durch die Anhängerschaft von aktueller Popularmusik charakterisiert sind.
c) Gruppen, deren Gemeinsamkeit nicht in erster Linie die Musik ist, deren Mitglieder aber jeweils eine mehr oder weniger ähnliche Musik hören. Beispielsweise sind Trucker oft Anhänger von Country & Western-Musik; Fans einer bestimmten Fußballmannschaft besitzen ihre eigenen Lieder usw. (→ 8.3.3).

Die Trennung zwischen b) und c) ist unscharf. Es ist manchmal schwer zu entscheiden, ob eine Gruppe primär durch die gemeinsame Musik oder andere Merkmale geprägt ist.
Empirische Nachweise der gegenseitigen Beeinflussung. Die gegenseitige Beeinflussung hinsichtlich des Musikgeschmacks ist durch Experimente nachgewiesen. In fiktiven Situationen urteilten beispielsweise Jugendliche um so toleranter und flexibler über Musik, je geringer der Druck der Gleichaltrigen war. In bestimmten Gruppen kann die Attraktivität von männlichen Jugendlichen erhöht werden, wenn sie sich als Anhänger von Heavy-Metal-Musik ausgeben.
Überlegenheit über andere Gruppen. Das oben erwähnte Überlegenheitsgefühl äußert sich beispielsweise bei Anhängern Ernster Musik, die auf angebliche Kunstbanausen herabsehen. Jugendliche fühlen sich den vermeintlich musikalisch unkundigen Erwachsenen überlegen.

8.4.3 Genaueres zu Hörer-Gruppen

Anhänger einer Sparte von Ernster Musik

Allgemeines zur Art der Gruppe. Liebhaber sowohl der Ernsten als auch der Popularmusik sind in eine Vielzahl von Gruppen aufgespalten. Es gibt bei der Ernsten Musik beispielsweise Anhänger der zeitgenössischen Musik, Opern-Freunde, Lautenmusik-Spezialisten, Puccini-Jünger, Liebhaber der Orgelmusik, Callas-Fans usw. Es gibt auch Gruppen, die gegen eine Musikrichtung sind, beispielsweise die Gegner avantgardistischer Musik (→ 3.1.1). Oft spielen die Anhänger einer bestimmten Gruppe selbst ein entsprechendes Instrument, beispielsweise diejenigen der Orgelmusik.

Gemeinsame Einstellungen, die nicht die Musik betreffen. Bei allen Gruppen, die durch Musik gebildet werden, spielen die Weltanschauung bzw. andere Einstellungen wie die zur Religion, Politik, Kultur usw. eine mehr oder minder große Rolle. Die Orgelmusikliebhaber besitzen nicht nur eine ähnliche Einstellung zur Orgelmusik, sondern beispielsweise auch in der Regel zum christlichen Glauben. Anhänger des Komponisten *Luigi Nono* sind oft eher sozialkritisch eingestellt.

In-Kontakt-Treten als Mittel zur Gruppenstärkung. Die Mitglieder einer Gruppe treten von Zeit zu Zeit miteinander in Kontakt, das heißt, sie erhalten Informationen und/oder beeinflussen sich gegenseitig, wobei in der Regel die Gruppenzugehörigkeit gestärkt wird. Dies kann durch folgende Maßnahmen geschehen:

- Treffen bei Konzerten der entsprechenden Musikrichtung,
- Kontakt durch Mitgliedschaft in Vereinen, z. B. Austausch von Informationen durch Vereinstreffen und Mitteilungsblätter usw.,
- Treffen bei Kongressen, Festivals, Tagungen usw. zu bestimmten Musikrichtungen,
- Kontakt durch wissenschaftliche und andere Fachzeitschriften, z. B. für Orgelmusik,
- Rezipieren von Sendern oder Sendungen, z. B. über Alte Musik oder Opern,
- private Treffen.

Bei Kontakten werden nicht nur die Einstellungen zur Musik, sondern auch die mit ihnen verbundenen verstärkt, z. B. die religiöse beim gemeinsamen Hören von Orgelmusik.

Jugendliche Anhänger von Sparten der Popularmusik

Starkes Zugehörigkeitsgefühl. Jugendliche gehören in stärkerem Maße Gruppen Gleichaltriger an als andere Menschen. Das liegt daran, dass sie sich in der Pubertät vom festen Band der Familie lösen und sich somit neu orientieren müssen. Viele finden Platz in Gruppen, die durch Musik wesentlich geprägt sind. Die Jugendlichen grenzen sich dadurch von den Erwachsenen und die einzelnen Gruppen gegenseitig voneinander ab.

Die starke Gruppenzugehörigkeit äußert sich u. a. darin, dass Anhänger anderer Musikrichtungen zuweilen angefeindet werden. Dabei gibt es Musikformationen, die bei den Jugendlichen besonders umstritten sind, wie z. B. die *Kelly Family* oder *Modern Talking*.

In-Kontakt-Treten als Mittel zur Gruppenstärkung. Wie Liebhaber der Ernsten Musik treten die jugendlichen Anhänger einer bestimmten Sparte der Popularmusik miteinander in Kontakt, d. h. sie erhalten Informationen und/oder beeinflussen sich gegenseitig, wobei in der Regel die Gruppenzugehörigkeit gestärkt wird. Wichtig sind folgende Maßnahmen:

- Treffen in Diskotheken, Konzerten, bei Partys, Raves usw. der entsprechenden Musikrichtung (hier gibt es wiederum → *Rituale*, die die Gruppenzugehörigkeit stärken),
- Kontakt durch eine Fülle von speziellen Zeitschriften, z. B. *Bravo*, *Metal Hammer*,
- Zusammenkunft bei Festivals und besonderen Veranstaltungen, z. B. der *Love Parade*,
- Mitgliedschaft in Fanclubs,
- Sehen und Hören von Sendern, z. B. VIVA oder Jazz-Radio, bzw. Sendungen, etwa einer Volksmusik-Hitparade.

Weltanschauliche Einstellungen, Musik, Mode. Die Gruppenzugehörigkeit manifestiert sich vorwiegend durch folgende Merkmale:

- gemeinsame weltanschauliche Einstellungen,
- gemeinsame Einstellungen zur Musik,
- gemeinsame Mode, d. h. Kleidung, modische Accessoires (z. B. Buttons, Ringe, Ketten, Schnallen), Haarschnitt, Tätowierungen, Piercing usw.

Außerdem gibt es noch weitere Merkmale der Gruppenzugehörigkeit, z. B. Tanzformen, Vorlieben für Filme, Bücher und Graffiti, Treffpunkte usw. Die Verbindung dieser Merkmale ist nicht immer sehr eng. Jemand kann eine Musikrichtung gerne hören, ohne die Weltanschauung von deren intensiven Anhängern zu teilen. Ähnlich verhält es sich mit der Mode.

Tabelle.
In der folgenden Tabelle, die für Deutschland im Sommer 2000 gilt, sind wichtige Jugendgruppen und deren Charakteristika aufgeführt. Die unterschiedslose Größe der Spalten soll nicht suggerieren, dass jede Gruppe gleich viele Personen umfasst. Wie erwähnt ist die Intensität der Mitgliedschaft in einer Gruppe höchst unterschiedlich. Besonders im Hip-Hop und Techno / House gibt es zahlreiche Personen, die nur in geringem Maße der Gruppe angehören.
In allen genannten Gruppen sind sowohl die Musikrichtung als auch die Kleidung noch vielfältig weiter differenziert. Bei Hip-Hop und Techno / House wird in allen Bekleidungsbereichen eine *Street Gear* (Alltagskleidung) von einer *Club Gear* (Clubkleidung) unterschieden. Das Folgende bezieht sich auf beides.

	Metal	**Punk**	**Hip-Hop, Rap**	**Techno / House**
Texte	seltener politisch, oft mystisch	oft sozialkritisch, oft sarkastisch	von stark unter schiedlicher literarischer Qualität	kaum vorhanden
Haartracht	keine Besonderheit	oft gefärbte Haare	keine auffälligen Besonderheiten	keine auffälligen Besonderheiten
Oberbekleidung	Grundfarbe schwarz, oft Leder, Nieten und breite Gürtel	alte, abgetragene, z. T. zerrissene Kleidung, z. T. schrill	eher modische Trendkleidung, weite Hosen, Mützen, oft Basecap	Stilgemisch, oft schrill
Schuhe	Springerstiefel, Farbsymbolik der Schnürsenkel	keine Turnschuhe, Docs (= Doc Martins), selten Springerstiefel	Marken-Turnschuhe	oft schrill
modische Accessoires	häufig Ketten am Gürtel	zuweilen Buttons mit Namen von Gruppen	weniger deutlich, Handy	Handy
Weltanschauung	gemischt, oft mystisch	links-anarchisch	liberal, zuweilen ethisch anspruchsvoll	unpolitisch, Hang zum Dadaistischen, oft Zwang zur Ausgelassenheit
(→) **Drogen**	eher betäubende, besonders Alkohol, z. B. Bier	gemischt, z. B. Bier, Schnaps, Cannabis, Amphetamine	gemischt, z. B. Cannabis, LSD, Kokain	eher stimulierende, z. B. Ecstasy, Amphetamine
Teilgruppen	Motor-Biker, Neonazis, Esoteriker	Anarchisten	Inline-Skater, Skate- und Snowboarder, Mountain-Biker, Basketball-Anhänger, Sprayer	

Grund für den Eintritt in eine Gruppe. Es ist schwer zu sagen, ob Jugendliche Anhänger einer Musikrichtung werden wegen der Musik, wegen anderer Gruppenmitglieder oder der weltanschaulichen Einstellungen. Zumeist dürften wohl alle Aspekte eine Rolle spielen.

Tendenz zu kleinen Gruppen. Große Gruppen tendieren dazu, sich zu teilen. Das liegt daran, dass das Zugehörigkeitsgefühl in einer kleineren Gruppe größer ist. Die neu entstandenen Gruppen fühlen sich oft einander überlegen.
In der Entwicklung der Popularmusik differenzieren sich Musikrichtungen aus (→ 6.7), ebenso dazugehörige Gruppen. Innerhalb der großen Gruppe der Punk-Anhänger sehen beispielsweise die Anhänger des politischen Punk auf die Freunde des Fun-Punk herab.

Tendenz zum schnellen Wechsel. Gruppen von Anhängerschaften von Musikrichtungen sind nicht sehr stabil, sondern ändern sich oft.

Faktoren für die Änderung der Einstellungen, der Kleidung und der Musik. Wie sich weltanschauliche Einstellungen und Musikgeschmack ändern, ist ein komplexer Vorgang. In der Popularmusik kann man heute grundsätzlich drei Einflussfaktoren unterscheiden: die Ranghöchsten einer Gruppe, die übrigen Mitglieder und die Industrie. Der Einfluss der letzteren ist recht hoch (→ Kap. 2).

Rangfolge innerhalb der Gruppe. Innerhalb einer Gruppe möchte man möglichst hochrangig sein. Dies geschieht u. a. dadurch, dass man sich auf folgenden Gebieten engagiert:
- Nähe zu Stars (→ 8.4.6),
- Wissen, was *in* ist in der jeweiligen Gruppe,
- Besitz dessen, was in der jeweiligen Gruppe gefragt ist.

Gruppen, die nicht primär durch die Musik gebildet werden

Allgemeines. Viele Gruppen, die nicht primär durch die Musik gebildet werden, singen und hören Musikstücke oder sind Anhänger von Musikrichtungen, die mit der Gruppe in besonderem Maße verbunden sind. Vor allem das Singen, aber auch das Hören verstärkt die Gruppenzugehörigkeit deutlich. Dies kann sowohl bei einer Zusammenkunft als auch bei anderen Gelegenheiten geschehen. Je größer und abgegrenzter das musikalische Repertoire ist, desto stärker ist im Allgemeinen der Gruppenzusammenhalt.

Gemeinsame Lieder.
Einleitung. Viele Gruppen besitzen gemeinsame Lieder, die besonders bei Zusammenkünften gesungen werden. Zuweilen wird im Text die eigene Gruppe glorifiziert und andere herabgewürdigt, z. B. in der französischen und britischen Nationalhymne. Zuweilen gibt es ein Hauptlied, beispielsweise „Ein feste Burg ist unser Gott" bei den Lutheranern.
Religionsgruppen. Eher offene Religionsgruppen haben ein Liedrepertoire, das sich mit dem anderer Gruppen überschneidet. Katholiken und Evangelische besitzen beispielsweise zahlreiche ökumenische, also gemeinsame Lieder. Andere Gruppen, die sich eher abgrenzen wollen, haben jeweils ein ganz spezielles Repertoire, z. B. die Neuapostolischen und die Zeugen Jehovas.

Ethnische und territoriale Gruppen. Volksgruppen besitzen oft gemeinsame Lieder, in der Regel in der entsprechenden Mundart (→ Kap. 5). Dies gilt auch für Bewohner eines größeren Territoriums; Beispiele hierfür sind die Bayernhymne und Nationalhymnen. Zur Europahymne wurde das Freudenthema aus *Beethovens* 9. Sinfonie erklärt.
Politische Gruppen und Bewegungen haben oft ein eigenes Repertoire, z. B. Atomkraftgegner, Widerstandskämpfer im Dritten Reich oder Mitglieder einer Partei. Rechtsradikale Jugendliche besitzen ein großes und deutlich abgegrenztes Repertoire. Weithin bekannte Stücke sind *We shall overcome* als Song der amerikanischen Bürgerrechtsbewegung und die *Internationale* als Lied der Arbeiterbewegung.
Berufsgruppen. Viele Berufsgruppen haben eigene Lieder. Zahlreich sind Soldatenlieder, da dieser Berufstand immer sehr bedeutsam war und solche Lieder auch die wichtigen Funktionen der Angstreduktion und des Aufputschens besitzen. Zahlreich sind auch die Seemannslieder *(Shanties)*, da die Seeleute auf dem Meer lange unter sich sind. Es gibt auch viele Studentenlieder.
Weiteres. Darüber hinaus gibt es zahlreiche weitere Lieder von Gruppen, z. B. Schulsongs im Zusammenhang mit Sport in den USA oder Lieder von Anhängern von Fußballvereinen (→ 8.4.4) sowie Songs der Schwarzen in den USA (→ Kap. 5 und 6).

Gemeinsame gehörte Musik.
Religionsgruppen. Bei Religionsgemeinschaften spielt die Musik eine wesentliche Rolle. Kirchenmusik stärkt einen Christen in seinem Glauben und somit in seinem Zugehörigkeitsgefühl zur Gruppe der Christen. Das Hören von Messen kann Katholiken in ihrer speziellen Ausprägung des Glaubens stärken.
Ethnische und territoriale Gruppen haben in der Volksmusik ein eigenes Repertoire und zuweilen einen eigenen Stil (→ Kap. 5). Dies trifft auch für die Popularmusik zu; bei volkstümlicher Musik gibt es regionale Unterschiede, beispielsweise zwischen bayrischer und norddeutscher. Auch die Popmusik verschiedener Regionen und Länder unterscheidet sich stilistisch, beispielsweise türkische und deutsche.
Weitere Gruppen. Es gibt eine Vielzahl von weiteren Gruppen, die mehr oder weniger deutlich jeweils einen gemeinsamen Musikstil besitzen. *Skater* hören beispielsweise oft Hip-Hop, *Motor-Biker* eher Metal-Musik, *Trucker* oft Country & Western-Musik.

8.4.4 Wirkungen der Musik bei Treffen von Gruppen (musikalische und andere Veranstaltungen)

Allgemeine Funktionen von Konzerten und anderen Musikveranstaltungen

Geborgenheits- und Machtgefühl in der Masse. Eine wichtige Funktion von großen Veranstaltungen ist für die meisten Zuschauer, das Gefühl von Geborgenheit und Macht zu erleben. Je größer die Menge, desto stärker sind diese Gefühle. Die Atmosphäre einer Veranstaltung, die für viele sehr wichtig ist, wird in erster Linie durch das Verhalten der Masse geprägt.
Nähe zum Idol. Eine weitere wichtige Funktion des Konzerts ist, dass der Zuschauer seinem (→) *Idol* oder seinen Idolen nahe ist.
Dabei gibt es unterschiedliche Abstufungen der „virtuellen Nähe“. Am nächsten fühlt sich der Zuschauer den Interpreten, wenn sie live singen bzw. spielen. Dies ist bei Konzerten der

Ernsten Musik außer bei (→) *elektroakustischer Musik* eine Selbstverständlichkeit. Bei Rock- und Popkonzerten war es früher ebenfalls üblich, dass die Interpreten live sangen und spielten. Heutzutage gehört zur Popularmusik oft ein derart großer technischer Aufwand, dass die Zuschauer zunehmend auch Halb- oder Voll-Playback hinnehmen. – Bei Übertragungen von Konzerten im Rundfunk und Fernsehen fühlt sich der Rezipient bei einer Live-Übertragung dem Geschehen näher als bei einer Aufzeichnung.
Weitere Funktionen. Konzerte dienen auch dazu, dass man gesehen wird, Bekannte trifft und unter Umständen neue Leute kennenlernt. Natürlich ist eine wichtige Funktion bei Konzerten der Popularmusik das Tanzen. – In autoritären Systemen haben Konzerte auch die Funktion, die Staatsmacht zu stärken. Im Dritten Reich war beispielsweise bei größeren Konzerten das Hakenkreuz deutlich sichtbar; Veranstaltungen wurden mit dem deutschen Gruß, dem Horst-Wessel-Lied und der Nationalhymne eröffnet.

Veranstaltungen mit Ernster Musik

Veranstaltungen mit Ernster Musik unterscheiden sich von solchen der Popularmusik.
Ruhe. Bei einem Konzert der Ernsten Musik oder in der Oper wird vom Zuhörer heute größte Ruhe erwartet. Allerdings war es in vergangenen Jahrhunderten teilweise üblich, dass Zuhörer während der Darbietungen, besonders in der Oper, miteinander sprachen.
Klatschen. Bei Konzerten wird am Ende eines Stückes geklatscht, nicht aber zwischen Sätzen; in der Oper wird am Ende eines Aktes, zuweilen auch innerhalb eines Aktes Beifall gezollt. Aufführungen von Passionen enden manchmal ohne Applaus.
Das Klatschen hat neben der Kundgabe des Gefallens die wichtige Funktion, die innere Spannung der Zuhörer zu lösen und den Bewegungsmangel zu beheben.
Es stärkt zudem wesentlich die Gemeinsamkeit der Gruppe der Zuhörer, indem diese etwas zusammen tun, und hat somit eine ähnliche Funktion wie entsprechende Handlungen bei Konzerten der Popularmusik *während* der Musik. Es stellt somit auch ein (→) *Ritual* dar. Durch das Klatschen tritt man auch in eine engere Verbindung mit den Interpreten, gegebenenfalls auch mit dem Komponisten, die (→) *Idole* sind. Sie werden nach der Vorstellung zuweilen zusätzlich einzeln beklatscht, was die Verbindung zu den Idolen verstärkt. Gegen das (oft sehr laute) Klatschen wird übrigens eingewandt, dass es bei den Zuhörern den Eindruck der Musik nachträglich beeinträchtigen könne.
Missfallenskundgebungen. Zuweilen wird auch nach Aufführungen „Buh" gerufen, was von der überwiegenden Mehrheit der Zuhörer aber als unpassend angesehen wird. Diese Art von Missfallenskundgebung wird oft durch Leute vorgebracht, die sich von der großen Masse abgrenzen wollen.

Konzerte von Popularmusik

Ruhe. Bei manchen Veranstaltungen der Popularmusik ist wie bei Konzerten der Ernsten Musik Ruhe geboten, z. B. beim Musical, bei manchen Jazz-Konzerten und bei Liedermachern.

Rituale.
Allgemeines. Oft sind aber die Zuhörer selbst aktiv: Sie klatschen mit, unterhalten sich, singen mit, tanzen, schunkeln usw. Diese Aktivitäten der Zuhörer während der Darbietungen von Popularmusik sind ein wesentlicher Unterschied zu Konzerten mit Ernster Musik.

Sie können oft als *Rituale* aufgefasst werden. Unter einem **Ritual** versteht man eine Handlung, die in ähnlichen Situationen gleich oder analog abläuft. Rituale sind oft spezifisch für bestimmte Gruppen und weit verbreitet, etwa in Religionsgemeinschaften. Sie stärken die Zugehörigkeit zur entsprechenden Gruppe.
In Konzerten mit Popularmusik sind folgende Rituale üblich, wobei natürlich nicht immer alle vorkommen:
Rhythmisches Mitklatschen. Das Mitklatschen ist besonders bei Veranstaltungen mit volkstümlicher Musik und Schlagern üblich. Man hört allerdings dadurch weniger von der Musik und vor allem vom Text. Das Mitklatschen ist oft von den Interpreten erwünscht; häufig stacheln sie das Publikum dazu an. Zuweilen ist es jedoch von ihnen unerwünscht, da sie Wert auf Textverständlichkeit legen, sich durch das (unrhythmische) Mitklatschen gestört fühlen und außerdem keine Tempoänderungen vornehmen können.
Weitere Rituale. Es gibt eine Vielzahl weiterer Rituale, wie Winken, Mitsingen, Mithüpfen, mit der Faust in die Luft Schlagen, Entzünden von Feuerzeugen und Wunderkerzen, Hochhalten von Bildern oder Spruchbändern, Schunkeln usw.
Bei Popkonzerten laufen auch Rituale vor dem Auftritt eines Stars ab, wie Verdunklung der Bühne, Feuerwerk auf der Anzeigetafel usw. Der Auftritt eines Stars ist ebenfalls mit Ritualen verbunden; Interpreten rennen beispielsweise auf der Bühne herum, vollführen sexuell stimulierende Bewegungen, zerstören Instrumente, werfen Kleidung in die Menge usw.

Musik bei Treffen, die keine Musikveranstaltungen sind

Allgemeines. Gruppen treffen sich von Zeit zu Zeit, damit die Zugehörigkeit und die Rangordnungen gestärkt und natürlich damit die Gruppenmitglieder beeinflusst werden. Die Treffen sind meist mit (→) *Ritualen* und zuweilen mit Musik verbunden.
Zeremonien von Staat und Kirche werden mit Musik begleitet. Bei staatlichen Festakten spielt militärische Musik noch heute eine Rolle, z. B. bei Staatsempfängen.
In den vergangenen Jahrzehnten hat der Showcharakter von großen Veranstaltungen, wie Sportdarbietungen, Parteitagen, Wahlveranstaltungen usw., sehr stark zugenommen. Alle werden üblicherweise von musikalischen Darbietungen begleitet.

Musik beim Sport dient allgemein dazu, das Gruppengefühl zu stärken und das Erlebnis zu intensivieren.
Musik aus den Lautsprechern vor der Veranstaltung hat die Funktion, das Publikum in Stimmung zu bringen. Zur Anfeuerung ertönt direkt vor dem Spiel zuweilen eine Hymne des Vereins, bei Länderspielen die Nationalhymne. Oft singen die Zuschauer mit.
Bei größeren Boxveranstaltungen erklingt vor dem Kampf in der Regel eine imposante, edle Musik. Sie hat unter anderem die Funktion, die etwas anrüchige, gewaltverherrlichende Veranstaltung aufzuwerten.
Auch während der Darbietungen gibt es Musik aus dem Lautsprecher. Beim Basketball wird zuweilen während des ganzen Spiels Musik unterlegt. Wenn der Ball im Aus ist, wird die Musik lauter. – Wenn beim Fußball ein Tor fällt, erklingt oft ein entsprechendes Stück des Vereins.
Zahlreich sind beim Fußball die Gesänge bzw. die rhythmischen Sprüche des Publikums. Oft haben sie keine Beziehung zum Spielgeschehen. Häufig werden Teile bekannter Stücke der Popularmusik umgetextet. Es gibt Anfeuerungsmelodien für und auch gegen bestimm-

te Mannschaften, z. B. „Zieht den Bayern die Lederhosen aus" auf die Melodie von „Yellow Submarine" der *Beatles*. Auch beim Eishockey finden sich solche Gesänge.

Private Zusammenkünfte. Musik bei privaten Treffen stärkt das Zusammengehörigkeitsgefühl der Versammelten. Früher traf man sich abends unter der Dorflinde und sang. Heute stellen sich junge Leute oft Musik an, wenn sie sich zum Reden treffen.
Gruppen können dadurch, dass sie bei den ersten oder bei wichtigen Zusammenkünften eine bestimmte Musik gehört haben, diese als die zu ihnen gehörige auffassen. Liebespaare oder spezielle Freundeskreise haben beispielsweise zuweilen *ihre* Musik.

8.4.5 Musik zur Schaffung eines Reviers

Einführung. Durch Musik kann sich ein Individuum oder eine Gruppe ein *Revier* schaffen, also einen mehr oder weniger abgegrenzten Raum, in welchem er bzw. sie einen gewissen Einfluss ausübt, was ein Gefühl der Macht verleiht. Ein musikalisches Revier dient oft der Abschottung von der Außenwelt, es ist gleichsam eine akustische Glocke. Es kann durch einen Gettobluster im Freien erzeugt werden oder in einer Wohnung, indem ein Jugendlicher sein Zimmer mit Musik beschallt. Man kann in solch einem Revier Musik bewusst oder im Hintergrund hören. – Ein gewissermaßen abstraktes Revier wird durch das Hören mit Kopfhörer geschaffen, und zwar zuhause oder aber unterwegs mit einem (→) *Walkman*.

Exkurs: Der Walkman: 1979 kam der Walkman auf den Markt und brachte eine neue Form der Musik-Rezeption mit sich.
Hauptsächliche Funktion. Wie erwähnt, ist die wesentliche Funktion des Walkman, der unterwegs gehört wird, die Erzeugung eines abstrakten Reviers, wobei sich der Walkman-Hörer abschottet. Er gehört kaum zu der Gruppe der um ihn herum Befindlichen, nimmt nicht am Geschehen teil, ist schwer ansprechbar usw.
Neue Art der Wahrnehmung. Das Hören unterwegs kann zu einer neuartigen Wahrnehmung führen; man rezipiert die Umwelt wie einen Film oder ein Videoclip, zu welchem Musik erklingt.
Vor- und Nachteile. Natürlich ist das Hören von selbst gewählter Musik angenehm, ebenfalls die Übertönung von Umweltgeräuschen oder ungewollt gehörten Gesprächen. Ein großes Problem sind aber (→ Bd. I) *Hörschäden* und Gefährdung von sich selbst und von anderen im Straßenverkehr und beispielsweise beim Skifahren. Daher ist die Verwendung eines Walkman für Auto- und Radfahrer verboten. – Der Walkman ist bei lautem Hören oft störend für andere. Unabhängig davon gilt das Hören mit Walkman zuweilen als unhöflich, weil der Hörer fast außerhalb der Gruppe der um ihn Befindlichen ist.

8.4.6 Idole / Stars als Anführer

Einleitung mit Definitionen. Musiker sind des Öfteren *Idole*. Zuweilen spielt dabei die Musik selbst eine untergeordnete Rolle.
Die Begriffe *Vorbild, Idol* und *Star* sind schwer auseinanderzuhalten. Als **Vorbild** bezeichnet man allgemein eine Person, der man nacheifern will; dies kann auch jemand sein, den

man persönlich kennt. Ein **Idol** ist eine eher unerreichbare Person, die Vorbildcharakter hat. Ein **Star** ist eine berühmte Person, die für eine größere Anzahl von Menschen ein Idol darstellt. Man kann einen Star als Anführer derjenigen Gruppe auffassen, deren Idol dieser Star ist.
Der Mensch braucht Vorbilder und Idole. Jeder Mensch hat im Allgemeinen mehrere. Sie erleichtern das Handeln, da man sich an ihnen orientiert und sie somit Entscheidungsprozesse abnehmen.

Vorbilder und Idole in früheren Jahrhunderten. Vorbilder und Idole werden zwar vom Individuum ausgewählt, von den mächtigen Gruppierungen aber nach den Maßgaben bereitgestellt, die ihre Macht sichern. Früher gehörten der Staat und die Kirche zu den mächtigsten Gruppen. Die Kirche lieferte viele Vorbilder und Idole, beispielsweise Figuren aus der Bibel oder Heilige. Der Staat propagierte unter anderem Regenten und Soldaten. Weitere Vorbilder waren Schriftsteller, Musiker, Wissenschaftler und Philosophen.

Stars heute. Im 20. Jahrhundert ging der Einfluss von Kirche und Staat zunehmend zurück zugunsten des wachsenden Einflusses der Wirtschaft bzw. der Medien. Dementsprechend zahlreicher wurden die Idole aus diesem Bereich. – Stars der Popularkultur stammen in erster Linie aus folgenden Bereichen: Musik (Sänger oft mit Gitarre, selten mit Keyboard, DJs), Film und Fernsehen (Schauspieler, Moderatoren, Sportreporter, Regisseure), Sport, Modebranche (Models, Modeschöpfer), Obere Zehntausend (Reiche und Adlige). Es gibt auch virtuelle Vorbilder wie Tarzan, Superman und (→ 2.6.2) *Avatare*.
Durch den Aufbau von Stars kann die Industrie viel Geld verdienen (vgl. z. B. auch 2.6.3: *Product Placement* durch Stars). Diese werden von den Medien aber nicht gezeigt, wie sie wirklich sind, sondern zu Idealbildern stilisiert.
Folgende Eigenschaften sind für Stars der Popularkultur zumeist Voraussetzung:

- In manchen Sparten muss ein Star herausragende **Fertigkeiten** besitzen, beispielsweise beim Sport. Für einen Sänger oder DJ ist das aber nicht unbedingt nötig.
- Im Showgeschäft ist **sexuelle Attraktivität** sehr wichtig, die fast immer vorhanden ist.
- Die **Ausstrahlung** ist wesentlich. Dazu gehören ein Mitteilungsbedürfnis und die Freude daran, sich vor anderen zu präsentieren. Ein Star muss sein Publikum in den Bann ziehen können. Er erzeugt bei seinen Fans das Gefühl, dass sie ebenfalls Stars sind.

Ein Star braucht nicht intellektuell zu sein.

Der Fan. Die Menschen besitzen in unterschiedlich intensiver Weise Vorbilder und Idole. Besonders in der Pubertät braucht ein Individuum Vorbilder, da die Eltern als bislang wichtigste Bezugspersonen in den Hintergrund treten und der Jugendliche auf der Suche nach neuen Einstellungen ist. Daher sind Stars besonders bei jungen Menschen beliebt.
Allgemein gesehen sind Fans Menschen, die ein schwaches Selbstbewusstsein haben und sich leicht manipulieren lassen. Der Fan will dem Star physisch und ideell näher sein. Er gewinnt dadurch ein Gefühl der Macht und der Überlegenheit über andere.
Folgende Verhaltensweisen sind anzutreffen:

- Sammeln von Produktionen des Stars, nämlich Tonträger, Videos, Filme usw.,
- Sammeln von Informationen über ihn, Bildern und Autogrammen,

- Wunsch nach physischer Nähe, realem Betrachten des Stars und Blickkontakt bei Konzerten, vor Hotels usw., Wunsch nach Berührung,
- Nachahmen des Stars im Aussehen, z. B. Kleidung, Accessoires, Frisur,
- Übernahme von Einstellungen, z. B. zur Religion, zum anderen Geschlecht.

Fanclubs. Viele Stars haben Fanclubs, in denen sich intensive Anhänger versammeln. In einem solchen Club ist der Fan seinem Star besonders nah, gleichzeitig genießt er die Vorteile, einer Gruppe anzugehören.

8.4.7 Mögliche problematische Wirkungen von Popularmusik

Einleitung

Im Folgenden ist aufgeführt, welche problematischen Einstellungen und Verhaltensweisen im Umfeld von Musik in der Wirklichkeit, in Texten und in Bildern zur Musik präsentiert werden. Inwieweit Einstellungen von den Rezipienten übernommen und Verhaltensweisen nachgeahmt werden, ist schwer zu beurteilen. Zu bedenken ist aber, dass diejenigen, welche die Einstellungen und Verhaltensweisen präsentieren, oft Vorbilder sind. Zu den tatsächlichen Wirkungen des Präsentierten wird nur beim Thema Gewalt Einiges mitgeteilt.

Eskapismus

Unter **Eskapismus** (lat.: *escapare* – fliehen, ausweichen) versteht man die *Flucht* vor der Realität. Sehr oft ist das Hören von Musik eine *Abwendung* von der Realität, die für den Rezipienten jedoch positive Wirkungen haben kann. Das Hören von Musik kann dann als Flucht bezeichnet werden, wenn es ihm und eventuell anderen zum Nachteil gereicht. Welcher Grad der Abwendung vor der Realität also als Flucht zu bezeichnen ist, ist sehr schwer zu sagen.

Vorgeworfen wird der Popularmusik und ihrem Umfeld, dass sie in großem Maße eine heile oder irreale Welt darstelle und dadurch zu Eskapismus führe. Insbesondere *Th. W. Adorno* hat diesen Vorwurf erhoben (vgl. 2.6.2 *Musikfernsehen).*

Ein mögliches Zeichen für zunehmenden Eskapismus bei Jugendlichen ist deren zurückgehendes Engagement. Die Mitarbeit Jugendlicher in Umweltverbänden und Bürgerinitiativen ist seit Anfang der 1980er Jahre merklich zurückgegangen.

Aggression und Gewalt

Definitionen. Aggression ist ein physisches oder verbales Verhalten mit der Absicht zu verletzen oder zu zerstören. **Gewalt** ist dementsprechend die physische oder verbale Verletzung oder Zerstörung. Objekte von Aggression und Gewalt können Sachen, Tiere oder Personen sein. Unter *dargesteller Gewalt* sei im Folgenden solche verstanden, die medial, also in Texten und Bildern, und real, also auf der Bühne oder im täglichen Leben, präsentiert wird.

Medial dargestellte Gewalt.
Allgemeines. In den letzten Jahrzehnten hat die im Fernsehen und im Kino gezeigte Aggression und Gewalt enorm zugenommen. Ein durchschnittlicher US-Bürger hat bis zu seinem

18. Geburtstag im Kino und im Fernsehen rund 40 000 Morde und 200 000 andere Gewaltszenen gesehen. Die gewaltverherrlichenden Texte in der Popularmusik haben seit den 1960er Jahren zugenommen. – Für die Wirkung von Gewalt ist deren Darstellungsart entscheidend. In Nachrichten wird sie in der Regel als negativ, illegitim und abschreckend gezeigt. Oft wird sie jedoch in den Medien als positiv, legitim und nachahmenswert präsentiert, sodass von Gewaltverharmlosung oder gar Gewaltverherrlichung gesprochen werden kann. In der Regel werden dabei die Folgen der Gewalt, also Wunden, Schmerzen sowie Trauer und Verzweiflung der Angehörigen usw. nicht dargestellt.
Texte von Rockmusik. Die Texte von moderner Popularmusik handeln nicht selten von Gewalt und verharmlosen bzw. verherrlichen sie zuweilen. Dies ist in vielen Musikrichtungen der Fall, in der rechtsradikalen Rockmusik ebenso wie im Metal, Punk und Rap. Natürlich sind entsprechende Musikstücke mit aggressiver Musik verbunden. Manche Gruppen haben bereits Namen, die auf Gewalt hinweisen, wie z. B. *Angefahrene Schulkinder* (vgl. auch → 6.2 *Nationalhymnen*).
Film und Video. Bei der Präsentation von Gewalt in Filmen spielt die Musik eine wichtige Rolle. Sie trägt wesentlich zur Dramatisierung und Intensivierung des Dargestellten bei. Oft erklingt heroische Musik, was eine Gewalttat veredelt oder verklärt. In neueren Filmen wird Gewalt mittels Musik auch als angeblich witzig dargestellt. Dieses gilt übrigens auch für Comics und Zeichentrickfilme. – Videoclips stellen zuweilen auch Gewalt dar.
Bei *Bildschirmspielen* ist Gewalt weit verbreitet. Neben den Geräuschen und der Musik trägt zur Wirkung der Gewalt vor allem bei, dass der Spieler aktiv am virtuellen Geschehen teilnimmt. – Natürlich gibt es Gewaltverharmlosung oder -verherrlichung auch in der Ernsten Musik, vor allem in (→ Bd. II) *Schlachtenmusiken*.

Real präsentierte Gewalt. Bei Veranstaltungen von Musikgruppen kommt es manchmal zu Gewalt in Form von Zerstörung von Instrumenten, in der Regel Gitarren. – Zuweilen randalieren Rock- und Rap-Musiker auch außerhalb von Konzerten. Die *Rolling Stones* haben beispielsweise mehr als einmal im Hotel Mobiliar zertrümmert. Gewalttätigkeit gehört zum Image einiger Gruppen. – Manchmal sind Musiker kriminell, z. B. *Gangsta Rapper*, sie werden von ihren Fans gerade deshalb besonders verehrt, und zwar in den USA wie in Deutschland.
Reale Gewalt wird auch im Sport beim Boxen, Catchen und beim Stierkampf vorgeführt (→ 8.4.4 *Musik beim Sport*).

Wirkungen.
Allgemeines. Das lustvolle Rezipieren von Aggression und Gewalt verleiht dem Individuum ein Machtgefühl. Die Wirkungen von Gewalt werden viel diskutiert und untersucht. Die Forschungen sind sehr kompliziert, da diese Wirkungen sehr unterschiedlich sind und beim Einzelnen vom Charakter und dem aktuellen Befinden abhängen.
Mögliche Wirkungen von präsentierter Gewalt sind:
- *Katharsis* (griech.: Reinigung): Der Mensch nimmt Gewalt wahr und wird dadurch abgeschreckt (vgl. Bd. II; 2.3.9).
- *Habitualisierung* (Gewöhnung): Der Rezipient gewöhnt sich an die Gewalt und nimmt sie als selbstverständlich an.

- *Suggestion*: Durch das Sehen bzw. Hören von Gewalt wird ein Individuum mehr oder weniger direkt zu einer Gewalttat angeregt.
- Vergrößerung von Aggression und Gewaltbereitschaft.
- Verängstigung, besonders von Kindern.

Wirkungen. Alle Wirkungsformen und noch eine Anzahl weiterer kommen tatsächlich vor; fraglich ist, welche Art der Gewaltdarstellung bei welchen Menschen mit wie großer Wahrscheinlichkeit welche Wirkungskombinationen auslöst.
Empirisch wurde festgestellt, dass die Katharsis nur in seltenen Fällen eintritt.
Die Suggestionswirkung ist nach Untersuchungen ebenfalls selten. Allerdings gibt es immer wieder Beispiele hierfür:

- Zuschauer von Konzerten, in denen Gewalt präsentiert wird, randalieren zuweilen selbst.
- Amokschützen mancher Blutbäder haben sich zuvor mit gewaltverherrlichenden Videos oder durch Musik mit entsprechenden Texten stimuliert.

Tatsache ist, dass Aggression und Gewalt unter den Jugendlichen zugenommen haben. Es gibt mehr Vandalismus an Schulen. Die Jugendkriminalität nimmt ebenfalls zu; die Zahl der 18- bis 24-jährigen, die in Deutschland eines Gewaltverbrechens verdächtigt wurden, stieg von 1984 bis 1998 um 200 Prozent. – Die Zunahme von Aggression und Gewalt hat sicher eine Vielzahl von Ursachen, wie Arbeitslosigkeit, Angst vor der Zukunft, Erziehung zu allzu großem Ehrgeiz, ein zerrüttetes Elternhaus, Konsumzwang, Armut usw. Die Medien, darunter die Musik, dürften ihren Teil dazu beitragen.

Maßnahme: Verbot. Musik mit problematischen Texten, die z. B. gewaltverherrlichend sind, kann verboten werden. Verboten sind beispielsweise etliche Stücke aus der rechtsradikalen Szene. Hierbei sind verschiedene Rechte abzuwägen. Dem Jugendschutz, der Würde des Menschen und dem Verbot der Aufstachelung zur Gewalt steht das Recht der freien Meinungsäußerung bzw. die Freiheit der Kunst gegenüber.

Verharmlosung und Konsum von (illegalen und legalen) Drogen

Drogen im Umfeld der Musik. Die jugendspezifische Popularmusik war seit ihrer Entstehung eng verbunden mit legalen und illegalen (→) *Drogen.* In der Technoszene sind beispielsweise heute aufputschende illegale Drogen weit verbreitet. Man schätzt, dass bei der Love Parade 1999 in Berlin ca. 400 000 Menschen *Ecstasy* genommen haben.
Illegale Drogen in Songtexten. Illegale Drogen werden in Songtexten immer wieder thematisiert, zuweilen verschlüsselt (→ 8.3.3).

Frauenfeindlichkeit

Frauenfeindlichkeit manifestiert sich in Texten und in Videoclips, beispielsweise durch Darstellung von Frauen in der Rolle von aufreizend gekleideten, willigen Dienerinnen von Machos. Dies gilt besonders für Videoclips mit afroamerikanischen Rappern.

Weiteres

In manchen vertonten Texten kommt **rechtsradikale Gesinnung** zum Ausdruck. Besonders im *Gangsta Rap* wird zuweilen **Hass** gepredigt. **Satanistische Texte** handeln von Nekrophilie und Blasphemie, von Menschen- und Tieropfer; es gibt auch entsprechende Rituale in Konzerten. In einigen Fällen wird in Texten zum **Selbstmord** aufgerufen.

8.5 Musikgeschmack (Sozialpsychologie)

In diesem Abschnitt wird dargestellt, welche Musikrichtungen von welchen Gruppen gehört werden, während in 8.2 die Art und Weise der Rezeption untersucht wurde. Man unterscheidet zwei grundlegende Prozesse der Geschmacksbildung, die in den beiden folgenden Unterabschnitten dargestellt werden.

Gewöhnung an die Eigenarten der westlichen Musik

Diese sind vor allem die Einteilung der Oktave in 12 Halbtonschritte, die Tonalität und der Takt. Die Gewöhnung vollzieht sich im ersten Lebensjahrzehnt.

Ausprägung von Vorlieben bestimmter Musikrichtungen

Einfluss von Gruppen auf den Musikgeschmack des Einzelnen
Die Gruppenzugehörigkeit bestimmt, wie im Abschnitt 8.4 dargestellt, maßgeblich den Geschmack. Die folgende Tabelle soll eine grobe Übersicht über den Einfluss von Gruppen sowie über weitere Faktoren in Abhängigkeit vom Alter geben.

Ungefähres Alter in Jahren	Eltern, Geschwister, Verwandte	Gruppen von Gleichaltrigen	Medien	Persönliche Komponente	Schule	Sonstiges, z. B. Kirche, Musikgruppe, Instrumentallehrer, Musikschule
0 bis 12/14	sehr stark	stark	sehr stark	gering	stark	unterschiedlich
12 bis 18	schwach	sehr stark	sehr stark	mittel	weniger stark	unterschiedlich
18 bis 30	schwach	stark	sehr stark	relativ stark	-------	unterschiedlich
ab 30	schwach	schwach	stark	stark	-------	unterschiedlich

Der Geschmack ist deutlich vom Alter abhängig, da der Einfluss der Gruppen wechselt, jeweils andere Musiksparten aktuell sind, man mit zunehmendem Alter mehr von Musik versteht und sich die emotionalen Bedürfnisse ändern.
Familie. Die prägendste Gruppe in der Kindheit ist die Familie. Wer in einem Elternhaus aufwächst, in dem viel Ernste Musik gehört und evtl. auch musiziert wird, schätzt diese Musik sein Leben lang. Entsprechendes gilt für Popularmusik.

Die musikalischen Leistungen eines Kindes sind übrigens tendenziell umso größer, je mehr die Eltern mit dem Kind singen oder musizieren.
Gruppen von Gleichaltrigen (= Peer-Gruppen). In der Pubertät wird der Mensch besonders stark abhängig von der Gruppe der Gleichaltrigen. Auch sein Musikgeschmack, einschließlich der Musikrezeption, wird durch diese entscheidend bestimmt. Dies hat sich in den letzten Jahrzehnten verstärkt. Wie erwähnt, dient die Musik den Jugendlichen dazu, sich von anderen Gruppen, besonders von den Erwachsenen, abzugrenzen. Zu beobachten ist in der Pubertät manchmal eine starke Änderung des Musikgeschmacks, eine Fokussierung auf wenige musikalische Stilrichtungen und eine Ablehnung eines großen Teils der übrigen Musik. Nach der Pubertät wird der Musikgeschmack wieder toleranter.
Medien. Die Medien sind stark von der Popularmusik geprägt. Im Gegensatz zu einigen Jahrzehnten früher hören bereits Kinder in den Medien viel rock-, rap- und technoorientierte Popularmusik, und zwar im Fernsehen sowie auf Ton- und Videokassetten.
Schule. Der Musikunterricht und musikalische Darbietungen an der Schule dürften auch einen Einfluss auf die jungen Menschen haben. Dabei kommt es wesentlich auf die Lehrkraft an. Verständnis für die Struktur der Musik kann den Musikgeschmack deutlich ändern.
Persönliche Komponente. Die Art der eigenen Persönlichkeit spielt natürlich für die Geschmacksbildung auch eine wichtige Rolle. Eigenes Singen und Musizieren kann den Geschmack wesentlich beeinflussen.
Sonstiges. Es gibt eine Reihe von anderen, möglicherweise bedeutenden Einflussfaktoren. Wer frühzeitig ein Instrument lernt, kann sehr stark von einem Instrumentallehrer geprägt werden. Ein religiös begründetes Welt- und Menschenbild vermag in großem Maße zum Musikgeschmack beizutragen.

Präferenzen
Allgemeines. Über konkrete Präferenzen gibt es sehr viele Untersuchungen von Musiksoziologen. Außerdem existieren Forschungen der Medienindustrie, über die in der Allgemeinheit so gut wie nichts bekannt ist. Im Folgenden werden nur einige allgemeine Ergebnisse dargestellt. Die üblicherweise untersuchten Parameter sind: Alter, Bildung bzw. Sozialstatus und Geschlecht.
Alter. Ältere Menschen haben natürlich einen traditionelleren Musikgeschmack als jüngere, was häufig ein größeres Interesse an volkstümlicher und Ernster Musik bedeutet.
Der Unterschied im Musikgeschmack zwischen Eltern und ihren Kindern war vor etwa 1970 größer als heute. In dem Maße, wie Erwachsene in ihrer eigenen Jugend durch rockorientierte Popularmusik geprägt wurden, verringerte sich der Unterschied.
Bildung. Der Sozial- bzw. Bildungsstatus ist von erheblicher Bedeutung. Ernste Musik wird beispielsweise wesentlich häufiger von Menschen mit Abitur geschätzt.
Geschlecht. Hier sind Unterschiede nur mäßig ausgeprägt. Männer bevorzugen eher mit Härte assoziierte Musikrichtungen, Frauen eher weichere Stile, z. B. Schlager und Evergreens.

8.6 Wertung von Musik, deren Darbietung und Rezeption

Einführung

Die (→ 8.1.1) *normative Ästhetik* beschäftigt sich seit Jahrhunderten damit, wie Musik und deren Darbietung zu bewerten sei (vgl. auch Bd. II; *Ethoslehre*). Beides wurde auch vom Publikum immer sehr unterschiedlich beurteilt (→ 3.1.1). Heute ist auch die Rezeption kritisch zu betrachten.

Musik wird von den Rezipienten auf vielfältige Art und Weise bewertet, wobei das subjektive Moment eine wichtige Rolle spielt. Oft werden aber objektive Kriterien postuliert; beispielsweise wird Musik häufig als zweckmäßig und unzweckmäßig bzw. problematisch angesehen. Im Folgenden sind einige Gesichtspunkte genannt; dabei werden aber keine Wertungen vorgenommen.

Als wichtig für die Beurteilung von Musik kann folgendes allgemeines Kriterium gelten: Musik, deren Aufführung oder Rezeption ist für den Rezipienten dann zweckmäßig, wenn echte persönliche Bedürfnisse befriedigt werden. Zur genauen Bewertung ist die Frage *cui bono* (lat.: wem nützt es) zu stellen. Beispielsweise kann analysiert werden, ob es ein echtes persönliches Bedürfnis ist, stundenlang täglich Musikfernsehen zu konsumieren, oder ob es ein unechtes, von den Medien aus kommerziellen Gründen künstlich erzeugtes Bedürfnis ist. Ein allgemeines Hilfsmittel für das Verständnis zweckmäßiger und problematischer Musik kann der Vergleich mit dem Essen sein. Essen ist nicht immer zweckmäßig. Es gibt ungesundes Essen, es gibt aber auch unzweckmäßiges Essverhalten, z. B. ungebührliches oder gesundheitsschädliches.

Beschaffenheit der Musik

Kriterien zur Beurteilung der Beschaffenheit von Musik sind folgende:

- Text (z. B. literarische Qualität, Ausdruck von evtl. problematischen Einstellungen),
- Differenziertheit,
- Verhältnis zwischen musikalischem Aufwand und Wirkung (→ 4.1.2),
- Reizintensität (→ 6.3),
- Geschmack, z. B. bei Verwendung unästethischer Geräusche, etwa Rülpsen,
- Arrangement (→ 8.3.7 *Ernste Musik in ursprünglich nicht beabsichtigtem Zusammenhang*).
- Funktionalität, d. h. Eignung für den vorgesehenen Zweck, z. B. bei Kirchenmusik, Tanzmusik usw.

Darbietung

Anlass. Musik kann für einen bestimmen Anlass zweckmäßig oder problematisch sein (→ 8.3.7 *Ernste Musik in ursprünglich nicht beabsichtigtem Zusammenhang*).

Interpretation. Die Beurteilung der Darbietung durch Interpreten ist natürlich stark vom persönlichen Geschmack abhängig. Es gibt kaum allgemein verbindliche Kritierien, wenn man von der korrekten Wiedergabe des Tonsatzes absieht.

Unfreiwillig gehörte Musik ist problematisch, wenn sie auf Widerwillen stößt.

Rezeption
Zumeist hängt die Wirkung der Musik wesentlich vom Rezeptionsverhalten ab. Im Folgenden sind einige Beispiele von möglichen Wirkungen der Musik aufgezeigt.

negative Wirkungen	positive Wirkungen
macht depressiv	hellt die Stimmung auf
lenkt von der Arbeit ab	übertönt störende Geräusche
macht aggressiv	regt an, z. B. beim Sport
berauscht	berauscht
verstärkt Gruppenzugehörigkeit	verstärkt Gruppenzugehörigkeit
schafft Idole	schafft Idole
macht einsam	vermittelt Kontakt
verführt zum (→) *Drogenkonsum*, ist gesundheitsschädlich	unterstützt Heilung
begünstigt (→ 8.4.7) *Eskapismus*	fördert religiöse Einstellung
verharmlost oder verherrlicht Gewalt	sensibilisiert

Problematisch kann vor allem die Rezeption von Musik in der Masse sein, da hier leichter bedenkliche Einstellungen vermittelt werden.

8.7 Wirkungen des Schaffens, Übens und regelmäßigen Musizierens

Das Schaffen (Komponieren und Improvisieren)
Kompositionsvorgang. Der Schaffensvorgang ist bei den einzelnen Komponisten sehr unterschiedlich. Manche probieren an einem Instrument, in der Regel am Klavier. Zuweilen improvisieren sie und bekommen dadurch Anregungen. Manche arbeiten gänzlich ohne Instrument.
Äußeres und inneres Programm. Bei (→ Bd. II) *Programm-Musik* gibt es ein so genanntes äußeres Programm. Zuweilen besitzt ein Musikstück beliebiger Art auch ein *inneres Programm*, das in der Regel mit persönlichen Erlebnissen des Komponisten verbunden ist und das nur dieser und eventuell andere Eingeweihte kennen.
Das Werk als Ausdruck des persönlichen Empfindens des Komponisten. Hierbei sind verschiedene Situationen zu unterscheiden. Ein begabter Komponist kann ein Stück mit jeder beliebigen Stimmung komponieren, unabhängig davon, in welcher Gemütslage er sich selbst befindet. Dies ist etwa bei einer in Auftrag gegebenen Oper nötig, in der die Charaktere durch den Text vorgegeben sind. Aus den Stimmungen einer Oper kann man also nicht unbedingt Rückschlüsse auf den Seelenzustand des Komponisten ziehen.
Wenn ein Komponist jedoch Stücke schreibt, deren Stimmung nicht vorgegeben ist, also z. B. Instrumentalmusik oder Lieder, deren Text er ja aussuchen kann, sind eher Rückschlüsse darauf möglich, wie sich der Schöpfer bei der Komposition gefühlt hat.

Komponieren und Improvisieren mit Drogen. Die Behauptung, unter dem Einfluss von (→) *Drogen* ließe sich zuweilen besser komponieren und improvisieren, lässt sich eindeutig widerlegen. Das Gegenteil ist der Fall.

Wirkungen des Musizierens unabhängig von der Gruppe

Die Wirkungen beim freiwilligen Hören von Musik treten auch beim Singen und Musizieren auf.

Weitere Effekte sind folgende:

- Entwicklung von Ausdauer und Konzentration,
- Förderung von Kreativität,
- Erlernung von Leistungsbereitschaft,
- Steigerung des Selbstwertgefühls.

Wirkungen des Musizierens in der Gruppe

Das Singen und Musizieren in einer Gruppe fördert zusätzlich folgende Wirkungen:

- Die Mitgliedschaft in einem Chor oder Orchester lehrt wie kaum eine andere Gruppe Kooperationsbereitschaft. Es gibt im Allgemeinen genaue Kriterien für richtiges und falsches Spielen, wodurch wenig unnütze Diskussionen darüber entstehen, etwa im Gegensatz zu einer Mannschafts-Sportgruppe. In einer Musikgruppe sind die Mitglieder eher gleichberechtigt; wer sich durch besondere Lautstärke hervortun will, stört das gesamte Gleichgewicht.
- Der Vorteil eines Chors und einer musizierenden Gruppe gegenüber anderen Gruppen ist der, dass durch Auftritte in der Regel ein positives Feedback erworben wird.
- In einer Musikgruppe lernt das Individuum die Übernahme von gruppendynamischen Rollen in einer neutralen Situation, d. h. in einer, in der keine großen Leistungen verlangt werden.
- Durch das Spielen eines Instrumentes lernt man das Zuhören. Diese Fähigkeit wird besonders in der Gruppe entwickelt.
- Weitere Wirkungen sind das Erlernen von Zuverlässigkeit, die Schaffung sozialer Bindungen, die Motivation zum weiteren Üben und die Förderung des sozialen Lernens.

Zusammenfassung

Singen und Musizieren sind also eine sinnvolle Freizeitbeschäftigung für das ganze Leben. Beide sind insbesondere in der Kindheit von Vorteil, weil sie die Entwicklung fördern und prägend für die weitere Zukunft sind. Singen und Musizieren haben besondere Bedeutung in einer Epoche der zunehmenden Freizeit und des wachsenden Medienkonsums.

9 Nicht-westliche Musik

Einleitung

Die bisher beschriebene Musik ist diejenige unseres Kulturkreises. Es gibt aber eine Fülle von anderen Kulturen, die sich stark von der unsrigen unterscheiden, auch hinsichtlich der Musik. Soweit ersichtlich besitzen alle Kulturen Musik.

Zum Begriff. Für die Benennung dieser Musik sind unterschiedliche Begriffe gebräuchlich. Die zuweilen verwendete Bezeichnung „außereuropäische Musik" könnte als eurozentristisch angesehen werden. Man spricht besser von nicht-westlicher Musik oder noch genauer von Musik nicht-westlicher Herkunft (zur Wissenschaft → 1.3).

Zur Einteilung von Kulturen. Etwa ab 3000 v. Chr. entwickelten sich in verschiedenen Regionen der Erde *Hochkulturen*. Unter einer **Hochkultur** versteht man eine solche, die geprägt ist durch
- entwickelte Formen technischer Naturbeherrschung, in größerem Maße organisierte Arbeitsteilung,
- komplexe Institutionen der religiösen, sozialen und politischen Ordnung,
- anspruchsvolle intellektuelle Denk- und Kommunikationssysteme,
- differenzierte Kunst (Literatur, Musik, Bildende Kunst), professionelle Künstler.

Notwendige Voraussetzung für eine Hochkultur ist eine Schrift.
(Zur Einteilung der frühen Hochkulturen → Bd. II; 2.2.)

Kunstmusik und Volksmusik. In allen Hochkulturen gibt es Kunst- und Volksmusik (→ 1.2.1). Kunstmusik ist im Gegensatz zur Volksmusik
- komplexer,
- ihre Träger gehören mittleren und höheren Schichten an und
- ihre Merkmale sind von einer Musiklehre oder -theorie erfasst.

Zur Charakterisierung der Musik

Improvisation

Ein Werk der Kunstmusik in unserer Kultur ist – mit Ausnahme von avantgardistischen, vor allem aleatorischen Stücken nach 1950 – relativ genau in Tonhöhen und Rhythmen fixiert. Ausführende haben bei der Interpretation nur einen relativ geringen Spielraum, beispielsweise bezüglich des Tempos, der Lautstärke und der Verzierungen.
In einigen nicht-westlichen Hochkulturen, z. B. in Indien und im arabischen Raum, gibt es Gattungen, in denen die Improvisation nach komplexen Regeln eine wichtige Rolle spielt.

Notenschrift

Viele Hochkulturen besitzen eine Notenschrift. Der Grad der Exaktheit ist jeweils unterschiedlich.

Entwicklung

Es gibt in einigen Hochkulturen eine viel langsamere Entwicklung der Musik als in unserer, z. B. in christlichen Kulturen außerhalb Europas.

Materialtonleiter

Allgemeines. Unter einer **Materialtonleiter** einer Kultur versteht man den Vorrat derjenigen Töne, der das Material für alle Musikstücke bildet (→ Bd. II; 2.3.6). Die einzelnen Kulturen besitzen sehr unterschiedliche Materialtonleitern, oft mit Intervallen, die in unserer chromatischen Tonleiter nicht vorkommen.
Eine Gemeinsamkeit der Materialtonleitern fast aller Kulturen und aller Hochkulturen ist, dass die Oktave als zentrales Intervall fungiert. Das bedeutet, dass über und unter jedem Ton dort ein solcher mit dem Abstand einer Oktave zu finden ist. Das liegt daran, dass zwei Töne im Abstand von einer oder mehreren Oktaven von allen Menschen als sehr ähnlich gehört werden. Wenn Männer und Frauen beispielsweise scheinbar denselben Ton singen, ist der Ton der Männer eine Oktave tiefer als derjenige der Frauen. Zu erklären ist dies wahrscheinlich dadurch, dass der zweite (→ Bd. I) *Naturton* eine Oktave über dem ersten liegt.

Zur Einteilung. Die Materialtonleitern vieler Kulturen teilen die Oktave in fünf- bis siebenstufige Skalen ein.

Das Cent-Maß für Intervalle. Für die genaue Bezeichnung von Intervallen wurde das *Cent-Maß* eingeführt. Der Halbtonabstand in unserem gleichstufig temperierten System beträgt 100 Cent. Cent-Zahlen können im Gegensatz zu Frequenzverhältnissen addiert werden. Ein Ton ist um 1200 Cent höher als ein anderer, wenn seine Frequenz doppelt so groß, d. h. eine Oktave höher ist.
Beispiel für die Materialtonleiter *Pélog* eines bestimmmten Orchesters auf Java:

Name der Töne:	bem		gulu		dhadha		pélog		lima		nem		barang		bem
Abstände in Cent:		131		121		307		96		112		169		273	

„Unreinheit". Für unsere westlichen Ohren hören sich die Materialtonleitern anderer Kulturen oft *unrein* oder *verstimmt* an. Für einen Hörer eines solchen Kulturkreises, der keine Berührung mit unserer Musikkultur hat, gilt das gleiche gegenüber unserer Musik.

Zurechthören. Wir hören mit unseren Ohren solche Materialtonleitern zurecht, d. h. unsere Ohren versuchen, die für uns unreinen Intervalle an unsere Materialtonleiter anzugleichen und das Intervall entsprechend wahrzunehmen. Wir hören beispielsweise in der oben genannten Materialtonleiter *Pélog* den Abstand von *bem* zu *gulu*, der 131 Cent beträgt, vermutlich als kleine Sekunde, welche in unserer Materialtonleiter 100 Cent besitzt.

Melodik

Zum Begriff des melodischen Modus allgemein. Hochkulturen besitzen zuweilen *melodische Modi*. Unter einem **melodischen Modus** (lat.: *modus* – die Art, Weise, Plural: *modi*) versteht man ganz allgemein einen Typ von Melodien, der erkennbar ist durch

- gemeinsame Auswahl aus der *Materialtonleiter* sowie
- durch weitere Merkmale, z. B. durch bestimmte melodische Motive, (vgl. Bd. II).

Die Modi sind in den verschiedenen Kulturen sehr unterschiedlich. Unser heutiges westliches Tonsystem besitzt als hauptsächliche Modi nur Dur und Moll. Diese sind durch die Melodik, aber auch durch die Harmonik festgelegt.

Glissandi und Verzierungen (Instrumente und Gesang). Die westliche traditionelle Kunstmusik besteht in der Regel aus Tönen, die für eine bestimmte Zeitspanne eine feste Tonhöhe haben; (→ Bd. I) *Glissandi* kommen also selten vor. Dies wird durch unsere Notenschrift vorgegeben. Einige nicht-westliche Kulturen unterscheiden sich von unserer deutlich dadurch, dass es viele Glissandi und sehr schnelle Verzierungen gibt. Das gilt sowohl für das Instrumentalspiel wie für den Gesang.

Rhythmik

Unsere traditionelle westliche Musik weist zumeist einen (→ Bd. II) *Puls* auf, außer beispielsweise in Fantasien oder Solo-Kadenzen. Traditionelle Musik mit Puls besitzt seit dem 17. Jahrhundert einen (→ Bd. II) *Takt*. Nicht-westliche Musik ist ebenfalls zumeist durch einen Puls gekennzeichnet. Nicht-westliche Musik mit Puls besitzt jedoch oft keinen Takt.

Instrumente und Instrumentengruppen

Die einzelnen Kulturen weisen deutlich unterschiedliche Instrumente auf, sowohl in der Volks- wie in der Kunstmusik. Im indonesischen Kulturraum kommen beispielsweise viele Metallophone vor. In Afrika, Vorderasien und Indien sind Trommeln verschiedenster Art weit verbreitet. – In China, Japan und Indonesien sind in der Kunstmusik größere Ensembles von über 20 Musikern verbreitet, während in Indien und im arabischen Raum kleinere Ensembles von ca. 4 bis 6 Musikern die Regel sind.

Textur / Mehrstimmigkeit

Ein zentraler Unterschied zwischen unserer Kultur und den nicht-westlichen ist, dass es dort nur einfache Formen der melodischen Mehrstimmigkeit gibt. Es finden sich allerdings sehr komplexe Formen rhythmischer Mehrstimmigkeit, besonders in afrikanischen Kulturen südlich der Sahara. Zumeist sind in nicht-westlichen Kulturen folgende Formen der melodischen Mehrstimmigkeit verbreitet:

- **Bordun**: tiefer Begleit- oder Halteton. Oft erklingen zwei oder mehrere Töne simultan, z. B. eine **Bordunquinte**, d. h. zwei Borduntöne im Abstand einer Quinte (vgl. Bd. II).
- **Heterophonie**: gleichzeitiges Erklingen zweier oder mehrerer Stimmen in ähnlicher Art (vgl. Bd. II).
- **Ostinato**: kurze Melodie, die oft wiederholt wird, zumeist in tiefer Lage (vgl. Bd. I; 9.3.5).
- **Parallelgesang**: Das simultane Singen, zumeist im Terzabstand.

Tanz

In einfachen Kulturen ist die Musik stark mit Tanz verbunden. In höher entwickelten Kulturen gibt es auch Musik, die ganz ohne Tanz rezipiert wird.

Theorie

Die Musiktheorie der verschiedenen Hochkulturen beschäftigt sich mit Wirkungen und mit der Struktur der Musik. Die Theorien sind hinsichtlich der Beschreibung der musikalischen Erscheinungsformen unterschiedlich exakt.

Komponisten von Ernster Musik, Musicals und Filmmusik

Interpreten und Komponisten von Popularmusik

Weitere Interpreten siehe Seite 198–202.

Weitere Personen

Werkregister

Sachregister